sichere netzwerke mit windows 2000

sichere netzwerke mit windows 2000

rainer huttenloher
frank-michael schlede

new technology

Markt+Technik Verlag

Die Deutsche Bibliothek – CIP-Einheitsaufnahme

Ein Titeldatensatz für diese Publikation ist bei
der Deutschen Bibliothek erhältlich.

Die Informationen in diesem Produkt werden ohne Rücksicht auf einen eventuellen Patentschutz veröffentlicht.
Warennamen werden ohne Gewährleistung der freien Verwendbarkeit benutzt.
Bei der Zusammenstellung von Texten und Abbildungen wurde mit größter Sorgfalt vorgegangen.
Trotzdem können Fehler nicht vollständig ausgeschlossen werden.
Verlag, Herausgeber und Autoren können für fehlerhafte Angaben und deren Folgen weder eine juristische Verantwortung noch irgendeine Haftung übernehmen.
Für Verbesserungsvorschläge und Hinweise auf Fehler sind Verlag und Herausgeber dankbar.

Fast alle Hardware- und Softwarebezeichnungen, die in diesem Buch erwähnt werden, sind gleichzeitig auch eingetragene Warenzeichen oder sollten als solche betrachtet werden.

Umwelthinweis:
Dieses Buch wurde auf chlorfrei gebleichtem Papier gedruckt.
Die Einschrumpffolie – zum Schmutz vor Verschmutzung – ist aus umweltverträglichem und recyclingfähigem PE-Material.

10 9 8 7 6 5 4 3 2 1

03 02 01 00

ISBN 3-8272-2014-9

Lektorat: Angelika Ritthaler, aritthaler@pearson.de
Herstellung: Ulrike Hempel, uhempel@pearson.de
Satz: reemers publishing services gmbh, Krefeld
Druck und Verarbeitung: Bercker, Kevelaer
Printed in Germany

Inhaltsverzeichnis

Vorwort

Windows 2000 Server wird von Microsoft als das Netzwerkbetriebssystem der Zukunft angesehen und auf dem Markt positioniert. Und im Einsatz als Server- und Netzwerkbetriebssystem lässt sich mit diesem Windows-Release wirklich ein großer Schritt nach vorne vollziehen: Unternehmen können ihre IT-Infrastruktur auf eine bessere und stabilere Basis stellen, als dies bisher mit Windows NT möglich war. Dieses positive Resümee können wir, die beiden Autoren, nach den vielen vielen Stunden ziehen, die wir an den verschiedenen »Versionen« von Windows 2000 verbracht haben.

Unser Urteil fällt sicher nicht immer nur euphorisch aus – dafür haben wir uns in den vergangenen Jahren zu intensiv mit professionellen Unix- und zunehmend auch Linux-Systemen beschäftigt. So mussten wir bei vielen Gelegenheiten feststellen, dass auch bei Windows 2000 nicht alles so ist, wie es ein Administrator und Systemverwalter gerne sehen würde.

Dieses Buch richtet sich in erster Linie an den Administrator und den Netzwerkverantwortlichen: Denn bei Windows 2000 Server muss er viele Dinge gänzlich anders anpacken, als er es bisher auf der Windows-Plattform gewohnt war. Ihm stehen seine gewohnten Tools häufig nicht mehr zur Verfügung, und er sieht sich zudem mit vollkommen neuen Konzepten konfrontiert. Mit diesem Buch steht ein praktisch orientierter Ratgeber zur Verfügung, der dabei hilft, sich möglichst schnell mit Windows 2000 Server vertraut zu machen.

Die zweite Triebfeder für dieses Werk ist der große Bereich der Sicherheit für verteilte Netzwerke. Hier bietet Windows 2000 Server eine deutlich erweiterte Infrastruktur an, vergleicht man es mit den Produkten, die bislang aus dem Hause Microsoft verfügbar waren. Daher stellt der Sicherheitsaspekt den zweiten roten Faden dieses Buches dar. IPSec, PKI, Kerberos, EFS – so lauten die neuen Schlagworte aus dem Sicherheitsbereich, die wir vom Konzept her vorstellen und deren Konfiguration wir ebenfalls erläutern.

Wer heute mit Netzwerklösungen arbeitet, wird selten nur mit einer Betriebssystem-Plattform umgehen: Heteroge IT-Landschaften sind hier an der Tagesordnung. Das scheint auch Microsoft endlich verstanden zu haben, denn Windows 2000 Server unterstützt nicht nur weitaus mehr Standardprotokolle aus der Welt der Netzwerke und des Internets als andere Windows-Systeme, sondern auch die Integration mit anderen Betriebssystemen gestaltet sich hier weitaus einfacher. Deshalb haben wir auch das abschließende Kapitel unseres Buches diesem Thema gewidmet, denn die Zeiten der »geschlossenen Welten« sind unserer Meinung nach mit diesem Windows-Release endgültig vorbei.

Danksagung

Ohne die Unterstützung von vielen Firmen wäre dieses Buchprojekt von vornherein zum Scheitern verurteilt gewesen. Speziell für ihre Hardware-Leihstellungen sei den Firmen 3COM, Adaptec, Cisco Systems, Hewlett-Packard, IBM, Polycon/ Cybex, Seagate Technology sowie Siemens Nixdorf und Compaq Computer in München gedankt.

Ein besonderer Dank für die Unterstützung im Bereich Software rund um Windows 2000 an Herrn Vahle von der Firma NetManage. Für die Evaluationsversion von ViewNow auf der Buch-CD-ROM ebenfalls herzlichen Dank.

Aus dem Hause Microsoft gilt vor allem der Presseabteilung sowie dem Produktmanagement – in Form von Herrn Alfons Stärk – unser besonderer Dank.

Einleitung: die Windows 2000-Familie

Nun ist Windows 2000 endlich auf dem Markt. Das mehrmalige Verschieben des Erscheinungszeitpunktes, die Umbenennung von Windows NT 5 auf Windows 2000 aber auch das aufwändige Beta-Tester-Programm – all diese Aktionen hatten zur Folge, dass der jüngste Betriebssystem-Spross aus dem Hause Microsoft nicht aus den Schlagzeilen kam.

Erst die fast schon hämischen Kommentare über die Verschiebung des Projektzeitplans, dann die Anmerkungen über Fehler in den verschiedenen Phasen des Betatests – das Lager der Kritiker hatte immer genügend Stoff um sich auszutoben. Doch wie so oft in der »Computerei« muss der Anwender die vielen Werbesprüche aus der Marketing-Ecke ignorieren und sich möglichst an den Fakten orientieren. Nur so kann man sich ein vergleichsweise objektives Urteil bilden.

Auf den ersten Blick erscheint bei Windows 2000 alles irgendwie bekannt, doch schnell wird der Interessent erkennen, dass viel Neues dazugekommen ist. Gewohnte Tools findet man erst nach langwierigem Suchen, einige Werkzeuge existieren gar nicht mehr, ihre Arbeit übernehmen andere Programme. Alles in allem wird die Umstellung einer Netzwerkarchitektur auf Windows 2000 Server nicht zum Kinderspiel. Viel neues Wissen ist gefragt – Microsoft bietet zwar enorm viel Dokumentation, doch was sind die wirklich wichtigen Faktoren?

Hier setzen wir mit diesem Buch an. Die Netzwerkkonzepte von Windows 2000 Server, die grundlegenden Netzwerkdienste, die bei diesem Betriebssystem bereits »eingebaut« sind und natürlich der Umgang mit dem Active Directory – sie alle sind für den Administrator verständlich aufbereitet und zeigen anhand konkreter Beispiele, wie sich diese Dienste konfigurieren, einsetzen und auch optimieren lassen.

Dabei spielt neben allen Vernetzungsthemen der Aspekt der Sicherheit eine wesentliche Rolle. Hier wartet Windows 2000 Server mit vielen Neuerungen auf, die für viele Netzwerkverwalter Neuland darstellen. IPSec, PKI-Infrastuktur, Kerberos, Encrypting File System – so lauten hier die Schlagworte.

Wichtig für unsere Buchkonzeption war aber auch der Punkt »Integration von Windows 2000 Server in heterogene Umgebungen«. Vor allem die Koexistenz mit Unix/Linux-Systemen wollten wir nicht außer Acht lassen. Hier gibt es speziell in den Infrastrukturbereichen – wie etwa dem DNS – Problemzonen, die von der offiziellen Microsoft-Dokumentation nicht klar genug angesprochen werden.

Das Marktumfeld

Um den Erfolg eines Betriebssystems abzuschätzen, gilt es, neben all den technischen Kriterien auch noch die Marktgepflogenheiten mit einzubeziehen. Und hier ist mittlerweile in den Unternehmen eine Einschätzung aufgekommen, die an frühere Zeiten erinnert – als IBM noch das Maß aller EDV-relevanten Dinge war: »Wenn wir auf IBM setzen, kann das nicht so falsch sein«, so lautete die Devise, nach der viele EDV-Verantwortlichen ihre Entscheidungen rechtfertigten und auf Nummer sicher gingen. Viel Geschrei gab es gegen den Marktführer auch damals – doch die Geschichte zeigt, dass sich die technischen Innovationen abseits von IBM nicht aufhalten ließen.

Im Jahr 2000 zeigt sich ein ähnliches Szenario. Der Marktführer in Sachen Desktop ist Microsoft und auf dem Server-Bereich konnte Windows NT sich ebenfalls große Marktanteile sichern – nicht zuletzt eine Folge des fast schon totalen Erfolgs auf dem Desktop – die Mac-Fraktion möge einem hier verzeihen. Doch auch die Konkurrenz aus der Netware-Ecke will das „Server-Feld" nicht kampflos räumen und hat auch mit einigen interessanten Features aufzuwarten.

Vor allem bei der Unterstützung von heterogenen Netzwerken besitzt Novell derzeit die besseren Karten. Der NDS-Verzeichnisdienst (Novell Directory Service) kann einen großen Vorteil für sich verbuchen: Die Integration von anderen Server-Betriebssystemen wie den verschiedenen Unix-Derivaten ist damit deutlich leichter zu realisieren als mit Microsofts Active Directory. Im Gegenzug dazu hat Microsoft mit dem Aufkauf der Firma Zoomit weiteres Know-how in punkto Verzeichnis-Synchronisation dazugekauft.

Auf der anderen Seite ist noch das Unix-Lager zu nennen. Hier kristallisiert sich zumindest seit den letzten beiden Jahren die Linux-Bewegung als eine ernst zu nehmende Alternative heraus. Und selbst in Redmond wird diese Entwicklung mit großer Sorgfalt – ja geradezu schon mit Paranoia – verfolgt. Linux als Server-Betriebssystem hat in bestimmten Bereichen massive Vorteile gegenüber Windows NT. Noch schlechter wird das Ergebnis, wenn man die kommerziellen Unix-Betriebssysteme wie AIX von IBM, Solaris von Sun Microsystems oder HP-UX von Hewlett-Packard mit Windows NT vergleicht.

Bei Microsoft ist man sich sicher, dass es wohl kein Unternehmen mehr auf der Welt gibt, das eine EDV-Infrastruktur entwickeln kann, die vom Aufwand her in der Größenordnung von Windows 2000 liegt – die zig Millionen Zeilen an Quellcode sprechen für sich. Damit ist zum einen der Anspruch abgesteckt, den Microsoft an Windows 2000 stellt: Es muss die dominierende Rolle in den nächsten Jahren spielen. Zum anderen ist diese Aussage aber auch ein indirektes Zugeständnis an die Linux-Gemeinde. Denn auch hier handelt es sich um keine einzelne Firma, sondern um eine Interessensgemeinschaft, die die Synchronisation der Entwicklungsbemühungen über einige wenige Galionsfiguren fast schon perfekt abwickelt.

Eine weitere treibende Kraft lässt sich unter dem Begriff »Internet« aufsummieren – die Basistechnologie für die Bereiche E-Business und E-Commerce. Der Erfolg dieses weltumspannenden Netzwerks und die Erschließung dieses Mediums für die kommerzielle Welt führen in letzter Konsequenz zu neuen Arten von Clients: Kompakter, mobiler, einfacher zu bedienen und überall zu erreichen lauten hier die Vorgaben. Handys und PC gehen eine Symbiose ein und – so sehen es zumindest viele Auguren der Computerindustrie – der PC wird sein Erscheinungsbild in den nächsten Jahren ändern. Wer sich auf der letzten CeBIT aufmerksam umgesehen hat, der wird hier nur mit Zustimmung antworten können.

Diese vielfältigen schönen neuen Dienste, die mit den zum Teil in die Hemdtasche passenden Client-Systemen uns allen die gewünschten Informationen und Dienstleistungen an allen Orten nahe bringen sollen, führen alle zu einem wesentlichen Punkt: Die Renaissance des Server-basierten Computings. Die Server agieren zwar sozusagen unsichtbar im Hintergrund, sind über die entsprechenden Netzwerke – drahtlos oder aber über die modernste Kabeltechnologien – mit den Endgeräten verbunden. Doch den Servern fällt die Schlüsselrolle zu.

Alles was mit der Präambel »E-« beginnt, kann nur dann finanziell erfolgreich funktionieren, wenn die Server »allzeit bereit« sind. Die »hohe Verfügbarkeit« verlangt nach den fünf Neunern: 99,999 Prozent Systemverfügbarkeit lautet das Schlagwort. Zeiten für einen Neustart – etwa nach dem Installieren einer Anwendung – sind dabei nicht mehr tolerabel. Wenn keine Ausfallzeiten sich zu Millionenverlusten addieren, wenn die Systeme einen Anstieg der Zugriffszahlen von 100 auf 100.000 pro Stunde binnen Sekunden schaffen, wenn keine Hacker mehr einen Anbieter mehr durch die typischen Angriffe mehr zur Aufgabe zwingen – dann sind die Weichen in Richtung Erfolg gestellt.

Die Familienmitglieder

Vor diesem Szenario kommt nun Windows 2000 auf den Markt. Genauer gesagt, die ersten drei Vertreter dieser Betriebssystemfamilie:

- Windows 2000 Professional,
- Windows 2000 Server und
- Windows 2000 Advanced Server.

Der vierte Vertreter, der Windows 2000 Datacenter Server, hat noch einiges an Entwicklungsarbeit vor sich, ehe er in der endgültigen Version zu den Interessenten gelangt.

Vieles wurde bei Windows 2000 vollkommen neu gemacht. Aber nicht nur unter der Haube, auch in der Bedienerschnittstelle kamen deutliche Änderungen dazu. Das ist allerdings für gestandene Windows-NT-Anwender und -Administratoren zumindest in der Umstellungsphase eher ein Hindernis: Viele Dienstprogramme heißen anders, sind in anderen Menüs versteckt und auch die bekannten Icons wurden geändert. Zuerst ist daher eine umfangreiche Neuorientierung angesagt – aber zum Glück gibt es ja entsprechende Bücher und Schulungen!

Windows 2000 Professional

Bei dieser Variante von Windows 2000 handelt es sich um den Client für das neue Betriebssystem, der für den Einsatz in einem »professionellen Umfeld« – also nicht für den »Spiele-PC« zu Hause – optimiert wurde. Dieser Client fügt sich derzeit am besten in die neue Infrastruktur ein und bietet auch sonst einige Vorteile, die bislang in der Windows-NT-Welt nicht zum Einsatz kamen: Zusätzliche Hardware-Unterstützung – erinnert sei hierbei nur an moderne, USB-konforme Peripheriegeräte – aber auch die Plug&Play-Eigenschaft machen das Arbeiten mit diesem System einfacher als das mit den Vorgängern möglich war. Die Einfachheit zeigt sich aber auch in den geringeren Betriebskosten, das Management von Hard- und Software auf diesen Clients wurde gegenüber der Vorgängerversion massiv verbessert.

Ein weiteres Attribut betrifft die Zuverlässigkeit. Vorbei sind die Zeiten, in denen die Installation von Anwendungsprogrammen die Stabilität des Betriebssystems massiv negativ beeinflussen konnte. Denn die System-DLLs dürfen nicht mehr von einer beliebigen Anwendung »ausgetauscht« werden. Diese Vorgehensweise zwingt die Anwendungsprogrammierer dazu, sich an sinnvolle Konventionen zu halten.

Unter dem Sicherheitsaspekt ist noch zu betonen, dass die Integration in das Active-Directory-Konzept von Windows 2000 sozusagen die Basis für eine sichere Netzwerkinfrastruktur gelegt wird. Zudem kann Windows 2000 Professional mit den mobilen Systemen – den Notebooks – wesentlich besser umgehen, als das noch bei Windows NT Workstation der Fall war. Außerdem kann die Professional-Version mit bis zu zwei Prozessoren im System vernünftig umgehen – damit skaliert dieses System deutlich besser.

Windows 2000 Server

Für die »leichteste« der Server-Version von Windows 2000 lauten die Systemvoraussetzungen: Als CPU sollte zumindest ein 133-MHz-Pentium zum Einsatz kommen. Dabei sind 256 Mbyte RAM empfohlen (Minimalwert: 128 Mbyte, maximal 4 Gbyte). Bis zu vier Prozessoren können im Server stecken, die Windows 2000 Server im Sinne des Symmetrischen Multiprozessing (SMP) verwenden kann.

Dieses Zitat von der Microsoft-Website sollte man nicht als eine Empfehlung für ein System unter Last verstehen. Im Verlauf des Schreibens dieses Buches kamen verschiedene Testsysteme im Netzwerk zum Einsatz. Das »kleinste« System war mit einem 200-MHz-Pentium-Prozessor und 128 Mbyte RAM ausgestattet. Doch wenn auf dem Server typische Konfigurationsarbeiten anfielen, dauert es schier endlos, bis der Server endlich mit der Erfolgsmeldung aufwarten konnte. Eine vernünftige Konfiguration besteht aus einem 500-MHz-System (Pentium II/III oder AMD-Athlon) mit 256 Mbyte RAM.

Die Kombination aus Windows 2000 Professional und Windows 2000 Server führt zu einer Reduktion der Aufwendungen, die im Bereich des Managements anfallen. Zu diesen Verbesserungen zählen die folgenden Eigenschaften:

- Windows Management Services; hierunter fallen Funktionen wie das Active Directory (darauf basierend ein gemeinsamer Locator- und Richtlinien-Dienst), eine umfangreiche Unterstützung für das Scripting (im Rahmen des Windows Scripting Host, WSH) sowie eine gemeinsame Administrationsoberfläche (die Microsoft Management Console, MMC).
- Änderungen und Konfigurationsmanagement; Verwaltung von alleinstehenden Computern sowie das Intellimirror-Konzept, hinter dem sich die zentralisierte Kontrolle der Benutzerdaten und Einstellungen verbirgt. Dazu kommt noch eine zentralisierte Installation von Anwendungsprogrammen sowie sogar die Remote-Installation des Betriebssystems.

Windows 2000 Advanced Server

Eine weitere Stufe höher liegt der »Advanced Server«. Er enthält alle Eigenschaften und die gesamte Funktionalität von Windows 2000 Server. Zusätzlich bietet er jedoch spezielle Eigenschaften, wie sie für Mission-Critical-Server (etwa eine höhere Verfügbarkeit und größere Skalierbarkeit) heutzutage notwendig sind.

Die zusätzlichen Eigenschaften von Windows 2000 Advanced Server schließen folgendes ein:

- Die »Clustering Services« ermöglichen Hochverfügbarkeits-Cluster mit zwei Knoten auf normaler PC-Server-Hardware.
- Die Unterstützung von mehr Hauptspeicher erlaubt deutlich mehr verfügbaren Speicher für Anwendungen und damit entsprechend erhöhten Systemdurchsatz.

Die Achtfach-SMP-Server-Lizenz bietet die Möglichkeit mit Windows 2000 Advanced Server auf Maschinen mit bis zu acht Prozessoren in einer SMP-Konfiguration zu arbeiten. Damit lässt sich auch eine anfängliche Lastverteilung erzielen.

Windows 2000 Datacenter Server

Die Vorgaben für den Datacenter Server gehen schon in Richtung mittelgroße Server. Er unterstützt bis zu 32 Prozessoren und einen maximalen Speicherausbau von 64 Gbyte RAM. Neben den bereits im Windows 2000 Advanced Server enthaltenen Eigenschaften bietet der Datacenter Server zudem noch zusätzliche Optimierung für Anwendungsbereiche wie das OLTP, Daten Warehousing, Technisches Computing und Modellierung. Mehr ist zur Zeit zum größten Vertreter von Windows 2000 noch nicht zu sagen – selbst der Zeitpunkt für den Start des Verkaufs steht noch in den Sternen.

Migration

Für die möglichst problemlose Einführung von Windows 2000 bietet Microsoft eine Vielzahl von Szenarien. Dabei zeigt sich aber in den meisten Fällen: So absolut einfach ist diese Migration nicht. Der beste Weg wäre eine komplette Neuinstallation, vor allem weil mit dem Active Directory sich die Organisationsstruktur eines Unternehmens deutlich eleganter und flexibler nachbilden lässt. Doch die zum Teil enormen Investitionen – und die Zeitdauer für eine Umstellung – sprechen hier zumeist dagegen.

Ein Unternehmen, das bislang komplett auf die Windows-NT-Schiene gesetzt hat, bekommt diese Einstellung auf alle Fälle honoriert. Denn der Umstieg – genauer gesagt die Migration – geht hier am besten von der Hand. Indizien für diese Aussage kommen in den Kapiteln zum Active Directory zur Sprache.

Auch die Verwaltung der Systeme – über die MMC – kann von jedem Windows-2000-System (also auch von der Professional-Version) aus erfolgen, andere Plattformen allerdings bleiben außen vor, denn die MMC ist nicht auf Unix/Linux oder Netware einsatzbereit.

Über die Art und Weise der Migration streiten sich die Gelehrten. Die typischen Microsoft-Vorgaben – sei es im Rahmen der einschlägigen White Papers aber auch die bereits verfügbaren Schulungsunterlagen – setzen auf den Server-zentrischen Ansatz: Erst die bestehenden PDC umstellen, dann die BDCs folgen lassen und danach die Clients aktualisieren. Doch hierbei sollte man sich auf alle Fälle klar machen, dass die Planung der Domänen nicht eben mal schnell so aus dem Ärmel geschüttelt werden kann. Hier ist der Schiffbruch vorprogrammiert.

Daher raten einige Gurus zu einem anderen Modell: Die Professional-Version überzeugt mit sehr vielen Verbesserungen im Vergleich zu Windows NT Workstation, dass man durchaus auch erst die Clients umstellen kann. Und erst später dann die Server – erst die PDC dann die BDC – auf Windows 2000 herüber zieht. Damit ist aber auch Zeit für das Neudesign der Domänenstruktur gewonnen.

Die Frage der Migration konzentriert sich aber auch auf die Anwendungsbereiche, für die Windows 2000 eingesetzt werden soll. Im Bereich der Web-Server verspricht die Version 5.0 des Internet Information Server (IIS) – sie ist im Lieferumfang von Windows 2000 Server enthalten – einen großen Schritt nach vorne. Er beherrscht vor allem wesentlich besser als sein Vorgänger die Integration von Web-zentrischen Applikationen.

Für die »normalen« Anwendungen im Bereich der unternehmensweiten EDV bringt Windows 2000 ebenfalls massive Verbesserungen. Mehr Stabilität – im Testnetz waren seit dem Release Candidate 3 von Windows 2000 Server keine unerklärlichen Abstürze mehr zu verzeichnen, und die endgültigen Versionen, Professional wie auch Server, verrichten klaglos ihre Dienste – und die weitaus besseren Sicherheits-Features sprechen für sich. Auch die kommende Version des Exchange-Server wird zeigen, wie viel Integration eine Anwendung mit dem Betriebssystem eingehen kann und wie viel Aufwand sich bei der Programmierung sparen lässt, wenn man sich bei seinem Softwaredesign auf die vorhandenen Konzepte von Windows 2000 bezieht – als Beispiel sei nur das Active Directory genannt.

In den einschlägigen Newsgroups aber mehren sich die Anzeigen, dass beispielsweise über den Index-Server Sicherheitsrisiken nicht 100-prozentig geschlossen werden konnten. Erst ein Patch soll hier Abhilfe schaffen. Doch wer zu lange auf den Einsatz von Windows 2000 wartet, der kann sich zwar einiges an Lehrgeld sparen, doch bleibt die Frage immer bestehen, wann denn der beste Zeitpunkt für die Umstellung gekommen ist. Es muss eben jeder für sich entscheiden, wann er diesen Schritt vollziehen will – der Autor hat sein Produktiv-Netzwerk bereits umgestellt und diesen Schritt noch nicht bereut.

Sicherheitsaspekte

Das Thema Sicherheit wird zu einem zentralen Faktor, der für den unternehmensweiten Einsatz von Windows 2000 spricht. Der Schutz der Dateien von einem unzulässigen Zugriff, die Vollständigkeit und auch Integrität der Daten sowie die sichere Autorisierung von Benutzern im System sind die drei wesentlichen Eckpunkte.

Sicherheit und das zugehörige Verwalten dieser Einstellungen – unter der Bezeichnung Sicherheitsmanagement bekannt – durchzieht nicht nur Windows 2000. Vielmehr ist diese Idee in allen Teilbereichen fest verankert. Und über den Sicherheits-Konfigurations-Editor – erneut ein Snap-In für die MMC – hat der Administrator diese Einstellungen auch fest im Griff.

Im Bereich des Dateisystems zeigen sich die zugehörigen Optimierungen sehr deutlich. Die Version 5.0 des NTFS – die bei Windows 2000 zum Einsatz kommt – offeriert alle notwendigen Vorkehrungen, um den Zugriff auf die Dateien und Verzeichnisse exakt kontrollieren zu können. Zudem kommt mit dem Encrypting Filesystem (EFS) noch die Möglichkeit der Verschlüsselung ins Spiel.

Eine weitere Neuerung in der Windows-Welt kommt bei der Authentifizierung von Benutzern ins Spiel. Hierbei setzt Microsoft auf die Version 5 des Protokolls Kerberos. Damit fließt ein weiterer Standard aus der »offenen Welt« in den jüngsten Betriebssystemspross aus Redmond ein. Aber auch Standards wie IPSec (auch als IP Sicherheit bekannt) oder die Authentifizierung über Smartcards heben die Sicherheit auf eine Stufe, die deutlich über der Vorgängerversion liegt.

Resümee

Aus all diesen Blickwinkeln betrachtet, verspricht Windows 2000 vor allem für reine Microsoft-Umgebungen der große Wurf zu sein. Die Integration von anderen Plattformen wird sicher verbessert werden – das wird neben Microsoft noch andere Software-Hersteller auf den Plan rufen. Microsoft schottet sich in einigen

Bereiche zwar noch dagegen ab, doch generell sind die Schnittstellen so gehalten, dass ein Aufsetzen machbar erscheint. Und was in der ersten Version von Windows 2000 noch fehlt, das kann der Hersteller sicher in den wohlbekannten Dosierungen – den Servicepacks – Schritt für Schritt später hinzufügen.

Kapitel 1

Die Basis – TCP/IP in Windows 2000 Server

Zu Zeiten von Windows 3.1 war es noch nötig, separate Softwaremodule in Windows-Systeme einzubinden, damit diese Rechner auch in heterogenen Netzen zum Einsatz kommen konnten. Ab dem Jahr 1990 setzt auch Microsoft vollständig auf TCP/IP als Standardprotokoll für die Netzwerkanbindung. Mit dem Betriebssystem Windows NT 3.5 präsentierte der Hersteller einen völlig überarbeiteten TCP/IP-Stack, der die Grundlage aller weiteren Entwicklungen in diesem Bereich bei Microsoft legte. Es handelte sich dabei um eine 32-Bit-Implementierung des Standard-Protokolls TCP/IP, das in vielen Bereichen speziell für das Windows-Betriebssystem angepasst wurde.

1.1 Überblick über Microsoft TCP/IP

Die TCP/IP-Suite von Microsoft enthält neben den Kernel-Modulen für die verschiedenen Protokolle unter anderem noch verschiedene Dienste (Services) und natürlich die Schnittstellen zwischen den einzelnen Modulen. Die Spezifikationen für das Transport Driver Interface (TDI) und für das Network Device Interface (NDIS) werden von Microsoft im NT Device Driver Kit (DDK) zur Verfügung gestellt. Zusätzlich existieren noch eine ganze Reihe von Schnittstellen auf höherer Ebene, die dazu dienen, die Verbindung zu Anwendungen im User-Modus zu ermöglichen. Die Abbildung 1.1 gibt einen schematischen Überblick über den Aufbau des Netzwerkmodells von Microsoft-TCP/IP.

Mit Windows 2000 stehen erstmals auch Plug&Play-Fähigkeiten auf einer Windows NT-Plattform zur Verfügung. Mit diesen schon in Windows 9x-Systemen eingeführten Möglichkeiten werden eine ganze Reihe von Bus-Systemen und andere Hardwarestandards unterstützt. Für den Netzwerkbereich bedeutet diese neue Fähigkeit des Betriebssystems vor allen Dingen, dass auch Netzwerkschnittstellen und -Karten automatisch konfiguriert werden: Zu jeder Zeit kann nun eine neue Karte oder Schnittstelle zum System hinzukommen. Alle Komponenten des TCP/IP-Stack wurden deshalb angepasst, um die Plug&Play-Merkmale unter Windows 2000 zu unterstützen.

Mit Windows 2000-TCP/IP wird eine Unterstützung für die folgenden Arten von Netzwerkverbindungen angeboten:

- Ethernet,
- FDDI,
- Token Ring (802.5),
- ATM,
- ARCNET und
- WAN-Verbindungen, beispielsweise über ISDN, X.25 und Wählleitungen.

Die Microsoft Netzwerkprotokolle nutzen die Network Device Interface Specification (NDIS), um über diese Schnittstellen mit der entsprechenden Treibern der Netzwerkkarten zu kommunizieren. Zu den Neuerung gehört es, dass mit der Version NDIS 5.0 nun auch ein Power-Management für Netzwerkkarten unterstützt. Dadurch ist NDIS in der Lage, auch die Netzwerkkarten entsprechend »herunterzufahren«, wenn das System beispielsweise in den Standby-Modus wechselt. Zusätzlich kann auch das Abziehen des Netzwerkkabels eine Anforderung auslösen, die Netzwerkkarte herunterzufahren. Selbstverständlich funktioniert das nur, wenn die Netzwerkkarte diese Funktionalität auch zur Verfügung stellt.

Das NDIS-Powermanagement kann erst aktiv werden, wenn absolut keine Netzwerkaktivität mehr festzustellen ist. Deshalb müssen alle Netzwerkkomponenten, die auf die Netzwerkkarte aufsetzen, dieser Anforderung »zustimmen«. Sind noch irgendwelche Aktionen auf dem Netzwerk aktiv oder werden offene Dateien über das Netzwerk bearbeitet, so kann jede involvierte Komponente diese Anforderung blockieren. Es ist jedoch durchaus möglich, den Rechner aus einem niedrigen Level durch ein Ereignis im Netzwerk wieder »aufzuwecken«. Ein solches Signal kann durch verschiedene Ereignisse im Netzwerk ausgelöst werden:

- es wird eine Veränderung in der Netzwerkverbindung festgestellt (beispielsweise wird ein Kabel wieder angeschlossen),
- ein so genannter *Wakeup Frame* wird über das Netzwerk geschickt oder
- ein *Magic Packet* wird empfangen.

Bei dem Magic Packet handelt es sich um ein spezielles Netzwerkpaket, das sechzehn fortlaufende Kopien der Ethernet-Adresse der empfangenden Netzwerkkarte enthält.

Mit dem Erscheinen des Windows 2000 Servers wurden die TCP/IP-Komponenten des Betriebssystems um eine ganze Reihe von Merkmalen erweitert. Diese Neuerung sollen vor allen Dingen dabei helfen, die Konfiguration einzelner Subnetze zu vereinfachen und laut Microsoft natürlich auch die Performance von TCP/IP deutlich zu erhöhen. Diese Vorteile kommen besonders in solchen Netzwerken zu tragen, die mit hohen Bandbreiten und Geschwindigkeiten betrieben werden.

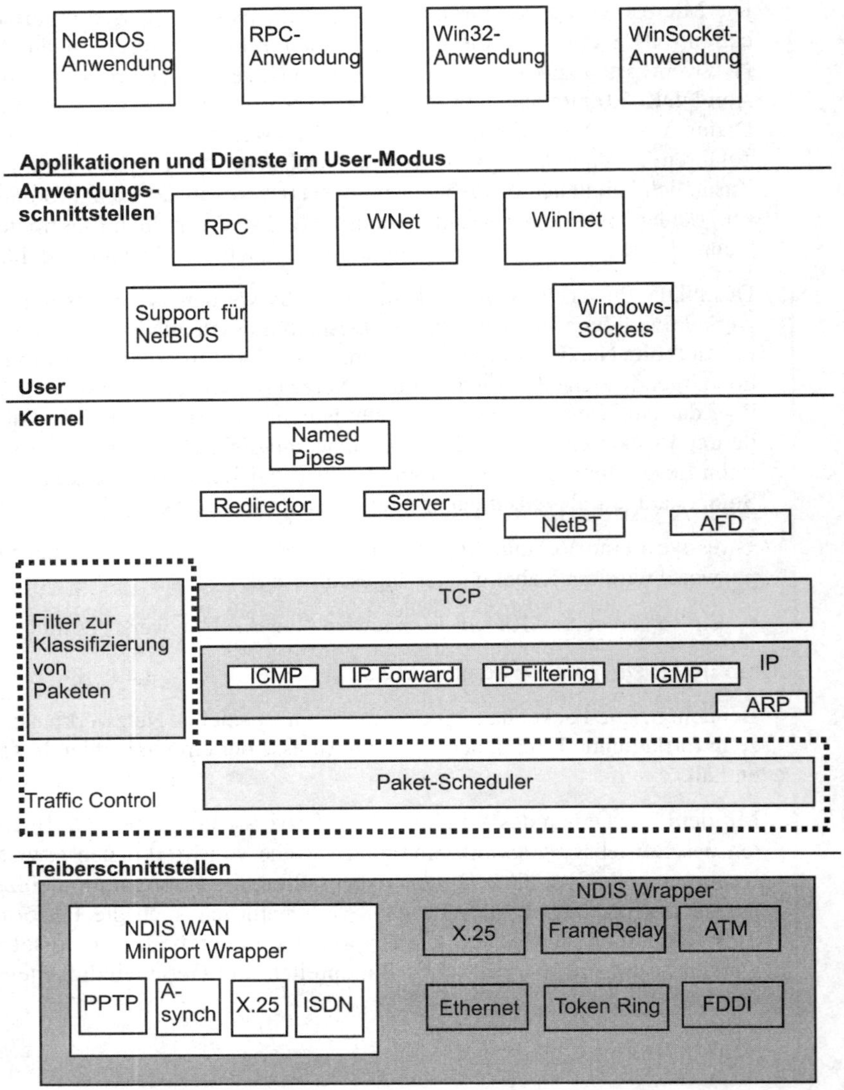

Bild 1.1: Das Netzwerkmodell von TCP/IP unter Windows 2000.

1.2 Neue TCP/IP-Merkmale unter Windows 2000

Zu den neuen Merkmalen, die dem Anwender bei Windows 2000 zur Verfügung stehen, gehören:

- automatische private Adresskonfiguration (APIPA = Automatic Private Adress Configuration),
- größeres TCP-Fenster (TCP Window),
- selektive Bestätigung (Acknowledgement),
- bessere Abschätzung der RTT (Roundtrip Time),
- automatisches Auffinden von ICMP-Routern (Internet Message Protocol),
- DNS Caching (Domain Name Services) und
- die Möglichkeit, NetBIOS über TCP/IP selektiv auszuschalten.

1.2.1 APIPA (Automatic Private Adress Configuration)

Mit Hilfe dieses neuen Merkmals wird es unter Windows 2000 möglich, die Konfiguration von TCP/IP-Adressen auch in solchen Subnetzen zu automatisieren, die keinen eigenen DHCP-Server (Dynamic Host Configuration Protocol) besitzen. Standardmäßig wird ein Computer unter Windows 2000 zunächst immer versuchen, einen DHCP-Server in seinem Subnetz zu kontaktieren, um auf diese Weise eine TCP/IP-Adresse zu erhalten:

- Kann er einen DHCP-Server erreichen und liefert der Rechner die benötigten Informationen, so ist die TCP/IP-Konfiguration damit in der Regel erfolgreich beendet.
- Wird allerdings kein DHCP-Server erreicht, so war bisher ein manuelles Eingreifen des Anwenders durch die Vergabe einer IP-Adresse zwingend notwendig, um die Konfiguration abzuschließen. Unter Windows 2000 kann der Rechner nun auf APIPA zurückgreifen.

Beim Einsatz von APIPA übernimmt der Windows 2000-Rechner diese Aufgabe automatisch. Dazu wählt er eine Adresse aus einem reservierten Bereich aus, der zwischen den Adressen `169.254.0.1` und `169.254.255.254` liegt. Diese Adresse wird dann solange als temporäre IP-Adresse verwendet, bis ein entsprechender DHCP-Server erreichbar ist. Die Subnet-Maske wird dabei ebenfalls automatisch auf den Wert `255.255.0.0` gesetzt. Dieser Bereich der APIPA-Adresse wurde durch die Internet Assigned Number Authority (IANA) festgelegt, sodass auf diese Art und Weise auch sichergestellt ist, dass eine solche Adresse nicht im Internet verwendet wird. Für den SOHO-Bereich (Small Office, Home Office) ist diese Art der Adresskonfiguration ebenso ideal, wie für kleine LANs, die nicht mit dem Internet verbunden sind. Sie enthebt den Administrator davon, jeden einzelnen Rechner manuell zu konfigurieren oder in diesen kleinen Netzwerken einen speziellen DHCP-Server aufsetzen zu müssen.

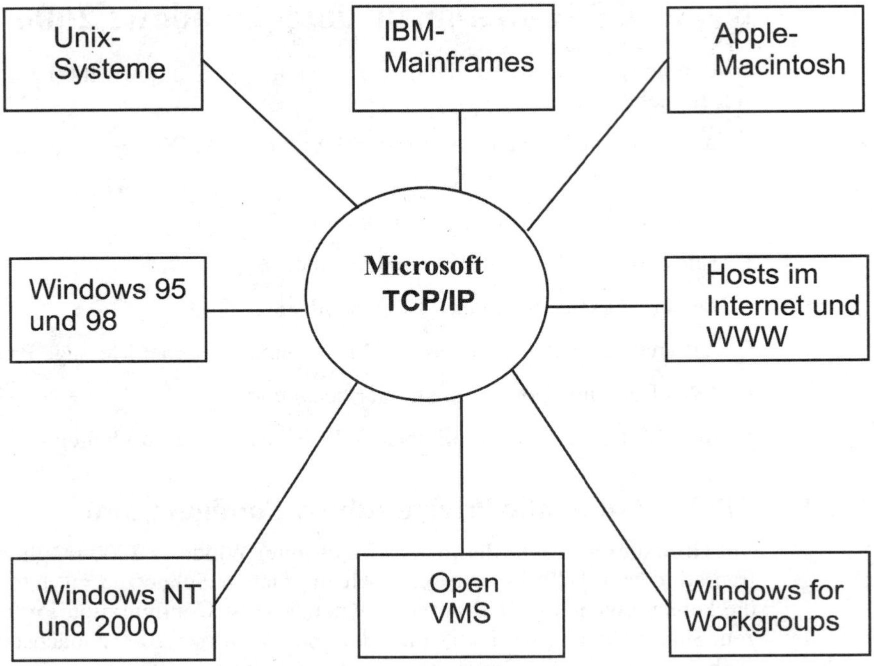

Bild 1.2: Durch den Einsatz von TCP/IP kann Windows 2000 im Netzwerk mit allen modernen Betriebssystemen problemlos zusammenarbeiten.

1.2.2 Größere TCP-Fenster

Unter der Fenstergröße (Windows Size) wird beim TCP-Protokoll die maximale Anzahl von Datenpaketen verstanden, die gesendet werden können, ohne dass auf eine positive Rückmeldung (Acknowledgment) gewartet werden muss. Werden diese »Fenster« größer, so wird natürlich auch die Geschwindigkeit der Übertragung gesteigert, da weitaus größere Datenmengen zwischen dem Sender und dem Empfänger verschickt werden können. Bei einer typischen TCP-basierten Verbindung ist dieses Datenfenster in der Regel auf einen Maximalwert von 65 Kbytes limitiert. Das liegt daran, dass der TCP-Header ein 16 Bit großes Feld verwendet, um dem Empfänger mitzuteilen, wie groß dieses TCP-Fenster sein kann. Durch solch eine Beschränkung kann der Wert nur die Größe 2^{16} = 65 Kbyte erreichen.

Mit der neuen Skalierungsoption, die im RFC (Request for Comments) 1323 unter dem Titel *TCP Extensions for High Performance* beschrieben wird, ist es möglich, das TCP-Fenster auf 32 Bit zu erweitern. Mit einem speziellen Skalierungsfaktor kann dieser Wert dann auf das 16 Bit große Feld übertragen werden, das im TCP-Header den Wert für das TCP-Fenster enthält. Dieser Skalierungsfaktor wird in einer neuen TCP-Option weitergegeben, die mit *Window Scale* bezeichnet wird.

Art = 3	Länge = 3	shift.cnt

Bild 1.3: Die neue TCP-Option *Window Scale* wird einem drei Byte großen SYN-Segment des TCP-Headers übermittelt.

Durch Einsatz dieser TCP-Option ist es möglich, die aktuelle Fenstergröße während einer Übertragung dynamisch neu zu berechnen. Auf diese Weise kann eine größere Anzahl von Paketen gleichzeitig übertragen werden, was den Durchsatz deutlich erhöht.

1.2.3 Selektive Bestätigung

Die Bestätigung der empfangenen Segmente erfolgt in einer TCP-basierten Übertragung in der Regel kumulativ. Das bedeutet, von TCP werden nur solche Elemente als empfangen bestätigt, die mit Segmenten zusammenhängen, die bereits zuvor übertragen wurden. Allerdings passiert es bei einer TCP-Verbindung recht häufig, dass Segmente nicht in der richtigen Reihenfolge empfangen werden. Das bedeutet, sie kommen nicht in der Abfolge an, in der sie gesendet wurden. Der Empfang solcher nicht zusammenhängender Segmente wird von TCP nicht extra bestätigt. Nun verlangt TCP aber, dass alle Segmente innerhalb eines relativ kurzen Zeitabschnitts empfangen und bestätigt werden. Ansonsten müssen die fehlenden und alle nachfolgende Segmente ein weiteres Mal übertragen werden.

Bei der selektiven Bestätigung handelt es sich ebenfalls um eine neue TCP-Option, die im RFC 2018 TCP *Selective Acknowlegment Options* vorgestellt wurde. Der Empfänger der Daten hat dadurch die Möglichkeit, dem Sender explizit mitzuteilen, welche Daten tatsächlich fehlen. Dann kann er die Anforderung stellen, nur und ausschließlich die Daten ein weiteres Mal zu übertragen, die er als fehlend erkannt hat. Durch das Ausnutzen dieser neuen Option, ist der Anteil der Pakete, die ein weiteres Mal übertragen werden müssen, weitaus kleiner als bisher. Dadurch wird auch die vorhandene Bandbreite eines Netzes besser ausgenutzt, was wiederum die allgemeine Performance der Übertragung heraufsetzt.

1.2.4 Bessere Abschätzung der Übertragungszeit (RTT)

Mit der so genannten Roundtrip Time (RTT) schätzt TCP die Zeit ab, die benötigt wird, um eine vollständige und komplette Kommunikation zwischen einen Sender und seinem Empfänger abzuschließen. Eine weitere neue TCP-Option mit der

Bezeichnung *TCP Round Trip Time Measurement* wird zu diesem Zweck von Windows 2000 unterstützt. Sie ermöglicht es, die Abschätzung der benötigten Übertragungszeit zu verbessern. Dies geschieht, indem RTT-Information weitaus häufiger und auch genauer berechnet wird, als das bisher bei einer TCP-Verbindung der Fall war. So stehen TCP bessere Schätzwerte zur Verfügung, um den Timer genauer einzustellen, der für die Neuübertragung von Paketen verantwortlich ist. Auch durch diese Maßnahme wird die Gesamtgeschwindigkeit und Leistung eines TCP-Netzwerks verbessert.

Ganz besonders bei Netzwerken, die von Natur aus mit längeren Übertragungszeiten zu arbeiten haben, wirkt sich der Einsatz dieser Option positiv aus. Dazu gehören zum Beispiel WANs (Wide Area Networks), die Verbindungen zwischen verschiedenen Kontinenten realisieren oder die Übertragung über Netzwerke, die Satellitenverbindungen verwenden. Auch zu dieser Verbesserungen von TCP finden sich weitere Informationen im RFC 1323 *TCP Extensions for High Performance*.

1.2.5 Automatisches Auffinden von ICMP-Routern

Nachrichten, die über ICMP, dem Internet Control Message Protocol, verschickt werden, können dazu eingesetzt werden, ICMP-Router im Netzwerk zu finden. Diese Art der Suche wird verwendet, um das Standard-Gateway in einem Netzwerksegment zu finden, wenn dieses Gateway nicht über DHCP oder manuell konfiguriert wurde. Die Router-Suche über ICMP verwendet dazu zwei verschiedene ICMP-Nachrichten:

- die Anfrage an einen Router und
- die Ankündigung beziehungsweise Antwort eines Routers.

Die Router-Anfrage wird von einem Host-Rechner in das entsprechende Netzwerk oder Netzwerksegment gesendet, um zu ermitteln, welche Router dort zur Verfügung stehen. Als Antwort auf solch eine Anfrage wird eine Ankündigung vom Router gesendet. Zusätzlich senden die Router im Netzwerk solche Ankündigungen regelmäßig aus, um so den entsprechenden Host-Rechnern im Netz mitzuteilen, dass sie verfügbar sind. Bei Windows 2000-Hosts ist diese Suche nach ICMP-Routern in der Standardeinstellung von TCP/IP bereits aktiviert.

Ein Windows 2000-Server, auf dem Routing- und RAS-Services ausgeführt werden, kann so konfiguriert werden, dass er die Suche nach ICMP-Routern unterstützt. Diese Konfiguration kann direkt im entsprechenden *Snap In* der MCC (Microsoft Management Console) vorgenommen werden. Das Bild 1.4 zeigt diese Einstellungen.

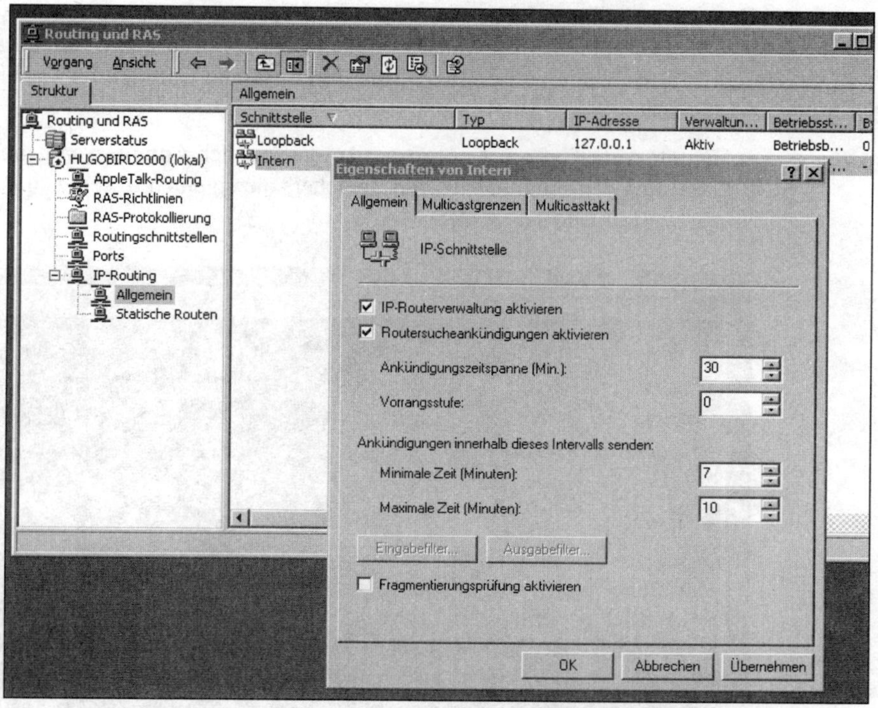

Bild 1.4: Die ICMP-Routersuche kann unter *Routing und RAS* direkt konfiguriert werden. Unter Ankündigungszeitspanne wird dabei die Zeit eingestellt, nach der ein Router als heruntergefahren angesehen wird.

1.2.6 DNS Caching (Domain Name Services)

Die Namensauflösung wird unter Windows 2000 in der Regel über den DNS-Dienst vorgenommen. Die Ergebnisse solcher Anfragen werden normalerweise auf dem Host zwischengespeichert, um so unnötige und zeitaufwändige Anfragen an einen möglicherweise stark frequentierten Server auf dem Netzwerk zu minimieren. Unter Windows 2000 ist es nun möglich, diesen Cache-Speicher anzuschauen oder explizit über einen Befehl zu leeren. Dies geschieht mit Hilfe des Befehls `ipconfig`.

Bei `ipconfig` handelt es sich allerdings um einen Befehl, der direkt an der Kommandozeile eingegeben werden muss, also keinerlei Unterstützung in Form einer Window-Oberfläche zur Verfügung stellt. Dieser für den Betrieb und die Verwaltung eines IP-Stacks sehr wichtige Befehl wird in einem weiteren Abschnitt dieses Kapitels noch eingehender vorgestellt werden. Die Arbeitsweise des Befehls wird durch verschiedene Parameter beeinflusst, von denen hier die beiden für den Zugriff auf den DNS-Cache vorgestellt werden:

- Mit `ipconfig/flushdns` wird der Cache für den Client des DNS-Dienstes geleert. Dieser Aufruf kommt besonders dann zum Einsatz, wenn es darum geht, DNS-Probleme zu beseitigen, die durch falsche Einträge im Cache-Speicher entstehen.
- Durch Aufruf von `ipconfig/displaydns` hat der Administrator die Möglichkeit, sich den Inhalt des Cache-Speichers anzeigen zu lassen. Ein Beispiel dafür wird in Bild 1.5 gezeigt.

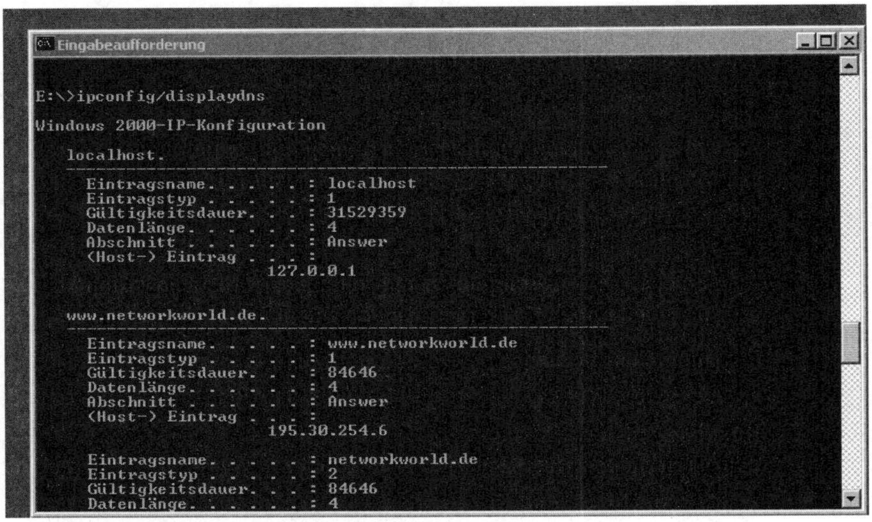

Bild 1.5: Eine Anfrage mit dem Befehl `ipconfig/displaydns` zeigt den aktuellen Inhalt des Cache-Speichers eines DNS-Clients an.

Die Anzeige des Befehls `ipconfig/displaydns` schließt sowohl die Anfragen ein, die aus einer lokalen Host-Datei geladen wurden, als auch die Einträge, die erst kurz zuvor vom System für aufgelöste Anfragen an einen DNS-Server empfangen wurden. Bei einer Anzeige des aktuellen Cache-Inhalts, wie sie in Bild 1.4 gezeigt wird, enthält die Ausgabe zumeist auch die Zuordnung des lokalen Host-Rechners zur Loopback-Adresse für IP (`127.0.0.1`).

Das liegt daran, dass eine standardmäßig auf jedem Windows 2000-Rechner vorhandene Host-Datei diesen Eintrag in der Regel bereits enthält und der Wert deshalb auch mit ausgegeben wird.

1.2.7 NetBIOS über TCP/IP selektiv ausschalten

Erstmals ist es nun bei Windows 2000 auch möglich, NetBIOS über TCP/IP (*NetBT*) jeweils für die einzelnen Netzwerkverbindungen zu deaktivieren. NetBIOS ist die Schnittstelle, auf die der *Windows Internet Naming Service (WINS)* direkt aufsetzt. Bei allen Windows-Implementierungen vor Windows 2000 und natürlich auch alle auf DOS aufsetzenden Betriebssysteme waren diese Schnittstellen unbedingt nötig, um Netzwerkfunktionen zu unterstützen.

Mit der Einführung von Windows 2000 ist diese Unterstützung von NetBIOS-Schnittstellen allerdings nicht mehr zwingend erforderlich. So kann beispielsweise eine Netzwerkumgebung, die aus Host-Computern und Programmen besteht, bei denen DNS verwendet wird, auch so aufgebaut sein, dass sie mit Hilfe von Windows 2000 und anderen Betriebssystemen ausgeführt werden kann, die keine NetBIOS-Namen erfordern. Dieser Fall trifft unter anderem auch für einige ältere Unix-Versionen zu. Bei den meisten Netzwerken müssen allerdings häufig auch solche Betriebssysteme integriert werden, bei denen NetBIOS-Netzwerknamen mit Computern unter Windows 2000 erforderlich sind.

So wurde die Möglichkeit, NetBIOS über TCP/IP zu deaktivieren insbesondere für diejenigen Rechner implementiert, die nur und ausschließlich DNS zur Registrierung und Auflösung von Netzwerknamen verwenden. Solche Computer können dann mit anderen Computern, bei denen NetBT deaktiviert ist, mit Hilfe der Komponenten Client für Microsoft Networks und Datei- und Druckerfreigabe für Microsoft Networks kommunizieren.

Häufig wird NetBT gerade bei Rechnern deaktiviert, die innerhalb eines Netzwerks eine spezielle Rolle im Sicherheitskonzept wahrnehmen. Dazu gehören beispielsweise so genannte *edge proxy server* (Grenz-Proxy-Server) oder auch Rechner, die als *Bastion-Host* in einer Firewall-Umgebung konfiguriert wurden. In solchen Konfigurationen ist eine Unterstützung von *NetBT* nicht nötig oder aus Sicherheitsgründen auch nicht erwünscht.

Allerdings sollte der Administrator gut überlegen, ob es für eine oder gar alle Schnittstellen der im Server installierten Netzwerkadapter wirklich sinnvoll ist, die *NetBT*-Unterstützung auszuschalten. Dabei sollten die folgenden Überlegungen unbedingt berücksichtigt werden:

- Der Host achtet nach dem Ausschalten weder auf den Datenverkehr am NetBIOS-Datagrammdienst, der über den UDP-Port 138 (UDP = User Datagramm Protocol) ankommt, noch auf den NetBIOS-Nameservice am UDP-Port 137 oder auf den NetBIOS-Sessionservice am TCP-Port 139.
- TCP/IP-basierende Verbindungen, die den *Client for Microsoft Networks* einsetzen oder über *File and Print Sharing for Microsoft Networks* auf andere Rechner im Netzwerk zugreifen, können dies nur noch tun, wenn auch auf diesen Rechner *NetBT* abgeschaltet wurde. Dadurch wird natürlich auch die Möglichkeit eingeschränkt, bestimmte Rechner im Netzwerk zu erkennen, beziehungsweise eine Verbindung zu ihnen aufzubauen.

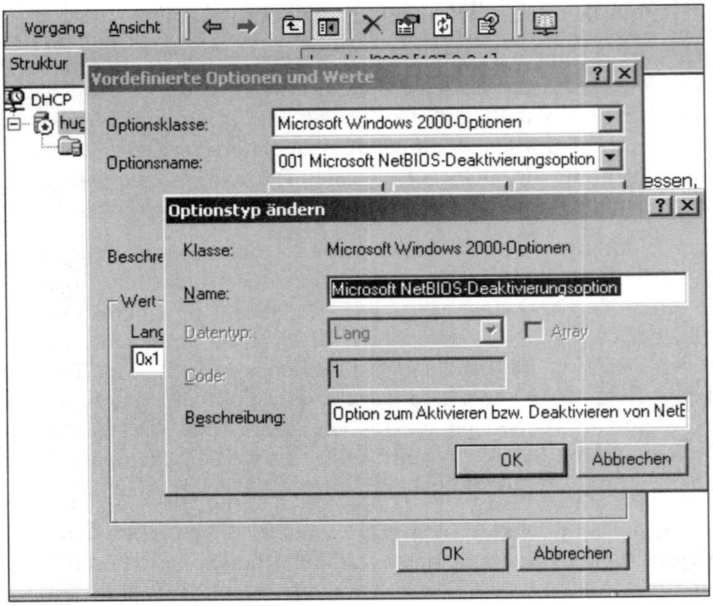

Bild 1.6: *NetBT* kann auch über eine herstellerspezifische Option des DHCP-Servers unter Windows 2000 deaktiviert werden.

- Wurde WINS auf dem Server installiert, damit er über diese Verbindung den Dienst für WINS-Clients im Netz zur Verfügung stellt, so wird das solange nicht funktionieren, bis *NetBT* wieder aktiviert wird.

Wenn ein Rechner als WINS-Client eingesetzt wird, so ist noch folgende Problematik zu beachten: Die in der TCP/IP-Eigenschaft dieser einen Netzwerkschnittstelle konfigurierten WINS-Server werden nicht automatisch auch auf andere installierte Netzwerkadapter in diesem Rechner angewandt. Damit diese Adapter WINS verwenden können, muss eine Liste mit WINS-Servern an den *NetBT*-aktivierten Verbindungen manuell konfiguriert werden. Eine andere Vorgehensweise besteht darin, über einen DHCP-Server eine Liste mit diesen Verbindungen zur Verfügung stellen.

Ein besonders gutes Beispiel für eine solche Konfiguration ist ein Server-Computer, der sowohl eine Verbindung zu einem LAN als auch eine Verbindung zu einem externen Netzwerk wie beispielsweise dem Internet besitzt. Für die Internet-Anbindung ist *NetBT* sicher nicht nötig: Es kann auf diesem Netzwerkadapter also bedenkenlos ausgeschaltet werden. Auf diese Weise kann dann der doppelt vernetzte Computer weiter als WINS-Server oder -Client für das interne Netzwerk verwendet werden, und die WINS-Clients können weiter über Verbindungen mit anderen auf dem Computer installierten physischen Netzwerkadaptern über die entsprechenden Dienste verfügen.

Durch manuelle Konfiguration der TCP/IP-Einstellung ist es bei Windows 2000-Rechnern möglich, NetBIOS zu deaktivieren. Wird der DHCP-Server auf einem Windows 2000-System verwendet, so ist es auch möglich, *NetBT* mit einer herstellerspezifischen DHCP-Option von Microsoft zu deaktivieren, wie in Bild 1.6 gezeigt wird.

1.3 Diagnosedienstprogramme für TCP/IP

Auch wenn fast alle Aufgaben der Konfiguration und Verwaltung eines Windows 2000-Systems direkt unter der Windows-Oberfläche zu lösen sind, so hat man bei Microsoft doch auf einige Standardwerkzeuge zurückgegriffen. Diese von Microsoft als TCP/IP-Diagnosedienstprogramme für 2000 bezeichneten Tools sollen den Systemprofi dabei unterstützen, TCP/IP-Einstellungen vorzunehmen oder zu überwachen, die nicht unbedingt zum »täglich Brot« des normalen Anwenders gehören. Wer schon bisher unter anderen Betriebssystemen wie Unix mit TCP/IP gearbeitet hat, kennt die meisten dieser Tools sicher schon. Allerdings hat Microsoft wie bei anderen Gelegenheiten auch, bei diesen Werkzeugen einige Standardeinstellungen und Parameter gegenüber den bekannten Anwendungen aus der Unix-Welt geändert. Deshalb werden einige Windows 2000-Dienstprogramme hier in einem Überblick vorgestellt. Andere dieser Kommandozeilen-Programme, wie etwa der `route`-Befehl, werden im weiteren Verlauf in der entsprechenden Zusammenhängen näher erläutert.

1.3.1 Der erste Test – das Ping-Programm

Das einfachste Diagnoseprogramm, das auf fast allen Betriebssystemen zur Verfügung steht, die TCP/IP für ihre Netzwerkverbindung verwenden, trägt die Bezeichnung *Ping*. Der Befehl `ping` dient dazu, die Netzwerkverbindung zu einem oder mehreren Computern zu überprüfen.

Dies geschieht dadurch, dass der Befehl ICMP-Echo-Pakete an den entsprechenden Host geschickt wird. Danach wartet der `ping`-Befehl auf die Antwort von diesem Rechner, die in Form von Echo-Antwortpaketen geschickt wird. Standardmäßig wartet der Befehl nach dem Senden eines Pakets eine Sekunde und gibt die Anzahl der empfangenen und übertragenen Pakete auf dem Bildschirm aus. Der Befehl, der natürlich nur verfügbar ist, wenn TCP/IP auf dem Rechner installiert wurde, besitzt eine ganze Reihe von Parametern, die in Unix-typischer Manier auch hier in der Form *-x* angegeben werden:

```
ping [-t] [-a] [-n Anzahl] [-l Länge] [-f] [-i TTL] [-v TOS]
[-r Anzahl] [-s Anzahl] [[-j Computerliste] | [-k Computerliste]]
[-w Zeitüberschreitung] Zielliste
```

Wird dieses Programm nur mit einem Hostnamen aufgerufen, wie es in dem Beispiel von Bild 1.7 zu sehen ist, so schickt es vier Echopakete mit je 32 Byte Daten an den anderen Netzwerkrechner. So ist es mit Hilfe der Option *-t* beispielsweise möglich, den Befehl fortlaufend Pakete an den entsprechenden Host schicken zu lassen.

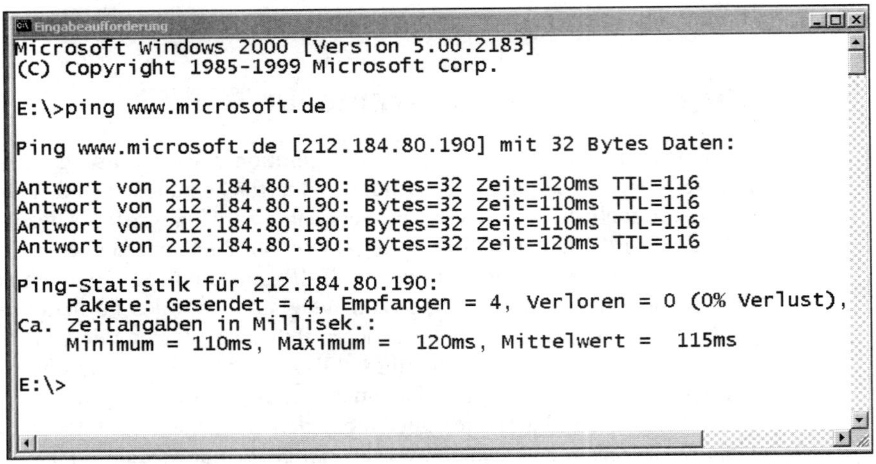

Bild 1.7: Mit Hilfe des `ping`-Befehls können sowohl die Namen als auch die Adressen anderer Rechner im Netzwerk überprüft werden.

Da der `ping`-Befehl auch den Namen eines Hosts mittels DNS auflöst, kann der Administrator mit seiner Hilfe auch sehr schnell feststellen, ob auf dem Server vielleicht ein Problem mit der Namensauflösung besteht. Wird nämlich beim Aufruf des Programms zwar die IP-Adresse bestätigt, aber der Name des gesuchten Rechners nicht gefunden, so kann man die Fehlersuche zunächst einmal auf die Konfiguration des Namen-Servers beziehungsweise der lokalen Host-Datei einschränken.

1.3.2 Alle Werte im Überblick – `ipconfig`

Werden zwecks Überprüfung der aktuellen Konfiguration von TCP/IP alle Konfigurationswerte des Netzwerkadapters benötigt, so bietet es sich an, den Befehl `ipconfig` zu diesem Zweck einzusetzen. Dieser Befehl dient hauptsächlich dazu, die verschiedenen Werte der aktuellen IP-Konfiguration anzuzeigen. Sein Einsatz wird in Bild 1.8 beispielhaft dargestellt. Hinzu kommen seine bereits im vorherigen Abschnitt beschriebenen Fähigkeiten, auch den Inhalt des Cache-Speichers eines DNS-Clients anzuzeigen.

Der Diagnosebefehl `ipconfig` kann ebenfalls mit einer Reihe von Optionen aufgerufen werden, die in diesem Fall aber mit der DOS-typischen Notation */x* an den Befehl übergeben werden:

```
ipconfig [/all | /renew [Adapter] | /release [Adapter]]
```

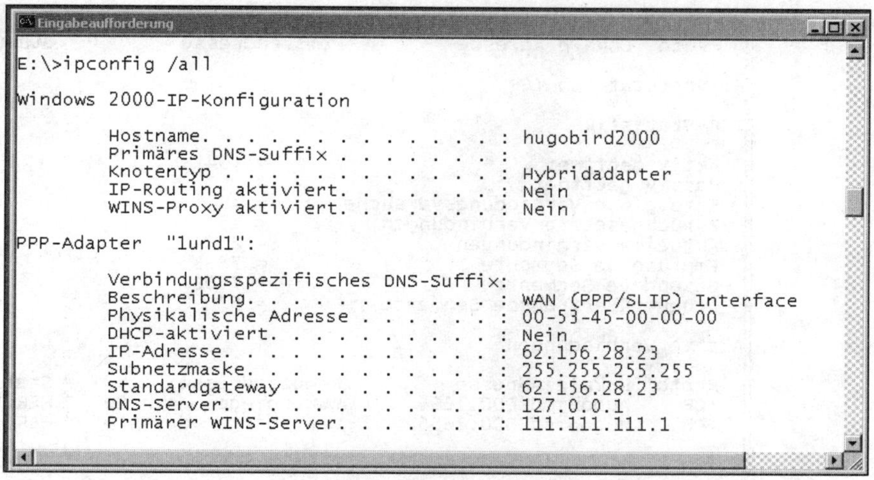

Bild 1.8: `ipconfig` dient unter Windows 2000 vornehmlich dazu, die aktuellen Werte eines TCP/IP-Netzwerkadapters anzuzeigen.

Wie in Bild 1.8 gezeigt wird, erstellt der Parameter */all* eine vollständige Anzeige der verschiedenen Konfigurationsdaten. Die beiden anderen Optionen wurden von Microsoft speziell für den Einsatz auf Windows 2000-Computern konzipiert, die im Netzwerk als DHCP-Server fungieren. Während */renew* die DHCP-Konfigurationsparameter auf dem System aktualisiert, kann durch Angabe von */release* erreicht werden, dass die aktuelle DHCP-Konfiguration wieder freigegeben wird. Dieser Parameter deaktiviert zugleich TCP/IP auf dem lokalen System, da durch diesen Aufruf alle wichtigen Information zum Betrieb der Netzwerkschnittstelle nicht mehr vorhanden sind. Natürlich stehen diese beiden Parameter nur auf Systemen zu Verfügung, auf denen der Client-Dienst von DHCP ausgeführt wird.

1.3.3 Statistik der Verbindungen – `netstat`

Um Protokollstatistiken oder auch aktuelle TCP/IP-Verbindungen anzeigen zu können, steht der Befehl `netstat` zur Verfügung.

Das Programm *netstat* liefert sehr ausführliche Informationen zu unterschiedlichen Netzwerkkomponenten des Windows 2000-Systems. Dazu gehören:

- Proto – hier findet sich das für diese Verbindung eingesetzte Protokoll.
- die lokale Adresse – zeigt die IP-Adresse (beziehungsweise den entsprechenden aufgelösten Namen, siehe Bild 1.9) und den Port, der von dieser Verbindung verwendet wird.

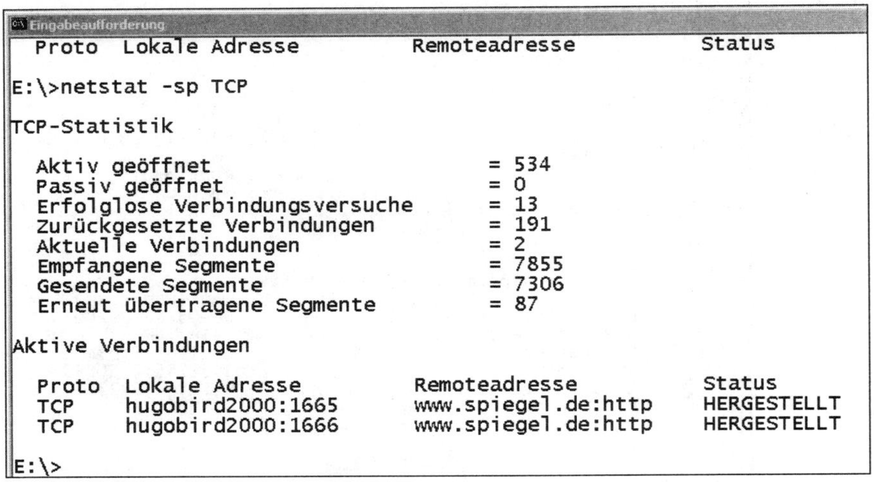

```
Eingabeaufforderung
  Proto  Lokale Adresse          Remoteadresse          Status

E:\>netstat -sp TCP

TCP-Statistik

  Aktiv geöffnet                          = 534
  Passiv geöffnet                         = 0
  Erfolglose Verbindungsversuche          = 13
  Zurückgesetzte Verbindungen             = 191
  Aktuelle Verbindungen                   = 2
  Empfangene Segmente                     = 7855
  Gesendete Segmente                      = 7306
  Erneut übertragene Segmente             = 87

Aktive Verbindungen

  Proto  Lokale Adresse          Remoteadresse          Status
  TCP    hugobird2000:1665       www.spiegel.de:http    HERGESTELLT
  TCP    hugobird2000:1666       www.spiegel.de:http    HERGESTELLT

E:\>
```

Bild 1.9: `netstat`-Ausgaben können durch eine ganze Reihe von Optionen variiert werden: Hier werden nur die Statistiken zum Protokoll TCP ausgegeben.

- die Remote-Adresse – hier gelten die gleichen Regeln wie bei der lokalen Adresse: die IP-Adresse beziehungsweise der Namen des Remote-Rechners und den Port dieses Systems, mit dem der Socket aktuell in Verbindung steht. Besteht die Verbindung noch nicht, so erscheint an dieser Stelle der Anzeige ein »*«.
- Status – zeigt den aktuellen Status der TCP-Verbindung an. Hier können neben den in Abbildung 1.9 zu sehenden Wert *Hergestellt* unter anderem auch Werte wie *Geschlossen*, *Wartend* oder *Abhören* zu finden sein.

Die Syntax von *netstat* erlaubt eine ganze Reihe von Optionen, die hier wieder in der Unix-typischen Schreibweise übergeben werden:

```
netstat [-a] [-e] [-n] [-s] [-p Protokoll] [-r] [Intervall]
```

Die auch in der Abbildung 1.9 verwendete Option *-s* hat sich in der Praxis als besonders nützlich erwiesen, da durch ihren Einsatz die Statistik nach den unterschiedlichen Protokollen sortiert ausgegeben wird. In Kombination mit dem Parameter *-p* kann diese Ausgabe weiterhin auf ein bestimmtes Protokoll hin spezifiziert werden. Die Bezeichnung des Protokolls muss dazu ebenfalls mit übergeben werden. In der Abbildung wurde durch *-p TCP* das TCP-Protokoll ausgewählt.

1.3.4 Verfolgen von Verbindungen – `tracert`

Zu den nützlichsten Werkzeugen, die für die Überwachung eines Netzwerks unter Windows 2000 angeboten werden, gehört sicher der Befehl `tracert`: er entspricht in vielen Punkten dem standardmäßigen Befehl `traceroute`, der auf vielen Unix-Systemen zu finden ist.

```
Eingabeaufforderung

E:\>tracert www.microsoft.de

Routenverfolgung zu www.microsoft.de [212.184.80.190]  über maximal 30 Abschnit
e:

  1   101 ms   100 ms   110 ms  212.185.250.105
  2   100 ms   110 ms   100 ms  193.158.137.214
  3   100 ms   111 ms   110 ms  m-ag2.m.net.dtag.de [194.25.7.213]
  4   110 ms   100 ms   110 ms  m-gw3.m.net.dtag.de [194.25.4.171]
  5   100 ms   110 ms   110 ms  M-gw12.M.net.DTAG.DE [62.156.140.129]
  6   110 ms   110 ms   120 ms  F-gw12.F.net.DTAG.DE [62.156.131.121]
  7   110 ms   110 ms   110 ms  212.185.8.164
  8   110 ms   121 ms   110 ms  S-gw13.S.net.DTAG.DE [62.156.131.134]
  9   110 ms   121 ms   120 ms  212.185.11.1
 10   110 ms   120 ms   111 ms  S-ag1.S.net.DTAG.DE [194.25.4.49]
 11   120 ms   130 ms   131 ms  212.184.81.126
 12   120 ms   130 ms   120 ms  212.184.81.126
 13   130 ms   131 ms   140 ms  212.184.80.190

Ablaufverfolgung beendet.
```

Bild 1.10: Mit `tracert` können die Routen im Netzwerk sehr gut verfolgt und so auch Problempunkte gefunden werden.

Dieses Dienstprogramm kann die Routen zu einer Netzwerkadresse aufzeigen. Es zeigt damit den Weg, den ein IP-Paket durch das Netz nehmen muss, um sein Ziel zu erreichen. Dabei werden sowohl ein Feld von IP, das die Bezeichnung *TTL* (time to live) trägt als auch die Fehlermeldungen verwendet, die das ICMP-Protokoll (Internet Message Protocol) liefert.

Auf diese Weise kann der `tracert`-Befehl den Weg über die verschiedenen Hosts im Internet nach verfolgen. In der Abbildung 1.10 ist ein solcher Aufruf am Beispiel des Weges zum Web-Server von Microsoft dargestellt. Das Programm sendet genau wie der bereits vorgestellte `ping`-Befehl ICMP-Echopakete aus. Das Besondere dabei ist, dass die TTL-Werte in diesen Paketen jeweils unterschiedlich sind. Jeder Router auf dem Pfad hat die Aufgabe, den Eintrag im TTL-Feld des IP-Datagramms um mindestens den Wert »1« herunterzusetzen.

Erhält ein Router ein Paket, bei dem sich dieser Wert bereits auf »0« befindet, so sendet er eine Meldung an den Sender zurück: »ICMP-Zeitüberschreitung«. `tracert` schickt ein erstes Paket mit dem TTL-Wert »1« aus und erhöht danach diesen Wert solange, bis eine Antwort vom Zielrechner eintrifft oder der TTL-Höchstwert erreicht wurde. Durch Überprüfung der entsprechenden Rückmeldungen in Bezug auf Zeitüberschreitungen kann auf diese Art und Weise schließlich die Route zum Zielrechner ausgegeben werden. Der Name oder die IP-Adresse des Zielrechners müssen dem `tracert`-Befehl zu diesem Zweck beim Start angegeben werden.

Allerdings gibt es im Internet auch Router, die so konfiguriert wurden, dass sie alle Pakete mit einem abgelaufenen *TTL*-Wert einfach verwerfen, ohne eine Meldung oder Warnung auszugeben. Solche Router können dann auch nicht durch den `tracert`-Befehl erkannt werden. In dem in der Abbildung 1.10 gezeigten Beispiel wird gezeigt, dass allein der Weg von unserem Testrechner bis hin zu Microsofts Web-Site in Deutschland über elf verschiedenen Router im Internet verläuft. Der zuerst in der Übersicht aufgeführte Router mit der IP-Adresse 212.185.250.105 stellt in diesem Standard-Gateway zum Internet für diesen Host dar.

Durch diese sehr detaillierten Darstellung ist der `tracert`-Befehl auch sehr gut einzusetzen, wenn es darum geht, Probleme in größeren Netzwerken aufzuspüren. Da die einzelnen Pakete in solchen Netzwerken ganz unterschiedliche Pfade zum Zielrechner einschlagen können, kann mit Hilfe dieses Diagnoseprogramm festgestellt werden, ob und an welcher Stelle ein Paket nicht mehr weitertransportiert wird. So kann dann leicht ein nicht funktionierender Router, eine falsche IP-Adresse oder ein nicht richtig konfiguriertes Standard-Gateway gefunden werden.

1.3.5 Für viele Zwecke geeignet – `pathping`

Ein weiteres Diagnoseprogramm, das in dieser Art erstmals mit Windows 2000 zur Verfügung steht, trägt die Bezeichnung `pathping`. Auch dieses Tool dient wie das bereits vorgestellte `tracert` dazu, Routen im Netzwerk zu verfolgen. Allerdings wurde das Programm um einige Eigenschaften und Möglichkeiten des `ping`-Programms ergänzt. Damit wird den Administratoren ein Werkzeug an die Hand gegeben, dass Information anbietet, die diese beiden Befehle allein nicht zur Verfügung stellen können.

Der Befehl sendet Datenpakete an die Router, die auf dem Pfad zum gewünschten Ziel liegen. Er bekommt dann Echopakete von den verschiedenen Stationen zurückgesendet und sammelt diese Informationen. Dadurch ist es dann möglich, Statistiken über diese Verbindungsaufnahmen auszugeben. Im Gegensatz zum `tracert`-Befehl wird er auf diese Weise auch solche Router erreichen können, die Pakete mit abgelaufenem TTL-Feld verwerfen. Da der Befehl zudem die Paketverluste sehr präzise bei jedem Router und jeder Verbindung anzeigt (siehe auch Abbildung 1.11), wird eine Problemstelle im Netzwerk so auch schneller und genauer aufgedeckt werden.

Nach dem Start von `pathping` unterscheidet sich die Ausgabe dieses Diagnosewerkzeugs nur unerheblich von der, die von `tracert` gemacht wird, wie die Abbildung 1.11 im oberen Teil zeigt.

In der Standardeinstellung des Befehls sind 30 Abschnitte und ein Zeitlimit von drei Sekunden festgelegt. Als Standardwert für die Zeit, die zwischen den einzelnen `ping`-Befehlen gewartet wird, ist ein Wert von 250 Millisekunden vorkonfiguriert. Jeder einzelne Router auf dem Weg zum Zielrechner wird dabei hundertmal abgefragt.

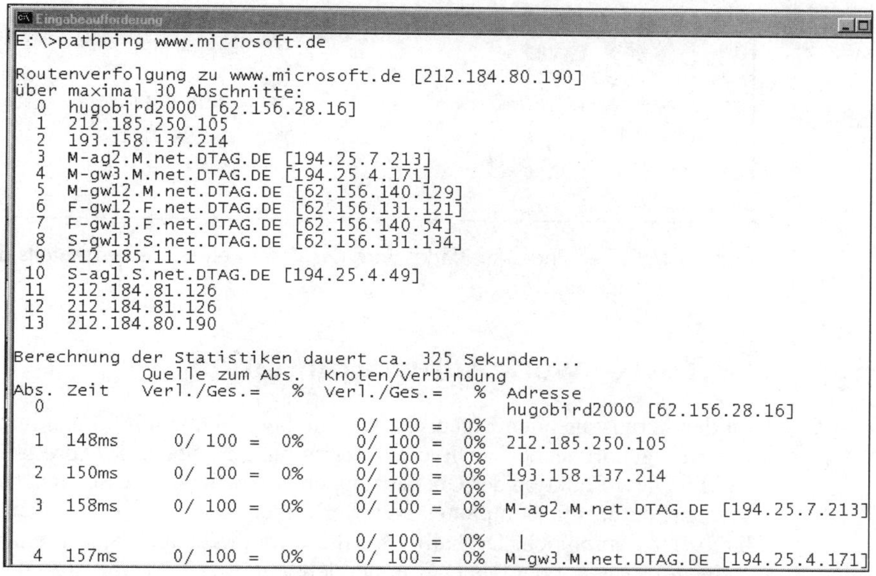

```
Eingabeaufforderung
E:\>pathping www.microsoft.de

Routenverfolgung zu www.microsoft.de [212.184.80.190]
über maximal 30 Abschnitte:
  0  hugobird2000 [62.156.28.16]
  1  212.185.250.105
  2  193.158.137.214
  3  M-ag2.M.net.DTAG.DE [194.25.7.213]
  4  M-gw3.M.net.DTAG.DE [194.25.4.171]
  5  M-gw12.M.net.DTAG.DE [62.156.140.129]
  6  F-gw12.F.net.DTAG.DE [62.156.131.121]
  7  F-gw13.F.net.DTAG.DE [62.156.140.54]
  8  S-gw13.S.net.DTAG.DE [62.156.131.134]
  9  212.185.11.1
 10  S-ag1.S.net.DTAG.DE [194.25.4.49]
 11  212.184.81.126
 12  212.184.81.126
 13  212.184.80.190

Berechnung der Statistiken dauert ca. 325 Sekunden...
              Quelle zum Abs.   Knoten/Verbindung
Abs.  Zeit    Verl./Ges.=  %   Verl./Ges.=  %  Adresse
  0                                            hugobird2000 [62.156.28.16]
                                 0/ 100 =  0%  |
  1  148ms       0/ 100 =  0%    0/ 100 =  0%  212.185.250.105
                                 0/ 100 =  0%  |
  2  150ms       0/ 100 =  0%    0/ 100 =  0%  193.158.137.214
                                 0/ 100 =  0%  |
  3  158ms       0/ 100 =  0%    0/ 100 =  0%  M-ag2.M.net.DTAG.DE [194.25.7.213]

                                 0/ 100 =  0%  |
  4  157ms       0/ 100 =  0%    0/ 100 =  0%  M-gw3.M.net.DTAG.DE [194.25.4.171]
```

Bild 1.11: Der Befehl `pathping` kombiniert die Möglichkeiten von `tracert` und `ping`.

Nachdem der Test der Route ausgeführt wurde, ist der Befehl anschließend eine ganze Weile damit beschäftigt, die entsprechenden Informationen über die verschiedenen Router und die Verbindungen dazwischen zu sammeln. In unserem Beispiel, das wieder mit Microsofts Web-Site in Deutschland durchgeführt wurde (Bild 1.11), waren es deutlich über fünf Minuten. Die vom Tool ausgegebene Schätzung (ca. 325 Sekunden) stellt in der Regel nur einen groben Anhaltswert dar. Die Dauer dieser »Sammelphase« hängt auch von der Anzahl der Abschnitte ab. Danach wird eine ganze Reihe von Ergebnissen angezeigt, die auf der Abbildung nur teilweise zu sehen sind. Die zwei rechten Spalten zeigen unter der Überschrift *Knoten/Verbindung* und *Verl./Ges.* sehr gut an, ob und zwischen welchen einzelnen Routern Datenpakete nicht richtig übertragen werden. Bei unserem Beispiel passierte das erst, wenn auch im geringen Maß, am Ende des Pfades. Dieses Verhalten wird in einem weiteren Ausschnitt der `pathping`-Anzeige im Bild 1.12 gezeigt.

Die durch das »|«-Zeichen gekennzeichneten Werte zeigen den Verlust von Paketen auf den Verbindungen an: Sie deuten auf stark ausgelastete Leitungen hin. Die Werte direkt neben einer IP-Adresse stehen für Pakete, die direkt auf dem Router verloren gingen, was mit großer Wahrscheinlichkeit auf eine überlastete CPU dieses Geräts hindeutet.

```
 9  182ms      0/ 100 =  0%     0/ 100 =  0%  212.185.11.1
                                1/ 100 =  1%   |
10  165ms      1/ 100 =  1%     0/ 100 =  0%  s-agl.s.net.DTAG.DE [194.25.4.49]
                                0/ 100 =  0%   |
11  180ms      4/ 100 =  4%     3/ 100 =  3%  212.184.81.126
                                0/ 100 =  0%   |
12  193ms      1/ 100 =  1%     0/ 100 =  0%  212.184.81.126
                                0/ 100 =  0%   |
13  175ms      1/ 100 =  1%     0/ 100 =  0%  212.184.80.190

Ablaufverfolgung beendet.
```

Bild 1.12: Gegen Ende der Pfades wird der Verlust eines kleinen Anteils der Pakete angezeigt.

1.4 NAT – Network Adress Translation

Zu den herausragenden Eigenschaften, die bei Windows 2000 neu implementiert wurden, gehört sicher auch die Integration der Network Adress Translation (NAT). Diese Funktion der Übersetzung einer Netzwerkadresse eignet sich besonders gut dafür, ein komplettes Netzwerk über einen einzigen Zugang mit dem Internet zu verbinden. Deshalb wird diese Methode auch häufig eingesetzt, um kleinen privaten oder auch kommerziell genutzten Netzen aus dem SOHO-Bereich (Small Office, Home Office) die Möglichkeit zu bieten, von allen Rechnern dieser Netze beliebig auf Internet-Adressen zugreifen zu können.

Durch den Einsatz von NAT kann zudem auch wirksam dem Problem begegnet werden, dass die Anzahl der verfügbaren IP-Adressen immer geringer wird. So ist es nur noch eine Frage der Zeit, bis keine neuen Adressen mehr vergeben werden können, da alle möglichen eindeutigen Netzwerkadressen bereits in Benutzung sind. Zwar soll dieses Problem durch die Einführung der nächsten Generation des IP-Protokolls behoben werden. Dieses Protokoll wird als *IPnG* (Next Generation) oder auch *IPv6* im Gegensatz zur aktuellen Version *IPv4* bezeichnet. Aber bis zu diesem nicht näher spezifizierten Zeitpunkt bleibt der Einsatz von NAT einer der wichtigsten Methoden, diese Probleme zu vermeiden.

Durch NAT ist es möglich, dass IP-Adressen, die innerhalb einer Domäne eingesetzt werden, durchaus in einer anderen Netzwerk-Domäne wieder eingesetzt werden können. Zu diesem Zweck wird von der Netzwerkadressübersetzung eine NAT-Tabelle eingesetzt, die auf dem Router (oder dem Windows 2000-Server, der als Router fungiert) abgespeichert und verwaltet wird, der das Gateway zum Internet für dieses Netz darstellt.

Dieser eine Rechner muss eine global eindeutige IP-Adresse besitzen. Natürlich kann es sich auch um eine Sammlung eindeutiger Adressen handeln, die auf diesen Rechnern zutreffen. Er hat nun die Aufgabe, Anfragen, die von innerhalb seiner Domäne in das Internet (oder andere große Netzwerk) eintreffen, so zu übersetzen, dass sie mit einer eindeutigen und gültigen Adresse in das weltweite Netz weitergeleitet werden. Umgekehrt muss er natürlich auch die entsprechenden Antworten wieder entgegennehmen und an den richtigen Rechner in seiner

Domäne weiterleiten – er muss also in der Lage sein, auch eine »Rückübersetzung« der Adressen anhand seiner Tabelle vorzunehmen. Dabei darf er auf gar keinen Fall die internen Adressen in irgendeiner Form an das globale Netzwerk weitergeben.

1.4.1 Grundsätzliches zum NAT-Einsatz

Bevor man allerdings ein privates oder Firmen-LAN über das NAT-Protokoll mit dem Internet oder einem anderen großen Netzwerk verbindet, ist es in der Regel angebracht, einige grundsätzliche Überlegungen über den Einsatz dieses Protokolls vorzunehmen. Dabei geht es auch darum zu entscheiden, welchen IP-Adressraum man für das eigenen Netzwerk auswählt. Es gibt bestimmte Bereiche von IP-Adressen der Klassen A, B und C, die für diese Art von Netzwerken vom Network Information Center (InterNIC) reserviert wurden:

- Klasse A: 10.0.0.0, Subnetmaske 255.0.0.0,
- Klasse B: 172.16.0.0, Subnetmaske 255.240.0.0 und
- Klasse C: 192.168.0.0 mit der Subnetmaske 255.255.0.0

Für ein normales Intranet im SOHO-Bereich sollte ein Netzwerk der Klasse C mit seinen 256 möglichen unterschiedlichen IP-Adressen durchaus ausreichend sein. Aus diesem Grund ist dieser Bereich unter Windows 2000 auch standardmäßig voreingestellt. Natürlich kann man innerhalb eines Intranet öffentliche und private IP-Adressen beliebig mischen. Dabei müssen allerdings alle Rechner, die keinerlei Verbindung verwenden, die außerhalb dieses Netzes führt, auch wirklich nur private Adressen verwenden oder in einem eigenen Bereich über *NAT* auf öffentliche Adressen zugreifen. Auf jeden Fall sollte es vermieden werden, dass beispielsweise öffentliche Adressen im privaten LAN verwendet werden. So kann es nämlich zu Überlappungen kommen, die dann den Zugriff auf die Ressourcen im Internet verhindern. Bei der Einstellung des *NAT*-Protokolls ist es jedoch auch möglich, bestimmte Adressen aus dem eingestellten Bereich explizit auszunehmen, um auf diese Weise die Gefahr von überlappenden Adressen zu vermeiden.

Eine weitere wichtige Überlegung bei der Einrichtung des *NAT*-Protokolls ist die Frage, ob der Administrator auch eingehende Verbindungen von außen in das Intranet erlaubt. In einer typischen SOHO-Umgebung wird dieser Fall sehr selten eintreten, da man in der Regel nur den Anwendern in diesem Netz den Zugang zu den Ressourcen des Internets ermöglichen möchte. Der »Rückverkehr«, der beispielsweise beim Einsatz eines Web-Browsers aus dem World Wide Web entsteht, kann *NAT* ohne weitere spezielle Konfiguration passieren, da er ja aus dem Intranet heraus gestartet wurde. An dieser Stelle darf man auf keinen Fall der falschen Annahme verfallen, dass der Einsatz der Netzwerkadressübersetzung würde einen ähnlichen Schutz wie etwa eine Firewall oder ein Proxy-Server bilden – aller Datenverkehr, der von einem Client im privaten Netzwerk initiiert wird, kommt bis auf die Umsetzung der IP-Nummer und des entsprechenden Ports weiterhin ungefiltert in das LAN.

Sollen eingehende Verbindungen zugelassen werden, so muss der Administrator auf dem Ressourcen-Server eine statische IP-Adressierung einrichten und einen speziellen Port für diese Zugriffe einrichten. Nähere Informationen zu diesem Thema finden sich in der Dokumentation des RAS-Server (Remote Access Service).

1.4.2 Einsatzbeispiel von NAT

In der Abbildung 1.13 wird dargestellt, wie es beispielsweise im SOHO-Umfeld möglich ist, einen Windows 2000-Server mit Netzwerkadressübersetzung einzusetzen.

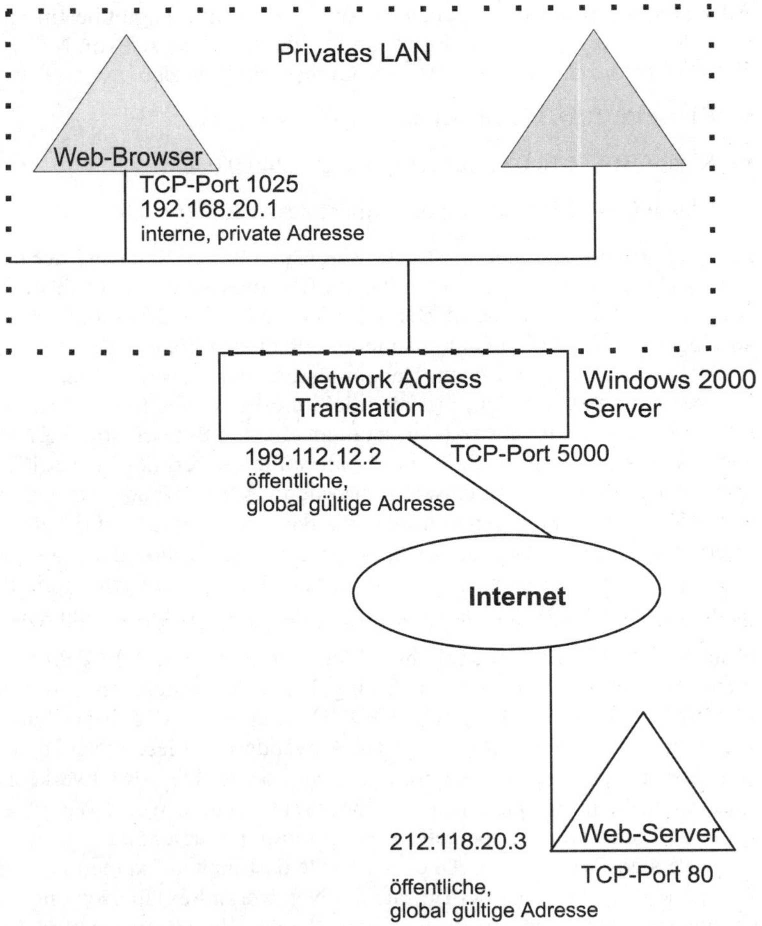

Bild 1.13: Ein Beispiel für den Einsatz von *NAT (Network Adress Translation)* im SOHO-Bereich. Alle Netzwerkadressen sind fiktiv.

In diesem Beispiel wird ein privates Netzwerk der Klasse C mit den Adressen aus dem Bereich `192.168.0.0` bis `192.168.255.255` eingesetzt. Auf einem Rechner dieses Netzes, der die interne IP-Adresse `192.168.20.1` besitzt, startet ein Anwender einen Web-Browser und stellt eine Anfrage an einen Web-Server mit der »echten«, also global gültigen IP-Adresse `212.118.20.3`.

Das bedeutet, dass in diesem Fall innerhalb des LANs ein IP-Paket mit den folgenden Informationen verschickt wird:

- IP-Zieladresse: `212.118.20.3`
- IP-Quelladresse: `192.168.20.1`
- Ziel-Port: TCP 80
- Quell-Port: TCP 1025

Dieses Paket wird nun über das Netzwerk an das Standard-Gateway geschickt, auf dem *NAT* aktiv ist. Dadurch wird auf dem Windows 2000-Server dieses IP-Paket wie folgt geändert:

- IP-Zieladresse: `212.118.20.3`
- IP-Quelladresse: `199.112.12.2`
- Ziel-Port: TCP 80
- Quell-Port: TCP 5000

In einer internen Übersetzungstabelle zeichnet *NAT* dabei auf, dass die interne Adresse `192.168.20.1` auf dem TCP-Port 1025 nun auf die Adresse `199.112.12.2` auf dem TCP-Port 5000 umgesetzt wurde. Dieses IP-Paket mit global gültigen Adressen wird dann über das Internet an den entsprechenden Web-Server geschickt.

Dieser schickt seine Antworten zurück an die IP-Adresse des Windows 2000-Servers, denn mit dieser hat er die Anfragen bekommen. Das NAT-Protokoll wird dann in der Übersetzungstabelle nachschlagen und die öffentliche Adresse wieder auf die entsprechende interne IP-Adresse und den zutreffenden TCP-Port umgesetzt. So ist sichergestellt, dass auch genau der Client-Rechner, der diese Anfrage an einen Rechner im Internet stellte, wiederum die Antwort bekommt.

Probleme mit dem Einsatz des *NAT*-Protokolls können dann auftreten, wenn Pakete weitergeleitet werden sollen, bei denen die IP-Adresse nicht im IP-Header abgespeichert ist. So gibt es bei der Vielzahl von Protokollen, die beispielsweise über eine Internet-Verbindung weitergeleitet werden können, einige Fälle, bei denen die IP-Adresse zusammen mit den IP-Nutzdaten abgespeichert wird. Für diese Fälle kommen die so genannten *NAT*-Editoren zum Einsatz.

1.4.3 NAT-Editoren

Bei der Bearbeitung von IP-Paketen durch das NAT-Protokoll werden normalerweise die folgenden Komponenten übersetzt:

- die IP-Adresse im IP-Header des Pakets,
- die Nummer des TCP-Ports im TCP-Header und
- auch die Nummer des UPD-Ports im UDP-Header.

Sollen andere Komponenten ebenfalls bei der Bearbeitung umgesetzt werden oder wird beispielsweise die IP-Adresse mit den Nutzdaten des Pakets zusammen abgespeichert, so ist es durchaus möglich, dass diese Art von Paketen nicht richtig umgesetzt und weitergeleitet wird. In solch einem Fall sind weitere Softwarekomponenten notwendig. Sie sind in zusätzlichen Arbeitsschritten in der Lage, auch diese Pakete korrekt zu verarbeiten. Sie werden als *NAT*-Editoren bezeichnet.

Die Software nimmt dabei Veränderungen an den weiterzuleitenden IP-Paketen vor, die über die Bearbeitung der oben genannten Komponenten IP-Adresse, TCP- und UDP-Port-Nummer hinausreichen. Ein gutes Beispiel für ein gängiges Protokoll, bei dem eine solche Verarbeitung grundsätzlich nicht nötig ist, stellt das HTTP-Protokoll (Hypertext Transfer Protocol) dar, das einen Großteil des Datenverkehrs im World Wide Web ausmacht. Hier brauchen nur die IP-Adresse und der TCP-Port übersetzt werden, wie das bereits im Beispiel im Bild 1.13 gezeigt wurde.

Ein Beispiel für ein Protokoll, bei dessen Einsatz die IP-Adresse zusammen mit den entsprechenden Nutzdaten abgespeichert werden, ist das File Transfer Protocol (FTP). Hier kommt bei der Datenübertragung ein FTP-eigener Befehl zum Einsatz (`PORT`), bei dem sich die IP-Daten innerhalb des FTP-Headers befinden. Dabei ist es dann natürlich wichtig, dass das NAT-Protokoll auch in solch einem Fall in der Lage ist, die Adressen entsprechend richtig zu bearbeiten, da ansonsten keine Übertragung zustande kommen könnte.

Ein weiterer Fall, der den Einsatz von NAT-Editoren erforderlich macht, ist die Verwendung des Point-to-Point-Tunneling-Protocols (PPTP), dessen Möglichkeiten und Fähigkeiten im dritten Kapitel dieses Buches näher erläutert werden. Bei diesem Protokoll werden die Daten weder in einem TCP- noch in einem UDP-Header verschickt, sondern es existiert ein spezieller gekapselter Teil der Übertragung unter der Bezeichnung GRE-Header (Generic Routing Encapsulation), der die Daten durch den »Tunnel« leitet.

Windows 2000 wird standardmäßig mit einer Reihe von fest integrierten NAT-Editoren für verschiedene Protokolle ausgeliefert. Dazu gehören:

- FTP,
- ICMP,

- PPTP und
- NetBIOS über TCP/IP.

Für einige andere gängige Protokolle wurde das NAT-Protokoll zusätzlich mit der entsprechenden Proxy-Software ausgestattet, die ebenfalls eine problemlose Weiterleitung dieser Pakete ermöglicht. Hier findet man die Protokolle:

- H.323,
- Direct Play,
- LDAP-basierende ILS-Registrierung und
- RPC.

Es existieren allerdings keine NAT-Editoren, die es ermöglichen, einen Datenverkehr umzusetzen, der unter IPSec (IP security protocol, siehe auch Kapitel 3) abläuft.

1.4.4 Einrichtung von NAT

Mit Hilfe der neuen MMC (Microsoft Management Console) werden auch alle Konfigurationen für die Bereiche Routing und RAS (Remote Access Service) vorgenommen. Hier muss zunächst einmal *NAT* als neues Routing-Protokoll eingerichtet werden. Dies geschieht dadurch, dass unter den Eigenschaften des Eintrags *Allgemein* in der Konsolenstruktur ausgewählt wird. Dieser Vorgang ist auch in Bild 1.14 zu sehen.

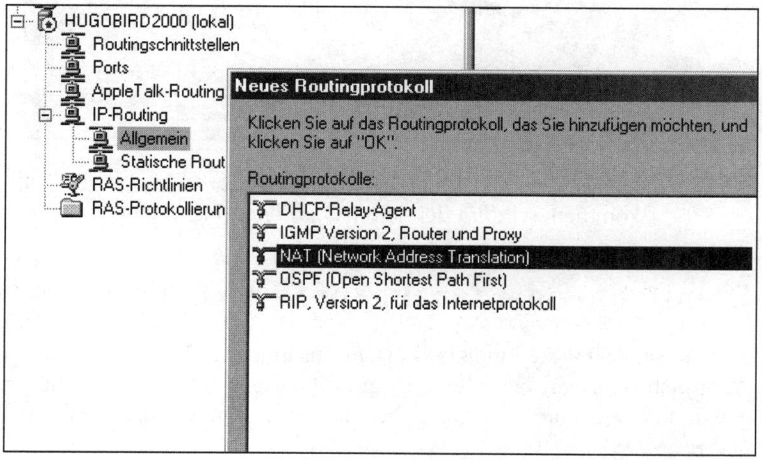

Bild 1.14: Das *NAT*-Protokoll ist standardmäßig nicht installiert und muss zunächst als *Neues Routingprotokoll* auf dem Server eingerichtet werden.

Danach steht das NAT-Protokoll zur weiteren Konfiguration zur Verfügung. Mit den Eigenschaften des Protokolls ist es nun möglich, die entsprechenden Einträge zu konfigurieren. Mit der Karte *Adresszuweisung* wird dabei der Bereich festgelegt, in dem sich die privaten IP-Adressen im Intranet befinden. An dieser Stelle ist dann aber auch möglich, die Zuweisung dieser Adressen über einen DHCP-Server einzurichten. Auch Adressen, die explizit aus dem Bereich der privaten Adressen ausgeschlossen werden sollen, weil sie vielleicht schon im Netzwerk Verwendung finden, lassen sich hier angeben (siehe Bild 1.15).

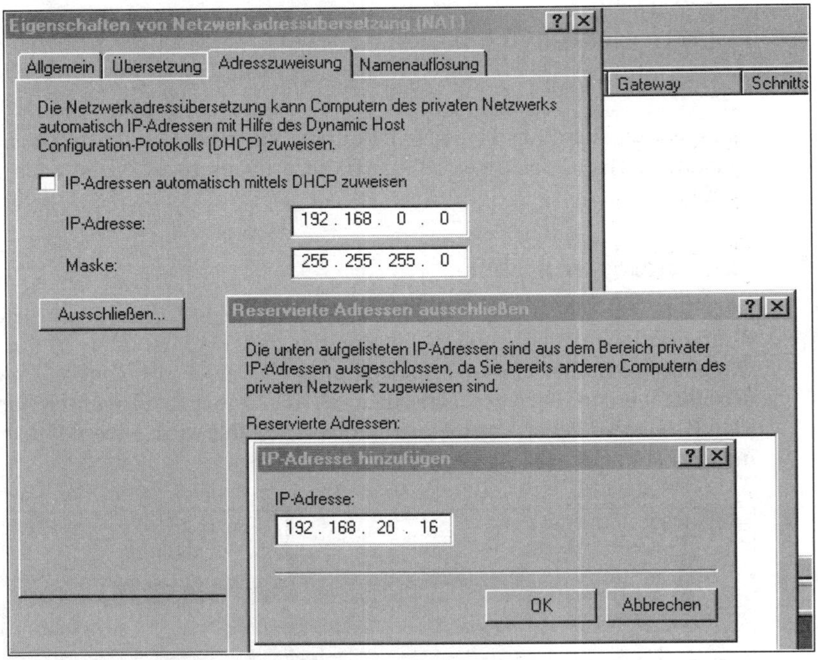

Bild 1.15: Der Bereich an IP-Adressen, der im privaten Intranet zum Einsatz kommen, wird im Bereich *RAS und Routing* festgelegt.

1.5 Dienstgüte oder Quality of Service (QoS)

Zu den Begriffen, die in letzter Zeit im Zusammenhang mit der Konfiguration und Administration von Netzwerken immer häufiger auftauchen, gehört auch die so genannte Dienstgüte oder besser bekannt unter dem englischen Begriff *Quality of Service* (*QoS*).

1.5.1 Was versteht man unter Dienstgüte?

Mit der garantierten Dienstgüte von Netzwerkleistungen möchte man erreichen, dass es auch in Zeiten, in denen die verfügbare Bandbreite durch immer mehr Netzwerkverkehr völlig aufgebraucht wird, noch möglich ist, bestimmte Daten zuverlässig und schnell über eine Netzwerkverbindung zu transportieren. Um eine garantierte Dienstgüte bei einer Übertragung erreichen zu können, müssen die verschiedenen Protokolle so mit Parametern beeinflussbar sein, dass mit Hilfe dieser Parameter das Übertragungsverhalten direkt bestimmt werden kann.

Im OSI-Modell werden bestimmte Dienste definiert, die jeweils von der Vermittlungsschicht der übergeordneten Transportschicht angeboten werden. So werden dann beim Verbindungsaufbau der OSI-Protokolle der entsprechenden Transportschicht Parameter vereinbart, die für die Quality of Service verantwortlich sind. Die Transportschicht, die eine Verbindung initialisiert, schlägt bei diesem Vorgang eine Liste solcher Parameter vor, die dann von der aufgerufenen Transportschicht so wie sie ist akzeptiert oder verändert werden kann.

Der Einsatz von *QoS* für ein Netzwerk kann zu ganz unterschiedlichen Zwecken erforderlich sein und ist sehr stark von den Anwendungen abhängig, die in einem Netzwerk betrieben werden. Für Administratoren bedeutet der Einsatz von QoS nicht selten, dass ein kostenaufwändiges Aufrüsten des Netzwerks noch eine Weile hinausgeschoben werden kann, weil durch Einsatz dieser Technik eine Leistungsverbesserung der Netzwerkdienste erreicht wird. Zu den wichtigsten Parametern, die eine Einfluss auf die Dienstgüte in einem Netzwerk haben, gehören unter anderem:

- die Bandbreite, die letztendlich bestimmt, wie effizient beispielsweise Client/Server-Anwendungen betrieben werden können,
- Latenz (Latency), die Verzögerungszeit, die von einer Anwendung noch toleriert wird, wenn ein Datenpaket ausgeliefert wird,
- die Störungswahrscheinlichkeit der Übertragung,
- Priorität der Transportverbindung und
- die Zuverlässigkeit der Verbindung, die sich im Prozentsatz der Pakete ausdrückt, die vom Router »verworfen«, also nicht weitertransportiert werden.

1.5.2 Quantitative und qualitative Anforderungen

Anwendungen, die darauf angewiesen sind, im Netzwerk durch QoS unterstützt zu werden, können grob in zwei Kategorien unterteilt werden: solche die quantitative Anforderungen an die Dienstgüte stellen und solche Applikationen, die mehr auf dem Qualitätslevel diese Art von Unterstützung benötigen. Die erste Kategorie ist für den Administrator etwas einfacher zu beurteilen, da diese Anwendungen eine explizit festgelegte »Menge« von *QoS* benötigen, damit sie richtig funktionieren. Bekannte Beispiele für diese Art von Anwendungen sind die IP-Telephonie und das Video-Streaming. So benötigt ein Video-Streaming, wie es beispielsweise für Online-Videokonferenzen eingesetzt wird, ein gewisses Maß an Bandbreite, weil der Verlust an Datenpaketen ansonsten die Bildqualität zu sehr verschlechtern würde. Ein MPEG-2 Stream kann beispielsweise durchaus 4 Megabits pro Sekunde (Mbps) benötigen, damit das Ergebnis noch brauchbar ist. Auch die IP-Telephonie ist ein klassisches Beispiel für eine Anwendung, bei der keinerlei Verzögerung auftreten darf: Kein Anwender wird solch eine Anwendung akzeptieren, wenn sie nicht in Echtzeit arbeitet, also eine echte Konversation möglich ist.

Die zweite Kategorie der auf QoS angewiesenen Anwendung brauchen auch einen gewissen Grad an Dienstgüte. Allerdings hat der Netzwerkadministrator bei diesen Programmen zumeist die schwere Aufgabe, diese qualitativen Anforderungen herauszufinden und zu garantieren. Zu dieser Art von Applikation gehören unter anderem die so genannten ERP-Programme (Enterprise Resource Planning) wie etwa SAP R/3. Solche Anwendungen erzeugen beispielsweise im Gegensatz zu Multimedia-Anwendungen keinen kontinuierlichen Datenstrom, der von einer bestimmten Bandbreite abhängig ist. Aber es werden eine bestimmte Anzahl von Transaktionen über das Netz ausgeführt, die innerhalb eines bestimmten Zeitabschnitts ablaufen. Für solche Perioden verlangen diese Anwendungen dann auch, dass ein bestimmtes Kontingent an Bandbreite für ihre Zwecke zur Verfügung steht oder sich die Verzögerungen und Verluste von Datenpaketen nicht über ein bestimmtes Niveau hinaus steigern.

1.5.3 QoS-Mechanismen

Es existieren ganz unterschiedliche Mechanismen, um Quality of Service für Netzwerke zu implementieren. Dazu gehören:

- so genannte Top-Down-Mechanismen wie SNMP (Simple Network Management Protocol) oder CLI (Command Line Interface),
- Signal-gesteuerte Ansätze wie RSVP (Resource Reservation Protocol),
- Traffic-Handling Mechanismen wie Diffserv (Differentiated Services),
- 802.1p und
- ATM.

Während die Top-Down-Mechanismen in der Regel ihre Informationen von einer Managementkonsole zu den Netzwerkgeräten schicken (pushen), senden die Signalgesteuerten Mechanismen die *QoS*-Anfragen auf den gleichen Wegen über das Netz wie die Datenpakete.

SNMP wird bereits seit vielen Jahren als Protokoll verwendet, mit dessen Hilfe Netzwerkgeräte überwacht werden. Es kann aber ebenfalls dazu eingesetzt werden, Funktionalitäten der Geräte einzuschalten oder zu konfigurieren, die Einfluss auf die Dienstgüte im Netzwerk haben. CLI ist ein Protokoll, das ursprünglich dazu eingesetzt wurde, Netzwerkgeräte der Firma Cisco zu konfigurieren und zu überwachen. Durch seine weite Verbreitung wird es in der Zwischenzeit jedoch auch von den Netzwerkgeräten anderer Anbieter unterstützt.

Bei RSVP handelt es sich um ein End-to-End Layer-3-Protokoll. Es wird auch durch IPv6 unterstützt und ermöglicht es, Ressourcen in den Routern auf dem Weg zu einem bestimmten Ziel zu reservieren. Dazu baut das Protokoll zunächst einen Pfad über die entsprechenden Router auf und reserviert dort die Ressourcen für die spätere Übertragung der Daten. Das Protokoll wurde gemeinsam von der IETF (Internet Engineering Task Force) und der Firma Cisco entwickelt und dann auch standardisiert.

Bei einer weiteren Layer-3-Technik, die als Differentiated Services (*DiffServ*) bezeichnet wird, werden die Parameter immer für eine Menge von zusammenhängenden Datenflüssen verändert: Das kann dann beispielsweise für alle Datenströme zwischen zwei verschiedenen Subnetzen gelten. Bei diesem Ansatz werden IP-Pakete durch den Benutzer oder den Service-Provider mit unterschiedlichen Prioritäten versehen. Das kann sowohl in den Endsystemen als auch auf den Routern geschehen. Diesen einzelnen Prioritätsklassen werden dann in den Routern die entsprechenden Mengen an Bandbreite oder anderen Ressourcen zugewiesen. Die Reservierungen, die auf diese Weise vorgenommen werden, sind statischer als bei anderen Ansätzen. Das bedeutet, die Reservierungen können auch unverändert für mehrere, gegebenenfalls auch zeitlich zusammenhängende Netzwerkverbindungen bestehen bleiben. Diese Technik eignet sich beispielsweise für den Einsatz bei Internet-Providern, die so die Möglichkeit besitzen, ihren Kunden verschiedene Dienstklassen mit unterschiedlicher Güte zur Verfügung zu stellen und diese dann auch entsprechend abzurechnen.

Die weitere Technik, die im Zusammenhang mit Quality of Service noch näher erläutert werden soll, ist ein Layer-2-Mechanismus, der die Bezeichnung IEEE 802.1p trägt (IEEE steht für Institute of Electrical and Electronics Engineers). Die meisten LANs basieren heute auf Technik nach dem IEEE Standard 802 – dazu gehören beispielsweise auch Ethernet, Token-Ring und FDDI. Bei 802.1p handelt es sich um einen Mechanismus, der entwickelt wurde, um *QoS* in dieser Art von Netzwerken zu unterstützen. Der Standard 802.1p wird sehr häufig nur im Zusammenhang mit einem anderen Standard unter Bezeichnung 802.1q erwähnt, da diese beiden Standards zusammen verschiedene Felder für VLANs (Virtual LANs) definieren. Hier interessiert aber nur ein Prioritätsfeld, das von 802.1p in den Layer-2-Headern von Netzwerkpaketen nach dem 802-Standard definiert wird. In diesem Feld kann einer von acht verschiedenen Prioritätswerten mitgegeben werden, die dann von Routern oder Hosts auf der Route zum Zielrechner entsprechend ausgewertet werden können.

Im Zusammenhang mit QoS gewinnt eine Technik ebenfalls zunehmend an Bedeutung, der insgesamt bereits ein riesiges Zukunftspotential vorausgesagt wird: ATM (Asynchronous Transfer Mode). ATM wurde zunächst als Switching-Technologie für Weitverkehrsnetze (WAN) und B-ISDN entwickelt. Bereits seit

1991 dehnt sich die Anwendung dieser Technik aber immer weiter auf LANs aus. Beim Einsatz dieses asynchronen Übertragungsmodus werden Informationen im Netz über unterschiedliche Entfernungen auch mit unterschiedlichen Geschwindigkeiten transportiert.‚Dabei ist es möglich, und das macht ATM besonders für den Bereich *QoS* interessant, die Daten mit geringen kalkulierbaren Verzögerungen zu transportieren. ATM benutzt zum Transport der Informationen Datenpakete in festen Längen, die als Zellen bezeichnet werden. Diese Zellen lassen sich wesentlich effizienter und schneller in Vermittlungseinheiten verarbeiten, als beispielsweise TCP-Datenpakete mit variablen Längen. Dieses Zellenkonzept ermöglicht es zudem, massiv parallele Architekturen von Zellen-Vermittlungseinheiten zur realisieren, die als ATM-Schalteinheiten bezeichnet werden. Dadurch sind Netzwerkverbindungen mit sehr hohen Übertragungsgeschwindigkeiten möglich. ATM ist ebenfalls in der Lage, Datenströme unterschiedlicher Bitraten flexibel zu übertragen.

1.5.4 Microsoft QoS-Komponenten

Mit Windows 2000 stellt Microsoft erstmals ein ganzes Set von Komponenten zur Verfügung, die Quality of Service für die Benutzer anbieten.

Zu den *QoS*-Komponenten unter Windows 2000 gehören:

- eine allgemeine API unter der Bezeichnung GQoS (Generic Quality of Service) API, die eine Untermenge der Winsock 2-API darstellt,
- der Quality of Service Provider, der direkt die Anfragen bearbeitet, die von der von der GQoS-API kommen (siehe auch Abbildung 1.16),
- den ACS-Service (Admission Control Service) und das SBM-Protokoll (Subnet Bandwith Management), denen gemeinsam die Zugangskontrolle auf gemeinsam genutzte Medien in den Subnetzen unterliegt und
- eine Infrastruktur zur Kontrolle des Netzwerkverkehrs (Traffic Control).

Zur der zuletzt erwähnten Infrastruktur gehört auch die in Bild 1.16 zu sehende Komponente Paket-Scheduler und -Marker. Sie dient dazu, Netzwerke auch über Treiber und Netzwerkkarten kontrollieren zu können, die keine solchen Verwaltungs- und Kontrollmerkmale zur Verfügung stellen. Durch diesen Scheduler werden auch die Pakete für die Protokolle DiffServ und 802.1p entsprechend markiert. Zusätzliche Mechanismen, die beispielsweise die Unterstützung von ATM anbieten, wurden bei Windows 2000 ebenfalls in der Traffic Control integriert.

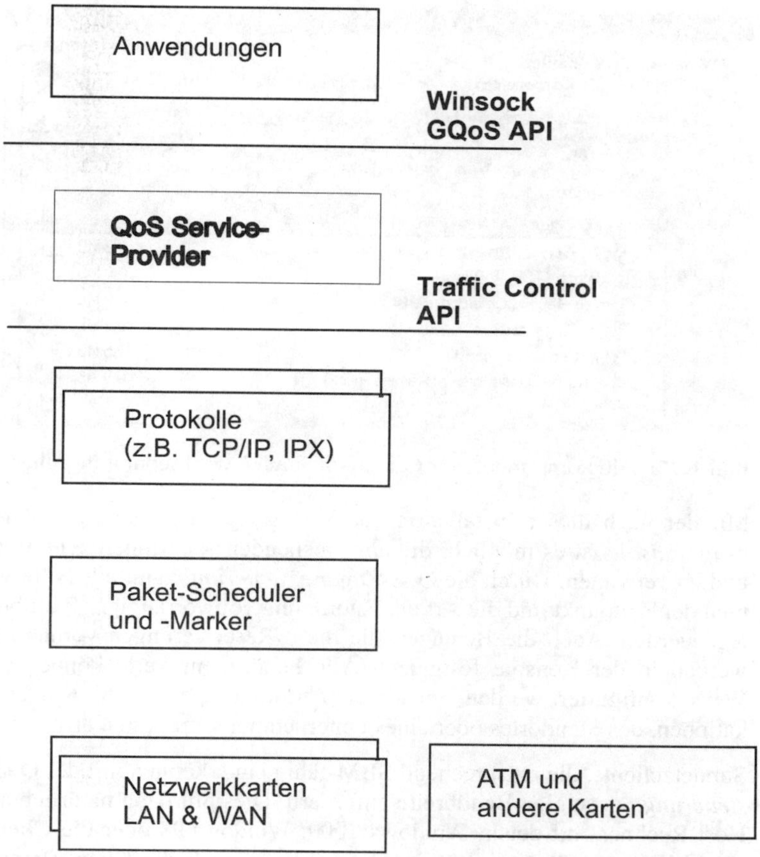

Bild 1.16: Der Host Protokoll-Stack von Windows 2000 mit der Schnittstellen zu den QoS-Komponenten.

1.5.5 QoS-Zugangssteuerung unter Windows 2000

Die QoS-*Zugangssteuerung* ist die Windows 2000-Komponente, mit deren Hilfe die Verwendung von Netzwerkressourcen auf Subnetzebene verwaltet wird. Sie wurde auf Grundlage des IETF-Standards (Internet Engineering Task Force) für Subnet Bandwith Management (SBM) entwickelt. Diese Komponente wird standardmäßig nicht eingerichtet und muss über den Assistenten für Windows-Komponenten separat auf dem Server installiert werden. Die QoS-*Zugangssteuerung* kann nur auf einem Domänencontroller in Active Directory installiert sein.

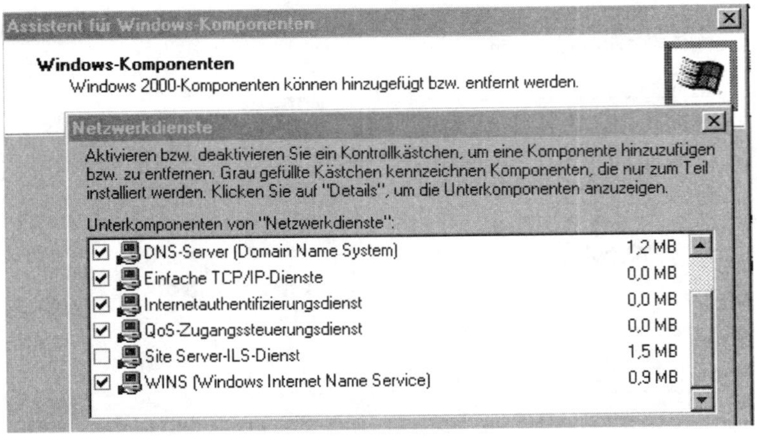

Bild 1.17: Die Komponente für Quality of Service wird separat installiert.

Mit der nach dieser Installation zur Verfügung stehenden QoS-*Zugangssteuerungskonsole* ist es möglich, die entsprechenden Richtlinien zentral zu erstellen und zu verwalten. Durch die QoS-*Zugangssteuerung* kann mit Hilfe von Richtlinien der Zeitpunkt und die Art der Zuordnung von vorrangiger Bandbreite festgelegt werden. Auch die Benutzer, die diese Reservierungen vornehmen können, werden in der Konsole festgelegt. Alle benötigten Werte können dann in der Weise konfiguriert werden, wie sie die Anforderungen der Anwender, der Applikationen, des Standortes oder eines Unternehmens am besten erfüllen.

Subnetzclients, die entsprechend SBM-fähig sind, können mit der QoS-*Zugangssteuerung* vorrangige Bandbreite anfordern. Dies gilt dann natürlich auch für die Host-Rechner, auf denen Windows 2000, Windows 98 oder die Client-Software für SMB ausgeführt wird. Allerdings müssen auch die Client-Programme, mit denen dann die Daten im Subnetz übertragen werden, *QoS*-fähig sein.

1.5.6 Möglichkeiten der Zugangssteuerung

Mit Hilfe der direkt in den Windows 2000-Server integrierten Bandbreitenverwaltung ist es weitaus leichter, direkt im eigenen Netzwerk die entsprechende Dienstgüte zu konfigurieren.

Folgende Möglichkeiten stehen dem Netzwerkadministrator in dieser Konsole direkt zur Verfügung:

- das Einrichten und Verwalten von Subnetzen und Richtlinien,
- sowohl die Anwender- als auch die Subnetzinformationen können direkt als Kriterium verwendet werden, wenn es um die Reservierung von Netzwerkressourcen oder die Einstellung bestimmter Prioritäten geht,

- unterschiedliche Netzwerkressourcen können zwischen Datenströmen aufgeteilt werden, die verschiedene Prioritäten besitzen,
- Multicast-Übertragungen der Reservierungsmeldungen für die verschiedenen Bandbreiten werden direkt unterstützt und
- auch Reservierungsmeldungen für Bandbreiten, die mit Windows 2000 IP-Sicherheit verschlüsselt wurden, können in der Konsole bearbeitet werden.

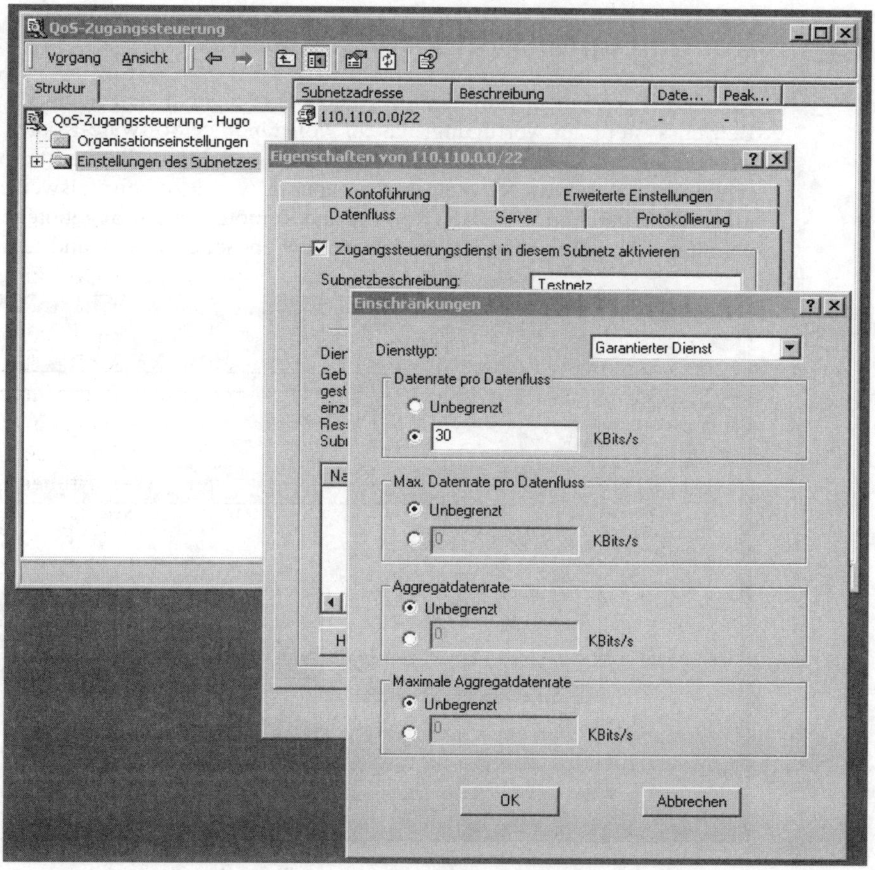

Bild 1.18: Mit der Zugangssteuerungskonsole für die Einstellung der *QoS*-Merkmale kann ein garantierter Dienst für Subnetze eingerichtet werden.

Es hat sich als praktisch erwiesen, die Zugangsrichtlinien nach Möglichkeit auf der höchsten Ebene zuzuweisen. Werden Standardrichtlinien auf den beiden obersten Ebenen Organisation und Subnetz eingerichtet, so gelten sie ebenfalls für alle Anwender der von der QoS-*Zugangssteuerung* verwalteten Subnetze.

Benötigen einzelne Anwender bestimmte Sonderkonditionen, so ist es mit der Konsole auch möglich, Ausnahmen von den Standardrichtlinien zu definieren. Sie besitzen dann nur für diese speziellen Benutzer Gültigkeit.

Es empfiehlt sich weiterhin, die QoS-*Zugangssteuerung* zusätzlich auf einem zweiten Host-Rechner im Netzwerk zu installieren. Dann können die Ressourcen der verschiedenen Subnetze auch dann noch verwaltet werden, wenn der zentrale Host-Rechner mit der QoS-*Steuerung* nicht zur Verfügung steht.

1.6 Routing unter Windows 2000

Mit dem Erscheinen von Windows 2000 Server stellt nun auch Microsoft ein Betriebssystem zur Verfügung, das als vollständiger Software-Router eingesetzt werden kann. Zwar waren diese Fähigkeiten und Möglichkeiten teilweise auch schon unter Windows NT 4 einsetzbar, aber es war dazu beispielsweise nötig, die unter der Bezeichnung RRAS (Routing and Remote Access) angebotenen Funktionalitäten als separates Paket von Microsofts Web-Seite zu laden und zu installieren.

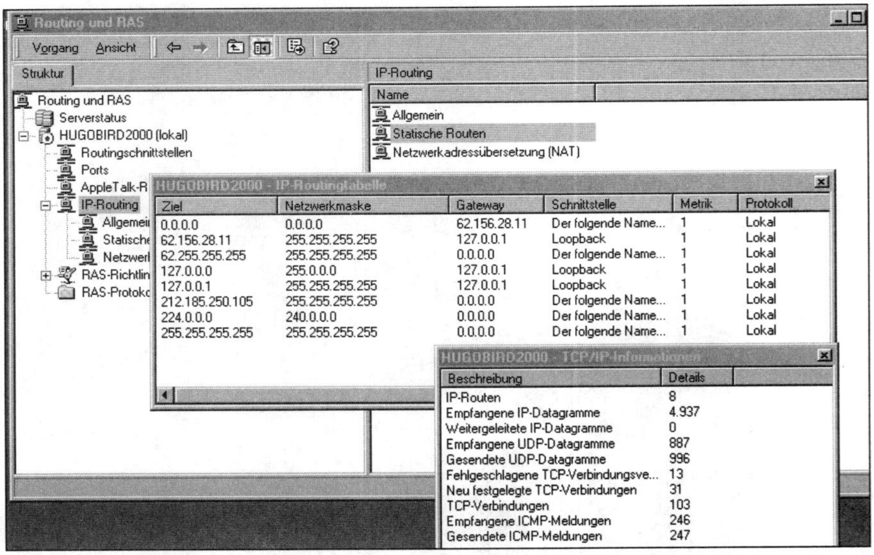

Bild 1.19: Unter Windows 2000 können endlich alle Informationen zum Routing auch in der grafischen Oberfläche angezeigt werden.

So wurden diese Dienste und die bereits unter Windows NT 4 bekannten Dienste nun komplett in das Betriebssystem und auch in die Benutzeroberfläche integriert. Mit dieser Version kann Windows 2000 sowohl als Router für LAN- und WAN-Verbindungen als auch über das Internet mittels VPN-Anbindung (Virtual Private Network, siehe auch Kapitel 3) eingesetzt werden. Der Routing- und

RAS-Dienst ist auch mit einer entsprechende API (Application Programming Interface) erweiterbar, sodass spezielle Netzwerklösungen oder neue Programme direkt auf die Merkmale und Funktionen des Betriebssystems zugreifen können.

1.6.1 Merkmale des Routings unter Windows 2000

Zu den neuen Merkmalen des Routings unter Windows 2000 gehören:

- Multiprotokoll Unicast-Routing für IP, IPX und AppleTalk,
- Standardisierte Unicast IP-Routingprotokolle: OSPF (Open Shortest Path First) und das *RIP* (Routing Information Protocol) in den Versionen 1 und 2,
- IP-Multicast-Dienste: IGMP-Router-Modus und IGMP-Proxy-Modus (IGMP = Internet Group Management Protocol), die den IP-Multicast-Verkehr weiterleiten,
- IP- und IPX-Paketfilterung,
- NAT-Dienste (siehe Abschnitt 1.4 in diesem Kapitel),
- Routing-Unterstützung für Dial-on-Demand über WAN-Einwählverbindungen,
- VPN-Unterstützung für die Protokolle PPTP (Point-to-Point Tunneling Protocol) und L2TP (Layer Two Tunneling Protocol) über IPSec (Internet Protocol Security),
- standardisierte Unterstützung eines DHCP Relay Agent für IP,
- standardisierte Unterstützung der ICMP-Router-Suche,
- Tunneling unter Einsatz von IP-in-IP-Tunnels,
- ein spezielles zusätzliches Befehlszeilen-Tool, das Programm *Netsh*, zur Ausführung von Skripten sowie zur Automatisierung der Konfiguration und der Remote-Überwachung,
- integrierte Unterstützung der Energiesparfunktionen unter Windows 2000 und
- SNMP-Verwaltungsfunktionen (Simple Network Management Protocol) bei denen die Unterstützung für verbreitete MIBs (Management Information Bases) bereits integriert wurde.

1.6.2 Multiprotokoll Unicast-Routing

Eine Unicast-Adresse identifiziert genau ein einziges Interface eines Host- beziehungsweise Endsystems oder eines Routers. Ein Datenpaket, das von einem sendenden Host an einen Empfänger verschickt wird, der durch eine Unicast-Adresse gekennzeichnet ist, muss auch genau von diesem einen explizit genannten Interface empfangen werden. Solche Vorgänge werden auch als 1:1-Kommunikation bezeichnet.

So spricht man dann beim Unicast-Routing auch von der Weiterleitung des Datenverkehrs, der für einen genau bestimmten Zielort im Netzwerk bestimmt ist. Wird ein Windows 2000-Rechner als Software-Router eingesetzt, so ist er in der Lage, IP-, IPX- und Appletalk-Datenverkehr weiterzuleiten. Der Rechner kann dabei sowohl als statischer IP-Router mit fest voreingestellten IP-Routen als auch als dynamischer Router eingesetzt werden, der dann die dynamisch aktualisierten Routen mit Hilfe der Routing-Protokolle automatisch aktualisiert. Zwei verschiedene Routing-Protokolle für IP-Unicast-Verkehr werden unter Windows 2000 zur Verfügung gestellt:

- RIP (Routing Information Protocol) für IP und
- OSPF (Open Shortest Path First).

Microsoft hat den Windows 2000-Router so konzipiert, dass er auch durch die IP-Routing-Protokolle anderer Anbieter erweitert werden kann, beispielsweise IGRP (Interior Gateway Routing Protocol) und BGP (Border Gateway Protocol).

Das RIP-Protokoll ist eine der gängigsten Methoden, um Routing-Information in kleinen bis mittleren LANs austauschen. Es wurde auf Basis des XNS (Xerox Network Standard) RIP entwickelt und hat als Standardmodul in den BSD-Unix-Systemen sehr stark verbreitet. RIP erlaubt eine einfache und schnelle Konfiguration des Routings. Es besitzt aber deutliche Nachteile, wenn es um die beliebige Skalierbarkeit eines Netzwerks geht. Ein RIP-Router sendet in regelmäßigen Abständen seine eigenen Routing-Tabellen als Broadcast-Nachricht an die anderen Router im Netzwerk. Die Entfernung zu anderen Netzwerken wird dabei in der Relation zu der eigenen Routing-Tabelle angegeben. Allerdings darf die maximale Entfernung nur 14 Hops (Zähleinheit für Router-Abstand, die auf der Lebensdauer des Time-to-Life-Feldes *TTL* beruht) betragen. Größere Entfernung werden automatisch als »nicht erreichbar« gekennzeichnet, was den Einsatz dieses Protokolls für große Netze automatisch verbietet.

Der Windows 2000-Router unterstützt RIP in den Versionen 1 und 2. In der Version 2 bietet RIP einige zusätzliche Merkmale wie Multicast-Bekanntgaben, einfache Kennwortauthentifizierung und zusätzliche Flexibilität in Umgebungen mit Subnetzen und CIDR (Classless InterDomain Routing). Die Implementierung von RIP im Windows 2000-Router besitzt eine ganze Reihe von interessanten Features, die auf der Windows-Plattform bisher standardmäßig nicht zur Verfügung standen:

- für jede Schnittstelle kann separat festgelegt werden, welche Version von RIP für ausgehende und eingehende Datenpakete verwendet werden soll,
- spezielle Algorithmen, die verhindern sollen, dass Routing-Schleifen entstehen und zudem die Wiederherstellung des Netzwerkverbunds beschleunigen, wenn die Topologie geändert wurde (Split-Horizon und Poison-Reverse-Verarbeitung),

- Routen-Filter, mit denen festgelegt werden kann, welche anderen Netzwerke bekannt gegeben und akzeptiert werden,
- so genannte Peer-Filter, die Router herausfiltern, von denen Bekanntgaben explizit akzeptiert werden,
- konfigurierbare Zeitgeber, um Routen bekannt zu geben oder zu »altern«,
- einfache Kennwortauthentifizierung und
- das Zusammenfassen von Subnetzen ist nun deaktivierbar.

Microsoft empfiehlt, beim Einsatz von RIP für IP im Netzwerk nach Möglichkeit RIP in der Version 2 einzusetzen, weil so eine größere Flexibilität zu erreichen ist. Werden allerdings im Netzwerk Router betrieben, die mit den zusätzlichen Merkmalen von RIP 2 wie beispielsweise CIDR (Classless Inter Domain Routing) nicht zusammenarbeiten, so kann dies natürlich zu Routing-Problemen führen. Ist man also nicht auf die zusätzlichen Merkmale von RIP 2 angewiesen, so kann es durchaus sinnvoll sein, bei RIP in der Version 1 zu bleiben. Werden allerdings in einem Netzwerk sowohl RIP, Version 1-, als auch Version 2-Router verwendet, müssen die Windows 2000-Routerschnittstellen so konfiguriert werden, dass sie Ankündigungen unter Verwendung von Version 1- oder Version 2-Broadcasts durchführen und auch Ankündigungen von beiden Versionen akzeptieren können (siehe auch Bild 1.20).

Soll die spezielle Kennwortauthentifizierung von RIP 2 zum Einsatz kommen, so ist in diesem Zusammenhang unbedingt zu beachten, dass für alle diese Schnittstellen im Netzwerk das gleiche Passwort (case sensitive) verwendet wird. Alle Eigenschaften und Möglichkeiten des RIP-Protokolls lassen sich relativ einfach und übersichtlich unter *RAS und Routing* konfigurieren. Jedoch muss RIP zunächst als *Neues Routingprotokoll* mittels des Kontextmenüs des Eintrags *Allgemein* hinzugefügt werden – erst danach kann die entsprechende Konfiguration von RIP vorgenommen werden (siehe Bild 1.20)

Das zweite von Windows 2000 standardmäßig unterstützte Routing-Protokoll für IP-Unicast-Verbindung trägt die Bezeichnung OSPF (Open Shortest Path First). Es eignet sich weitaus besser als RIP für den Einsatz in großen Netzwerken und wird von vielen Experten als das Protokoll angesehen, das das RIP-Protokoll in nächster Zeit ablösen wird.

Bei OSPF wird ein so genannter SPF-Algorithmus (Shortest Path First = kürzester Pfad zuerst) eingesetzt, der die Aufgabe übernimmt, die Routen in der Routing-Tabelle zu berechnen. OSFP wird den Interior-Gateway-Protokollen zugerechnet. Es beschreibt, wie Router untereinander die Verfügbarkeit der Pfade zwischen den Netzen bekannt geben. Die OSPF-Router verwalten eine »Karte« des Netzwerkverbunds, die bei Änderungen an der Topologie aktualisiert wird. Diese Verbindungsstatus-Datenbank wird mit allen OSPF-Routern synchronisiert und dient der Berechnung der Routen in der Routing-Tabelle. Benachbarte OSPF-Router bilden eine so genannte Adjacency.

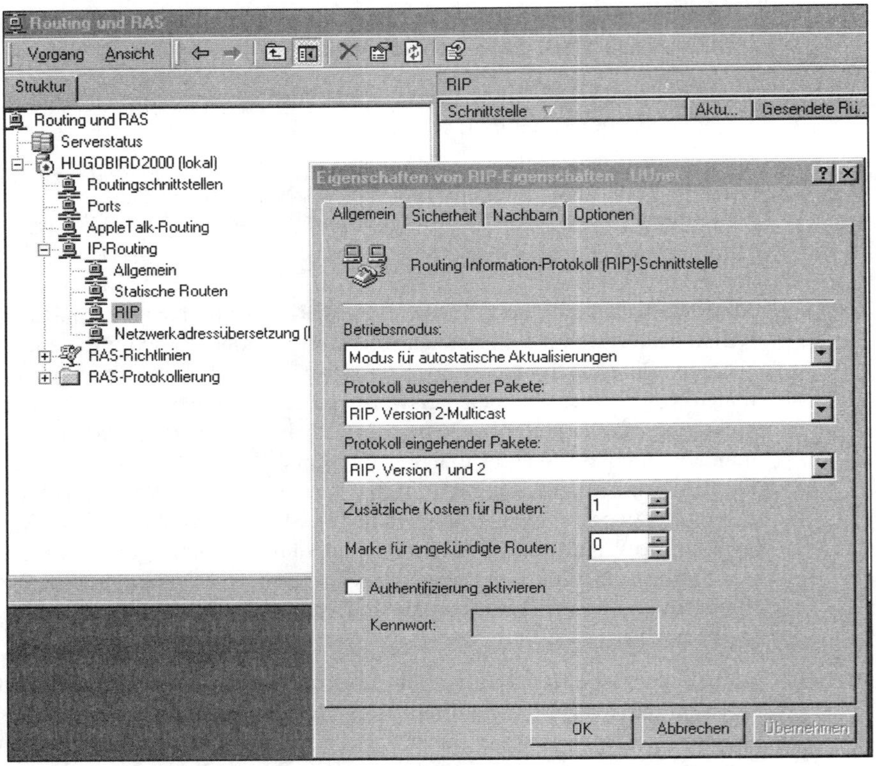

Bild 1.20: Die Konfiguration sowohl für RIP Version 1 als auch Version 2 lässt sich für jede Schnittstelle separat vornehmen.

Dies ist eine logische Beziehung zwischen Routern, die dann dem Synchronisieren der Verbindungsstatus-Datenbank dient.

Der SPF-Algorithmus hat dabei die Aufgabe, die kürzesten Pfade zu berechnen. Das bedeutet, es wird die Verbindung mit den niedrigsten Kosten zwischen dem Router und allen Netzwerken im Verbund berechnet. Routen, die mit dem SPF-Algorithmus berechnet wurden, besitzen zudem den sehr großen Vorteil, dass sie niemals Schleifen aufweisen. Bei allen Vorteilen, die dieses Protokoll aufzuweisen hat, steigt bei seinem Einsatz jedoch der Speicherbedarf, wenn die Größe der Verbindungsstatus-Datenbank ansteigt. Damit wird sich dann auch die Zeit deutlich verlängern, die für die Routen-Berechnung benötigt wird. Da OSPF aber gerade in großen Netzen zum Einsatz kommt, wird dieses Problem bei der Skalierung durch eine Unterteilung des Netzwerkverbunds in so genannte Bereiche aufgeteilt. Unter Bereiche werden dabei Gruppen von zusammenhängenden Netzwerken verstanden.

All diese Bereiche sind untereinander durch einen Backbone-Bereich verbunden (siehe Abbildung 1.21). Jeder Router führt nun seine Verbindungsstatus-Datenbank lediglich für die Bereiche, die mit ihm verbunden sind. So genannte Bereichsgrenzenrouter (Area Border Router, ABRs) verbinden dann den Backbone-Bereich mit anderen Bereichen. Neben dem bereits erwähnten Vorteil, dass mit OSPF berechnete Routen nie Schleifen bilden, bietet diese Art des Austausches von Routing-Informationen aber noch die Vorteile, dass damit sehr große Netze verwaltet werden können und die Umstellung auf eine neue Netzwerk-Topologie sehr schnell vonstatten gehen kann. Als Nachteil ist dabei zu bemerken, dass der Einsatz von OSPF sehr viel komplexer ist als der von RIP und deshalb eine umfangreichere Planung und komplexere Verwaltung erfordert. Unter Windows 2000 wird OSPF nicht bei Konfigurationen für das Wählen bei Bedarf unterstützt, bei denen nur vorübergehende DFÜ-Verbindungen eingesetzt werden.

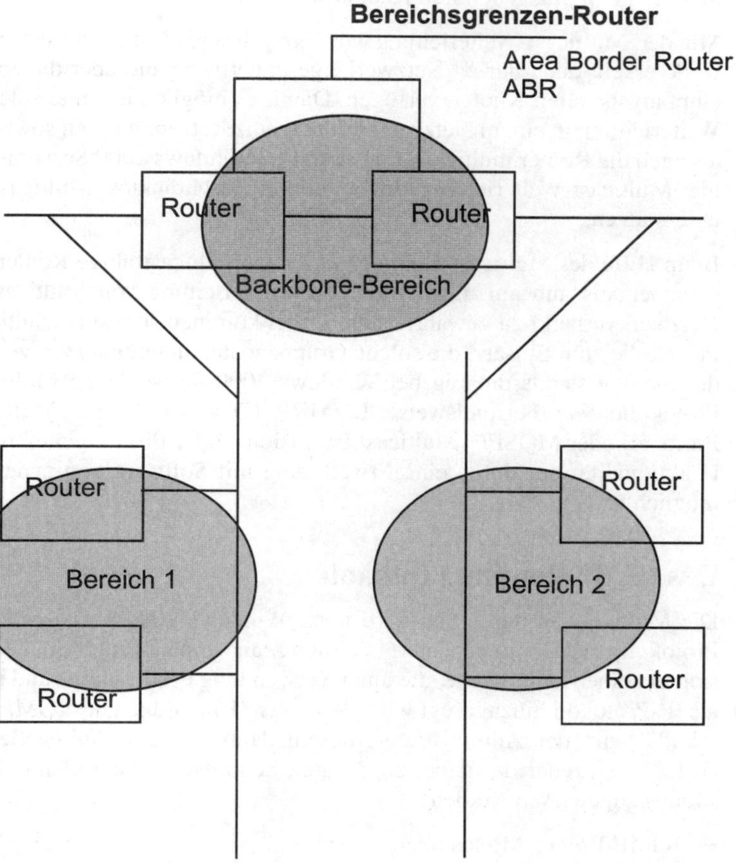

Bild 1.21: Skizzenhaftes Diagramm eines OSPF-Netzwerks.

1.6.3 IP-Multicast in Windows 2000

Während bei der im vorherigen Abschnitt beschriebenen Unicast-Verbindung der Netzwerkverkehr nur an einen bestimmten Endpunkt im Netzwerk geschickt werden kann, ist es bei Multicast möglich, die Daten an mehrere Endpunkte zu versenden – man spricht deshalb auch von einer »Mehrpunktverbindung«. Der Vorteil liegt darin, dass gleichzeitig Daten und/oder Nachrichten an mehrere Endpunkte oder an eine bestimmte Gruppe von Endpunkten im Netzwerk verschickt werden können. Diese Gruppe wird dann auch als Multicast-Gruppe bezeichnet. Andere Knoten im Netz werden diesen Datenverkehr ignorieren. Datenverkehr, der nach diesem Prinzip verarbeitet wird, bekommt zunehmend Bedeutung für Multimedia-Anwendungen, die das Multicasting häufig bereits unterstützen. Die Multicast-Weiterleitung dient dabei dem Zweck, diesen Datenverkehr über einen Router an Netzwerke mit empfangsbereiten Knoten oder innerhalb von Verzeichnissen mit empfangsbereiten Knoten weiterzuleiten.

Mit der Multicast-Weiterleitung wird gewährleistet, dass diese Art von Netzwerkverkehr auch nur an Netzwerke gesendet wird, die über die entsprechenden empfangsbereiten Knoten verfügen. Damit es möglich ist, eine solche Multicast-Weiterleitung in einem Netzwerkverbund einzusetzen, müssen sowohl die Knoten als auch die Router multicastfähig sein. Der Windows 2000 Server ist in der Lage, die Multicast-Weiterleitung sowie ein eingeschränktes Multicast-Routing zu unterstützen.

Beim Hilfe des Multicast-Routings tauschen multicastfähige Router Daten untereinander aus, um auf diese Weise die Weiterleitung von Multicast-Paketen im Netzwerkverbund zu gewährleisten. Dabei kommen spezielle Multicast-Routing-Protokolle zum Einsatz, die solche Gruppendaten untereinander weiterleiten. Leider werden standardmäßig bei Windows 2000 Server keine Multicast-Routing-Protokolle wie beispielsweise DVMRP (Distance Vector Multicast Routing Protocol) oder MOSPF (Multicast Extensions to OSPF) mitgeliefert, sodass diese Funktionalität nur durch eine Erweiterung mit Software von anderen Anbietern möglich ist.

1.6.4 Das IGMP-Routing Protokoll

Die Multicast-Weiterleitung wird unter Windows 2000 über das IGMP-Routing Protokoll vorgenommen (Internet Group Management Protocol). Dabei handelt es sich um eine Komponente, die unter Verwendung des Routing- und RAS-Dienstes als IP-Protokoll hinzugefügt wird. Nach dem Hinzufügen des IGMP-Routing Protokolls kann der Administrator diesem dann Router-Schnittstellen hinzufügen (Bild 1.22). Jeder der dabei zugefügten Schnittstelle kann dann ein bestimmter Modus zugewiesen werden:

- IGMP-Router-Modus oder
- IGMP-Proxy-Modus.

Der hier verfügbare Router-Modus verleiht dem Windows 2000-Router die Fähigkeit, Mitgliedschaftsberichtspakete von IGMP zu empfangen, sowie die Gruppenmitgliedschaft durch eine im IGMP-Router-Modus ausgeführte Schnittstelle zu verfolgen. Der IGMP-Router-Modus muss auf den Schnittstellen aktiviert werden, auf denen sich empfangsbereite Multicast-Hosts befinden, damit die Pakete dorthin weitergeleitet werden können. Für diese Schnittstellen stellen das TCP/IP- und das IGMP-Routing-Protokoll von Windows 2000 die Multicast-Weiterleitung bereit, mit deren Hilfe diese Art von Netzwerkverkehr weitergeleitet werden kann – dabei findet kein Multicast-Routing statt! Das TCP/IP-Protokoll bietet dabei die folgenden Funktionen an:

- Empfang und Weiterleitung des gesamten Multicast-Verkehrs und
- die Weiterleitung der Multicast-Pakete an die entsprechenden Schnittstellen.

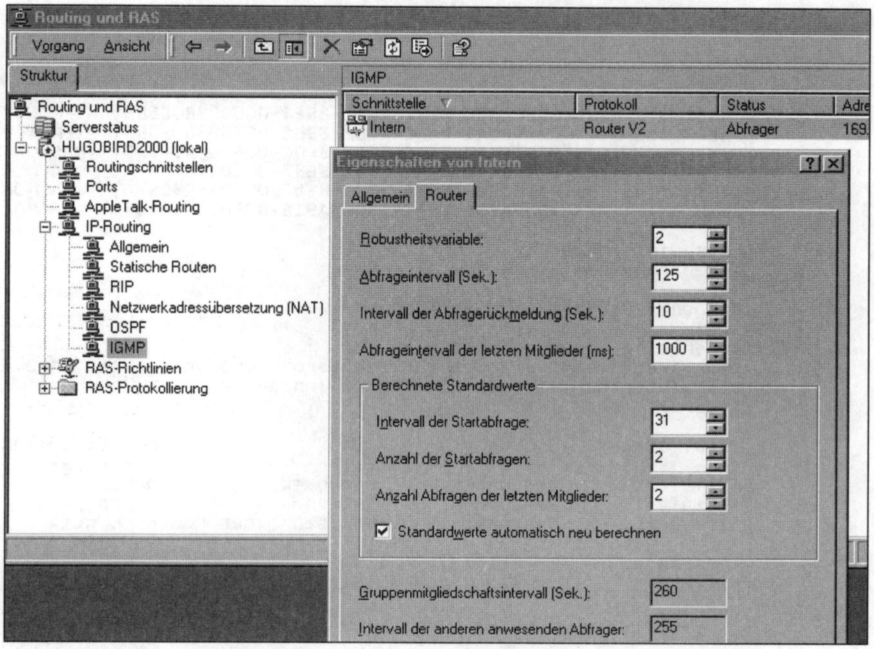

Bild 1.22: Nach dem Hinzufügen des IGMP-Protokolls kann der Administrator diesem dann Router-Schnittstellen hinzufügen und verwalten.

Das TCP/IP-Protokoll unter Windows 2000 verwendet eine Weiterleitungstabelle für Multicast-Verkehr um festzustellen, ob das Paket an eine der anderen verbundenen Schnittstellen weitergeleitet werden muss. Die weiteren Aufgaben werden durch Schnittstellen im IGMP-Router-Modus erledigt. Dazu gehören das Setzen des Netzwerkadapters in den offenen Multicast-Modus (wird nicht von allen

Netzwerkadaptern unterstützt), das Verfolgen der Mitgliedschaft in Multicast-Gruppen und die Aktualisierung der Weiterleitungstabelle.

1.6.5 Das Befehlszeilenprogramm *Netsh*

Zum Abschluss des Kapitels über die grundsätzlichen Merkmale und Eigenschaften von TCP/IP unter Windows 2000 Server soll noch ein weiteres Befehlszeilen-orientiertes Programm vorgestellt werden, das für den Netzwerkadministrator sehr nützlich sein kann: *Netsh*. Dabei handelt es sich um ein Programm, das sowohl auf lokalen als auch auf Remote-Systemen zu Verwaltung und Konfiguration von Netzwerkkomponenten eingesetzt werden kann. Als besonderes Merkmal dieser Shell ist hervorzuheben, dass sie es ermöglicht, ein mit ihr erstelltes Konfigurations-Skript in einer Textdatei abzuspeichern. Dieses Skript kann dann vom Administrator dazu verwendet werden, die entsprechende Konfiguration auch auf anderen Servern automatisch ausführen zu lassen.

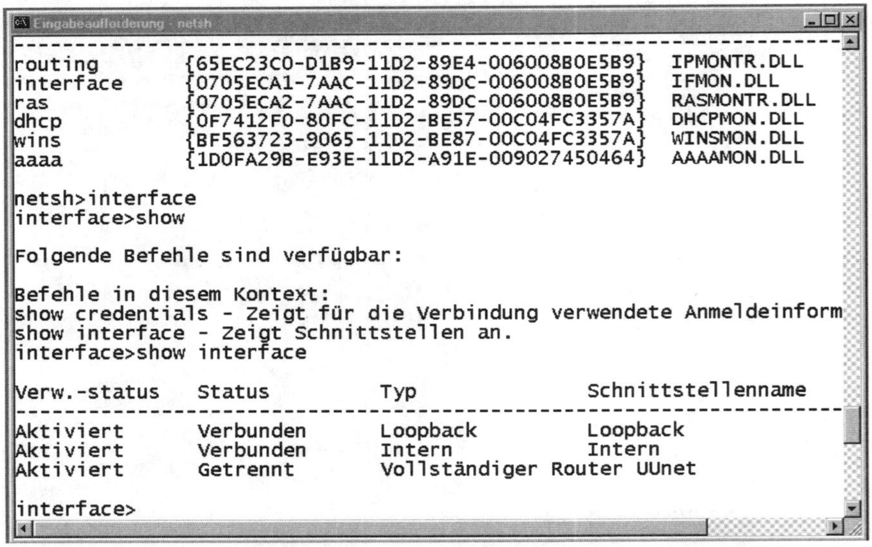

Bild 1.23: Das Befehlszeilen-Programm *Netsh* im Einsatz.

Die Shell kann eine ganze Reihe von Netzwerkkomponenten unter Windows 2000 durch Hinzufügen so genannten Hilfsprogramm-DLLs unterstützen. Dadurch werden die Funktionen des *Netsh*-Programms erweitert, sodass bestimmte Kommandos zur Verfügung stehen, um die Netzwerkkomponenten entsprechend ansprechen zu können. Jede dieser Hilfsprogramm-DLLs (siehe oberen Teil der Abbildung 1.23) verfügt über so genannte Kontext-Menüs, in denen dann die Befehle für die Komponente gruppiert sind. Wird beispielsweise *routing* als Kontext aufgerufen, so kann man danach die Untermenüs *IP* und *IPX* auswählen.

Das Dienstprogramm stellt drei verschiedene Befehlsmodi zur Verfügung:

- Online – in diesem Standardmodus werden die eingegebenen Befehle direkt ausgeführt.
- Offline – die am Kommando-Prompt der Shell eingegebenen Befehle werden gesammelt. Mit `commit` können sie dann als Batch-Job ausgeführt werden. Mit `flush` werden die eingegebenen Befehle wieder gelöscht.
- Skript – um diesen Modus zu nutzen, muss das Programm mit der Option *-f Skriptdatei* gestartet werden. Die in der Datei *Skriptdatei* enthaltenen Befehle werden dann von der Shell direkt abgearbeitet.

Mit Hilfe des `dump`-Befehls kann die jeweils aktuelle Konfiguration in Form der *Netsh*-Befehle ausgegeben werden. Zwar mag es für den an Windows-Oberflächen gewohnten Administrator zu Beginn etwas ungewöhnlich sein, mit dieser Art von Tool zu arbeiten, aber wer sich einmal die vielfältigen Möglichkeiten und Optionen der *Netsh* in der Dokumentation etwas genauer anschaut, wird sehr schnell eine ganze Reihe von Gelegenheiten finden, bei denen ihm dieses Werkzeug die Arbeit deutlich erleichtern kann.

Kapitel 2

Grundlegende Netzdienste von Windows 2000 Server

Das Aufbauen eines Netzwerks auf der Basis von Windows 2000 bietet eine Fülle von Variationen. Theoretisch lässt sich dabei weitläufig ausholen. Doch dies soll in diesem Kapitel nicht der Fall sein. Vielmehr liegt der Fokus zuerst auf dem prinzipiellen Management-Tool für den Administrator, auf der Microsoft Management Console. Danach werden die wesentlichen Infrastruktur-Dienste skizziert. Dabei kommen vor allem die Punkte

- DHCP (Dynamic Host Configuration Protocol),
- DDNS (Dynamic Domain Name System)
- WINS (Windows Internet Name Service) sowie
- die anschließende Konfiguration von üblichen Server-Diensten (File-, Print- und Web-Services)

am konkreten Beispiel zur Sprache.

Das Ziel dieses Kapitels liegt darin, die für den Aufbau eines Netzwerks notwendigen Dienste vorzustellen, die bei Windows 2000 a priori enthalten sind und somit dem Administrator einen roten Faden in die Hand zu geben.

2.1 Das Arbeiten mit der MMC

Bei der Microsoft Management Console (MMC) handelt es sich um nichts anderes als einen Rahmen, in dem unabhängige Softwarehersteller oder natürlich Microsoft selbst ihre Anwendungsprogramme einklinken können. Die Zusatzprogramme dürfen sich thematisch an beliebige Aspekte aus dem weiten Feld der System- und Netzwerkverwaltung wenden – sie müssen lediglich die Schnittstellen beachten, die Microsoft allen Interessierten offen legt.

Der Vorteil dieses Konzeptes liegt für die Administratoren auf der Hand: Sie haben sich nur mit einer Anwenderschnittstelle auseinander zu setzen. Der gestandene Netzwerkverwalter mag nun der Meinung sein, das Gewöhnen an eine Schnittstelle sei doch wohl kein allzu großes Problem. Doch hier geht das Konzept der MMC weiter:

Um ein großes Plus von Windows 2000 auch vernünftig ausnutzen zu können – das Delegieren von Verwaltungsaufgaben – müssen die als *Hilfsadministratoren* vorgesehenen Anwender auch in der Lage sein, an den einschlägigen Programmen eine gute Figur zu machen. Es hilft dem gestressten *Chefadministrator* keineswegs, wenn die *Hilfsadministratoren* ständig bei ihm vorstellig werden.

Mit der MMC aber bekommt der Administrator ein flexibles Werkzeug in die Hand, wobei er für seine unterstützenden Mitarbeiter auch entsprechend einfache und funktionell auf einen Aspekt hin optimierte Versionen der MMC für deren Arbeit definieren kann.

Aufgrund der Schnittstellenvorgaben für die MMC-konformen Programme – sie werden als Snap-In bezeichnet – lassen sich diese Anwendungen sozusagen mit der MMC als Wirt konfigurieren. Ein interessanter Punkt dabei versteckt sich hinter dem flexiblen Ansatz: Der Administrator kann sich ein, zwei oder gar mehrere – soviel die Übersichtlichkeit auf seinem Bildschirm eben erlaubt – dieser Snap-Ins zusammenstellen, sie aus einer Konsole heraus verwenden und diese Konsolen danach auch abspeichern, sodass sie sich später mit diesem Zustand wieder aufrufen lassen.

Diese abgelegten Konsolen besitzen die Dateiendung *.msc* und können vom Administrator auch an andere Anwender beliebig verteilt werden. Sogar ein Versenden per E-Mail lässt sich damit realisieren. Ein Systemverwalter in der Firmenzentrale in München ist in der Lage, die von ihm erzeugte MMC an einen Administrator in der Niederlassung – etwa in Bombay oder in Chicago – zu versenden. Doch hierbei ist eine Voraussetzung zu beachten: Damit eine vordefinierte MMC auf einem System ausgeführt werden kann, müssen natürlich die Snap-Ins, die von der zu startenden MMC-Konsole aufgerufen werden sollen, auf dem Rechner auch installiert sein.

Damit lassen sich nicht nur komplexe Aufgabenstellungen aus dem Bereich der System- und Netzwerkverwaltung beherrschen, auch das Angehen von kleinen Aufgaben ist mit diesem Konzept besser – da mit Snap-Ins von verschiedener Seite – zu lösen. Das gesamte Buch über steht die MMC im Mittelpunkt, wenn es darum geht, Verwaltungsaufgaben zu lösen. Daher soll möglichst zu Beginn dieses Tool sowie seine Handhabung auch erklärt werden.

Starten lässt sich die MMC auf mehrere Arten. Die einfachste geht über die *Startleiste* und den Menüpunkt *Ausführen*. Hier ist nur

```
mmc
```

einzutippen und mit einem Klick auf *OK* diese Eingabe zu aktivieren. Daraufhin erscheint ein noch ziemlich leeres Fenster (siehe Bild 2.1).

Über das Konsole-Menü ist nun die gewünschte Aktivität in die MMC einzubinden. Dazu hat der Administrator aus diesem Menü den Punkt *Snap-In hinzufügen/entfernen* anzugeben. Daraufhin erscheint eine Dialogbox (Bild 2.2).

Hier stehen die Snap-Ins *Eigenständig* sowie *Erweiterungen* zur Wahl. Der Ort, an dem die Snap-Ins geladen werden sollen, kann zunächst ruhigen Gewissens auf dem vorgeschlagenen Wert *Konsolenstamm* gelassen werden – solange noch keine anderen Snap-Ins geladen sind, beschränkt sich die Auswahl sowieso nur darauf. Nach dem Klick auf den Punkt *Hinzufügen* zeigt das System eine Liste *Verfügbare Eigenständige Snap-Ins* (vergleiche Bild 2.3).

Aus dieser Liste stehen nun die Erweiterungen zur Konfiguration bereit. Ein Doppelklick beispielsweise auf den Punkt *Computerverwaltung* hat zur Folge, dass ein Assistent dem Anwender bei der Konfiguration dieses Snap-Ins hilft. Es sind dabei nur wenige Fragen zu beantworten.

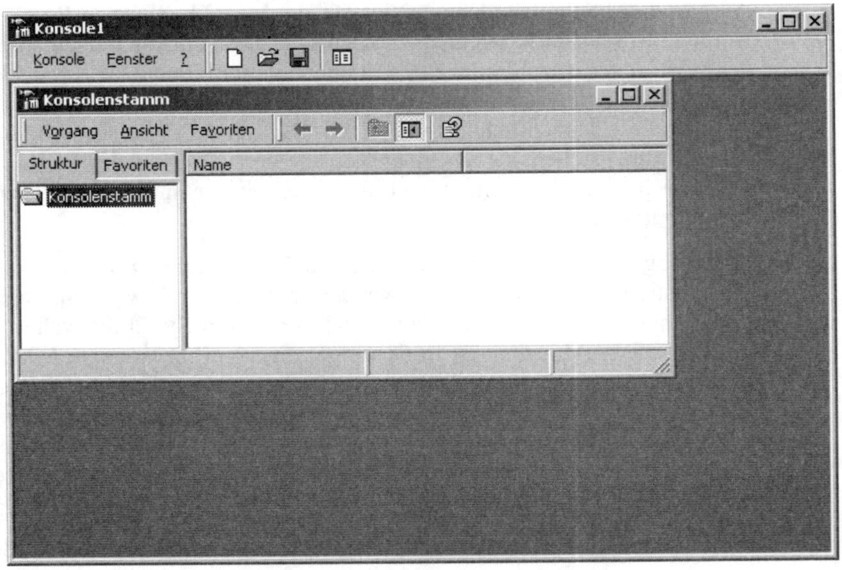

Bild 2.1: Die leere MMC stellt nur einen »Wirt« für die Snap-Ins dar.

Bild 2.2: Erst durch das »Hinzufügen« bekommt die MMC ihre gewünschte Funktionalität.

Bild 2.3: Nicht nur aus dem Hause Microsoft stammen die Snap-Ins, die Windows 2000 bietet.

Zunächst will das System wissen, welcher Computer mit dem Snap-In zu verwalten ist – im Beispiel der lokale Computer. Dann sollte man noch in der Checkbox aktivieren, dass der Punkt *Änderungen zulassen, wenn die Konsole von der Befehlszeile aus aufgerufen wird* erlaubt ist. Bild 2.4 zeigt das entsprechende Fenster.

Hinter dem Begriff *Änderungen zulassen* verbirgt sich die Eigenschaft, dass man beim Aufruf der MMC über die Befehlszeile den ausgewählten Rechner ändern kann. Der Aufruf der MMC via Eingabeaufforderungen folgt der Syntax:

```
mmc pfadname\dateiname.msc [a]
```

Ein konkretes Beispiel dazu wäre (das Systemlaufwerk trägt die Bezeichnung D, das Systemverzeichnis liegt in *winnt*):

```
mmc d:\winnt\system32\compmgmt.msc
```

Doch zurück zum Beispiel: Mit einem Klick auf den Punkt *Fertig stellen* gelangt man aus der Konfiguration wieder zurück zur Dialogbox, in der das Hinzufügen der Snap-Ins angestoßen wurde. Hier könnte der Anwender nun das Laden weiterer Snap-Ins initiieren.

Im Beispiel soll aber nun die Registerkarte *Erweiterungen* selektiert werden. Danach erscheint eine Dialogbox, in der der Punkt *Alle Erweiterungen hinzufügen* vom System als Voreinstellung aktiviert.

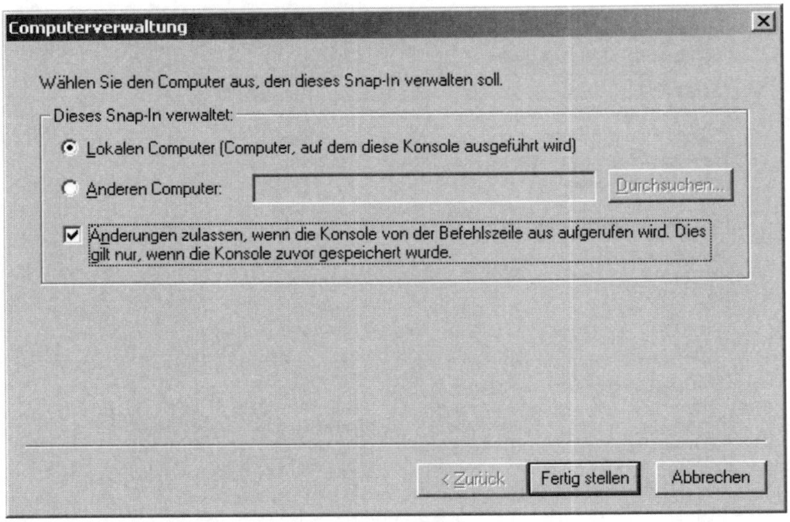

Bild 2.4: Ein Assistent hilft beim Konfigurieren des Snap-Ins *Computerverwaltung.*

Damit stehen alle auf dem lokalen Rechner installierten Erweiterungen zur Verfügung. Bild 2.5 zeigt diese Einstellungen.

Wäre diese Option nicht angegeben, würde das Ausführen dieser nun definierten MMC-Konsole auf einem anderen Rechner zur Folge haben, dass jede aus der Liste ausgewählte Erweiterung explizit geladen würde. Ebenso würde ein späterer Start dieser MMC-Konsole auf diesem Rechner jede der ausgewählten Erweiterungen laden.

Nach dem letzten Klick auf *OK* ist dann die erste Konfiguration der MMC-Konsole abgeschlossen. Sie zeigt sich wie in Bild 2.6 dargestellt. Dabei befindet sich der Punkt *Computerverwaltung (Lokal)* direkt unter der Wurzel, dem *Konsolenstamm.*

Nachdem der Grundstein für die Computerverwaltung-MMC gelegt ist, lässt sich darauf aufbauen. Es bietet sich an, weitere Fenster anzulegen, um für unterschiedliche Verwaltungsaufgaben auch verschiedene »Ansichten« festzulegen.

Um Fenster hinzuzufügen ist im linken Bereich der Punkt *Computerverwaltung (Lokal)* anzuklicken und dadurch zu expandieren. Das Ergebnis zeigt Bild 2.7.

Ein weiterer Klick auf den Unterpunkt *System* gibt zusätzliche Aspekte frei. Hier ist auf die Ereignisanzeige mittels der rechten Maustaste zu klicken. Aus dem Kontextmenü muss der Administrator dann den Menüpunkt *Neues Fenster* wählen. Damit kommt ein neues Fenster zum Vorschein, das auf der Erweiterung *Ereignisanzeige* unter der Computerverwaltung angelegt ist. Bild 2.8 zeigt das Ergebnis.

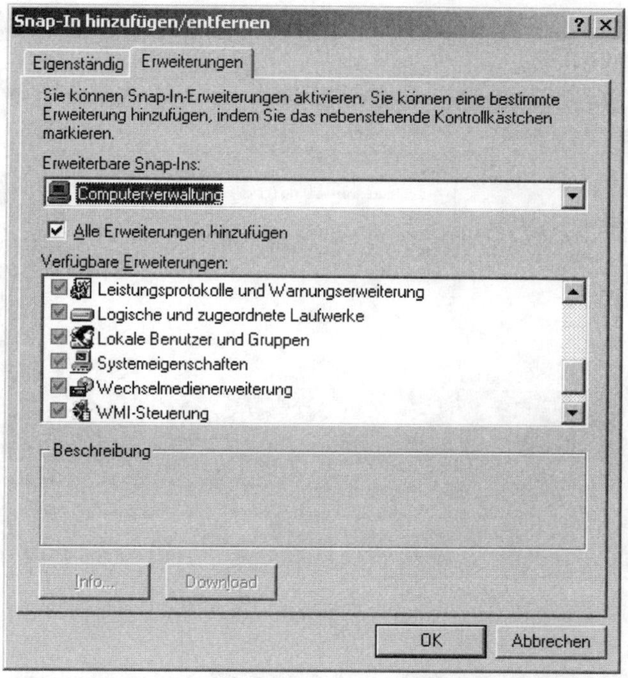

Bild 2.5: Hier werden die Erweiterungen für ein Snap-In angegeben.

Im Konsolenfenster ist dann durch einen Mausklick auf den Punkt *Dienste und Anwendungen* das Unterverzeichnis angezeigt. Dann lässt sich zum Beispiel mit einem rechten Mausklick auf den Überbegriff *Dienste und Anwendungen* das Kontextmenü aktivieren. Auch hier gibt es den Eintrag *Neues Fenster*, der zu verwenden ist. Danach erscheint ein weiteres Fenster, das sich auf die Dienste bezieht.

Über das Symbol *Konsolenstruktur/Favoriten ein-/ausblenden* in der Menüleiste des Fensters kann der Administrator die überflüssige Darstellung der Hierarchie der Computerverwaltung ausblenden. Danach sollte man das Konsolenfenster ausblenden (nicht die erste MMC-Konsole!) und schon bleiben nur noch die beiden Fenster *1:Ereignisanzeige* und *2:Dienste und Anwendungen* in der ursprünglichen MMC-Konsole übrig.

Mit ein wenig Kosmetik – etwa das Einstellen der beiden Fenster untereinander (über den Menüpunkt *Fenster* der ursprünglichen MMC-Konsole und dem Attribut *untereinander*) ergibt sich eine Konsole, die sich für das weitere Arbeiten mit diesen Größen eignet. Bild 2.9 zeigt das Resultat.

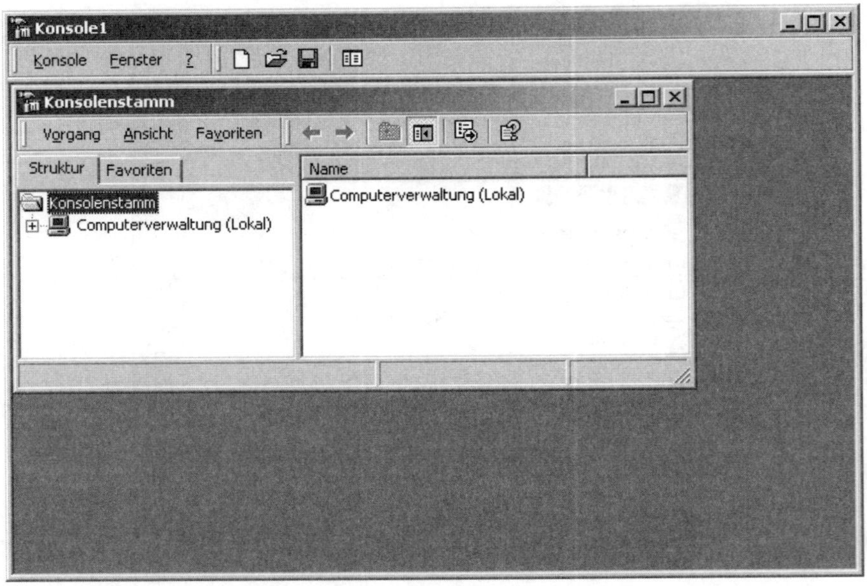

Bild 2.6: Das Ergebnis der ersten Konfiguration der MMC.

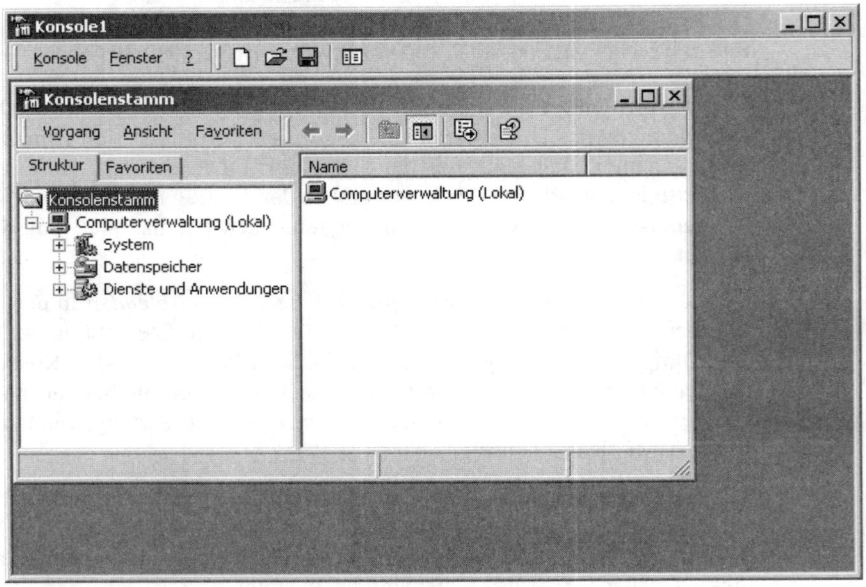

Bild 2.7: Unter der Computerverwaltung residieren drei weitere Punkte: *System, Datenspeicher* sowie *Dienste und Anwendungen*.

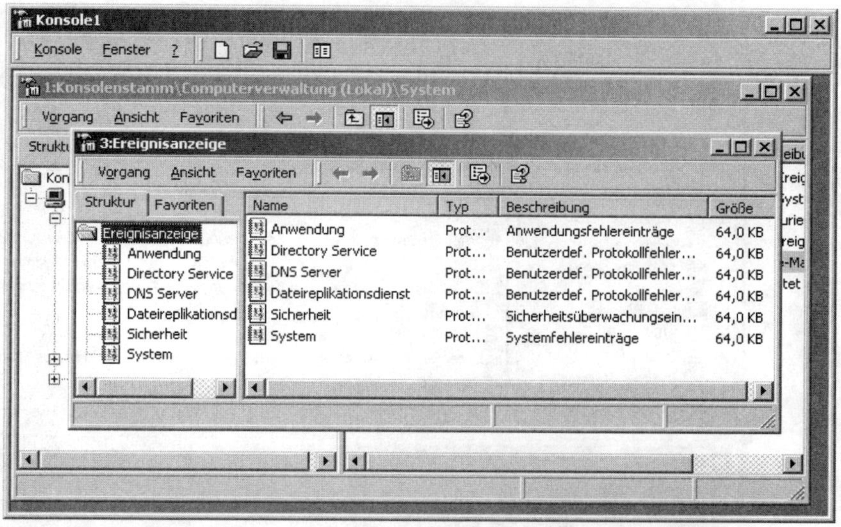

Bild 2.8: Die *Ereignisanzeige* wird als ein neues Fenster im Kontext der Computerverwaltung konfiguriert.

Nun ist diese Konsole nur noch über das Datei-Menü abzuspeichern und ein Auswählen des entsprechenden Menüpunktes sowie die Vergabe eines möglichst sinnvollen Namens vorzunehmen – und ab sofort steht diese Konsole für ein späteres Aufrufen zur Verfügung. Diese Konsole legt das System unter *Start-Programme-Verwaltung* und dann der angegebenen Bezeichnung dieser Konsole ab.

Einfache Darstellung über Taskpads

Angenommen ein Administrator will für Anwender kleinere Aufgaben delegieren, so sind die Anwender mit einer voll ausgestatteten MMC sicher überfordert – beziehungsweise werden durch sie zum »Spielen« animiert. Welch gefährlichen Auswirkungen dies nach sich ziehen kann, weiß jeder Systemverwalter, der mit dem Satzbeginn konfrontiert war: »Aber ich habe doch nur . . .«

Zwar lassen sich durch korrekte Einstellungen von Berechtigungen und den passenden Gruppenmitgliedschaften die Gefahren in Grenzen halten, sodass die Gefahr beim Delegieren der Verwaltungsaufgaben auf nahezu Null reduziert werden kann – doch wie gesagt, die zutreffenden Eigenschaften sind korrekt einzustellen. Denn durch die Vielzahl der Einstellmöglichkeiten geht die Übersicht eventuell schnell mal verloren.

Daher haben die Entwickler bei Microsoft vorgesehen, dass ein Administrator so genannte Taskpads vorgeben kann. Mit dem Konsolen-Taskpad bekommen die Anwender eine vereinfachte Sicht der Dinge, daher eignet sich die Definition eines Taskpads besonders, um einem »Hilfs-Admin« seine Aufgaben zu erleichtern.

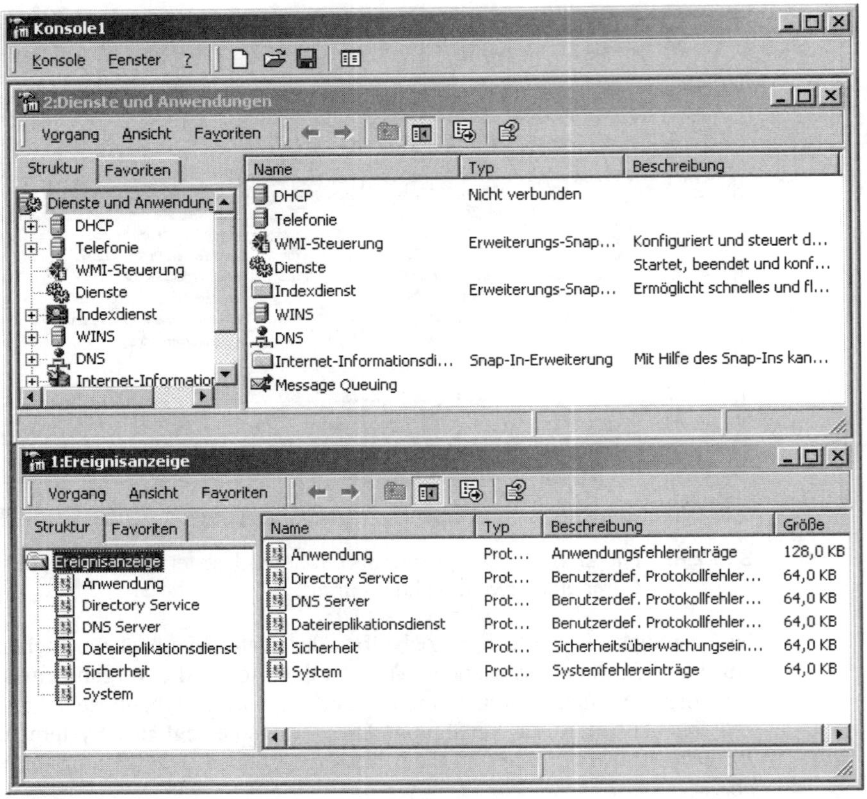

Bild 2.9: Mit ein wenig Point & Click ist eine eigene Konsole definiert.

Er wird bei einem gut vorgegebenem Taskpad nicht mit Umgebungsinformation verunsichert, die vielfach mit seiner Aufgabe nichts zu tun hat. Zur Verdeutlichung dieser Vorgehensweise soll das folgende Beispiel dienen.

In einer neuen MMC – Aufruf wie zuvor beschrieben – ist wieder die Computerverwaltung für den lokalen Rechner einzubauen. Mit einem Klick auf das Pluszeichen vor dem Punkt *Computerverwaltung* wird der Inhalt expandiert und die drei Begriffe *System*, *Datenspeicher* sowie *Dienste und Anwendungen* kommen zum Vorschein. Dann bringt ein Klick auf das *System*-Verzeichnis dessen Unterpunkte zum Vorschein. Bild 2.10 zeigt dieses Zwischenergebnis.

Unter dem System-Verzeichnis ist dann der Punkt *Ereignisanzeige* zu expandieren, wodurch sechs weitere Unterpunkte zum Vorschein kommen. Der letzte in der Reihe dieser Unterpunkte heißt wiederum *System.* Dieser ist durch einen Mausklick anzuwählen. Dadurch erscheinen im rechten Feld alle zugehörigen Ereignisse. Bild 2.11 zeigt diesen Schritt.

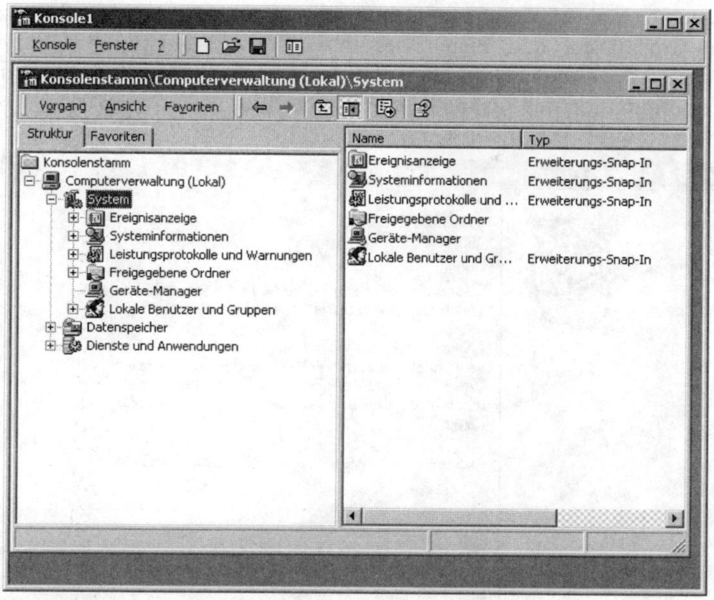

Bild 2.10: Die Vorbereitungen für das Anlegen eines neuen Taskpads sind in vollem Gang.

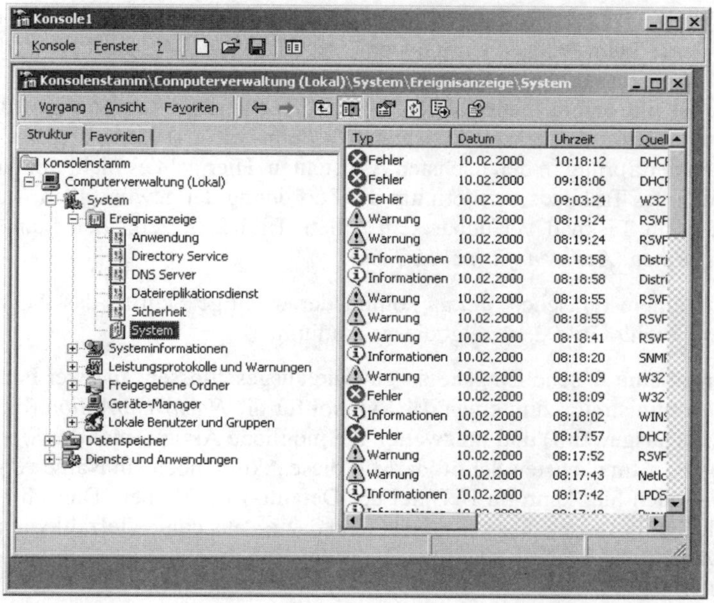

Bild 2.11: Hier sind alle Ereignisse zu sehen, die zum *System* gehören.

Ein rechter Mausklick auf den ausgewählten Punkt – *System* – ruft das zugehörige Kontextmenü auf den Plan. Hier muss der Administrator den Punkt *Neue Taskpadansicht* auswählen, und schon erscheint ein Assistent, der einem durch die Konfiguration des Taskpads leitet (siehe Bild 2.12).

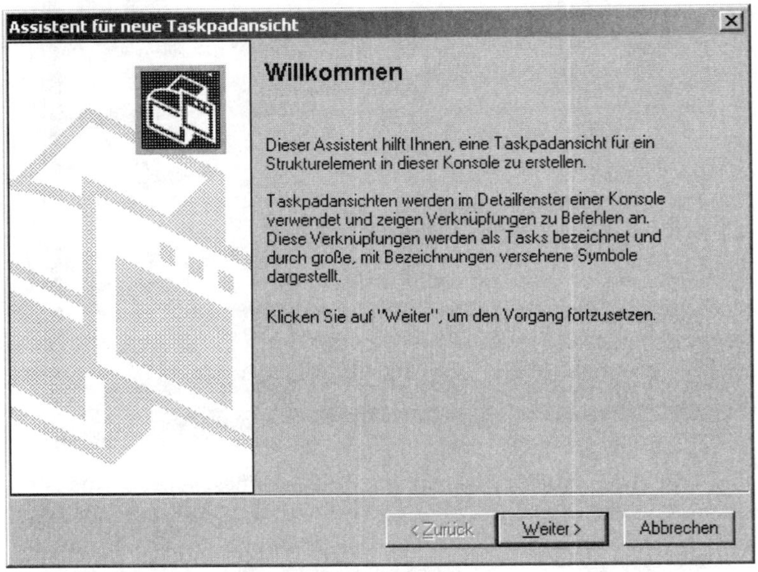

Bild 2.12: Beim Anlegen eines neuen Taskpads hilft der Assistent.

Hier ist mit einem mehrmaligen *Weiter* den Standardvorgaben zu folgen. Beim letzten Schritt in diesem Assistenten – dem Fertig stellen – erfolgt dann aber gleich der Sprung in den nächsten Assistenten. Hier geht es nicht um die Konfigurierung des Taskpads, sondern um die Zuordnung der gewünschten Aktionen, die in diesem Taskpad verfügbar sein sollen. Bild 2.13 zeigt den Start des neuen Assistenten (*Assistent für neuen Task*).

Nach einem typischen *Weiter* kommt der wichtige Schritt: das Auswählen des Menübefehls. Bild 2.14 zeigt dieses Stadium.

Hier ist eine falsche Eingabe so gut wie ausgeschlossen. In zwei Fenstern kann der Administrator zum einen das Symbol für die *Nachricht/Aktion* (hier ist *Information* ausgewählt) und im zweiten die mögliche Aktion (hier die *Eigenschaften*) vorgeben. Im nächsten Schritt darf für diese Aktion noch ein Name vergeben werden – auch hier kann im Beispiel der Default-Wert bleiben. Danach ist noch ein Task-Symbol – genauer gesagt das Icon dazu – aus einer Vielzahl von Logos auszuwählen. Auch hier schlägt der Assistent ein Icon vor – also einfach darauf vertrauen.

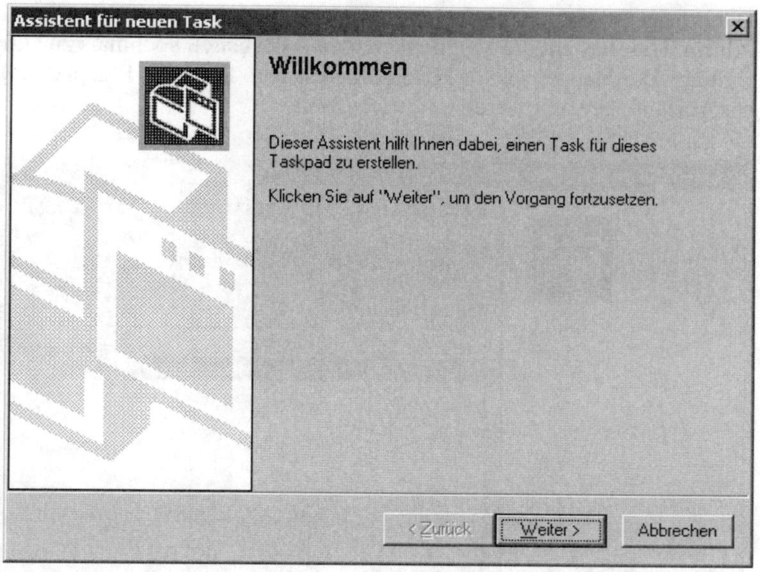

Bild 2.13: Kaum ist der erste Assistent fertig, folgt der zweite.

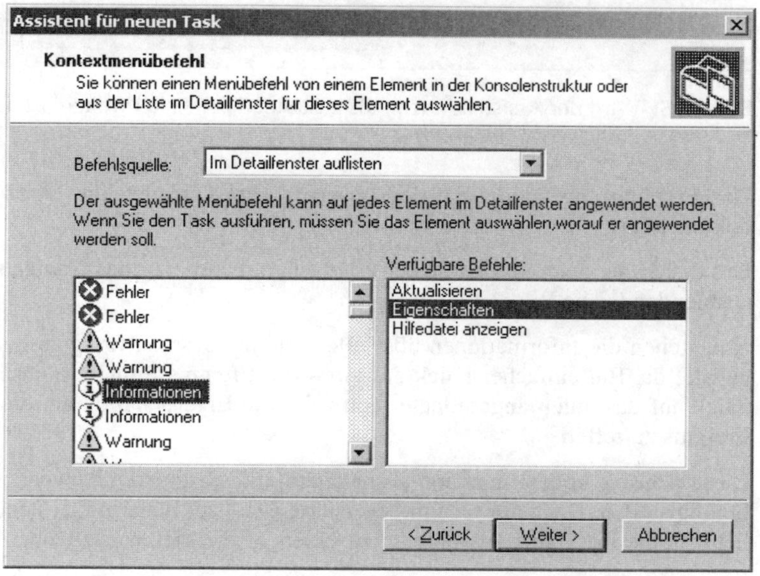

Bild 2.14: Hier wird die zum Taskpad gehörige Aktion vorgegeben.

Dann folgt der letzte Schritt in diesem Assistenten. Bild 2.15 zeigt diesen Bildschirm. Hier besteht die Möglichkeit, den Assistenten nochmals zu aktivieren, um weitere Aktionen in das Taskpad aufzunehmen. Doch im Beispiel soll die einfache Variante gewählt werden: *Fertig stellen*.

Bild 2.15: Wird der Assistent nochmals gestartet, lassen sich weitere Aktionen für das Taskpad angeben.

Das Ergebnis, nachdem sich der Assistent verabschiedet hat, ist in Bild 2.16 dokumentiert.

Um die Sache noch anschaulicher zu machen, kann man das Navigationsfenster ausblenden (siehe Bild 2.17).

Nun stehen die Informationen über alle systemrelevanten Ereignisse sauber aufgelistet da. Ein einfacher Klick auf eines der Ereignisse und ein anschließender Klick auf das unten angeordnete Icon zeigt die Eigenschaften an, die für dieses Ereignis zutreffen.

Diese Konsole könnte man nun abspeichern und sie anderen Anwendern zur Verfügung stellen. Doch der technikbegeisterte Benutzer hätte immer noch die Möglichkeit, die Konsole zu variieren und seinem »Spieltrieb nachzugeben«.

Dies lässt sich vermeiden, wenn der Administrator von vorne herein die Möglichkeit der Modifikation an der Konsole ausschließt. Dazu muss er im Hauptmenü der Konsole auf die *Optionen* gehen. Danach erscheint das in Bild 2.18 gezeigte Fenster.

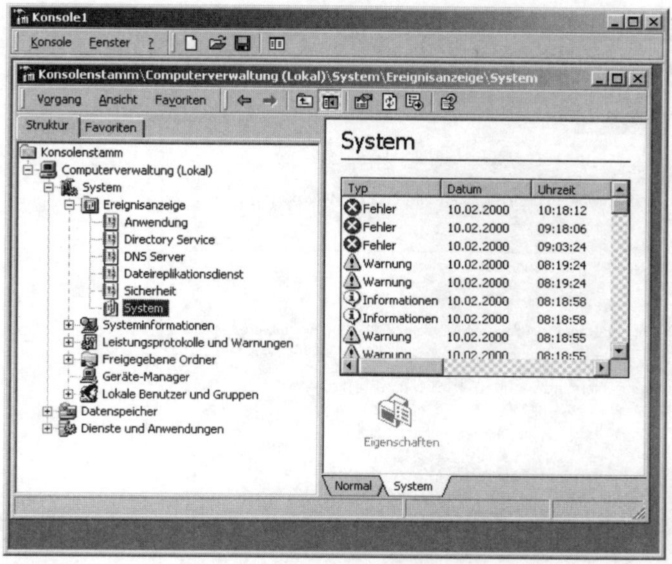

Bild 2.16: Das Resultat: ein neues Taskpad.

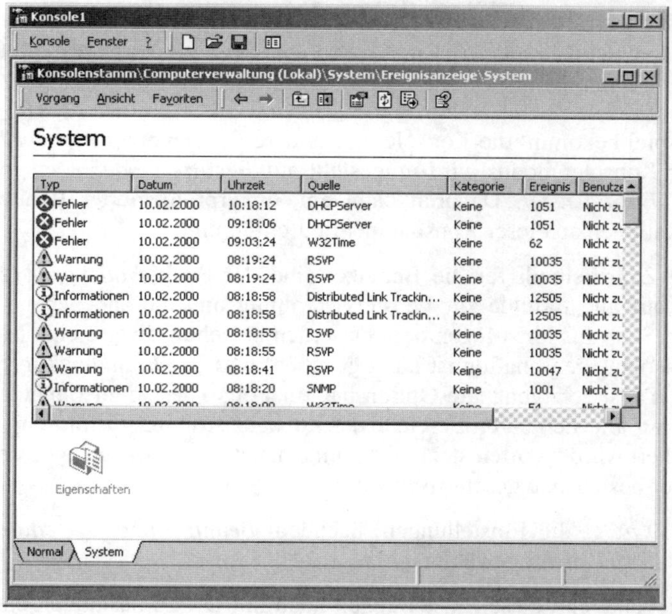

Bild 2.17: Das Ausblenden des Navigationsfensters konzentriert den Blick auf das Wesentliche.

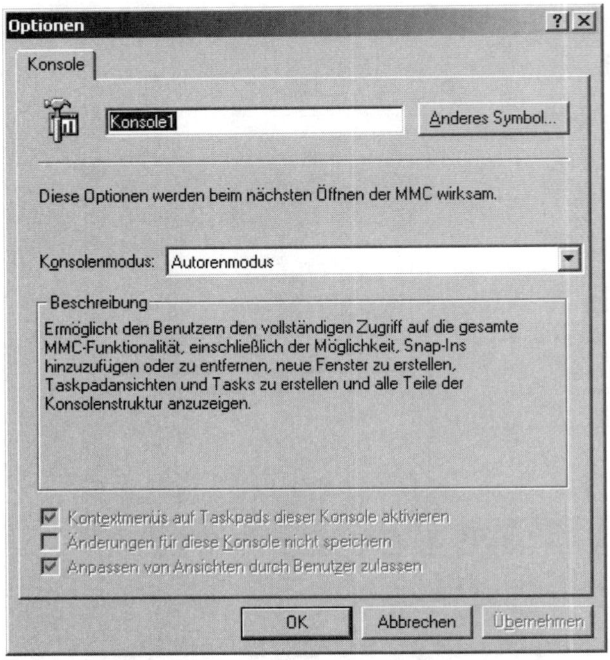

Bild 2.18: Über die *Optionen* kann der Administrator eine Modifikation der Konsole verhindern.

Im Beispiel bekommt die Konsole eine andere Bezeichnung (*System-Ereignisse*) und der Konsolenmodus wird umgestellt auf *Benutzermodus – eingeschränkter Zugriff, Einzelfenster*. Dadurch kann ein »unterprivilegierter Benutzer« keine Modifikationen an dieser Konsole mehr durchführen.

Weitere Zugriffsmodi für die Benutzer sind der Punkt *Vollzugriff* (erlaubt den Zugriff auf alle Befehle zur Fensterverwaltung und die angegebene Konsolenstruktur, Snap-Ins hinzufügen oder entfernen beziehungsweise eine Modifikation der Konsoleneigenschaften ist nicht gegeben) und *beschränkter Zugriff, mehrere Fenster*. Diese letztgenannte Option hat zur Folge, dass dem Benutzer zwar der Zugriff auf alle sichtbaren Bereiche der Konsolenstruktur – zum Zeitpunkt als sie gespeichert wurde – offen steht, aber keine neuen Fenster angelegt werden dürfen oder aber bestehende geschlossen werden können.

Bild 2.19 zeigt die Einstellungen, nachdem *Benutzermodus – eingeschränkter Zugriff, Einzelfenster* gewählt ist.

Anschließend sind diese Einstellungen noch mit *OK* zu bestätigen und die Konsole unter einem aussagekräftigen Namen abzuspeichern. Dann steht einer Verteilung an die Hilfs-Administratoren nichts mehr im Weg.

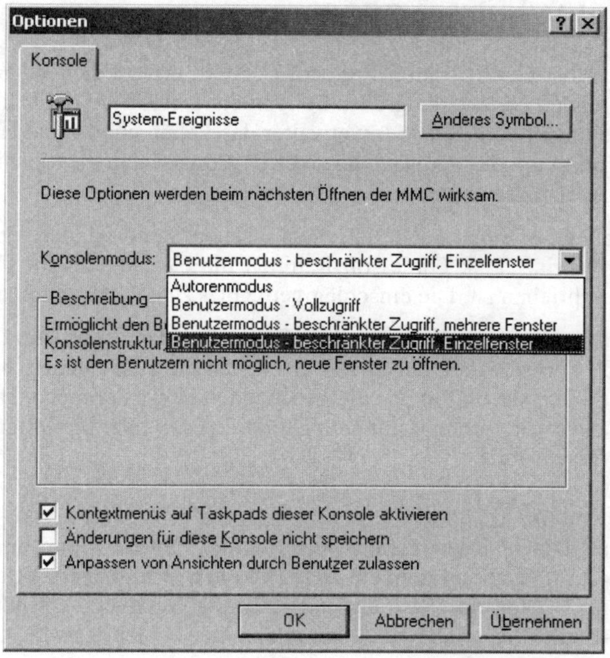

Bild 2.19: So abgeschottet ist für den normalen Benutzer ein Spielen mit dieser Konsole nicht mehr möglich.

Wer sich an dieses Prinzip hält, kann sich und auch seinen Hilfskräften sehr gut angepasste Tools in die Hand geben, mit denen sich nur die exakt vorgegebenen Aktionen ausführen lassen. Der Start der abgespeicherten Konsolen erfolgt in der Regel über die *Startleiste* (*Programme-Verwaltung-Konsolenname*).

Hier darf der Hinweis aber nicht fehlen, dass jede abgespeicherte .msc-Datei mittels rechtem Mausklick und der anschließenden Auswahl von *Autor* im Autorenmodus das Konzept unterlaufen kann: Über diesen Weg lässt sich diese Konsole starten. Daher empfiehlt Microsoft auch, die .msc-Dateien über eine geeignete Rechtevergabe zu sichern. Das lässt sich beispielsweise erzielen, indem man diese Dateien in einem freigegebenen Verzeichnis auf einem Server zusammenfasst und den Hilfs-Admins nur ein Leserecht auf dieses Verzeichnis einräumt.

Sie können dann zwar immer noch Kopien anfertigen und diese modifizieren, doch zumindest die Originale bleiben bestehen. Zudem besteht noch die Möglichkeit, eine Vorgabe über die Gruppenrichtlinien ins Spiel zu bringen: Es muss dazu nur für einen Computer die Einstellung vorgegeben werden, dass grundsätzlich keine MMC-Konsole im Autorenmodus gestartet werden darf.

Im weiteren Verlauf dieses Buches wird die MMC immer wieder für die Verwaltungsaufgaben verwendet und somit das Arbeiten mit ihr noch weiter vertieft.

2.2 DHCP und Windows 2000

Das Dynamic Host Configuration Protocol (DHCP) erfreut sich im Bereich der TCP/IP-basierenden Netzwerke großer Beliebtheit. Der Grund dafür liegt auf der Hand: Es vereinfacht dem Netzwerkverwalter das Leben enorm, hat er sich doch nicht mehr explizit um die Vergabe einzelner IP-Adressen an die vielen Clients in »seinem Netzwerk« zu kümmern.

Bei DHCP handelt es sich zudem um einen offenen Standard, der von der IETF (Internet Engineering Task Force) im Rahmen ihrer »Requests for Comments« (RFCs) festgeschrieben ist. Die einschlägigen RFCs sind 2131 und 2132.

Microsoft hat bereits unter Windows NT diesen Standard unterstützt. Doch bei Windows 2000 Server wurde der DHCP-Server an die zusätzlichen Anforderungen angepasst (auch sie sind in den entsprechenden RFCs definiert). Dazu zählen vor allem die enge Verflechtung mit dem Dynamic DNS oder die Möglichkeit der Multicast-Adressenvergabe.

Das DHCP-Prinzip

Die Idee hinter DHCP ist vergleichsweise einfach. Immer wenn ein Client an einem Netzwerksegment, auf dem ein DHCP-Server verfügbar ist, aktiv wird – in der Regel beim Booten des Systems, nachdem die Netzwerkverbindung hergestellt wurde –, fragt dieser DHCP-Client nach einer eindeutigen IP-Adresse, die man ihm geben möchte. Dazu dient beim allerersten Booten (beziehungsweise wenn die Erneuerung einer IP-Adresse versagt wurde) ein *DHCP Discover*-Datenpaket.

Von diesem Broadcast fühlt sich jeder DHCP-Server angesprochen, der diesen Broadcast erhält, und bietet dem Client eine IP-Adresse an. Diese Aktion trägt die Bezeichnung *DHCP Offer.* Der Client nimmt das erste erhaltene Angebot an und fordert diese Adresse über den Aufruf *DHCP Request* an. Darauf folgt die offizielle Zuteilung dieser IP-Adresse durch den DHCP-Server mittels des *DHCP Acknowledgement*-Vorganges.

Damit die IP-Adressen nicht unnötig »verschwendet« werden, vergibt der DHCP-Server jeder zugeteilten IP-Adresse eine Gültigkeitsdauer, das so genannte Lease. Diese Zeitvorgabe kann vom Administrator für seinen DHCP-Server vorgegeben werden, damit die unterschiedlichen Bedürfnisse von verschiedenen Netzwerkdesigns auch vernünftig nachgebildet werden können. Stehen beispielsweise nur wenig Reserve-Adressen zur Verfügung, sollten kurze Lease-Zeiten zum Einsatz kommen. Dagegen kann die Lease-Dauer erhöht werden, wenn keine Verknappung der IP-Adressen zu befürchten ist.

Nach der Hälfte der Zeitdauer stellt aber der DHCP-Client eine Verlängerungsanfrage, ein *Renewal.* Ist zu diesem Zeitpunkt der DHCP-Server nicht verfügbar, versucht es der DHCP-Client nach 87,5 Prozent der Zeit nochmals. Damit will das DHCP sicherstellen, dass ein aktiver Client im Netz nicht im Betrieb einfach abgehängt wird. Denn der DHCP-Server verlängert dann die Lease.

Das hat aber andererseits auch zur Folge, dass eine Lease endet, wenn ein Client seine IP-Adresse nicht mehr verwendet. Das kann sein, wenn ein System heruntergefahren wird und die Leasedauer abläuft, ohne dass der entsprechende Rechner wieder neu gestartet wird oder sogar – wie bei mobilen Rechnern durchaus üblich – an einem anderen Netzwerksegment angemeldet wird. Die abgelaufene IP-Adresse wird dadurch frei, das bedeutet, der DHCP-Server darf sie einem anderen Client wieder zuweisen.

Um diese Aufgaben abwickeln zu können, basiert Microsofts Implementierung von DHCP auf drei Säulen:

- dem DHCP-Server,
- den DHCP-Clients sowie
- den DHCP/BOOTP Relay Agents.

Zum eigentlichen DHCP-Server – ein typischer Dienst, der zum Betriebssystem hinzuinstalliert wird – gehört in gewohnter Microsoft-Manier auch ein grafisches Interface. Mit ihm lassen sich alle Aufgaben der DHCP-Verwaltung abwickeln. Der DHCP-Server selbst muss aber auch eine Datenbank führen, in der alle Informationen für die Vergabe und Verwaltung der IP-Adressen sowie das Management der verschiedenen Konfigurationsparameter abgelegt sind.

Der DHCP-Server von Microsoft unterstützt mehr als 30 DHCP-Optionen, die im RFC 2132 festgeschrieben sind. Doch die DHCP-Clients aus dem Hause Microsoft benötigen lediglich einige wenige Optionen:

- Router,
- DNS-Server,
- DNS-Domänenname,
- WINS-Server,
- WINS-Knotentyp,
- NetBIOS-Scope ID und
- FQDN.

Zu den wichtigsten der DHCP-Server-Optionen zählen:

- die Vergabe von IP-Adressen für jede Netzwerkkarte im Client-System,
- die Zuweisung von *Default Gateways,* also Routern, mit denen sich einzelne Segmente mit anderen verbinden lassen,
- zusätzliche Parameter, die den DHCP-Clients zugewiesen werden können – wie etwa die IP-Adressen für DNS- oder WINS-Server, die von ihnen verwendet werden sollen.

Um den DHCP-Server installieren zu können, muss ein Server mit Windows 2000 und TCP/IP als Protokoll im Netzwerk bereits aktiv und eine statische IP-Adresse an das System schon vergeben sein. Dabei werden dann auch die notwendigen Datenbanken automatisch angelegt. Bei Windows 2000 Server hilft dabei der Konfigurations-Assistent.

Zum Thema DHCP-Clients ist zu sagen, dass eine Vielzahl von Betriebssystemen aus der Microsoft-Historie damit arbeiten können. Dazu muss lediglich in den TCP/IP-Einstellungen vorgegeben werden, dass sich das Client-System eine IP-Adresse von einem DHCP-Server automatisch zuteilen lassen soll. Zu den unterstützten Betriebssystemen außer Windows 2000 zählen:

- Windows NT Server,
- Windows NT Workstation,
- Windows 98/95,
- Windows for Workgroups 3.11 (mit installierten Microsoft TCP/IP-VxD, eine 32-Bit-Implementierung),
- LAN Manager Version 2.2c für MS-DOS sowie
- Microsoft Netzwerk Client Version 3.0 für MS-DOS.

Die Komponente »BOOTP/DHCP Relay Agent« von DHCP ist notwendig, da sowohl BOOTP als auch DHCP netzwerkweite Broadcasts aussenden, um ihre Arbeit abwickeln zu können. Nun werden bei TCP/IP Broadcasts normalerweise nicht geroutet. Lediglich bei Ausnahmen ist dies der Fall – und zu den Ausnahmen zählen BOOTP und DHCP.

Falls es notwendig sein sollte, dass eine Subnetzgrenze von diesen Protokollen überschritten wird, muss ein entsprechender Relay Agent zum Einsatz kommen. Seine Aufgabe besteht darin, die Informationen an einen DHCP- oder BOOTP-Server weiterzureichen.

Aus dieser Eigenschaft zeigt sich auch, dass man sich mit einem effizienten Design seines Netzwerkes und einer passenden Verteilung der DHCP-Server viel Arbeit sparen kann. In kleineren Netzwerken empfiehlt sich der Einsatz eines DHCP-Servers sowie eines zugehörigen Backup-Servers, der beim Ausfall des ersten DHCP-Servers die Verteilung der IP-Adressen übernimmt. Doch der Backup-Server ist nicht aktiv, muss erst nach dem Ausfall des primären Servers vom Administrator aktiviert werden. Dazu gehören auch Aufgaben wie das manuelle Kopieren der zugehörigen Datenbank.

Danach kommt ein Kriterium ins Spiel, das bereits bei mittleren Netzwerken mit mehreren Segmenten anzuwenden ist: Je nachdem, wie viele Router installiert sind, hat man auch mehrere DHCP-Server (plus Backup-Systeme) zu installieren – im aufwändigsten Fall sogar pro Subnetz ein DHCP-Server. Ebenso sind die langsamen Weitverkehrsverbindungen einzukalkulieren. Das DHCP-Protokoll sollte möglichst nicht über diese Verbindungen gehen müssen. Somit lautet das Resümee: DHCP-Server lokal vorhalten!

Als zweiter Punkt ist einzuplanen, wie viele Clients in einem Netzwerksegment später aktiv sein werden – hier darf der Netzdesigner eine gewisse Reserve nicht außer Acht lassen. Unter dem Begriff *Bereich* (engl. *Scope*) versteht man im Zusammenhang mit DHCP eine Gruppe von Computern in einem Netzwerksegment – sprich Subnetz – die auf den DHCP-Dienst zurückgreifen. Ein Netzwerkplaner richtet dabei für jedes Subnetz einen DHCP-Server mit einem vorgegebenen IP-Adressbereich, einer passenden Subnetzmaske sowie einer anschaulichen Beschreibung ein.

Zudem muss er noch die Dauer für eine Lease angeben und spezielle Reservierungen vornehmen. Wenn bestimmte Systeme immer die gleiche IP-Adresse haben sollen, so empfiehlt sich entweder die manuelle Vergabe oder aber die Reservierung mittels DHCP.

Etwas komplexer wird die Angelegenheit, wenn Bereichsgruppierungen (Superscopes) verwendet werden müssen. Dieser Ansatz erlaubt es mit Hilfe des Werkzeugs *DHCP Manager* mehrere einzelne IP-Adressbereiche zu einer »verwaltungstechnischen Einheit«, eben einer Bereichsgruppierung, zusammenzufassen. Damit ist es einem DHCP-Server möglich,

- einen bestehenden zu kleinen Adressbereich für ein Subnetz zu erweitern und
- DHCP-Clients auf einem physischen Netzwerksegment zu unterstützen, das in mehrere so genannte Multinets (logische Subnetze) unterteilt ist.

Verbesserungen von DHCP bei Windows 2000

Die Version des DHCP-Servers von Windows 2000 kommt mit einigen Verbesserungen auf den Markt, die allerdings nur in einer homogenen DHCP-Umgebung ihre Vorteile voll ausspielen können. Generell soll die Verwaltung wie auch der Einsatz von DHCP in der neuesten Betriebssystemumgebung von Microsoft optimiert werden. Zu den wichtigsten Maßnahmen zählen:

- die Integration von DHCP mit dem DNS,
- die optimierte Überwachung und verbessertes Reporting (Statistik) in Bezug auf die DHCP-Server,
- zusätzliche DHCP-Optionen (herstellerspezifische wie auch die *Class ID Option)*,
- ein verbesserter DHCP-Manager,
- die Zuteilung von Multicast-Adressen,
- eine automatische Konfiguration der Clients,
- das Erkennen von »rogue« DHCP-Servern sowie
- die Zusammenarbeit mit dem Clustering-Ansatz von Windows 2000.

DHCP und DNS

Das Domain Name System (DNS) und DHCP haben sehr ähnliche Funktionen zu erfüllen. Das DNS kümmert sich vor allem darum, dass die netzwerkweiten Ressourcen erreichbar sind – es übernimmt die Abbildung vom sprechbaren »Namen« zur zugehörigen IP-Adresse. Das DHCP dagegen kümmert sich um die Zuteilung der IP-Adressen an die Systeme im Netz. In Windows 2000 können sich nun die DHCP-Server und -Clients im DNS eintragen lassen. Allerdings wird der DHCP-Server nicht als spezieller Eintragstyp in seiner Eigenschaft als DHCP-Server bei DNS registriert- er ist wie jeder andere Windows 2000-Rechner lediglich als Host- und PTR-Eintrag eingetragen.

Die früheren Versionen von DNS haben allerdings mit dem dynamischen Charakter der Eintragung ein Problem. Denn die einzelnen *Records* (also die Einträge in der DNS-Datenbank) mussten bislang immer »manuell« vollzogen werden.

Damit wird aber schon deutlich, dass nur eine Form eines dynamischen DNS sich für eine möglichst wartungsfreie Zusammenarbeit mit dem DHCP eignet. Daher hat Microsoft auch die Standardisierung des Dynamic DNS (DDNS) in der IETF forciert.

Konkret trägt ein DHCP-Client in der Standardeinstellung seinen Host-Eintrag (also den A-Record) im DDNS ein und der DHCP-Server sozusagen als Stellvertreter für die DHCP-Clients die PTR-Einträge im DDNS. Die beiden Eintragstypen übernehmen dabei verschiedene Aufgaben:

- die PTR-Records (Pointer Records) sind zuständig für die so genannten Reverse Lookups (wenn die IP-Adresse eines Systems bekannt ist und der Name aufgelöst werden soll) und
- die A-Records (Address Records) für die so genannten Forward Lookups (wenn der Name eines Systems bekannt ist und die IP-Adresse festgestellt werden soll).

Des Weiteren ist eine Option des DHCP noch notwendig. Ein DHCP-Server erkennt einen Windows 2000 DHCP-Client daran, dass er an den DHCP-Server seinen vollständigen Namen (in DNS-Worten: seinen *Fully Qualified Domain Name,* FQDN) zurückgeben kann. Der DHCP-Server interpretiert dann diese Angabe und kann seinerseits eine Weiterverarbeitung initiieren – sprich die Aktualisierung bei einem DDNS-Server veranlassen. Dadurch wird dann der A-Record für den DHCP-Client im DDNS eingetragen.

Diese beschriebene Stellvertreterfunktionalität des DHCP unter Windows 2000 hat zur Folge, dass auch Clients mit Windows 95/98 oder Windows NT an einem DDNS-Server »hängen« können – indirekt zwar aber dennoch funktional. Doch dazu muss der DHCP-Server entsprechend konfiguriert sein – in der Standardeinstellung ist diese Option allerdings nicht aktiv.

Das DHCP von Windows 2000 unterscheidet auch zwischen Clients mit Windows 2000 Professional und den »älteren« Clients. Damit ist der DHCP-Server je nach

Konfiguration in der Lage, unterschiedliche Aktionen für seine Clients bei der Verarbeitung des DNS-Informationen auszuführen. Die unterschiedlichen Konfigurationsoptionen für den DHCP-Server sind:

- Der DHCP-Server richtet sich ganz nach der Anforderung des jeweiligen Clients und registriert beziehungsweise aktualisiert die Client-Informationen entsprechend dieser Vorgaben bei den zugehörigen DNS-Servern. Wird ein neuer DHCP-Server installiert, handelt es sich dabei um die Standardkonfiguration für Windows 2000 DHCP-Server und -Clients. In diesem Modus kann jeder Windows 2000-konforme DHCP-Client die Verarbeitungsweise anfordern, die der DHCP-Server bei Aktualisierungen seiner A- und PTR-Einträge durchführt. Falls es möglich ist, verarbeitet der DHCP-Server dabei die Client-Anforderung zur Handhabung von Aktualisierungen für den zugehörigen Namen und die IP-Adressinformationen im DNS. Dies kann am entsprechenden DHCP-Server durch Konfigurieren der Option *DNS nur auf Aufforderung von DHCP-Client aktualisieren* initiiert werden.
- Die Client-Informationen werden vom DHCP-Server immer bei den DNS-Servern registriert und aktualisiert. Dabei handelt es sich um eine geänderte Konfiguration, die für Windows 2000-konforme DHCP-Server und DHCP-Clients machbar ist. In diesem Modus führt der DHCP-Server stets Aktualisierungen des Client-FQDN sowie der geleasten IP-Adressinformationen für jeweils die A- und PTR-Ressourceneinträge durch, und zwar unabhängig davon, ob der Client eigene Aktualisierungen durchführen möchte. Dazu muss am DHCP-Server die Option *DNS immer aktualisieren* eingestellt sein.
- Die dritte Möglichkeit schließt die Registrierung und Aktualisierung durch den DHCP-Server aus, er erledigt diese Aufgaben schlichtweg nicht. Um dieses Verhalten festzulegen, ist der DHCP-Server so zu konfigurieren, dass die Durchführung von DHCP/DNS-Proxy-Aktualisierungen nicht aktiv ist. Damit werden keine A- oder PTR-Einträge für DHCP-Clients durch den DHCP-Server im DNS aktualisiert. Diese Einstellung lässt sich bei Windows 2000 DHCP-Servern erreichen, indem die Checkbox *DHCP-Clientinformationen in DNS automatisch aktualisieren* deaktiv wird. Aber hier nochmals der Hinweis: per Default werden Aktualisierungen stets für »frisch« installierte Windows 2000 DHCP-Server und deren erstellte neue Bereiche durchgeführt.

DHCP-Clients unter Windows 2000 und die der früheren Windows-Versionen legen eine unterschiedliche Arbeitsweise an den Tag, wenn es darum geht, bei DHCP DNS-Interaktionen durchzuführen. Zwei Beispiele sollen dies verdeutlichen.

- Windows 2000 DHCP-Clients arbeiten mit dem dynamischen DNS-Aktualisierungsprotokoll folgendermaßen: Der Client richtet einen DHCP-Request an den Server. Der Server antwortet dem Client mit einer DHCP-Acknowledge und erteilt ihm eine entsprechende IP-Adresslease. Standardmäßig sendet der Client eine DNS-Aktualisierungsanforderung für den eigenen Forward-

Lookup-Eintrag, einen A-Eintrag, an den DNS-Server. Stattdessen kann der DHCP-Server diese Aktualisierung auch durchführen, wenn sowohl der Client als auch dessen zugehörige Konfiguration entsprechend geändert werden. Der Server sendet Aktualisierungen für den Reverse-Lookup-Eintrag des DHCP-Clients – den PTR-Eintrag – mit Hilfe des im dynamischen DNS-Aktualisierungsprotokoll festgelegten Vorgangs.

- Ältere Versionen (sprich vor Windows 2000) von Windows-DHCP-Clients unterstützen die direkte dynamische DNS-Aktualisierung nicht und können daher auch nicht direkt mit dem DNS-Server agieren. Für diese DHCP-Clients werden Aktualisierungen für gewöhnlich folgendermaßen durchgeführt: Der Client richtet einen DHCP Request an den Server. Der Server antwortet dem Client mit einer DHCP-Acknowledge und erteilt ihm eine IP-Adresslease. Der Server sendet dann Aktualisierungen an den DNS-Server für den Forward-Lookup-Eintrag des Clients, sprich den A-Eintrag. Der Server sendet aber auch die Aktualisierung für den Reverse-Lookup-Eintrag des Clients, den PTR-Eintrag.

Hinzu kommt eine besondere Problematik bei der Verwendung des so genannten *Secure dynamic update*-Protokolls (über die Einstellung *Nur gesicherte Aktualisierungen*, die nur dann vorgenommen werden kann, wenn die DNS-Zone in das Active Directory integriert ist. Dabei werden die DNS-Einträge mit Berechtigungen geschützt, sodass nur entsprechend autorisierte Benutzer und Computer DNS-Einträge verändern können).

Wenn nun ein Windows 2000 DHCP-Server so konfiguriert ist, dass die A-Einträge und die PTR-Einträge dynamisch für die DHCP-Clients vorgenommen werden, kann die sichere dynamische Aktualisierung bei Windows 2000-DNS-Servern zu veralteten Ressourceneinträgen führen. Ein Szenario wie das folgende soll dies belegen:

Angenommen, ein Windows 2000 DHCP-Server (DHCP1) führt eine »sichere dynamische« Aktualisierung eines bestimmten DNS-Domänennamens für einen seiner Clients durch: Da der DHCP-Server den Namen erfolgreich erstellen konnte, wird dieser Server zum Besitzer des Namens. Sobald der DHCP-Server zum Besitzer des Client-Namens wird, kann nur dieser DHCP-Server den Namen aktualisieren. Angenommen der erste DHCP-Server fällt danach aus. Wird ein zweiter DHCP-Server aktiviert, kann der den Namen des Clients nicht mehr aktualisieren, da er nicht der »Besitzer« des Namens ist.

Zur Lösung dieses Problems hat Microsoft die integrierte Sicherheitsgruppe *DnsUpdateProxy* vorgesehen. Mitglieder dieser Gruppe können Objekte erstellen, doch wird diesen Objekten dabei keine »Sicherheit« zugewiesen. Denn der erste Benutzer, der den Eintragssatz eines Client-Systems aktualisiert und zudem nicht zur Gruppe *DnsUpdateProxy* gehört, wird zum »Besitzer« des Clients. Dadurch kann der Administrator alle DHCP-Server, die Einträge für ältere Clients vornehmen, als Mitglieder in diese Gruppe aufnehmen und so diese Problemfälle vermeiden.

Wer mehrere DHCP-Server einsetzt – etwa um Fehlertoleranz ins Spiel zu bringen – und auch dynamische Aktualisierungen verwendet, der sollte die einzelnen Windows 2000 DHCP-Server der globalen Sicherheitsgruppe *DnsUpdateProxy* als Mitglieder hinzufügen. Diese Vorgehensweise trägt zwar dazu bei, einen Teil der Schwierigkeiten bei der sicheren DNS-Aktualisierung zu beheben, doch treten andere Sicherheitsaspekte dann in den Vordergrund.

So sind alle vom DHCP-Server registrierten DNS-Domänennamen nicht sicher. Dies gilt auch für den A-Eintrag des DHCP-Servers selbst. Dies ist um so wichtiger, wenn der DHCP-Server – der ja als Mitglied zur Gruppe *DnsUpdateProxy* gehört – auf einem Domänencontroller residiert. Daher lässt sich manuell ein anderer Besitzer für alle DNS-Einträge für den eigentlichen DHCP-Server spezifizieren. In diesem Fall sind alle SRV-Einträge, A-Einträge sowie die CNAME-Einträge nicht sicher, die durch den Anmeldedienst für den Domänencontroller registriert werden. Vermeiden kann der Administrator dieses Problem, indem er den DHCP-Server nicht auf einem Domänencontroller installiert.

Aber noch ein weiteres Argument spricht gegen das Installieren eines Windows 2000 DHCP-Servers auf einem Domänencontroller: Der DHCP-Server besitzt die uneingeschränkte Kontrolle über alle DNS-Objekte in Active Directory, weil der DHCP-Server unter dem Computerkonto ausgeführt wird – eben dem Konto des Domänencontrollers.

Aus diesen Ausführungen dürfte auch ersichtlich sein, dass die Kompatibilität eines statischen (älteren) DNS und des DHCP in punkto Synchronisation der Abbildung von Namen zu IP-Adresse nicht erreicht wird. Daher auch der Ratschlag: Problemlos wird alles, wenn nur neuere, dynamische DNS-Server im Netzwerk arbeiten.

Bei einem Neudesign ist das sicher gut machbar – zumal der DDNS-Server von Microsoft kostenlos dem Betriebssystem »beiliegt«. Anders sieht da schon die Sache aus, wenn Unix-Systeme als DNS-Server im Netzwerk bereits ihren Dienst verrichten. Hier muss der Netzwerkplaner entscheiden, ob er die Vorteile des Neuen ausschöpfen will, oder ob der Aufwand zu groß ist.

Wenn ein statisches DNS verwendet wird, gibt es drei Möglichkeiten, um fehlerhafte DNS-Lookups für DHCP-registrierte Clients zu vermeiden:

- Der Administrator kann eine IP-Adressen-Reservierung vornehmen und damit die Zeitdauer für die *Lease* auf *unendlich* setzen.
- Falls im Netzwerk WINS-Server aktiv sind, kann man den WINS-Lookup für all die DHCP-Clients erlauben, die NetBIOS verwenden – sofern man Windows NT-DNS-Server einsetzt, die WINS-Lookup unterstützen. (Unter WINS-Lookup versteht man, dass der DNS-Server einen WINS-Server befragen kann, wenn er selbst einen Namen nicht auflösen kann – dies können nur die Windows NT-DNS-Server).

- Der Netzwerkverwalter sollte alle – statischen – DNS-Server schnellstens durch neue ersetzen, die DDNS unterstützen, dies kann allerdings zu einem Problem werden, wenn die »Unix-Fraktion« im Unternehmen hier nicht mitspielen will (mehr dazu beim DNS-Thema).

Überwachen des Dienstes verbessert

Um die DHCP-Server besser überwachen zu können und um mehr Informationen über den Betrieb zu bekommen, wurden bei der DHCP-Version von Windows 2000 Server einige Modifikationen eingeführt. Die wichtigste von ihnen betrifft das Erkennen einer *Verknappung der IP-Adressen*. Ist ein bestimmter Schwellenwert (ist vom Anwender vorzugeben) der zu verteilenden IP-Adressen erreicht – etwa 95 Prozent aller zu vergebenden Adressen – dann bekommt der Administrator eine entsprechende Warnung angezeigt. Eine weitere Warnung wird gemeldet, wenn gar keine Adressen im Pool mehr verfügbar sind.

Des weiteren unterstützt der DHCP-Manager nach wie vor das SNMP (Simple Network Management Protocol) sowie die MIBs (Management Information Base); zum Auswerten der MIBs sind allerdings eigenständige Programme der Gattung *Netzwerkmanagement* notwendig. Der DHCP-Manager ist für die grafische Darstellung aller DHCP-relevanten Informationen zuständig. Für den Administrator hat dies zur Folge, dass er mit diesem Tool alle wichtigen Informationen zur Hand hat, um das korrekte Arbeiten des DHCP-Servers zu überwachen. Er weiß damit, wie viele Adressen vergeben sind, wie viele noch frei sind, wie lange der DHCP-Server braucht, um die Leases zu vergeben. Zudem hat er Zugriff auf Werte wie die Anzahl der Anfragen, die der Bestätigungen etc.

Multicast-Adressierung

Bei der Zuweisung von Multicast-Adressen wurde der DHCP-Server ebenfalls erweitert. Diese neuere Art der Adressierung in einem TCP/IP-Netzwerk wird ebenfalls von der IETF standardisiert und findet in Bereichen Anwendung, wo es um die Übertragung von einem »Sender« zu einer festgelegten Gruppe von »Empfängern« geht. Dabei handelt es sich um eine Punkt-zu-Mehrpunkt-Übertragung. Typische Einsatzfelder für diese Technik sind Audio-Übertragungen oder Videoconferencing. Hierbei gibt es einen Unterschied zu den Broadcast-Übertragungen, die sich an alle Systeme in einem Subnetz richten. Denn das Multicasting richtet sich nur an eine Gruppe von Systemen.

Das Multicasting selbst folgt aber den unter TCP/IP üblichen Adressierungsvorgaben, sodass die gleiche Infrastruktur wie bei den üblichen Unicast-Transfers (ein Sender, ein Empfänger) bestehen bleiben kann.

Die Zuteilung von Multicast-Adressen besteht prinzipiell aus zwei Komponenten. Auf der Server-Seite müssen Multicast-Adressen vergeben werden können und auf Seiten der Clients müssen entsprechende Programmierschnittstellen vorhanden sein, damit die Multicast-basierenden Anwendungsprogramme diesen Adresstypus anfordern, erneuern und wieder freigeben können.

Um diese Eigenschaft zu ermöglichen, muss der Administrator zuerst die *Scopes* für das Multicasting sowie die zugehörigen Multicast-IP-Bereiche auf dem DHCP-Server festlegen. Die Multicast-Adressen werden wie übliche IP-Adressen gehandhabt. Die Multicast-Clients fordern über das Programmierinterface die Multicast-Adressen aus dem Scope an. Für die zugrunde liegende Implementierung werden dann Pakete im Stil des DHCP-Protokolls verwendet, um die Kommunikation zwischen Client und Server abzuwickeln.

Automatische Konfiguration der Clients

Eine interessante Verbesserung kommt mit der automatischen Konfiguration von IP-Adresse und Subnetzmaske eines Clients ins Spiel, wenn der Client in einem kleinen Netzwerk gestartet wird, in dem kein Zugriff auf einen DHCP-Server möglich ist. Wenn ein Microsoft-TCP/IP-Client installiert wird und seine Informationen über die Protokollkonfiguration dynamisch von einem DHCP-Server beziehen soll, wird der DHCP-Client bei jedem Start des Systems aktiv.

Der DHCP-Client-Dienst folgt dann einem zweistufigen Prozess, um den Client entsprechend zu konfigurieren. Ist der Client-Dienst installiert, versucht er einen DHCP-Server zu finden und von ihm die Konfigurationsinformationen zu erhalten. Klappt das nicht, so konfiguriert sich der Client (wenn er auf einer Windows 2000-Plattform zum Einsatz kommt) selbst mit einer »zufällig« erzeugten IP-Adresse im Subnetzbereich 169.254.0.0. Dieser Bereich wurde von Microsoft beim NIC (Network Information Center) für die automatische IP-Konfiguration reserviert, sodass gewährleistet ist, dass solche Adressen im Internet nicht belegt sind. Außerdem sendet der Client einen Ping auf diese Adresse und stellt so letztendlich sicher, dass keine IP-Adresse im Netzwerk doppelt vergeben ist.

Im anderen Fall hat ein DHCP-Client bereits eine Lease von einem DHCP-Server bekommen. Wenn nun der Client versucht, diese Zeitdauer für die Gültigkeit des Lease zu verlängern, und dabei keine Verbindung mit dem DHCP-Server mehr bekommt, dann versucht er einen Ping auf das Default Gateway (das in der Lease eingetragen ist) abzusetzen. Ist dieser Versuch erfolgreich, geht der Client davon aus, dass er sich nicht an einer anderen Stelle im Netzwerk befindet und nimmt die vergebene Lease. Anschließend versucht der Client erneut zur »Halbzeit«, die Lease wieder zu verlängern.

Schlug aber der Ping zum Default Gateway fehl, geht der Client davon aus, dass er sich in einem anderem Teil des Netzwerks befindet, auf dem sich kein DHCP-Server befindet und konfiguriert sich selbst neu. Allerdings versucht der DHCP-Client dann alle fünf Minuten, einen DHCP-Server zu lokalisieren.

Konflikte mit DHCP-Servern

Ein wichtiger Punkt ist die Kooperation mit anderen DHCP-Servern, die in einem Netzwerk installiert sind. Dabei kann es sich durchaus um »Wildwuchs« handeln, wenn etwa DHCP-Server auf einem Netzwerkgerät ihre Dienste verrichten, ohne dass der Administrator dies bewusst und unbedingt haben will. Ein typisches Beispiel für eine derartige Konstellation ist ein DHCP-Server, der so angelegt ist, dass er in einem kleinen Segment IP-Adressen vergibt.

Falls diese Adressen »unglücklich« gewählt wurden, kann es durchaus vorkommen, dass auch andere Clients als die im kleinen Subnetz Adressen von diesem DHCP-Server anfordern (dazu muss der DHCP Relay Agent installiert sein, denn nur so können Clients aus anderen Subnetzen von diesem DHCP-Server Adressen beziehen, und der DHCP-Server muss zufällig auch gerade einen Adressbereich aus dem Subnetz des Relay Agents besitzen!). Und schon ist Ärger in Form von Adresskonflikten vorprogrammiert, der sich zudem nur sehr schwer eingrenzen lässt. Denn meist wurde der »private DHCP-Server« von jemand anderem eingerichtet als demjenigen, der für den Betrieb der »übergeordneten« DHCP-Server verantwortlich zeichnet.

Generell sollte man derartige Probleme durch gute sorgfältige Planung gar nicht erst entstehen lassen. Daher die Devise – mehr schon eine goldene Regel: Möglichst wenige DHCP-Server sollen in einem Netzwerk eingesetzt werden. Zufälligkeiten dürfen beim Netzwerkdesign nicht Tür und Tor geöffnet werden. Im konkreten Fall heißt das, man muss den Kreis derer massiv einschränken, die Arbeiten wie das Installieren von DHCP-Servern in einzelnen Segmenten durchführen dürfen.

Die DHCP-Server-Version von Windows 2000 Server kann mit diesen Problemfällen umgehen und eventuelle Adressierungskonflikte ausräumen. Denn es gibt Hilfsmittel, mit denen sich nicht zulässige DHCP-Server in einem Netzwerk aufspüren lassen – besonders komfortabel sind sie allerdings nicht (ein Windows 2000 DHCP-Server sendet alle fünf Minuten einen DHCPINFORM-Broadcast aus). Zudem ist eine weitere Kontrolle hinzugekommen: Früher war quasi jeder Administrator in der Lage, einen DHCP-Server installieren und verwalten zu können. In der aktuellen Version aber muss er erst eine Autorisierungshürde überwinden, ehe er sich dieser Aufgabe widmen darf.

Unter Windows 2000 haben nur Mitglieder der Gruppe *Organisations-Admins* das Recht, diese Aufgaben zu übernehmen. Sie können aber – so lautet die Devise unter Windows 2000 – diese Rechte auch an andere Gruppen vergeben. Mit der Vererbung und der expliziten Übergabe von Rechten befassen sich die Kapitel 4 und 5.

Falls ein Netzwerkdesign auf dem Active Directory (AD) basiert, kann es hierbei wertvolle Dienste leisten, ist es doch für die Rechtevergabe zuständig. Im AD werden nun Einträge geführt, in denen die zugelassenen DHCP-Server verzeichnet sind. Wenn ein DHCP-Server in einem AD-basierten Netzwerk seine Arbeit aufnimmt, kann nun über das AD seine Berechtigung geprüft werden.

Daraufhin kann ein Organisations-Admin reagieren und den neuen Server entweder berechtigen oder aber die entsprechende Berechtigung nicht erteilen. Die Liste mit den autorisierten DHCP-Servern lässt sich mit dem DHCP-Snap-In der MMC im AD erzeugen. Wenn ein DHCP-Server seinen Dienst aufnimmt, überprüft er mit Hilfe eines DHCPINFORM-Datenpaketes zuerst, ob er im AD in der Liste steht. Ist das der Fall, fährt er den DHCP-Serverdienst hoch. Alle fünf Minuten sendet er neue DHCPINFORM-Pakete, um seine Berechtigungen zu prüfen. Außerdem erkennt er so, ob auch noch andere Verzeichnisdienste aktiv sind und prüft auch dort seine Berechtigung.

Findet der neue DHCP-Server einen Verzeichnisdienst und stellt er dann fest, dass er nicht auf der Liste der authorisierten DHCP-Server steht, nimmt er an, dass er auch nicht berechtigt ist und reagiert dann auf keine Anfragen von Clients.

Anders verhält sich die Sache, wenn ein DHCP-Server kein Server in einer Domäne ist. Als ein Mitglied in einer Arbeitsgruppe wird der folgende Weg eingeschlagen: Der Server sendet eine Broadcast-Nachricht (DHCPINFORM) in das Netzwerk. Jeder andere Server im Netzwerk, der diese Nachricht bekommt, antwortet mit einem Acknowledgement (die DHCPACK-Nachricht) und teilt dem Anfrager mit, zu welcher Domäne er selbst gehört. Wenn dadurch ein DHCP-Server einer Arbeitsgruppe einen DHCP-Server als Mitglied einer Domäne erkennt, geht der DHCP-Server in der Arbeitsgruppe davon aus, dass er für diese Domäne nicht autorisiert ist und beantwortet folglich auch keine DHCP-Anfragen aus diesem Bereich.

Erkennt ein zu einer Arbeitsgruppe gehöriger DHCP-Server einen anderen Server in der Arbeitsgruppe, ignoriert er ihn. Somit können mehrere Server innerhalb einer Arbeitsgruppe aktiv sein – solange nur kein Verzeichnisdienst existiert.

Ist ein DHCP-Server in einer Arbeitsgruppe am Laufen, untersucht er dennoch alle fünf Minuten, ob nicht ein weiterer DHCP-Server dazugekommen ist. Ist dieser Fall eingetreten – etwa weil ein autorisierter DHCP-Server einer Domäne später gestartet wurde – stellt der DHCP-Server der Arbeitsgruppe seine Aktivität ein.

Integration in das Clustering

Zuvor war bereits die Rede davon, dass zu einem DHCP-Server auch ein Backup-System gehört, das nach einiger »Handarbeit« durch den Administrator dessen Aufgaben übernehmen kann, wenn der DHCP-Server ausfällt. Damit hat der Administrator zwar eine höhere Ausfallsicherheit für diesen wichtigen Dienst seines Netzwerks erreicht, doch geht das auf Kosten der Verwaltungsarbeit. Hier bringt das Clustering von Windows 2000 seine Vorteile ist Spiel. Sie lauten:

- höhere Ausfallsicherheit,
- weniger Wartungsaufwand sowie
- bessere Skalierbarkeit.

Durch das *Windows Clustering* ist es möglich, einen abgestürzten Server zu erkennen und seine Anwendungen oder Dienste schnell auf dem noch aktiven Server wieder anlaufen zu lassen. Die Benutzer bemerken diesen Übergang höchstens mit einer vorübergehenden Pause des Dienstes.

Zudem steht es einem Administrator frei, ausgehend von der Belastung der einzelnen Komponenten in einem Cluster die Last innerhalb des Verbundes zu verteilen. Dies hilft bei einer manuellen Lastverteilung sowie beim Aktualisieren eines Servers, wenn die anderen Mitglieder seine Arbeit in der Zwischenzeit übernehmen sollen.

Für den DHCP-Server von Windows 2000 bedeutet dies, dass er sozusagen auf einem virtuellen System – also dem Cluster – installiert wird. Stoppt ein Knoten im Cluster seine Arbeit, übernehmen die verbliebenen aktiven den DHCP-Service – einschließlich aller wichtigen Informationen wie beispielsweise den Namensraum. Für den Client hat dies keine Änderungen zur Folge, er sieht wie bisher nur die IP-Adresse des geclusterten DHCP-Servers.

Allerdings trübt ein Wehrmutstropfen diese rosigen Aussichten: Das Clustering ist erst ab der vergleichsweise teuren Advanced-Server-Version von Windows 2000 verfügbar.

Konfiguration eines DHCP-Servers

Nachdem die technischen Hintergründe weitestgehend erklärt sind, geht es nun an die Konfiguration des DHCP-Servers. In der üblichen Assistenten-Vorgehensweise hilft das System dem Administrator dabei. Bild 2.20 zeigt den für viele Aufgaben vorgesehenen Assistenten *Windows 2000 Server konfigurieren.*

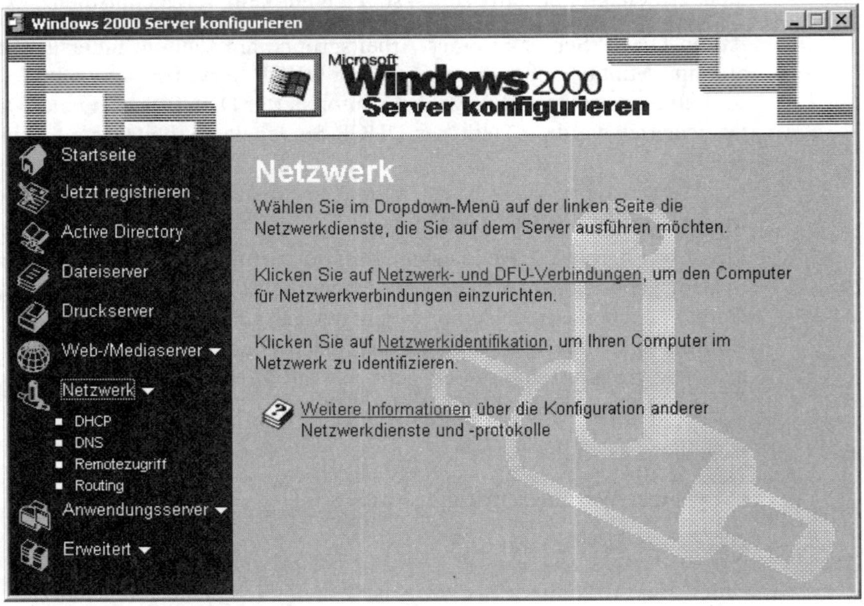

Bild 2.20: Aus dem Assistenten lässt sich über den Punkt *Netzwerk* der DHCP-Dienst konfigurieren.

Wird der Punkt *Netzwerk* angeklickt, stehen vier untergeordnete Möglichkeiten durch diesen Assistenten offen:

- *DHCP*,
- *DNS*,
- *Remotezugang* und
- *Routing*.

Ein Klick auf *DHCP* startet die Seite mit den Informationen zum DHCP. Zuerst stehen zwei Möglichkeiten offen: das *Installieren* und das *Verwalten* von *DHCP*. Logischerweise ist hier *Installieren* anzuklicken. Damit öffnet das System den DHCP-Manager. Bild 2.21 zeigt das entsprechende Fenster.

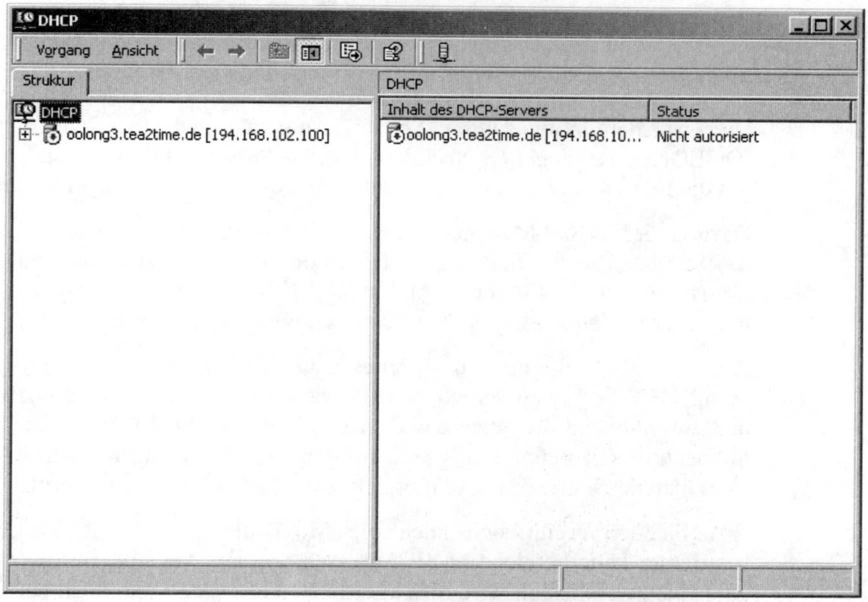

Bild 2.21: Der Ausgangspunkt für die Installation des DHCP-Dienstes auf dem Server.

Der DHCP-Manager zeigt an, dass der Status für den Server *nicht autorisiert* beträgt. Dies ist auch sinnvoll, da der DHCP-Dienst noch nicht installiert und somit auch noch nicht in der entsprechenden Liste im AD eingetragen sein kann.

Als nächste Aktion ist aus dem Hauptmenü unter *Vorgang* der Punkt *Server hinzufügen* anzugeben. Darauf erscheint ein Auswahldialog wie ihn Bild 2.22 zeigt.

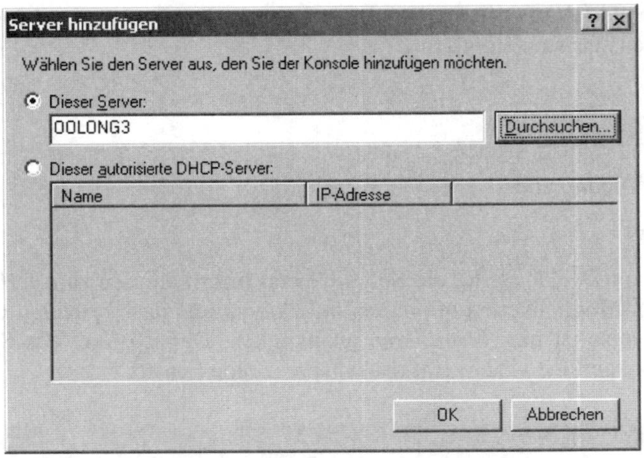

Bild 2.22: Auf welchen Server soll DHCP installiert werden?

Hier ist die Option *Dieser Server* anzugeben und der Name des Systems (OOLONG3) einzugeben. Nachdem der erste Server mit DHCP installiert ist, muss mit dem Bereichserstellungsassistenten der Adressbereich festgelegt werden.

Dazu ist der DHCP-Manager zu starten. Ein Klick mit der rechten Maustaste auf das Symbol für den Server in der Konsolenstruktur und danach auf den Punkt *Neuer Bereich* erfüllt diese Aktion. Auch hier hilft einem ein Assistent, der *Bereichserstellungs-Assistent* auf den richtigen Weg (siehe Bild 2.23).

Zuerst ist ein Name für den IP-Adressenbereich anzugeben. Dann folgt die erste vom DHCP-Server zu vergebende IP-Adresse (im Beispiel die 194.168.102.010) und anschließend die letzte des Bereichs (die 194.168.102.099). Die zugehörige Subnetzmaske erzeugt das System aus den bisherigen Angaben selbst – ein Überschreiben des Wertes ist aber möglich. Bild 2.24 zeigt diesen Schritt.

Anschließend ergibt sich noch die Möglichkeit, innerhalb dieses Bereichs bestimmte Unterbereiche an IP-Adressen von der Vergabe auszuschließen. Ein gutes Netzwerkdesign wird dies allerdings nicht benötigen, doch bei einer bestehender Infrastruktur kann diese Option von großem Nutzen sein.

Als nächster Schritt ist noch die Zeitdauer für eine *Lease* anzugeben. Die Voreinstellung beträgt acht Tage – man sollte sich diesen Wert genau überlegen. Kommen viele mobile Systeme – Notebooks – oder schlanke Clients zum Einsatz, sollte ein kürzerer Wert in Betracht gezogen werden.

Doch die Faustregel lautet: Je länger die Lease-Dauer, um so mehr Performance bleibt übrig, weil weniger Verwaltungsaufwand zu leisten ist und weil weniger Verkehr auf dem Netzwerk auftritt. Andererseits kann eine zu großzügige Festlegung der Lease zu Problemen mit den verfügbaren IP-Adressen im Bereich führen. Daher sind speziell in komplexen Designs Kompromisse angesagt.

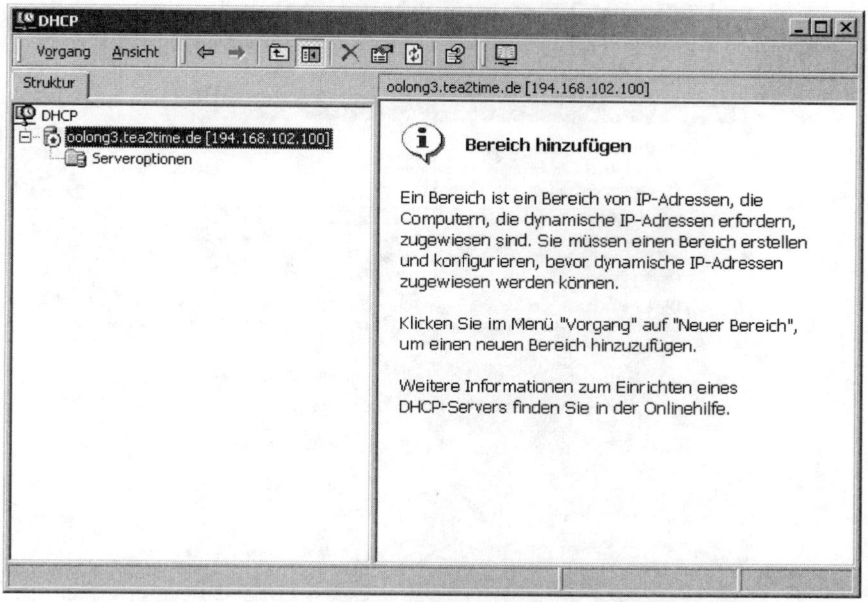

Bild 2.23: Wie nicht anders zu erwarten, hilft bei der Bereichsangabe ein Assistent.

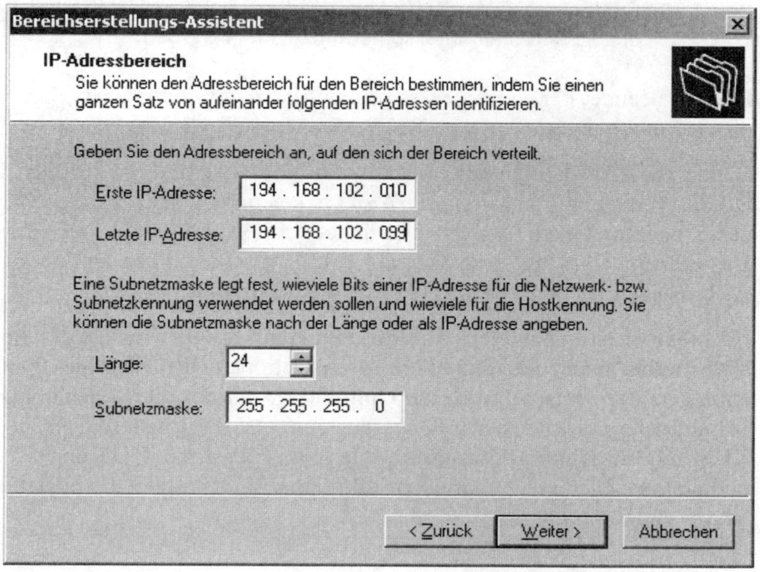

Bild 2.24: Der zu vergebende IP-Adressbereich lässt sich auf mehrere Arten angeben.

Bild 2.25 zeigt den nächsten Schritt im Ablauf des Assistenten: die Festlegung der Optionen für das DHCP.

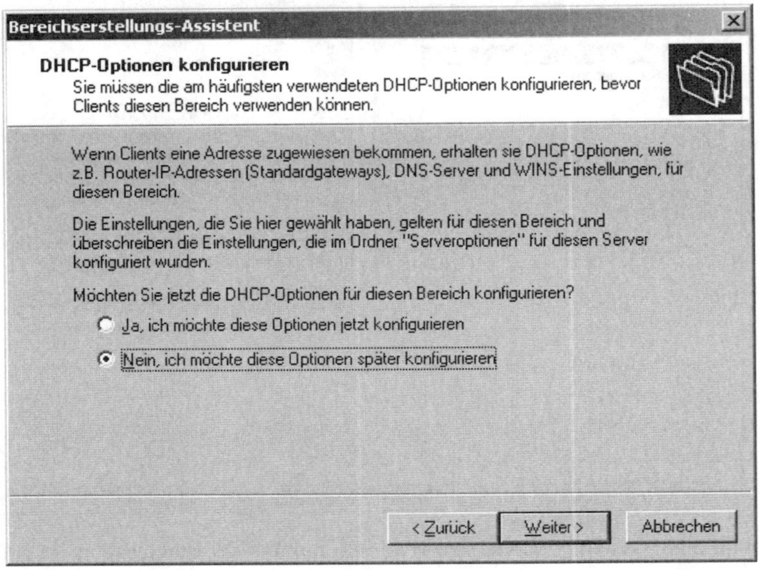

Bild 2.25: Optionen für das DHCP können gleich bei der ersten Installation angegeben oder auch später hinzugefügt werden.

Danach beendet der *Bereichserstellungs-Assistent* seine Dienste. Das Resultat all dieser Bemühungen zeigt der DHCP-Manager (Bild 2.26).

Sollen die DHCP-Optionen später konfiguriert werden, ist im DHCP-Manager auf das Verzeichnis *Serveroptionen* zu klicken und dann über die rechte Maustaste das Kontextmenü aufzurufen. Hier lautet der erste Punkt *Optionen konfigurieren.* Das System zeigt hier eine Vielzahl von unterschiedlichen Optionen – unterteilt nach *Allgemein* und *Erweitert* (siehe Bild 2.27).

Nachdem die für das Netzwerk zutreffenden Optionen festgelegt sind (wichtig sind hierbei noch die Herstellerklassen-Optionen, die Windows 2000-Optionen enthalten zum Beispiel noch die Option *001*, mit der die *NetBIOS over TCP/IP*-Schnittstelle deaktiviert wird), werden mit *OK* die Einstellungen bestätigt. Ein Klick mit der rechten Maustaste in der Konsolenstruktur auf den neuen Bereich und ein anschließendes *Aktivieren* führt diese Änderungen dann auch am DHCP-Server endgültig durch.

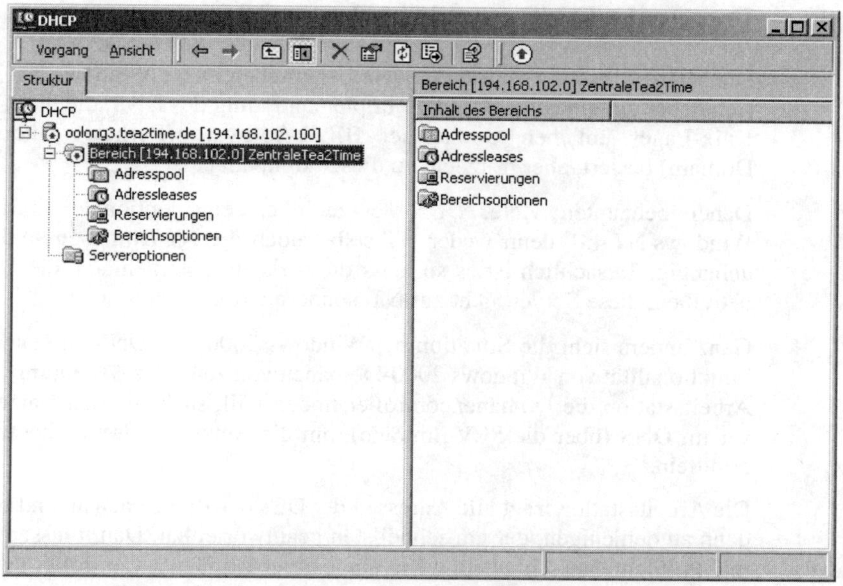

Bild 2.26: Nachdem der *Bereichserstellungs-Assistent* fertig ist, zeigt sich im DHCP-Manager dieses Resultat.

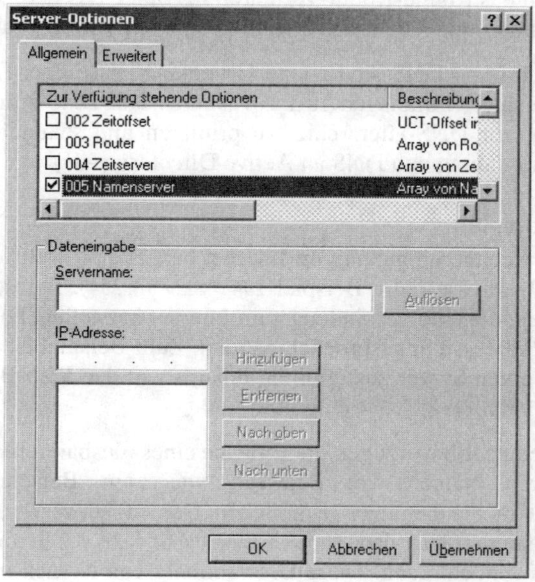

Bild 2.27: Es stehen eine Vielzahl von Optionen für den DHCP-Server zur Verfügung.

2.3 Dynamic DNS und Windows 2000

Die Microsoft'sche Historie mit DNS beginnt bereits bei Windows NT. Es handelt sich dabei um eine eigenständige Implementierung des DNS, die nicht auf der im Unix-Lager üblichen Quelle der BIND-Software (Berkeley Internet Name Domain) basiert, aber trotzdem zu dieser kompatibel ist.

Daher behaupten viele, DNS sei lediglich eine optionale Einrichtung in Windows NT 4.0, denn weder NT selbst noch die NT-Domänen sind von DNS abhängig. Tatsächlich ist es so, dass die meisten Unternehmen, die DNS-Server betreiben, diese Server nicht auf NT, sondern auf Unix betreiben.

Ganz anders sieht die Situation bei Windows 2000 aus. DNS ist generell für die Funktionalität von Windows 2000-Domänen von zentraler Bedeutung. Wenn eine Arbeitsstation die Domänencontroller finden will, sucht sie den Namen der Server im DNS (über die SRV-Einträge), um die Netzwerkadresse dieser Server zu ermitteln.

Die Arbeitsstation fragt alle Adressen der DCs der Reihe nach ab und wendet sich dann an denjenigen, der am schnellsten geantwortet hat. Damit lassen sich schon mal Probleme ausschließen, wenn ein anderer Domänen-Controller nur über eine WAN-Verbindung erreichbar ist. Eine Ausnahme hiervon gibt es nur, wenn Standorte definiert sind und die Workstation ihren Standort schon kennt (siehe dazu auch Kapitel 4). Der DNS-Server bringt aber im Falle einer größeren Anzahl von möglichen Antworten das Round-Robin-Verfahren ins Spiel, das heißt er teilt aus Gründen der Lastentkopplung jedem Client eine andere Reihenfolge mit.

Zur effektiven Nutzung von DNS sind einige Grundkenntnisse über DNS erforderlich, wie zum Beispiel Grundlagen zu DNS-Namen und DNS-Adressen, zur Namensregistrierung, zur DNS-Hierarchie, zu primären und sekundären DNS-Servern sowie zur Anbindung von DNS an Active Directory (AD).

Von Namen und Adressen

Jedes Gerät in einer Rechnerumgebung im Internet besitzt eine weltweit eindeutige, 32 Bit lange IP-Adresse (zum Beispiel `194.221.237.254`). Bei der Ausführung von Programmen, die eine Verbindung zum Internet herstellen, können diese Geräte über ihre IP-Adressen angesprochen werden. Zum Beispiel ist ein Benutzer in der Lage, auf einen Server zuzugreifen, indem er in den Web-Browser die Zieladresse `http://194.221.237.254` eingibt.

Doch die meisten Benutzer bevorzugen die Eingabe eines »lesbareren« und somit benutzerfreundlicheren Namens im Browser, wie zum Beispiel `http://www.updatew2k.de`. Um die benutzerfreundlichen Namen zu verwenden, muss eine Datenbank existieren, die den Namen `www.updatew2k.de` in die Adresse `194.221.237.254` umwandeln kann. Diese Umwandlung von Namen in Adressen wird als Namensauflösung bezeichnet.

Da in den frühen Tagen im Internet nur wenige Maschinen vorhanden waren, erfolgte die Namensauflösung, die von Maschinen mit Internet-Verbindung durchgeführt wurde, über eine einfache, manuell zu verwaltende ASCII-Tabelle: die HOSTS-Datei. In ihr waren die IP-Adressen und Rechnernamen aufgelistet. Das TCP/IP ermöglicht auch heute noch den Einsatz einer Datei HOSTS auf dem System – doch das hilft einem nur bei kleinen privaten Netzwerken weiter.

Seit 1984 haben Rechner im Internet hauptsächlich DNS zur Auflösung von Namen verwendet. Es ist kaum vorstellbar, eine Datei HOSTS auf dem eigenen Computer zu pflegen, die nicht nur die Namen von Hunderten von Millionen Computer enthält, sondern auch die täglichen Änderungen verfolgt.

Nach der Definition in den RFCs 952 und 1123 der IETF besteht ein DNS-Name eines Computers aus mehreren Teilen, die durch Punkte voneinander getrennt sind. Zum Beispiel besteht `www.updatew2k.de` aus den Komponenten `www`, `updatew2k` und `de`. Die einzelnen Komponenten dürfen jeweils nicht länger als 63 Zeichen sein. Die einzigen, in diesem RFC zugelassenen Zeichen, die in den Namenskomponenten verwendet werden können, sind die Buchstaben a bis z, die Ziffern 0 bis 9, der Bindestrich (auch »Minuszeichen« genannt) sowie der Punkt, der die Komponenten des Namens verknüpft.

Die Neufassung für die gültigen Zeichen in einem DNS-konformen Namen im RFC 2181 bringt eine Ausweitung mit sich. Die Definition für einen gültigen DNS-Namen spricht dabei von einem »beliebigen Binärdaten-String«. Mittlerweile hat man sich darauf geeinigt, den Unicode-Zeichensatz dazu zu verwenden. Deswegen verwendet Windows 2000 in DNS-Namen beispielsweise auch Unterstrichzeichen. Das DDNS von Windows 2000 verwendet den Unicode-Zeichenvorrat. Dieses Merkmal hat natürlich Konsequenzen für die Auswahl der DNS-Server.

Registrieren eines Namens

Die Registrierung eines Domänennamens übernimmt in der Regel der Internet Service Provider, bei dem man seinen Internetauftritt realisiert. Er wiederum bezieht sein Adresskontingent von einer in jedem Land zentralen Organisation, in der BRD das Denic. Bei dieser Organisation sind alle in der BRD registrierten Domänennamen gespeichert. Zum Beispiel können Benutzer die Web-Site von Denic direkt besuchen und abfragen, ob für jemanden der Domänennamen `xyz.de` registriert wurde.

Die größte Stärke von DNS liegt in seiner hierarchisch verteilten Struktur. Eine Abfrage beim Denic zeigt schnell, dass der Name `updatew2k.de` in der Tat registriert wurde, offenbart aber keinerlei Informationen über diese Domäne. Die Computer von Denic können keine Auskunft darüber geben, ob es in der besagten Domäne einen bestimmten Computer gibt. Daher lässt sich auch die Frage nicht beantworten, ob ein Computer namens `oolong3.updatew2k.de` vorhanden ist.

Selbst wenn dieser Rechner vorhanden wäre, könnte Denic dessen IP-Adresse nicht weitergeben. Mehr noch, Denic weiß oder kümmert sich in keiner Weise darum, was in der Domäne updatew2k.de vor sich geht, und gerade hier liegt die Attraktivität des hierarchischen Systems. Um funktionieren zu können, benötigt Denic nur die Namen einiger weniger Kontaktpersonen in der Domäne updatew2k.de sowie die Namen und IP-Adressen von zwei Computern, die in dieser Domäne als DNS-Server fungieren.

Angenommen der Domänenname `updatew2k.de` wäre noch verfügbar, könnte sich jemand entschließen, diesen Namen registrieren zu lassen. In diesem Fall würde der Benutzer an die Registrierungsorganisation zunächst die Namen und IP-Adressen zweier Computer geben, auf denen eine Art DNS-Server ausgeführt wird.

Die Computer könnten Rechner innerhalb des Netzwerks der Domäne `updatew2k.de` sein, oder der Benutzer könnte einfach seinen ISP dafür bezahlen, dass er die DNS-Daten auf einem seiner DNS-Server behält. Eine Maschine kann sogar als DNS-Server für viele DNS-Domänen eingesetzt werden. Der Benutzer entschließt sich zum Beispiel, einen dieser DNS-Server sozusagen bei sich (aber immer noch erreichbar aus dem Internet) auf einer Maschine mit der Bezeichnung names.updatew2k.de (IP-Adresse 194.221.237.250) zu betreiben und seinen ISP für den Betrieb des anderen DNS-Servers zu bezahlen. Der ISP trägt beispielsweise die DNS-Informationen der Domäne auf einem Server namens ns2.oberland.net (194.221.132.136) ein. In der DNS-Terminologie werden die beiden DNS-Server als maßgebliche Server (Authoritative Servers) für die Domäne updatew2k.de bezeichnet.

Mit der richtigen Software ausgestattet, kann jeder Computer, der TCP/IP einsetzt, als DNS-Server fungieren. Die Implementierung mit der größten Verbreitung ist indes Berkeley Internet Name Domain (BIND) von Unix, aber es gibt auch Implementierungen auf Großrechnern (Mainframes) und Rechnern mittlerer Größe von IBM, auf VAX-Systemen von Digital (jetzt Compaq) sowie unter OS/2.

Angenommen der Benutzer erstellt Maschinen in der Domäne `updatew2k.de` mit Namen wie `yunan.updatew2k.de`, `www.updatew2k.de` oder `darjeeling.updatew2k.de`: Diese drei Namen werden den beiden DNS-Servern der Domäne `updatew2k.de` mitgeteilt. Beide DNS-Server enthalten eine Datenbank mit Informationen über die Domäne `updatew2k.de`, die als Zonendatei (Zone File) bezeichnet wird, doch Vorsicht: Immer einer der beiden DNS-Server ist der primäre, der andere der sekundäre.

Neues System im DNS eintragen

Die Methode, mit der ein Datensatz, der einen neuen Computer, d.h. in der DNS-Terminologie einen neuen Host beschreibt, in die Zonendatei eines DNS-Servers eingefügt wird, hängt von der eingesetzten DNS-Server-Software ab. Die meisten DNS-Server arbeiten mit Zonendateien im ASCII-Format, sodass der DNS-Server durch eine einfache Bearbeitung dieser Datei von der Anwesenheit einer neuen Maschine in Kenntnis gesetzt werden kann. Andere Implementierungen von DNS-Servern (wie das DNS von Windows 2000 oder von Windows NT 4.0) bieten grafische Benutzerschnittstellen. Die Einträge sind bei Standard-Primary- und Standard-Secondary-Zonen – genauso wie bei BIND-Servern – ebenfalls in ASCII-Textdateien hinterlegt. Nur bei den AD-integrierten Zonen von Windows 2000 gibt es keine Dateien mehr, weil hier alle Einträge im AD geführt werden.

Die neueren DNS-Server sind indes nicht mehr davon abhängig, über einen neuen Host informiert zu werden, da sie einen Standard implementieren, der als Dynamic DNS (DDNS) bezeichnet wird und in RFC 2136 beschrieben ist. In DDNS-konformen Netzwerken können sich Computer in DNS selbst eintragen, ohne dass ein Administrator die neuen Computer den DNS-Zonendateien hinzufügen muss.

Iterative und rekursive Abfragen

Wenn nun ein Client einen anderen Computer kontaktieren will, von dem er nur den DNS-konformen Namen kennt, wird ein komplexer Prozess angestoßen. Der Client – im DNS-Jargon als Requester bezeichnet – setzt eine Resolver-Anfrage an seinen lokalen Namensserver ab. Die IP-Adresse seines lokalen Namensservers kennt er ja aus den TCP/IP-Einstellungen. Bei den Requests gibt es zwei Typen: rekursive und iterative.

Im erstgenannten Fall setzt der Client eine rekursive Anfrage an den Namensserver ab, um so Informationen über eine bestimmte Domäne zu erfragen. Der Namensserver übernimmt diesen Job und versucht die Informationen für den Client zu ermitteln. Da die Anfrage rekursiv war, verweist der Namensserver den Client nicht einfach an einen anderen Namensserver.

Besitzt der lokale Namensserver die gewünschte Information nicht, muss er auf andere Namensserver zurückgreifen, um an die Information zu kommen. Dazu stehen ihm ebenfalls der iterative und der rekursive Weg offen. Ein kurzes Beispiel soll die rekursive Methode verdeutlichen: Ein Namensserver bekommt eine rekursive Anfrage nach einem System namens `www.germany.meinefirma.com`. Dann überprüft der Namensserver zuerst, ob er den oder die Namensserver für `germany.meinefirma.com` kennt. Falls dies zutrifft, stellt er die Anfrage an einen dieser Namensserver und bekommt das Ergebnis (die zutreffende IP-Adresse oder eventuell eine Fehlermeldung) zurück.

Kennt der Namensserver aber die für germany.meinefirma.com zuständigen Kollegen nicht, geht er eine Stufe höher in der Hierarchie und schaut nach, ob er die Namensserver für meinefirma.com kennt. Ist dies nicht der Fall, muss er wieder eine Stufe höher gehen und nachschauen, ob er die Namensserver von com kennt. Sind ihm auch diese Systeme unbekannt, wendet er sich an die Root-Domäne. Spätestens die Namensserver für diese oberste Stufe in der DNS-Hierarchie sind ihm per Definition bekannt und von ihnen bekommt er die Aussage, welcher Namensserver als nächster in der Hierarchie – nun aber nach unten – kontaktiert werden muss.

Von Vorteil erweist sich dieser Ansatz, da der Namensserver zuerst immer den hierarchisch gesehen nächstgelegenen Namensserver kontaktiert. Falls der die notwendige Information besitzt, wird die Weiterreichung nach oben vermieden und letztendlich kommt man mit einem geringen Aufwand aus – der Auflösungsvorgang ist also immer möglichst kurz angelegt.

Anders dagegen verhält sich der Auflösungsmechanismus, wenn iterative Abfragen ins Spiel kommen. Hier setzt der Requester eine entsprechende Anfrage an den lokalen Namensserver ab. Besitzt er diese Information nicht, gibt er seinerseits Anfragen an andere Namensserver aus. Jeder konsultierte Namensserver verweist seinerseits auf einen anderen Namensserver, der die »Verantwortung« über eine tiefer im gesuchten Namensraum liegende Zone besitzt und sich daher auch näher an den gesuchten Informationen befindet. Diese Information wird immer wieder zum lokalen Namensserver zurückgeliefert. Dadurch arbeitet er sich sozusagen iterativ immer näher an die gewünschte Informationsquelle heran. Letztendlich fragt der lokale Namensserver den zuständigen Namensserver ab und erhält die Information.

Caching von DNS-Einträgen

Ein weiterer Punkt, um die Auflösung zu beschleunigen, bietet sich durch den Einsatz von Caches an. Um die teilweise sehr komplexen Auflösungsvorgänge abzukürzen, merkt sich ein Namensserver in einem lokalen Speicher – dem Cache – was er im Rahmen seiner Interaktion in der DNS-Hierarchie »gelernt« hat. Er kann dann auf die Adressen vieler anderer Namensserver schneller zugreifen, da er nicht mehr die Abfragen starten muss.

Seit der Version 4.9 der BIND-Software und somit auch bei allen 8er-Versionen von BIND unterstützen Namensserver auch das negative Caching. Darunter versteht man die Eigenschaft, dass ein Namensserver auch die Information speichert, dass eine Domäne oder aber bestimmte abgefragte Daten nicht existent sind.

Wie bei allen Cachespeichern ergibt sich aber ein Problem: Wenn die Daten zu lange im Cache liegen, können sie womöglich nicht mehr aktuell sein. Daher haben Administratoren innerhalb der Zone, für die sie zuständig sind, auch die Möglichkeit, einen Wert vorzugeben, mit dem die Gültigkeitsdauer der Informationen im Cache definiert ist. Diese so genannte *Time to Live* (kurz *TTL*) wird mit dem SOA-Eintrag (Start of Authority) eingestellt – lediglich für das negative Caching sind in der BIND-Software zehn Minuten festgeschrieben. Unter negativem Caching versteht man die Fähigkeit des DNS-Clients, fehlgeschlagene Namensauflösungen ebenfalls im Cache zu hinterlegen.

In diesem Zusammenhang ist noch die Konfiguration eines *Forwarders* zu erwähnen. Wenn die Anbindung einer Firma an das Internet vom Provider nach einer bestimmten Mengenstaffelung abgerechnet wird, empfiehlt es sich, den ausgehenden DNS-Verkehr auf ein Minimum zu beschränken. Wird ein Namensserver als Forwarder eingerichtet, laufen alle nach außen gerichteten Anfragen über ihn.

Wenn er zugleich einen sehr großen Cache aufbauen kann, kann er mit der Zeit die meisten Anfragen zu Namen und Domänen aus seinem Cache bedienen.

Um einen der Namensserver als Forwarder zu deklarieren, braucht der Administrator bei diesem System gar nichts umstellen. Nur alle anderen Namensserver im Verbund bekommen in ihrer Konfigurationsdatei den Forwarder über die entsprechende Anweisung mitgegeben.

Zonen und Domänen

Die Hierarchie von DNS ist generell erweiterbar. Es könnte zum Beispiel eine Firma sowohl am Stammsitz in Grasbrunn als auch in der US-Niederlassung je einen lokalen DNS-Server betreiben wollen. Zur Eingliederung der beiden Niederlassungen kann eine zusätzliche Ebene in die Maschinennamen von `updatew2k.de` eingefügt werden: Anstatt auf `updatew2k.de` zu enden, enden die Namen der Maschinen nun mit `grasbrunn.updatew2k.de` bzw. `usniederlassung.updatew2k.de`. Jeder DNS-Server verfügt über eine DNS-Unterdomäne.

Bei einer Unterdomäne handelt es sich um einen zusammenhängenden Namensraum. Wird dieser von einem DNS-Server verwaltet, dann spricht man in der DNS-Terminologie von einer Zone. Dies könnte z.B. die gesamte Domäne `updatew2k.de` mit allen Unterdomänen sein oder aber `updatew2k.de` plus lediglich die Unterdomäne `grasbrunn`, wobei ein anderer DNS-Server die Zone `usniederlassung.updatew2k.de` verwalten könnte.

Im hier geschilderten Beispiel speichert der zentrale DNS-Server der Domäne `updatew2k.de` nun lediglich die Namen einiger weniger Hosts. Zusätzlich merkt er sich, dass es zwei Zonen gibt, und speichert die Namen und Adressen der maßgeblichen DNS-Server für diese Zonen.

Wenn also die Maschine namens yunan in der Westküstenniederlassung angesiedelt ist, erhält sie den Namen `yunan.usniederlassung.updatew2k.de`. Die Niederlassungen verfügen über separate DNS-Server, sodass die Abfragen zur Namensauflösung von außerhalb der Organisation eine weitere Abfragerunde an DNS-Server durchlaufen müssen. Ein DNS-Server, der die IP-Adresse der Maschine `yunan.usniederlassung.updatew2k.de` ermitteln will, befragt zunächst den ISP nach den Adressen der DNS-Server von `updatew2k.de`.

Der DNS-Server ISP kann die richtige IP-Adresse nicht bereitstellen und verweist den DNS-Server von `awi.de` an den DNS-Haupt-Server von `updatew2k.de`. Der DNS-Haupt-Server erkennt, dass es in der Abfrage um ein System in der Zentrale in Grasbrunn geht und verweist die Abfrage an den speziellen DNS-Server. Schließlich gibt dieser DNS-Server dem DNS-Server von `awi.de` die IP-Adresse des DNS-Servers `grasbrunn.updatew2k.de`.

Dieses Beispiel zeigt es eindeutig: Die Namensstruktur ist vollständig hierarchisch. Die Trennung von `updatew2k.de` in zwei Bereiche muss dem übergeordneten ISP nicht mitgeteilt werden. Systeme, die eine Adresse eines Standortes benötigen, ermitteln selbstständig, wo die Adressen zu finden sind, indem sie sich ihren Weg durch die DNS-Hierarchie suchen.

Lokalisieren von Mail-Servern

Eine weitere nützliche Einrichtung von DNS ist die Möglichkeit, die E-Mail-Server einer Domäne zu lokalisieren. Wenn es zum Beispiel ein Benutzerkonto namens `rhh` in der Domäne `updatew2k.de` gibt, sollen andere Personen in der Lage sein, Mail an `rhh@updatew2k.de`. zu senden. Aber eine E-Mail muss von E-Mail-Server zu E-Mail-Server übertragen werden. Angenommen, ein Freund namens Micha in einer Domäne namens `schlede.de` wollte eine E-Mail-Nachricht an `rhh` senden: Dann muss sein Server den E-Mail-Server von `updatew2k.de` finden.

Diese Aufgabe lässt sich auch erklären, wenn man zeigt, wie Server in einer anderen gängigen Internet-Anwendung – dem WWW – ausfindig gemacht werden. Wenn ein Benutzer die Web-Seite von `updatew2k.de` besuchen will, wie findet er die Adresse des Web-Servers? Er könnte raten, dass der Name `www.updatew2k.de` lautet – und liegt wahrscheinlich sogar richtig mit dieser Vermutung – aber es wäre besser, wenn es eine etwas formalere Methode zum Auffinden des Namens eines Web-Servers in einer bestimmten Domäne gäbe.

Doch leider existiert eine solche Möglichkeit nicht, aber der Name eines E-Mail-Servers in einer bestimmten Domäne kann ermittelt werden. Zonendateien können einen Datensatz für Mail-Austauscher (MX – Mail Exchanger) aufweisen, die den Namen des E-Mail-Servers der Zone enthalten.

Primäre und sekundäre DNS-Server

Der treibende Gedanken für den Einsatz von zwei DNS-Servern ist die Zuverlässigkeit. Wenn ein Server ausfällt, kann der andere die Funktionen der Namensauflösung für den anderen durchführen. Doch hierbei ist es sehr wichtig, die Server zu synchronisieren. Wenn zum Beispiel eine Maschine namens `earlgreen.updatew2k.de` der Domäne hinzugefügt wird, wie wird gewährleistet, dass sowohl der DNS-Server `names.updatew2k.de` als auch der DNS-Server `ns2.oberland.net` diese Informationen erhalten? Die Antwort auf diese Frage ist einfach: Zu diesem Zweck muss einfach ein Server als primärer DNS-Server und der andere als sekundärer DNS-Server definiert werden.

Sämtliche Bearbeitung der Zonendatei von `updatew2k.de` muss auf dem primären DNS-Server durchgeführt werden. Anschließend sendet der primäre Server die aktuellsten Zonendatei-Informationen an den sekundären Server. Wenn eine Maschine den sekundären Server nach `updatew2k.de` abfragt, beantwortet der sekundäre Server die Abfrage mit Hilfe seiner Kopie der Zonendatei. Die Zonendatei des sekundären Servers besitzt in der Regel eine Zeiteinstellung für die »Lebensdauer«. Diese Lebensdauer für die Kopie einer Zonendatei auf einem sekundären DNS-Server heißt *Aktualisierungsintervall* und ist im SOA-Eintrag gespeichert.

Der sekundäre DNS-Server von Windows 2000 muss nach einem *Aktualisierungsintervall* von 15 Minuten versuchen, eine neue Kopie der Zonendatei zu bekommen. Klappt das nicht, hat er es jeweils nach einem *Wiederholungsintervall* von zehn Minuten neu zu versuchen usw. usw. Nach Ablauf von *Läuft ab* (das entspricht einem Tag) antwortet der sekundäre DNS-Server nicht mehr auf Client-Anfragen. Allerdings informiert der primäre DNS-Server seine sekundären Partner nur dann über Änderungen, wenn er entsprechend konfiguriert wurde.

In diesem Kontext stellt sich die Frage: Welcher DNS-Server sollte der primäre und welcher der sekundäre Server sein? Der übergeordnete ISP benötigt diese Informationen nicht und kümmert sich auch nicht darum, sodass diese Informationen auch nicht in der Datenbank dieser Firma zu finden sind. Welcher DNS-Server der primäre Namens-Server ist, lässt sich anhand des SOA-Datensatzes (Start of Authority) feststellen. Der SOA-Datensatz teilt außerdem dem sekundären DNS-Server mit, wie lange alte Zonendatei-Informationen zu behalten sind, gibt das Aktualisierungsintervall an und nennt die E-Mail-Adresse des technischen Kontakts der Domäne. Hierbei sollte man auch noch erwähnen, dass die DNS-Server von Windows 2000 die *Incremental Zone Transfers* unterstützen, also im Gegensatz zu klassischem DNS nur Änderungen und nicht jedes Mal die gesamte Zonendatei übertragen.

Sekundäre DNS-Server können in beliebiger Anzahl eingerichtet werden. Dies klingt vielleicht vertraut, denn in mancherlei Hinsicht ähneln primäre und sekundäre DNS-Server den PDCs (den primären Domänen-Controllern) und BDCs (den Sicherungs-Domänen-Controllern) unter NT 4.0 und NT 3.x.

DNS und Windows 2000

Mit Hilfe der MX-Datensätze ermöglicht das Standard-DNS ein leichtes Auffinden der E-Mail-Server für eine bestimmte Domäne. RFC 2052 bietet nun Möglichkeiten, andere Arten von Servern über eine neue Art von DNS-Datensatz, dem SRV-Datensatz, nachzuschlagen. Mit Hilfe von SRV-Datensätzen ist es möglich, einen DNS-Server abzufragen, ob ihm Maschinen bekannt sind, die als Server eines bestimmten Typs fungieren. Windows 2000-sensitive Maschinen suchen beispielsweise in den SRV-Datensätzen, um Domänen-Controller zu finden.

Die Windows 2000-sensitiven Systeme nutzen zudem eine weitere DNS-Einrichtung aus: das DDNS. Wenn eine Windows 2000-Client gestartet wird, fordert er den lokalen DNS-Server auf, den Client-Namen in die Zonendatenbank aufzunehmen. Obwohl Systeme mit einer NT-Version einen DNS-Server nicht veranlassen können, ihre Namen der Zonendatenbank hinzuzufügen, verrichtet ein entsprechend konfigurierter DHCP-Server von Windows 2000 diese Aufgabe an ihrer Stelle, sodass der DNS-Server sogar ältere Maschinen dynamisch in die lokale Zonendatei einträgt (siehe Kapitel über DHCP). Eine DNS-Zonendatei unter Windows 2000 funktioniert in ähnlicher Weise wie eine WINS-Datenbank unter NT 4.0 und früheren Versionen.

Windows 2000 nutzt DDNS auch auf andere Weise. Wenn eine AD-gestützte Domäne erstellt oder geändert wird, vollzieht der Domänen-Controller die Struktur dieser Domäne automatisch im AD nach. Außerdem verwendet der Domänen-Controller das DDNS, um diese Datensätze in die DNS-Datenbank einzutragen, allerdings nur wenn auf allen Domänencontrollern der DNS-Server-Dienst installiert wurde.

DNS-Server von Windows 2000

Zur vollen und problemlosen Nutzung der Vorteile der Integration von DNS und AD sollte der DNS-Server eingesetzt werden, der mit Windows 2000 ausgeliefert wird. Die älteren BIND-basierenden DNS-Server (vor Version 8.1.2) können nicht weiter verwendet werden. Zur Arbeit mit Windows 2000 haben DNS-Server eine Reihe von Voraussetzungen zu erfüllen. Zunächst müssen sie den RFC 2052 (also den Datensatztyp SRV) und den RFC 2136 (und somit das DDNS) unterstützen. Viele aktuelle DNS-Server-Produkte – einschließlich die aktuelle Version von BIND – bieten mittlerweile eine solche Unterstützung.

Zudem müssen die DNS-Server auch Host-Namen akzeptieren, in denen Unterstrichzeichen vorkommen. Denn viele der Datensätze, die vom AD automatisch generiert werden, enthalten diese Unterstrichzeichen. Da DNS Unterstrichzeichen jedoch nicht standardmäßig akzeptiert, werden viele DNS-Implementierungen der jüngeren Zeit DDNS-Registrierungen von Namen nicht annehmen, die Unterstrichzeichen enthalten.

Alternativ bietet sich ein Verfahren an, bei dem eine vorhandene DNS-Domäne in zwei oder mehr Zonen untergliedert, die Windows 2000- und NT-Maschinen in eine neue Zone verlegt, ein Windows 2000-System zum maßgeblichen DNS-Server lediglich für diese Zone gemacht und alle anderen Maschinen in der alten Zone belassen werden.

Ein großer Vorteil des neuen Microsoft'schen DNS-Servers (falls das DNS AD-integriert ist) bezieht sich auf die Integration von DNS und zwar auf die Art und Weise, wie das AD das Speichern des Verzeichnisses sowie die Replikation handhabt. Neben der konventionellen Vorgehensweise beim Abspeichern und Replizieren der Zonen-Dateien kann der DNS-Server aber auch auf die Dienste des AD zurückgreifen. Daraus resultieren einige Vorteile:

- Die DNS-Replikation wird vollständig vom AD übernommen. Es besteht kein zusätzlicher Bedarf, eine zweite Replikations-Topologie für die DNS-Server im Unternehmen aufzusetzen.
- Das AD bietet eine sehr weitreichende Granularität (bis auf die Ebene der Eigenschaften) für die Replikation.
- Das AD wickelt die Replikation auf eine sichere Art und Weise ab.
- Ein primärer DNS-Server ist nicht länger ein *Single Point of Failure*. Das normale DNS folgt bei der Replikation einem Single-Master-Ansatz. Dabei muss

der primäre DNS-Server alle sekundären DNS-Server aktualisieren. Dagegen arbeitet das AD mit einem Multi-Master-Modell, wobei jeder Domänen-Controller eine Replikation auslösen kann. Die Änderungen werden dann an alle anderen DC weitergeben. Wenn nun das DNS in das AD integriert ist, wickelt die Replikationsfunktion des AD die Synchronisation der DNS-Zonen-Informationen sozusagen automatisch mit ab.

Beim automatischen Aktualisieren der DNS-Einträge treten aber noch zwei weitere Nebeneffekte auf. Zum einen ist es mit dem automatischen Hinzufügen von Einträgen nicht getan. Denn es kommen ja nicht nur Einträge hinzu, sondern es werden auch Systeme aus einem Netzwerkverbund herausgenommen. Somit wäre auch ein automatisches Entfernen dieser veralteten Einträge sinnvoll. Dazu bietet der DNS-Server von Windows 2000 eine Funktion, das *Scavenging*. Sie sucht in der DNS-Datenbank nach veralteten Einträgen und löscht sie. Dabei hat der Administrator natürlich über einen derart gefährlichen Vorgang noch eine Kontrollmöglichkeit.

Das zweite Problem beim automatischen Hinzufügen von Einträgen hängt mit der Sicherheit zusammen. Findet eine Integration des DNS-Server mit dem AD statt, kann das System die gesamten Sicherheitsmöglichkeiten auch auf das DNS ausdehnen. Unter Windows 2000 lässt sich ein so genannter Security Context definieren. Nur in diesem Rahmen können dann die Transaktionen zwischen »Aktualisierer« und DNS-Datenbank durchgeführt werden. Damit soll sichergestellt werden, dass nur zugelassene Systeme die Einträge ändern können.

Hierbei handelt es sich um das Secure Dynamic Update Protocol, mit dem sich nur gesicherte Akualisierungen vorgeben lassen. Doch leider ist es damit noch nicht getan, denn nun steht man vor einem Problem, wenn DNS-Einträge von DHCP-Servern vorgenommen werden – diese können dann unter Umständen nicht mehr geändert werden. Doch dies wurde schon beim DHCP-Dienst im Zusammenhang mit der Gruppe *DNSUpdateProxy* besprochen.

Aufsetzen des DNS-Servers von Windows 2000

Das Installieren des DNS-Servers erfolgt beim Aktualisieren eines PDC (Primären Domänen-Controller) mit Windows NT 4.0 auf Windows 2000 Server nahezu automatisch im Rahmen des *Dcpromo* (siehe Kapitel 5.2). In dem Abschnitt dieses Buches, der sich mit dem AD befasst, wird auf diese Art der Installation des DNS eingegangen – dabei kommen auch die Gefahren und Nachteile zur Sprache, die sich bei dieser automatischen Vorgehensweise ergeben.

Eine andere Möglichkeit der Installation von DNS geht über den Assistenten *Windows 2000 Server konfigurieren*. Hier kann der Administrator im linken Feld (siehe Bild 2.28) unter *Netzwerk* die Option *DNS* selektieren.

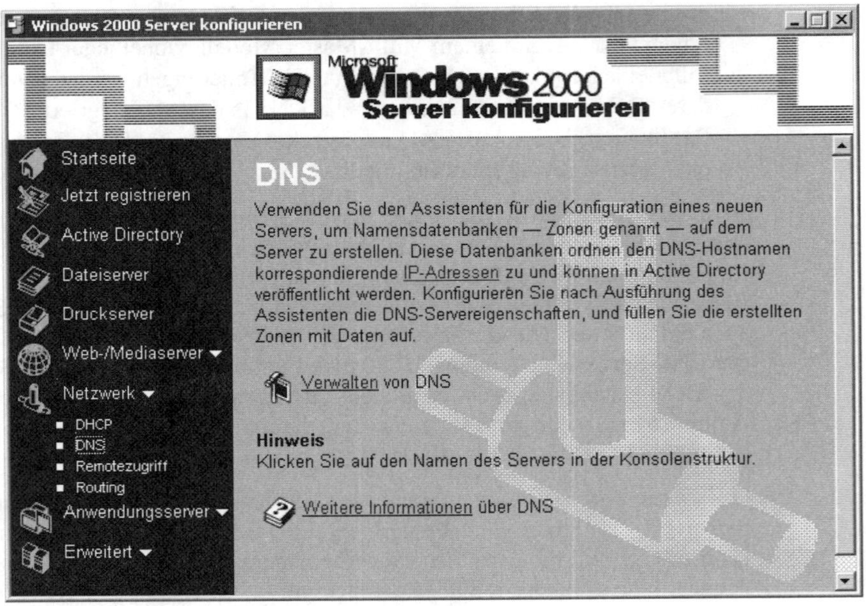

Bild 2.28: Viele Wege führen zur Installation von DNS.

Doch auch explizit lässt sich der DNS-Server installieren. Dazu muss der Administrator über die *Startleiste* auf die *Einstellungen* und dann auf die *Systemsteuerung* verzweigen. Hier ist das *Software*-Icon auszuwählen, mit dem Software hinzugefügt oder entfernt werden kann. Bild 2.29 zeigt das zugehörige Fenster.

Der *Assistent für Windows-Komponenten* (siehe Bild 2.30) kommt hierbei ins Spiel. Dabei sind die Netzwerkdienste anzugeben. Allerdings sollte der Administrator hier beachten, dass er nicht die Checkbox am Anfang der Zeile ankreuzt, sondern bei leerer Checkbox nur die Option *Netzwerkdienste* anklickt, sodass das Auswahlkästchen entweder leer ist oder grau hinterlegt bleibt (falls bereits andere Netzwerkdienste installiert sind).

In diesem Dialog ist dann unbedingt der *Details*-Button anzuklicken. Denn hier werden alle möglichen Dienste und Protokolle angegeben, die der Administrator installieren kann. Ein Klick auf die Checkbox vor dem *DNS* stellt die Weiche in die korrekte Richtung (siehe Bild 2.31).

Danach verlangt das System nach der entsprechenden Windows 2000 Server CD, und kopiert anschließend die notwendigen Dateien.

Falls das System noch nicht mit den Vorgaben und Konfigurationen für die grundlegenden TCP/IP-Einstellungen ausgestattet ist, fragt der Assistent noch nach der IP-Adresse des Servers, nach der Subnetzmaske und nach dem Default Gateway. Die entsprechenden Werte sind hier einzugeben.

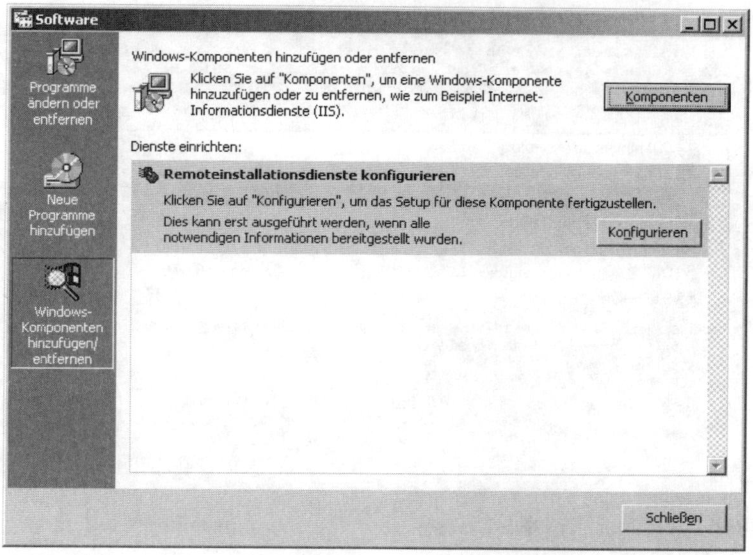

Bild 2.29: Über das *Hinzufügen/Entfernen* von Windows-*Komponenten* lässt sich das DNS ebenfalls installieren.

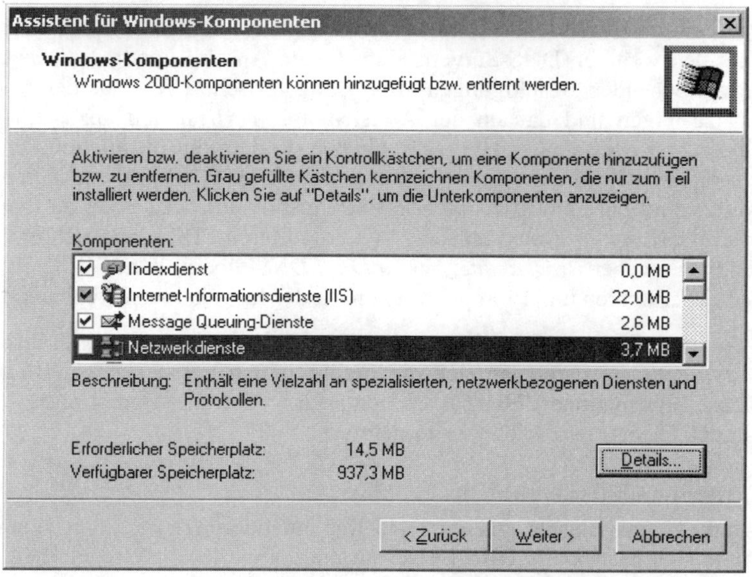

Bild 2.30: Der *Assistent für Windows-Komponenten* stellt eine Auswahl der möglichen Komponenten bereit, die entweder installiert oder aber entfernt werden können.

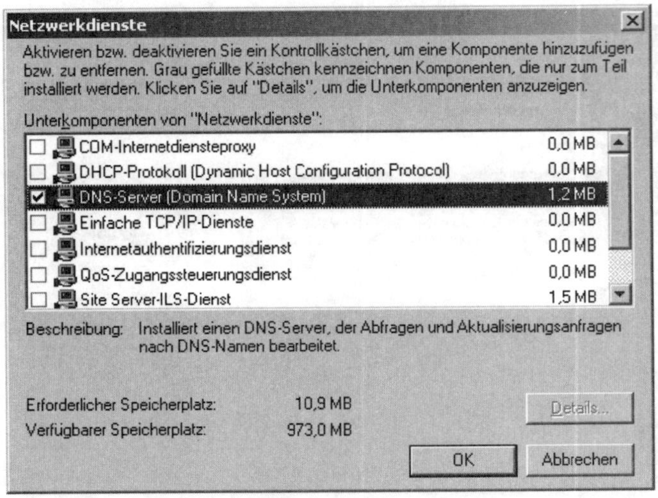

Bild 2.31: Nur der DNS-Dienst soll im folgenden installiert werden.

Danach folgt noch die Frage, ob bereits andere DNS-Server im Netzwerk aktiv sind. Diese Systeme müssen dann noch bekannt gemacht und zudem der primäre DNS-Server entsprechend gekennzeichnet werden.

Ist der zu installierende DNS-Server der einzige seiner Gattung, bleibt das Feld mit den weiteren DNS-Servern einfach leer. Anschließend ist nur noch über die entsprechenden Bestätigungen – das obligatorische *OK* – aus der Konfiguration auszusteigen und danach der Assistent mit *Fertigstellen* abzuschließen. Dann bleibt nur noch das Fenster zu schließen, in dem die Installation der Windows-Komponenten initiiert wurde. Denn damit ist der DNS-Server schon aktiv (allerdings sind bei dem hier beschriebenen Installationsweg noch die Forward- und Reverse-Lookup-Zonen manuell zu konfigurieren). Dies lässt sich mit dem DNS-Manager (über *Programme*, *Verwaltung*, *DNS*) überprüfen. Bild 2.32 zeigt, welche Hierarchien und Einträge direkt nach der Installation verfügbar sind.

Und mit einem rechten Mausklick auf die Domäne kommt ein Kontextmenü zum Vorschein, im dem man sich die Eigenschaften ansehen kann. Bild 2.33 zeigt diese Informationen. Hier lassen sich auch weitere Konfigurationen – wie bereits in der Theorie beschrieben – vornehmen.

Interoperabilitätsprobleme

Zum Thema Einsatz anderer DNS-Implementierungen ist zum einen zu sagen, dass sich Microsofts DNS-Server an die definierten Spielregeln hält. Doch wer die neuen Features ausnutzen will, der sollte einen entsprechend aktuellen DNS-Server verwenden. Zur BIND-DNS-Familie ist zu sagen, dass die Version 8.1.1 zwar theoretisch die SRV-Einträge sowie den dynamischen Charakter (DDNS) unterstützt.

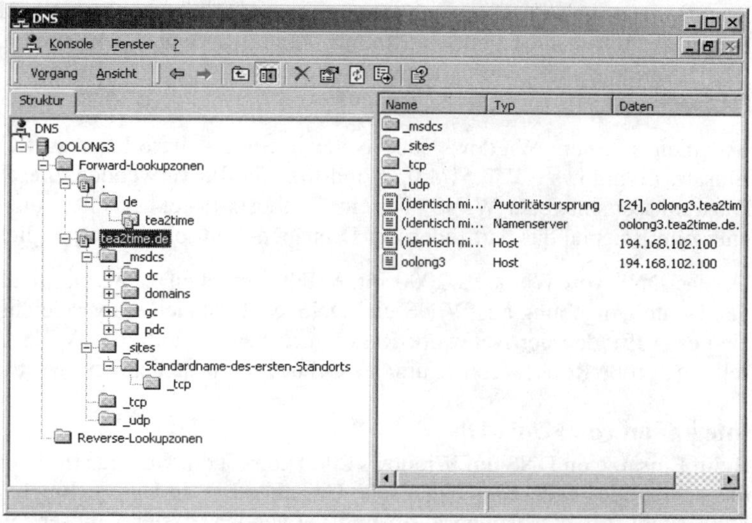

Bild 2.32: Eine hierarchische Struktur wartet nach der DNS-Installation auf weitere Konfigurierung.

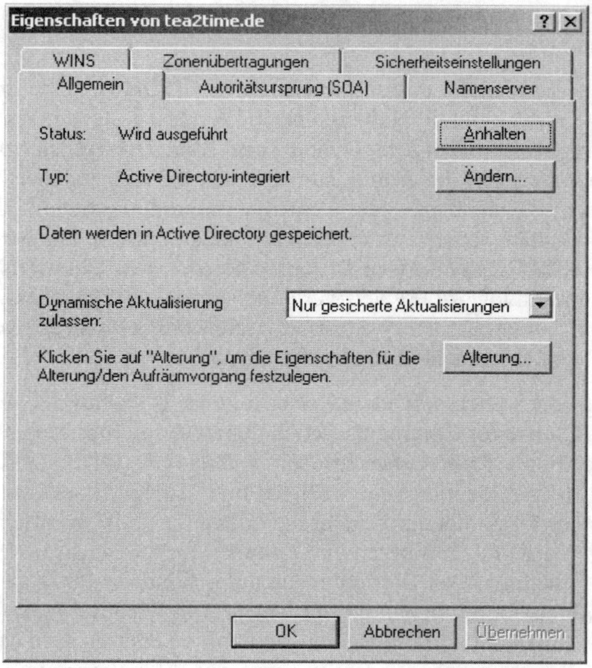

Bild 2.33: Weitere Konfigurationen sind hier möglich.

Doch im Betrieb mit Windows 2000-basierenden Clients stürzt der BIND-DNS-Server ab, wenn die Clients bestimmte Aktualisierungen vornehmen. Die erste BIND-Variante, die zuverlässig mit Windows 2000-Clients arbeitet ist die Version 8.1.2.

Kommen in einem Windows 2000-Netzwerk noch ältere Microsoft-Clients zum Einsatz (Windows NT 3.51/4.0, Windows 95/08), verwenden diese NetBIOS. Dazu müssen entweder WINS oder eine Lmhosts-Datei herhalten, um diesen Clients zum Beispiel das Auffinden der Domänen-Controller zu ermöglichen.

Da das DNS von Windows 2000 mit WINS umgehen kann, empfiehlt sich eine gemischte Umgebung aus WINS und DNS. So lässt sich ein vergleichsweise effizientes Auffinden der Netzwerk-Ressourcen bewerkstelligen. WINS spielt generell eine große Rolle, wenn es um den Schutz von bestehenden Investitionen geht.

Integration von »Unix-DNS«

Beim Einsatz von DNS auf Windows 2000 kommt ein weiteres Problem ins Spiel, das zuerst alles andere als technische Ursachen hat. In Unternehmen, die bislang DNS schon für die Namensauflösung verwenden, basieret dieser Dienst in der Regel auf Unix-Plattformen. Und in diesem Lager besitzen die Betriebssysteme aus dem Hause Microsoft nicht unbedingt die beste Reputation. Das bildet den besten Nährboden für Diskrepanzen. Daher sollen im folgenden – allerdings auf der technischen Argumentationslinie – die Möglichkeiten der Koexistenz abgehandelt werden.

Generell bringt Microsoft das *Dynamic DNS* (DDNS) ins Spiel, damit Windows 2000-Systeme ihren Namen und IP-Adressen dynamisch in einem DDNS-Server registrieren können. Dynamische Aktualisierungen von Maschineninformationen befreien die Administratoren von der arbeitsintensiven Pflege einer statischen Datenbank in einem herkömmlichen DNS-Server. Windows 2000-Domänencontroller registrieren außerdem ihre Dienstressourcendatensätze (die SRV-RRs – Service Resource Records) in den DDNS-Servern. Clients in einem Windows 2000-Netzwerk suchen in den SRV-RRs im DDNS-Server, um das Active Directory (AD) des Netzwerks und die zugehörigen Dienste (zum Beispiel Anmeldedienste) zu finden.

Auch das Argument, Microsoft koche seine eigene DNS-Suppe, besitzt keine Gültigkeit: Im Request for Comments (RFC) 2052 der Internet Engineering Task Force (IETF) sind die SRV-RRs beschrieben, während die DDNS-Aktualisierungen im RFC 2136 dokumentiert sind. SRV-RR und DDNS-Aktualisierungen sind für die Familie der DNS-Standards nicht neu, denn die IETF veröffentlichte den RFC 2052 und den RFC 2136 bereits im Oktober 1996 bzw. April 1997. Allerdings stellt die Nutzung dieser Einrichtungen unter Windows 2000 die Unternehmen vor neue Herausforderungen, die seit langem mit DNS auf Unix-Maschinen arbeiten, um Hostnamen und IP-Adressen zuzuordnen. Getreu dem Motto *Never change a running system* haben viele Firmen keine Aktualisierung auf die Produktversion Berkeley Internet Name Domain (BIND) 8.2.2 von Internet Software

Consortium (ISC) oder auf eine neue DNS-Version ihrer Unix- und DNS-Lieferanten durchgeführt, die sowohl SRV-RRs als auch dynamische DNS-Aktualisierungen unterstützen. Daher kommt die Frage ins Spiel: Ist es besser, auf DNS unter Windows 2000 umzustellen, oder sollte weiterhin mit DNS unter Unix gearbeitet werden? Generell bieten sich drei Antworten an:

- eine Migration zu DNS von Windows 2000,
- die Erstellung einer Umgebung, in der Unix- und Windows 2000-DNS koexistieren oder
- eine reine Verwendung von DNS unter Unix.

Die Migration

Nach einer Überprüfung der Unix-Implementierung von DNS auf Unterstützung für SRV-RR und dynamische Aktualisierung stellt sich eventuell heraus, dass die verwendete Implementierung diese Unterstützung nicht bietet. Eine einfache Methode, die Installation von Windows 2000 in einem Unternehmen zu unterstützen, besteht darin, den aktuellen DNS-Dienst auf DNS von Windows 2000 umzustellen.

Die Migration selbst gestaltet sich vergleichsweise einfach. Vor der Installation eines Domänencontrollers und des Active Directory (AD) muss ein eigenständiger Windows 2000-Server installiert werden. Auf dem eigenständigen Server wird dann Windows 2000-DNS aus den Netzwerkkomponenten installiert. Die Forward- und Reverse-Lookupzonen-Dateien müssen vom DNS-Server unter Unix in das entsprechende Verzeichnis (also beispielsweise nach *C:\winnt\system32\dns*) auf dem neuen DNS-Server unter Windows 2000 kopiert werden.

Die Dateien können mit Hilfe von FTP von Unix nach Windows 2000 übertragen werden. Wenn nicht klar ist, wo sich die alten Zonendateien auf der Unix-Maschine befinden, gibt die Anweisung `directory` in der Datei `named.boot` bzw. `named.conf` im Verzeichnis `/etc` darüber Auskunft, in welchem Verzeichnis sich die Zonendateien befinden.

Viele DNS-Administratoren unter Unix arbeiten bei der Benennung einer Zonendatei häufig mit einem Dateinamen, der mit »db« beginnt (wie etwa db.meinefirma). Standardmäßig verwendet Windows 2000 einen Dateinamen mit der Erweiterung .dns, um eine Zonendatei zu bezeichnen (zum Beispiel `meinefirma.com.dns`), jedoch darf auch eine andere Konvention zur Benennung von Zonendateien zum Einsatz kommen, oder es können schlicht und einfach die alten DNS-Zonendateinamen von Unix in DNS von Windows 2000 übernommen werden.

Wenn sich der AD-Domänenname von dem DNS-Domänennamen unter Unix unterscheidet, muss für DNS von Windows 2000 der Name in den AD-Domänennamen geändert werden. Dazu wird der alte Domänenname in den kopierten Zonendateien, die sich jetzt auf dem DNS-Server unter Windows 2000 befinden, in den neuen Domänennamen geändert.

Nun lässt sich eine neue Zone im Verwaltungstool für Windows 2000-DNS für jede Zonendatei erstellen, die vom DNS-Server unter Unix kopiert wurde. Nach der Eingabe des Domänennamens (zum Beispiel meinefirma.com) fordert der *Assistent für neue Zone* den Benutzer auf, eine neue Zonendatei zu erstellen oder eine vorhandene Zonendatei zu verwenden. Hier ist dann die Option zur Verwendung dieser vorhandenen Datei auszuwählen und der Zonendateiname der Datei, die von Unix nach Windows 2000 kopiert wurde (beziehungsweise der entsprechende neue Name wie db.meinefirma oder meinefirma.com.dns) einzugeben. Anschließend wählt der Benutzer diesen DNS-Server als primären Server aus, der die Masterkopie der erstellten Zone enthält. In BIND wird dieser Server oft primärer Masterserver genannt.

Nach der Migration der alten Zonendatei auf den DNS-Server unter Windows 2000 muss die Einstellung für das Zulassen dynamischer Aktualisierungen auf der Registerkarte *Allgemein* der *Eigenschaften von Zonendateien* auf *Ja* gesetzt werden, um dynamische Aktualisierungen für die Zone zu ermöglichen. Zur Implementierung von Auslastungsverteilung und Fehlertoleranz muss mindestens noch ein sekundärer DNS-Server für jede Forward- und Reverse-Lookupzone konfiguriert werden.

Wenn der DNS-Dienst von Windows 2000 eingerichtet ist, kann das AD implementiert werden. Wenn ein DNS-Server unter Windows 2000 nach einem verfügbaren Domänencontroller gefragt wird, kann der DNS-Server in AD integriert werden. Alle in AD integrierten DNS-Server sind primäre Masterserver, die die Zoneninformationen in AD speichern und untereinander mit Hilfe des Multimaster-Replikationsmechanismus von AD replizieren.

Falls die Intranet-DNS-Server auch als Internet-Namensserver eingesetzt werden, muss die entsprechende Vergabestelle – in der Regel der Internet Service Provider der Firma – gebeten werden, die Domänenregistrierung auf die neuen Server-Namen und IP-Adressen zu ändern. Darüber hinaus ist noch die IN-ADDR-Registrierung auf die neuen Namensserver zum Reverse-Lookup im Internet zu ändern.

Neue Windows 2000-Clients und andere Clients können nun die neuen DNS-Server nutzen. Falls noch Clients betrieben werden, die mit DHCP arbeiten, müssen lediglich die alten DNS-Server-Adressen in die neuen DNS-Serveradressen in der Konfiguration des DHCP-Servers geändert werden. Der alte Client empfängt die neuen DNS-Serveradressen bei der nächsten Erneuerung seiner IP-Adresse.

Koexistenz

Die meisten Unternehmen, die mit einem DNS-Dienst unter Unix arbeiten, betreiben eine heterogene Betriebssystemumgebung, die Linux-, Netware-, Unix- und Windows-Systeme umfasst. Um die Unterbrechung für Nicht-Windows-Benutzer bei der Installation von Windows 2000 in der Firmenumgebung möglichst gering zu halten, kann eine DNS-Subdomäne erstellt und dem AD zugewiesen werden. AD benötigt keinen zweistufigen Domänennamen wie zum Beispiel meinefirma.com. Die AD-Stammdomäne kann als Subdomäne (zum Beispiel `win2k.meinefirma.com`) in der DNS-Hierarchie von Unix eines Unternehmens eingerichtet werden.

Damit der DNS-Dienst unter Windows 2000 in der neuen Subdomäne funktioniert, muss eine separate DNS-Zone für die Subdomäne erstellt und die Subdomäne mindestens an einen DNS-Server unter Windows 2000 delegiert werden. Dieser DNS-Server wird zu einem autorisierten Namensserver und stellt den DNS-Dienst für die Subdomäne bereit. Wenn zum Beispiel zwei Namensserver `nameserv1.win2k.meinefirma.com` und `nameserv2.win2k.meinefirma.com` für die Subdomäne `win2k.meinefirma.com` installiert werden, kann die Subdomäne an beide Namensserver in der Domäne `meinefirma.com` delegiert werden. Die beiden Namensserver werden zu autorisierten Namensservern für die Subdomäne `win2k.meinefirma.com`.

Die Delegierung wird dadurch vollzogen, dass ein NS-Datensatz für die Subdomäne in die Zonendatei der übergeordneten Domäne eingefügt wird. Wenn zum Beispiel die Subdomäne `win2k.meinefirma.com` an den Namensserver `ns1.win2k.acme.com` in der Domäne acme.com delegiert werden soll, muss die folgende BIND-Anweisung in die Zonendatei der Domäne eingetragen werden:

```
win2k86400  IN  NS  nameserv1.win2k.meinefirma.com.
```

Außerdem muss ein A-Datensatz für den Host nameserv1.win2k.meinefirma.com in die Zonendatei meinefirma.com eingetragen werden.

Als nächstes ist eine Reverse-Lookupzone für das Windows 2000-Subnetz einzurichten. Wenn die Windows 2000-Systeme in einem separaten Subnetz angelegt werden, können DNS-Server unter Windows 2000 zum Reverse-Lookup von Hostnamen verwendet werden. Falls sich die Windows 2000- und Nicht-Windows-Computer in ein und demselben Subnetz befinden, müssen die DNS-Systeme unter Unix als Namensserver für Reverse-Lookupzonen verwendet werden, oder es ist insgesamt auf DNS unter Windows 2000 umzustellen.

Ist nicht geplant, mit DHCP unter Windows 2000 zur dynamischen Registrierung von PTR-Datensätzen zu arbeiten, kann weiterhin DNS unter Unix zum Reverse-Lookup verwendet werden. Falls aber geplant wird, die Vorteile der dynamischen Aktualisierungen von PTR-Datensätzen in DNS unter Windows 2000 zu nutzen und der DNS-Server unter Unix diese Funktionalität nicht unterstützt, ist für das Reverse-Lookup auf einen DNS-Server unter Windows 2000 umzustellen.

Alternativ können DNS-Server unter Windows 2000 und Unix auch als primäre und sekundäre Namensserver für dieselbe Zone zusammenarbeiten. Zum Beispiel kann ein DNS-Server unter Windows 2000, der als primärer Server der Subdomäne win2k fungiert, ein sekundärer Namensserver für die Zone meinefirma.com sein. In dieser Konfiguration kann ein Windows 2000-Benutzer in win2k.meinefirma.com schnell einen Unix-Hostnamen aus dem lokalen DNS-Server unter Windows 2000 auflösen. Unterstützt der DNS-Server unter Unix SRV-RRs, kann ein Unix-Namens-Server als sekundärer Namens-Server der AD-Domäne eingerichtet werden. Falls der DNS-Server unter Unix allerdings keine dynamischen Aktualisierungen unterstützt, sollte dieser Server nicht zu einem autorisierten Namens-Server für die Zone gemacht werden.

Sendet ein DNS-Client eine dynamische Aktualisierung an den autorisierten Namensserver der Zone, leitet der autorisierte Server die Aktualisierung an den primären Masterserver der Zone zur Aktualisierung der Zone weiter. Wenn ein autorisierter Namens-Server dynamische Aktualisierungen nicht unterstützt, ist er nicht in der Lage, eine eingehende Aktualisierungsanforderung zu verstehen oder sie zu verarbeiten. Ein DNS-Server unter Unix darf ein sekundärer Server zu einem DNS-Server unter Windows 2000 sein, selbst wenn der DNS-Server unter Windows 2000 in AD integriert ist. Ein in AD integrierter DNS-Server kann indessen nicht als sekundärer Namens-Server fungieren.

Nur DNS unter Unix

Lautet die Entscheidung in einem Unternehmen, während und nach einer Windows 2000-Installation weiterhin DNS unter Unix zu verwenden, dann haben Administratoren, die den DNS-Dienst unter Unix für ein solches Unternehmen verwalten, die DNS-Server unter Unix wahrscheinlich auf eine Version aufzurüsten, die SRV-RRs und dynamische Aktualisierungen unterstützt, da für Windows 2000 und AD diese Unterstützung erforderlich ist. Da es sich bei BIND um die gängigste DNS-Implementierung für Unix handelt, soll im folgenden speziell auf die Verwendung von BIND zur Unterstützung von Windows 2000 eingegangen werden.

BIND wurde ursprünglich von Entwicklern an der Universität von Kalifornien in Berkeley geschrieben. Nun wird BIND von ISC weitergeführt und entwickelt. ISC hat BIND inzwischen auf fast alle Unix-Plattformen, einschließlich Linux, portiert. Außerdem hat ISC BIND 8.2.2, das heißt die derzeit aktuelle Version, auch auf Windows NT portiert. Und ISC hat die Entwicklung von BIND 9 in Angriff genommen, eine Version, in der die zugrunde liegende BIND-Architektur zur Unterstützung rasch wachsender Internet-Zonen (zum Beispiel .com) modifiziert und zusätzliche neue Funktionen hinzugefügt werden. Wie zuvor erläutert, bietet BIND 8.2.2 eine vollständige Unterstützung für Windows 2000. Die BIND-Software besitzt den Status einer Open-Source-Freeware, die vom FTP-Server von ISC (`ftp://ftp.isc.org/isc/bind/src`) heruntergeladen werden kann.

Nach dem Entpacken und Archivieren der BIND-Paketdatei befindet sich der BIND-Quellcode im Verzeichnis *src* unter dem Verzeichnis, in dem die BIND-Paketdatei gespeichert wurde. Im Verzeichnis *src/port* befinden sich rund 20 Verzeichnisse, wie zum Beispiel *solaris*. Jedes nach einem Betriebssystem benannte Verzeichnis enthält eine Datei namens *makefile*, die es auf einfache Weise ermöglicht, mit einem C-Compiler vom Lieferanten des Betriebssystems oder dem C-Compiler von GNU (`http://www.gnu.org`) BIND für die gewünschte Betriebssystemplattform selbst zu kompilieren. Die Datei *Install* im Verzeichnis *src* enthält Anweisungen zum Kompilieren und Installieren von BIND für das entsprechende Betriebssystem.

BIND 8.x verwendet einen anderen Namen für die Konfigurationsdatei als BIND 4.x. In BIND 4.x lautet der Name der Konfigurationsdatei *named.boot*, während in BIND 8.x der Name der Konfigurationsdatei *named.conf* lautet. Diese Datei gibt die Speicherposition der Zonendateien an, definiert globale und zonenspezifische Parameter und weist den BIND-Server an, Zonendateien zu lesen und zu laden, wenn *named* gestartet wird. Diese Datei befindet sich meist im Verzeichnis */etc*. BIND 8.x verwendet in der Datei *named.conf* zudem eine andere Syntax als die, die von BIND 4.x in der Datei *named.boot* verwendet wird.

Falls von BIND 4.x auf BIND 8.2.2 aufgerüstet wurde, muss die Datei *named.boot* in die Datei *named.conf* umgewandelt werden. Erfreulicherweise bietet BIND 8.2.2 mit *bind-bootconf* ein Shell-Skript im Verzeichnis *src/bin/named-bootconf* zur Umwandlung von *named.boot* in *named.conf* ohne manuelle Eingriffe an.

Standardmäßig deaktiviert BIND 8.2.2 die Option für dynamische Aktualisierungen. Die Funktion für dynamische Aktualisierungen muss Zonen-weise aktiviert werden. Zur Aktivierung dynamischer Aktualisierungen in einer Zone muss eine Anweisung

```
allow-update {adressenliste}
```

in den Abschnitt der Zone der BIND-Datei *named.conf* eingefügt werden. Es kann eine vorhandene Zone verwendet oder eine neue Zone auf der Grundlage der AD-Struktur erstellt werden. Die IP-Adressen in der Adressenliste der Anweisung `allow-update` teilen dem System mit, welche Hosts in der Liste für dynamische Aktualisierungen zu authentifizieren sind.

Diese Authentifizierungsmethode bietet jedoch keinen umfassenden Schutz gegen Angriffe. Denn Angreifer können einen in der Adressenliste aufgeführten Host zum Angriff auf eine dynamische Zone verwenden, indem sie eine dynamische Aktualisierungsanforderung senden, die einen wichtigen Datensatz beziehungsweise alle Datensätze in der Zone löscht. Um die DNS-Datenauthentifizierung und DNS-Integrität zu gewährleisten, wurden in RFC 2065 DNS-Sicherheitserweiterungen (DNSSEC-Erweiterungen) für BIND 8.2.2 implementiert. Leider unterstützt Windows 2000 DNSSEC nicht, sodass auf DNSSEC in BIND 8.2.2 in einer Windows 2000-Installation nicht zurückgegriffen werden kann.

Die Formate einer Zonendatei in BIND 4.x und in BIND 8.x sind identisch. Jedoch verwenden BIND 8.2 und spätere Versionen zur Unterstützung einer negativen Cache-Funktion für DNS-Abfragen (eine Funktionalität, die in RFC 2308 als Standard dokumentiert wurde) den siebten Parameter in einem SOA-Datensatz, das heißt den minimalen TTL-Wert) als expliziten TTL-Parameter für das negative Caching.

Wenn ein DNS-Resolver versucht, einen nicht vorhandenen Datensatz abzufragen, teilt der TTL-Parameter für negatives Caching dem DNS-Resolver mit, wie lange die Informationen, die besagen, dass der Ressourcendatensatz nicht vorhanden ist, im Cache zu speichern sind. BIND 8.1 und frühere Versionen, die RFC 2308 nicht unterstützen, verwenden den Parameter für den minimalen TTL-Wert traditionell als TTL-Standardwert für positives Caching für Ressourcendatensätze, die keinen expliziten TTL-Wert besitzen. Mit Hilfe dieses TTL-Parameters für positives Caching kann ein DNS-Resolver einen aufgelösten Datensatz über die durch den Parameter angegebene Zeitdauer im Cache speichern. Wenn eine alte Zonendatei für BIND 8.2.2 verwendet wird, muss eine $TTL-Direktive (zum Beispiel $TTL 86400) hinzugefügt werden, um einen TTL-Standardwert für positives Caching in der Zonendatei anzugeben.

Die vor dem SOA-Datensatz platzierte $TTL-Direktive wird zum TTL-Standardwert für positives Caching für alle Datensätze in dieser Zone. Falls keine $TTL-Direktive hinzugefügt wird, verwendet BIND 8.2.2 den TTL-Wert für negatives Caching als TTL-Wert für positives Caching, der gewöhnlich wesentlich kleiner ist als ein normaler TTL-Wert für positives Caching.

Nach der Durchführung der erforderlichen Änderungen an der Datei *named.conf* und den Zonendateien kann named gestartet bzw. wieder gestartet werden, sodass er nun die neue Konfigurationsdatei und die neuen Zonendateien verwendet. Es ist eventuell sinnvoll, zunächst mit Hilfe des BIND-Dienstprogramms *nsupdate* sicher zu stellen, dass der DNS-Server dynamische Aktualisierungen unterstützt.

Nach der Überprüfung des Server auf diese Unterstützung ist der BIND-DNS-Server bereit, dynamische Aktualisierungen von Windows 2000-Systemen zu akzeptieren. Wenn BIND eine dynamische Aktualisierung empfängt, speichert BIND die Aktualisierung in einer Protokolldatei, deren Name dem Zonennamen (zum Beispiel db.meinefirma.log) entspricht, und aktualisiert die DNS-Daten im Speicher. BIND aktualisiert die Zonendatei in regelmäßigen Abständen und löscht die alte Protokolldatei, wenn BIND die Aktualisierung festgeschrieben hat. Auf diese Weise fasst BIND dynamische Aktualisierungen zu einem Batch-Prozess zusammen, anstatt die Zonendatei immer dann zu aktualisieren, wenn BIND eine dynamische Aktualisierung empfängt. Dieses Verfahren ermöglicht eine Behandlung vieler Aktualisierungen zu gleicher Zeit.

Wenn dynamische Aktualisierungen für eine Zone in BIND genutzt werden, sollte die Zonendatei nicht manuell bearbeitet werden. BIND aktiviert nach einer Aktualisierung der Zone das Nur-Lese-Attribut für die Zonendatei, sodass alle manuellen Änderungen, die zwischen Zonenaktualisierungen vorgenommen werden, verloren gehen. Wenn ein Datensatz hinzugefügt, gelöscht oder geändert werden muss, kann mit Hilfe des Dienstprogramms *nsupdate* eine dynamische Aktualisierungsanforderung manuell an die Zone gesendet werden.

BIND 8.2 und spätere Versionen unterstützen einen inkrementalen Zonentransfer (eine im RFC 1995 definierte Funktionalität), die es einem sekundären Namens-Server (einem so genannten Slave-Namens-Server in der BIND 8.x-Terminologie) ermöglicht, anstelle einer Gesamtaktualisierung lediglich Änderungen zu übertragen. Der BIND-Masterserver speichert die Änderungen zwischen einer SOA-Seriennummer und der nächsten in einer Datei *.ixfr* (zum Beispiel *db.meine-firma.ixfr*) einer Zone. Wenn ein Slave-Server einen inkrementalen Zonentransfer anfordert, überträgt der Masterserver nur die Änderungen. DNS unter Windows 2000 unterstützt einen solchen inkrementalen Zonentransfer.

2.4 WINS in Windows 2000

Mit der Implementierung des WINS (Windows Internet Name Service), die bei Windows 2000 Server enthalten ist, bringt Microsoft einige Verbesserungen ein, die von Netzwerkverwaltern gefordert wurden. Damit soll eine effizientere sowie auch leichter zu wartende Adressenumsetzung von Netbios zu IP möglich sein.

Persistente Verbindungen

Der größte Schritt nach vorne dürfte aufgrund der persistenten Verbindungen gelingen – solange sie im LAN-Bereich aufgesetzt werden. Von persistenten Verbindungen über WAN-Strecken sollte man absehen. Diese Verbindungen etabliert das System zwischen den WINS-Servern, die als Replikationspartner definiert sind. Die WINS-Datenbank selbst wird gemeinsam von WINS-Servern verwaltet, die jeweils eine Kopie dieser Datenbank lokal vorhalten. Damit all diese Kopien konsistent bleiben, müssen die Server die einzelnen Einträge untereinander abgleichen – eben replizieren. Jeder WINS-Server besitzt einen oder mehrere Replikationspartner. Wenn nun ein neues System ins Netzwerk kommt oder ein anderes ersetzt wird, muss es seinen Namen und seine IP-Adresse bei einem WINS-Server eintragen. Dieser Server hat dann die Aufgabe, den neuen Eintrag an seine Replikationspartner weiterzugeben. Erst dann haben alle WINS-Server alle Einträge wieder auf dem neuesten Stand.

Frühere Versionen von WINS hatten jedes Mal eine neue Verbindung zwischen den WINS-Servern aufzubauen, wenn eine Replikation anstand. Der Aufbau einer Verbindung und das spätere Abbauen erfordern dabei einen relativ hohen Aufwand.

Viele Netzwerkverwalter behalfen sich mit einem Kompromiss: Man ließ einfach eine Reihe von Aktualisierungen zusammenkommen, ehe die Replikation angestoßen wurde. Das hielt zwar die System- und Netzbelastung niedriger, doch musste man einen Zeitverzug in Kauf nehmen, was die Geschwindigkeit der Aktualisierung anbelangt. Aus Sicht des WINS ergab sich dabei eine unter Umständen sogar kritische Dauer, in der die Datenbankkopien nicht synchron waren.

Der Ausweg aus diesem Dilemma bei der neuen Implementierung von WINS lautet: persistente Verbindungen. Darunter versteht man eine Eigenschaft, bei der ein WINS-Server eine dauerhafte Verbindung mit seinen Replikationspartnern etabliert. Dadurch entfallen die Öffnungs- und Schließoperationen für die Verbindungen. Für die Replikation bedeutet das, dass die Server die Informationen weitaus schneller weiterreichen können, da sie sich den »Verwaltungs-Overhead« für den Verbindungsaufbau sparen.

Aus Sicht der Netzwerkbelastung sind die Nachteile zumindest im LAN minimal, denn über die Verbindungen läuft nur wenig Netzwerkverkehr – die Verbindung bleibt ja die meiste Zeit unbenutzt. Der Aufwand geht lediglich zu Lasten des Servers – er muss Ressourcen im Netzwerkteil des Betriebssystems vorhalten.

Eine weitere Verbesserung von WINS betrifft das Aussortieren von veralteten Einträgen in der WINS-Datenbank. Microsoft setzt hierbei auf ein Konzept, das die Bezeichnung *Manual Tombstoning* (das stand genau genommen schon ab dem Servicepack 4 von Windows NT 4.0 zur Verfügung) trägt. Damit können die Netzwerkverwalter einzelne Einträge manuell in der lokalen Kopie der WINS-Datenbank als veraltet markieren. Damit ergibt sich für das WINS-Gesamtsystem sozusagen eine Reihenfolge, nach der die Einträge gelöscht werden. Diese Reihenfolge wird an alle WINS-Server repliziert.

Vorgängerversionen von WINS hatten beim Entfernen von Einträgen ihre Probleme. Die Einträge wurden nur auf einem Server für das Löschen vorgemerkt. Diese Information wurde zwar an die Replikationspartner des Servers weitergegeben, doch je nach der Konfiguration der Replikation wurde das Löschen durchgeführt – oder auch nicht, je nachdem wie lange die Replikation andauerte!

Mit der manuellen Vormerkung des WINS in Windows 2000 Server bekommt man dieses Problem in den Griff. Denn die Zeitvorgaben für den Status *Tombstoned* sind länger als die Verzögerungszeit für die Replikation. Immer wenn das Zeitlimit erreicht wird, werden die markierten Einträge auf allen Servern gelöscht.

Um die Verwaltung von WINS zu vereinfachen, kommt bei Windows 2000 Server ein optimiertes Tool zum Einsatz, mit dem alle WINS-relevanten Operationen durchgeführt werden können. Im Rahmen der MMC wurde ein neues Hilfsmittel konzipiert, das mit einem Multithreaded-Ansatz mehrere Aufgaben (im Hintergrund) abarbeiten kann und zugleich eine schnelle Antwortszeit für die Benutzerschnittstelle offeriert.

Auch eine verbesserte Suchen-Funktion hilft dem Netzwerkverwalter, bestimmte Einträge schneller zu finden. Angenommen ein Administrator will alle WINS-Einträge finden, die den Standortnamen »Grasbrunn« enthalten, dann muss er beispielsweise nur im Suchfeld die Anfangsbuchstaben »Gra« eingeben. Die Suche-Funktion liefert dann die entsprechenden Treffer.

Auch das automatische Erkennen von WINS-Partnern lässt sich über die MMC aktivieren. Damit können die WINS-Server selbstständig die Replikationspartner lokalisieren. In periodischen Abständen informieren die WINS-Server die Systeme auf dem Netzwerk und kündigen ihre Aktivität den anderen Stationen an.

Daher lautet auch die Empfehlung aus dem Hause Microsoft: Dieses Feature soll nur dann aktiv sein, wenn in einem Netzwerk nicht mehr als drei WINS-Server ihre Dienste verrichten.

Eine weitere Verbesserung betrifft die Fehlertoleranz. Windows 2000 und Windows 98 bieten ein zusätzliches Maß an Ausfallsicherheit, da sie einem Client die Angabe von mehr als zwei (maximal zwölf Adressen) für jedes Netzwerk-Interface zugestehen. Die zusätzlichen Adressen kommen dann zum Einsatz, wenn der primäre und der sekundäre WINS-Server keine Antworten auf die Anfrage der Clients liefern.

Die Installation von WINS ähnelt der des DHCP: Über *Einstellungen-Systemsteuerung-Software* sind die Windows-Komponenten auszuwählen. Danach die Selektion auf die *Netzwerkdienste* und dann auf die *Details* verzweigen. Bild 2.34 zeigt dieses Fenster.

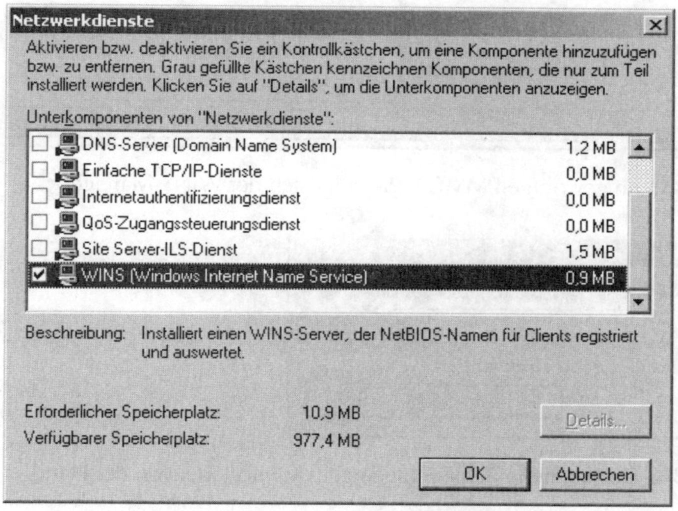

Bild 2.34: Unter *Netzwerkdiensten* ist das WINS für die Installation zu finden.

Danach hilft erneut ein Assistent weiter. Nach Abschluss dieser Aktion ist das WINS bereits aktiv. Die Verwaltung von WINS übernimmt dann der WINS-Manager. Er lässt sich entweder als eigenständiges Programm über die *Startleiste* (*Programme-Verwaltung-WINS*) oder aber über die *MMC* als ein *Snap-In* in gewohnter Manier starten. Bild 2.35 zeigt die Version mit der MMC. Dabei wurde dieses Bild direkt nach der Installation von WINS generiert.

Das bereits besprochene Suchen nach Einträgen zeigt Bild 2.36. Komfortabel kann der Administrator nur die Anfangsbuchstaben eingeben, und das System zeigt die »Treffer« an.

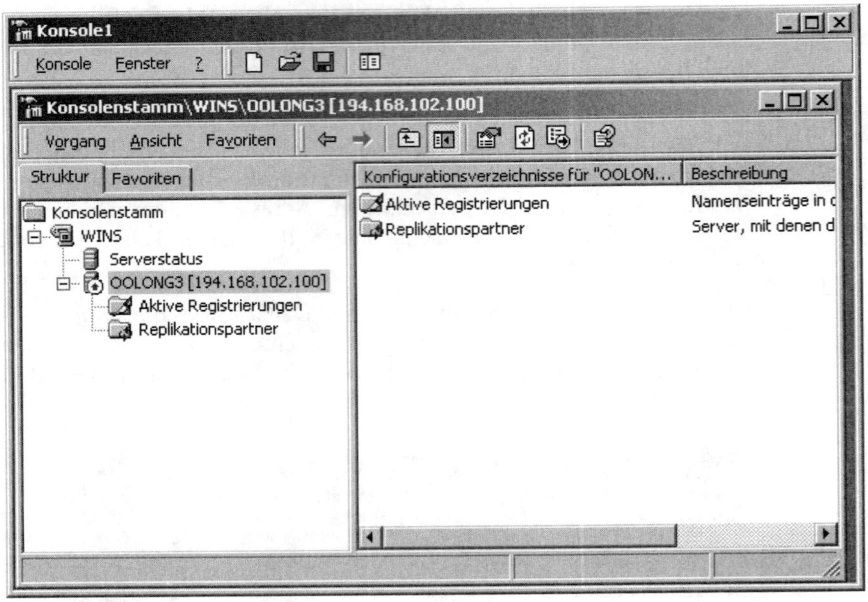

Bild 2.35: Im gewohnten MMC-Look zeigt sich der WINS-Manager.

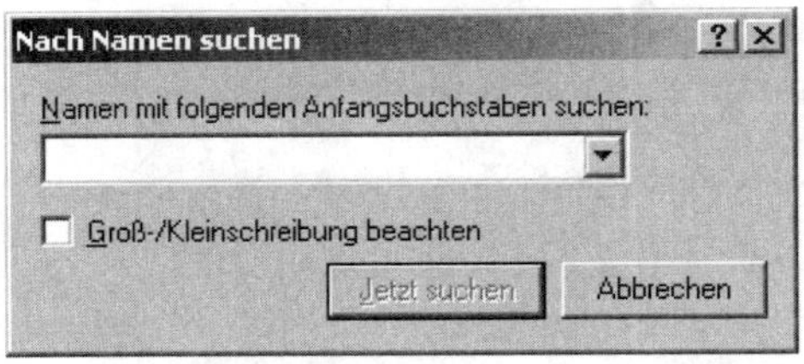

Bild 2.36: Das Suchen nach Einträgen geht komfortabel von der Hand.

Im WINS-Manager stehen dann ausführliche Informationen zur Hand. Zudem lassen sich sozusagen selbsterklärend alle wichtigen Aktionen über das Kontextmenü des WINS-Servers aufrufen. Bild 2.37 zeigt zum Beispiel die Server-Statistik des jeweils ausgewählten WINS-Servers (in dieser Beispielkonfiguration der einzige WINS-Server im Netzwerk).

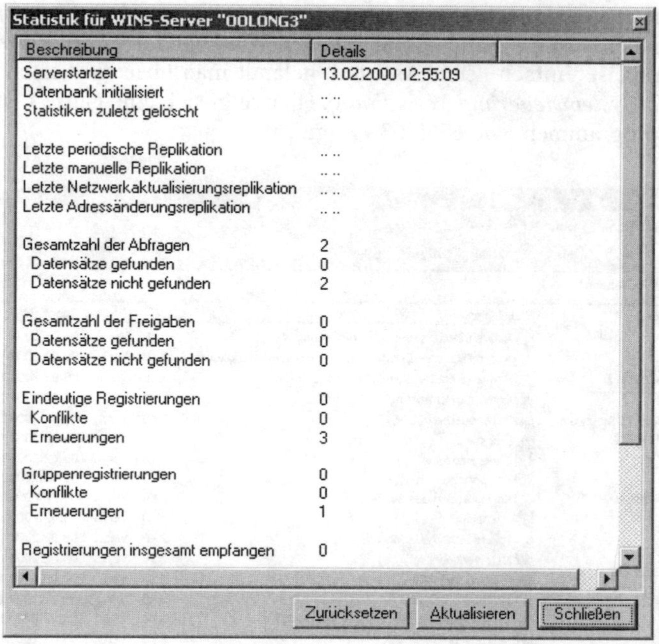

Bild 2.37: Der Zugriff auf die Server-Statistik erfolgt über das Kontextmenü des Servers (mit der rechten Maustaste).

2.5 Grundlegende Druck- und Dateidienste von Windows 2000

Windows 2000 Server eignet sich als die Basis für die Realisierung von Datei-, Druck-, Web- und Fax-Servern. Wie schon bei Windows NT ist es mit diesem neuen Betriebssystem möglich, in einem Netzwerk diese Services anzubieten. Die Konfiguration der Dienste ist durch Assistenten sehr einfach gehalten und die MMC fungiert auch hier als das universelle Tool, das es für die jeweilige Aufgabe anzupassen gilt.

Dateidienste

Die Arbeit als Datei-Server gehört zu den ältesten Aufgaben eines Servers im Netzwerk. Windows 2000 Server arbeitet ohne Zusatzsoftware mit der kompletten Windows-Welt aber auch mit Macintosh-Systemen und dem Netware-Universum zusammen. Die Unterstützung der offenen Unix-Welt ist von Microsoft mit den *Unix Services* machbar, Dritthersteller haben andere funktional ähnliche Erweiterungen im Programm. Auf einige Beispiele wird im Kapitel 7 eingegangen.

Die Definition eines Datei-Servers – es handelt sich vor allem um das Erstellen von Freigaben – ist mit Hilfe des Assistenten *Windows 2000 Server konfigurieren* vergleichsweise einfach. Zum Assistent gelangt man über die Stufen *Start-Einstellungen-Systemsteuerung-Verwaltung*. Hier zeigt sich eine ganze Liste mit Verwaltungsprogrammen, wie Bild 2.38 zeigt.

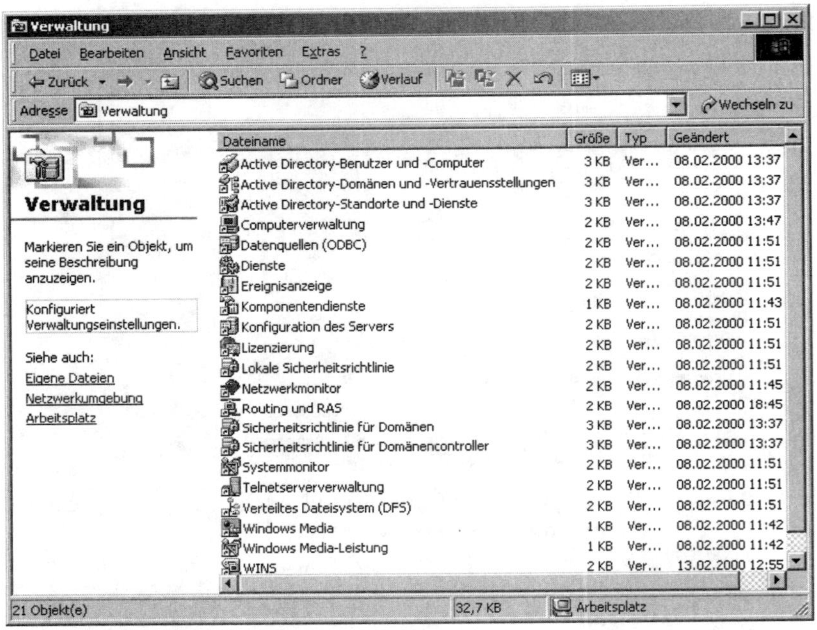

Bild 2.38: Eine Reihe von Verwaltungsprogrammen – genauer gesagt von entsprechenden Verknüpfungen – findet der Administrator unter *Einstellungen-Systemsteuerung-Verwaltung.*

Aus dieser Liste ist der Punkt *Konfigurieren des Servers* zu selektieren. Dadurch startet der Assistent *Windows 2000 Server konfigurieren*. Bild 2.39 zeigt diesen Wizard, nachdem bei ihm bereits die Dateidienste angesprochen wurden.

In diesem Bild ist der Punkt deutlich zu erkennen, mit dem dann die Freigaben eingerichtet werden. Dies übernimmt erneut ein Assistent – aus dem ersten Assistenten heraus startet also ein zweiter Assistent, »Freigabe erstellen«. Den ersten Bildschirm dieses Assistenten zeigt Bild 2.40.

Hier sind nun die notwendigen Informationen anzugeben. Zuerst hat der Administrator das freizugebende Verzeichnis anzugeben (dabei hilft der *Durchsuchen*-Button), dann den Freigabenamen zu benennen, optional eine Beschreibung hinzuzufügen und schließlich noch den Freigabenamen für die Macintosh-Umgebung anzugeben. Mit Checkboxen ist auch noch zu selektieren, für welche Client-Typen die Freigabe gültig sein soll.

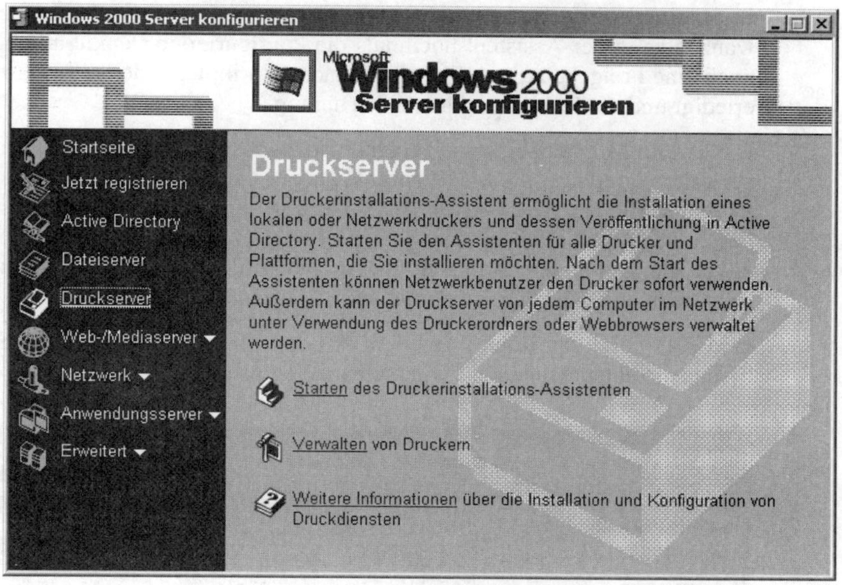

Bild 2.39: Verwaltung mit Point & Click durch den Assistenten *Windows 2000 Server konfigurieren*.

Bild 2.40: Ein von einem Assistenten gestarteter Assistent hilft beim Erstellen einer Freigabe.

Dabei muss natürlich die entsprechende Protokollunterstützung installiert sein. Im Bild 2.40 sieht man, dass es für Netware-Clients keine Möglichkeit gibt, auf die Freigabe zuzugreifen, denn die Netware-Unterstützung ist bei diesem Server nicht installiert.

Im zweiten Schritt sind dann die Zugriffsrechte auf die Freigabe zu spezifizieren. Danach zeigt der Assistent nochmals die konfigurierten Punkte an und fragt, ob noch eine Freigabe zu erstellen ist. Danach ist – im Falle des Nein – diese Aktion erledigt und die Freigabe steht zur Verfügung.

Die zweite Möglichkeit, eine Freigabe anzugeben oder aber Freigaben selbst zu verwalten, greift auf die MMC zurück. Dazu ist zuerst das entsprechende Snap-In in die MMC zu laden. Dies geschieht wie bereits im Kapitel 2.1 detailliert beschrieben. Lediglich ist hier das Snap-In *Freigegebene Ordner* in die MMC einzuklinken. Der andere Weg geht über die vordefinierte Konsole *Computerverwaltung* (rechter Mausklick auf *Arbeitsplatz – Verwalten*).

Bild 2.41 zeigt den Punkt, nachdem das Snap-In aktiv ist. Auf dem Server sind bereits die entsprechenden Freigaben angelegt worden.

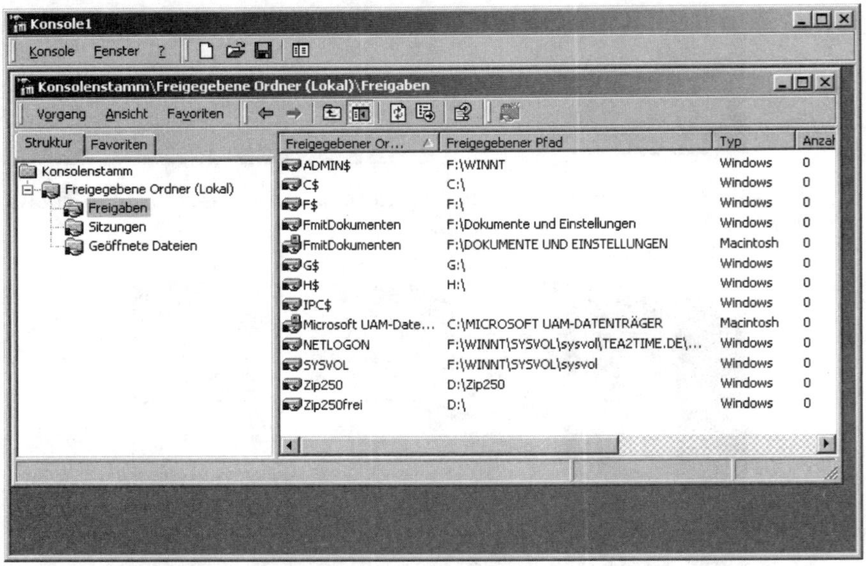

Bild 2.41: In der MMC werden alle Freigaben auf dem lokalen System angezeigt. Dazu ist das Snap-In *Freigegebene Ordner* notwendig.

Wenn der Administrator nun auf die Freigaben seines Servers klickt, erscheinen alle Freigaben im rechten Fensterbereich der MMC. Die Aktionen im Zusammenhang mit den Freigaben stehen unter dem Punkt *Vorgang* des Hauptmenüs bereit.

Um etwa eine neue Freigabe zu erstellen, ist nur auf die gewünschte Stelle in der Hierarchie im linken Fenster zu klicken. Ein Klick auf *Vorgang-Neu-Dateifreigabe* stößt diese Aktion dann an. Dabei erscheint erneut der Dialog, der schon in Bild 2.40 gezeigt wurde. Hier sind die notwendigen Informationen wie zuvor einzugeben, ist in den Dialog weiterzugehen, der sich um die Zugriffsrechte kümmert und anschließend der Assistent zu beenden, nachdem man nochmals Gelegenheit hat, sich die angegebenen Konfigurationseinstellungen anzusehen.

Druckdienste

Wenn an einem System mit Windows 2000 Server ein Drucker angeschlossen ist, kann diese Ressource auch anderen Systemen im Netzwerk zur Verfügung gestellt werden. Dazu müssen aber auf dem Windows 2000-Server die Druckdienste aktiv sein.

Diese Konfiguration wird erneut über einen Assistenten realisiert und gestaltet sich – vor allem bei Plug&Play-konformen Druckern (PnP) – sehr einfach. Bei Windows 2000 wird dieser Drucker dann mitsamt den zugehörigen Zugriffsrechten im Active Directory eingetragen.

Um den Druckerinstallations-Assistenten zu starten, muss der Administrator über *Start-Einstellungen-Systemsteuerung-Verwaltung* zu der bereits zuvor beschriebenen Liste von *Verwaltungsprogrammen* kommen. Hier existieren zwei Möglichkeiten: Entweder der Administrator wählt *Start-Einstellungen-Drucker* oder aber er aktiviert wiederum den Assistenten *Windows 2000 Server konfigurieren*. Bild 2.42 zeigt den Assistenten, nachdem die Option *Druckdienste* ausgewählt wurde.

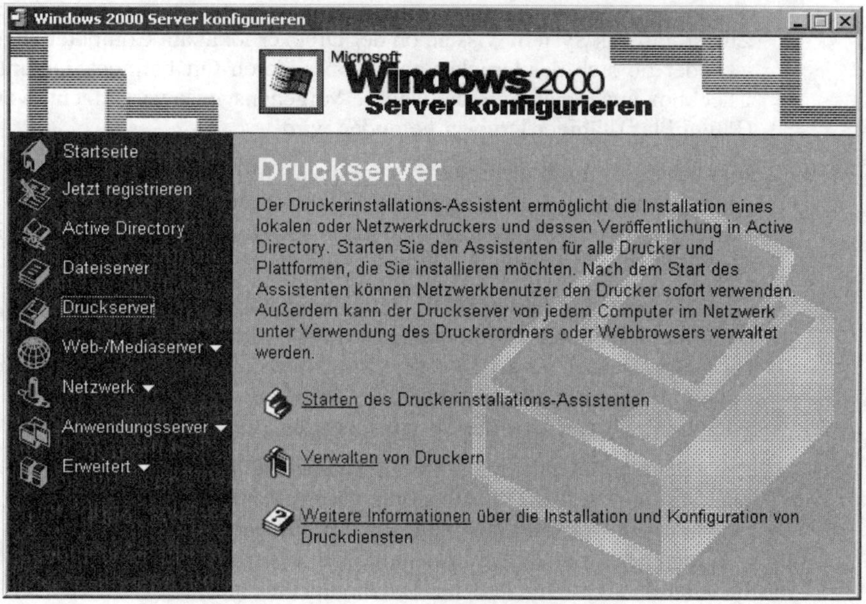

Bild 2.42: Sehr übersichtlich ist auch das Einstellen der Druckdienste.

Hier ist der Punkt *Starten des Druckerinstallations-Assistenten* anzuklicken und schon erscheint ein weiterer Assistent. Bild 2.43 zeigt den ersten Dialog.

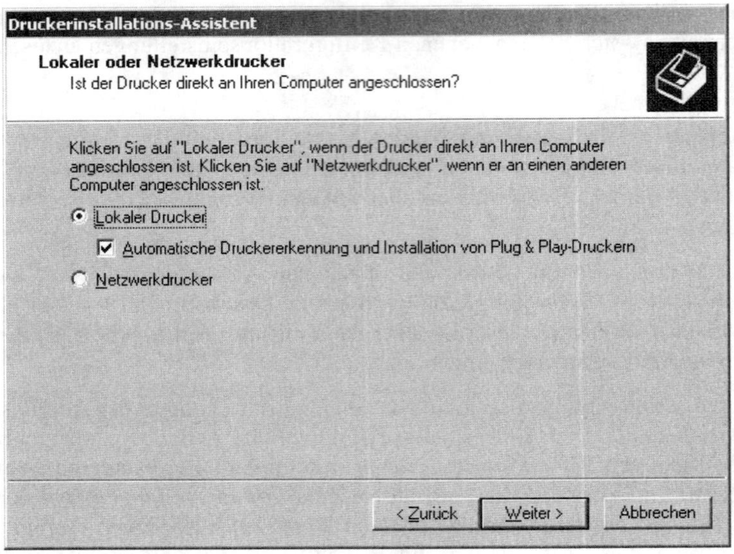

Bild 2.43: Hier startet die Arbeit des *Druckerinstallations-Assistenten.*

Zuerst will das System wissen, ob der Drucker lokal am Computer angeschlossen ist, oder ob sich der Drucker an einem anderen Ort befindet. Darunter ist eine Checkbox angebracht, die die weitere Vorgehensweise vereinfacht, wenn ein PnP (Plug&Play)-fähiger Drucker gefunden wird.

Im nächsten Schritt sucht das System nach PnP-Druckern und meldet das gefundene Gerät: einen Epson Stylus 800 Color. Sollte kein PnP-Drucker vorhanden sein, sind alle relevanten Informationen (wie Druckeranschluss, etc.) einzugeben, der Assistent führt einen durch diese Aufgabe.

Danach zeigt der Assistent die gefundenen (oder eingegebenen) Informationen auf einer Seite nochmals an (siehe Bild 2.44) und erwartet das abschließende *Fertigstellen.* Danach ist der Drucker einsatzbereit und druckt die Testseite aus. Hier bekommt man wie gewohnt nochmals die Möglichkeit, auf Probleme zu reagieren oder zu bestätigen, dass die Testseite korrekt ausgegeben wurde.

Die zweite und wohl am häufigsten angewandte Methode, Drucker zu installieren oder sie zu verwalten, führt über die Punkte *Start-Einstellungen-Drucker.* Danach erscheint ein Fenster, in dem alle angeschlossenen Drucker aufgeführt sind sowie ein Icon, das den *Druckerinstallations-Assistenten* aktiviert. Der Ablauf der Installation eines Druckers bleibt dabei identisch.

In diesem Fenster kann man aber auf den zu verwaltenden Drucker klicken und über die rechte Maustaste das zugehörige Kontextmenü zum Vorschein bringen. Dabei stehen dann alle Aktionen und Einstellungen offen. Ein Klick auf den Punkt *Eigenschaften* bringt eine Vielzahl von Informationen zum Vorschein. Bild 2.45 zeigt dies für den installierten Epson Stylus 800 Color.

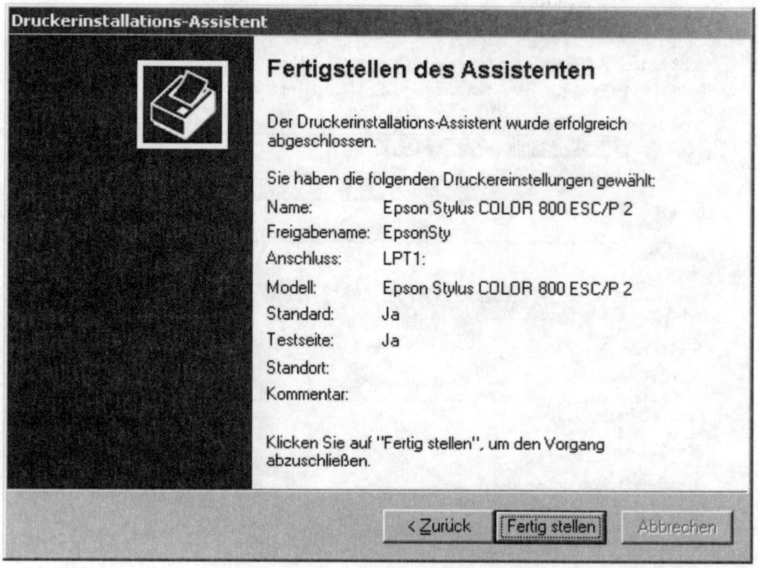

Bild 2.44: Die meisten Einstellungen hat der Assistent selbst gefunden, denn der Drucker entspricht dem PnP-Vorgaben.

Die Ausführungen für die Datei- und Druckdienste zeigen schon, dass sich die Aufgaben beziehungsweise ihre Durchführung sehr stark ähneln. Assistenten übernehmen das Gros der Arbeit und die PnP-Eigenschaft bringt den leidgeprüften Administrator fast schon zum Frohlocken; kein neidvolles Schielen mehr auf Systeme mit Windows 95/98, bei denen das PnP die Arbeit erleichtert.

Weitere Dienste von Windows 2000 Server

Das Installieren des Web-Servers folgt dem bereits beschriebenen Muster. Dabei wird der gleiche Weg eingeschlagen wie beim Installieren von Windows-Komponenten (vergleiche DNS-Server oder DHCP-Server). Es ist an der entsprechenden Stelle aber der *Internet Information Server* anzuklicken. Unter Umständen muss der Administrator noch die Windows 2000-Server-CD einlegen, damit entsprechende Dateien nachgeladen werden können. Die Hauptarbeit übernimmt auch hier wieder der entsprechende Assistent.

Die Verwaltung des Web-Servers (Microsofts Internet Information Server) lässt sich dann am besten mit der MMC abwickeln. Auch hier ist wieder das entsprechende Snap-In in die MMC einzuklinken. Ein Beispiel für dieses Verwaltungs-Tool zeigt Bild 2.46.

Beispielsweise kann man sich über das Kontextmenü der Standard-Web-Seite die *Eigenschaften* anzeigen lassen. Bild 2.47 zeigt dazu ein Exempel.

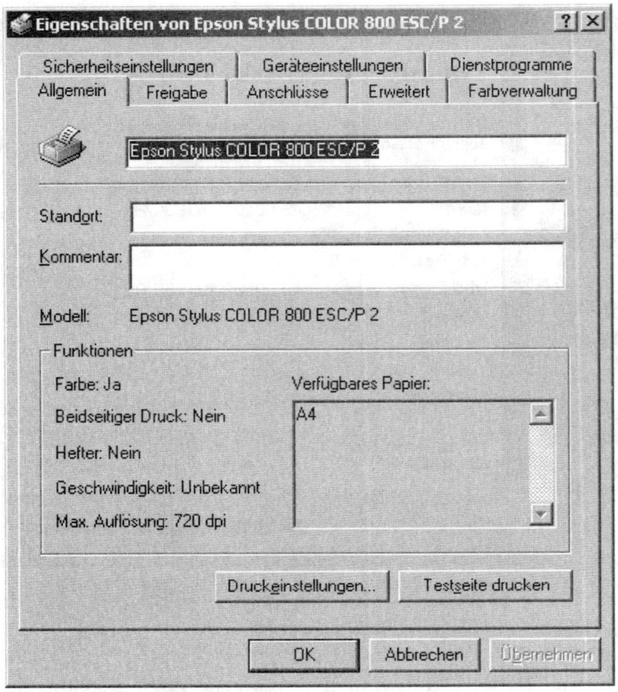

Bild 2.45: Hier findet der Administrator alle Dienstprogramme, die für den Drucker zur Verfügung stehen – darunter auch so spezielle Aktionen wie die Düsenausrichtung.

Mehr soll zum Thema IIS nicht gesagt werden, es würde sich für ein eigenes Buch eignen.

Insgesamt sind die grundlegenden Dienste von Windows 2000 Server sehr eingängig und auch leicht zu konfigurieren. Doch die Unterstützung durch die vielfältigen und sogar verschachtelten Assistenten sowie das mehrmalige Klicken auf *Weiter* dürfen einen nicht darüber hinwegtäuschen: Die Dinge unter der Haube sind sehr komplex. Wenn mal etwas nicht gut läuft, heißt es abtauchen in die Tiefen der Technik. Daher sollte jeder Administrator sich vor allem mit den MMC-basierenden Tools vertraut machen.

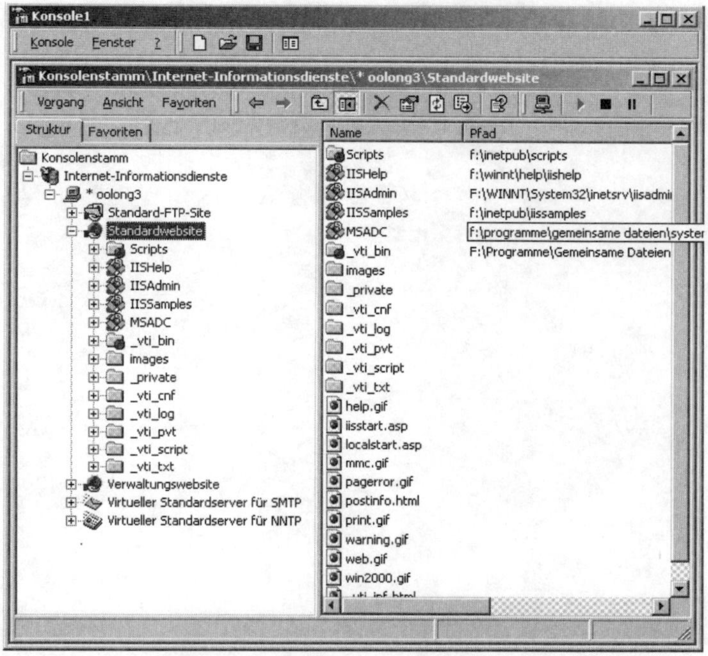

Bild 2.46: Mit dieser MMC lässt sich der IIS verwalten.

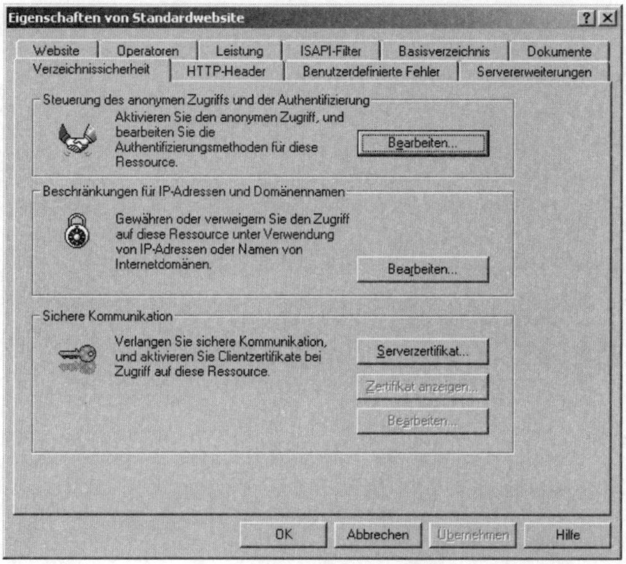

Bild 2.47: Die Eigenschaften der Standard-Web-Seite.

Kapitel 3

Die Sicherheitsinfrastruktur

Zu den zentralen neuen Merkmalen von Windows 2000 gehört eine deutlich erweiterte und ausgebaute Infrastruktur für die Sicherheit des einzelnen Servers und des Netzwerks. Trotz des weitverbreiteten Einsatzes von spezieller Hard- und Software wie Verschlüsselungsgeräten oder Firewalls bleiben die Sicherheitsmechanismen des im Netzwerks eingesetzten Servers ein kritischer Punkt: Nur wenn hier alle Möglichkeiten ausgeschöpft werden können, ist ein professioneller Serverbetrieb möglich.

Die Bereitstellung von Sicherheitsfeatures direkt im Serverbetriebssystem wird durch eine ganze Reihe von Anforderungen an die Sicherheitsinfrastruktur eines Serversystems begründet. Dazu zählen unter anderem:

- die allgemeine Datensicherheit, die typischerweise durch die verschiedenen Zugriffsrechte auf die Dateien realisiert wird,
- die sichere Kommunikation in Unternehmensnetzen, auch und gerade über die Grenzen der eigenen Netzwerke hinweg,
- ein einfaches und effizientes Sicherheitsmanagement und
- skalierbare Sicherheit, die auch für große Unternehmensnetze noch problemlos einsetzbar ist.

3.1 Unterschiedliche Sicherheitsprotokolle

Windows 2000 wurde von Microsoft so entworfen, dass es eine ganze Reihe von unterschiedlichen Sicherheitsprotokollen unterstützen kann. Damit soll gerade in großen Netzwerken die Möglichkeit zur Verfügung stehen, die entsprechend unterschiedlichen Sicherheitsmechanismen einsetzen zu können. Das Diagramm in der Abbildung 3.1 zeigt, welche Art von Unterstützung für diese verschiedenen Protokolle in der Architektur von Windows 2000 Professional und Windows 2000 Server zusätzlich integriert wurde.

Dazu wird eine Win32-API (Application Programming Interface) entworfen, die als SSPI (Security Support Provider Interface) bezeichnet wird. Diese Schnittstelle wird von den entsprechenden Anwendungen und Systemdiensten verwendet. Dazu gehören beispielsweise auch der Internet Explorer (IE) und der Internet Information Server (IIS), der Web-Server der Windows NT-Systeme. Durch Einsatz dieser Schnittstelle wurde beim Design der Sicherheitsstruktur erreicht, dass Protokolle, die auf dem Anwender-Level (siehe Beispiel Internet-Browser), strikt von den Protokollen getrennt sind, die zur Authentifizierung im Netzwerk zum Einsatz kommen (siehe auch Bild 3.1).

Die so genannten Security Provider benutzen dabei ganz unterschiedliche Methoden, um die Anwender zu authentifizieren. So können dann auch die verschiedenen Sicherheitsprotokolle nur mit dem entsprechenden Authentifizierungs-Dienst »verhandeln«. Unter Windows 2000 werden grundsätzlich drei verschiedenen

Authentifizierungsverfahren unterstützt, wenn es darum geht, die Identität eines Nutzers gegenüber einen Netzwerkdienst zu bestätigen, auf den er gerade zugreifen möchte:

- NTLM: Das NTLM-Authentisierungsprotokoll wird von den Clients verwendet, um sich mit Servern zu verbinden, auf denen frühere Versionen von Windows NT installiert sind. Diese Authentisierung wird beispielsweise dazu verwendet, einen Windows 2000-Rechner mit einem Freigabelaufwerk auf einem Windows NT 4.0-Server zu verbinden. NTLM-Ausweise bestehen dabei aus dem Domänennamen, Anwendernamen und einem verschlüsselten Passwort, das nur einmal während der ersten Anmeldung eingegeben wird.

- Kerberos V5: Das primäre Authentisierungsprotokoll für eine Windows 2000 Server Domäne ist jedoch die Kerberos-Authentisierung. Die Ausweise bestehen dabei aus Domänen- und Nutzername und dem Passwort, das von Kerberos verschlüsselt ist. Wenn sich der Nutzer beim System anmeldet, erhält Windows 2000 ein oder mehrere Kerberos Tickets, um mit den Netzwerkdiensten zu verbinden. Die Kerberos Tickets sind bei der Kerberos-basierten Authentisierung die Netzwerkausweise des Nutzers (weitere Informationen zu Kerberos im Abschnitt 3.6 dieses Kapitels).

- Private/Public-Key-Paare und -Zertifikate: Ausweise in Form von Private/Public-Key-Paaren und -Zertifikaten werden direkt vom Anwender verwaltet. Das Active Directory von Windows 2000 Server wird zum Veröffentlichen der Public-Key-Zertifikate für Nutzer verwendet. Dabei bieten Standardprotokolle den Zugriff auf das Verzeichnis, damit diese Zertifikate dann aufgefunden werden können. Private Keys und Zertifikate für den Nutzer befinden sich in einem sicheren Speicher, entweder auf dem lokalen System oder auf einer SmartCard. Der sichere Speicher wird über Sicherheitstechnologien des Internets bereitgestellt und auch als Protected Store bezeichnet.

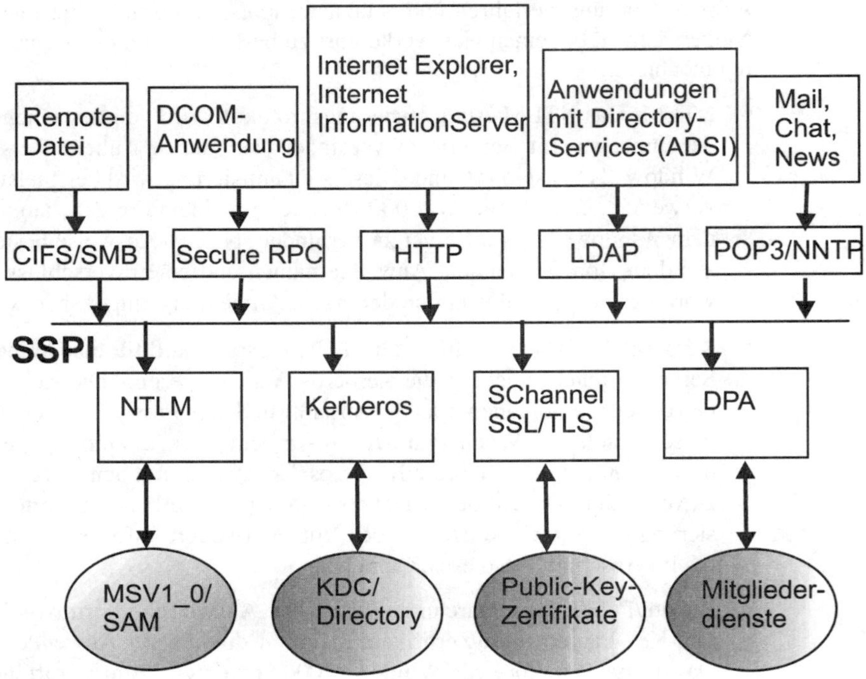

Bild 3.1: Dieses Diagramm zeigt, wie die Systemarchitektur von Windows 2000 die unterschiedlichen Sicherheitsprotokolle über SSPI (Security Support Provider Interface) unterstützen kann.

3.2 PKI (Public Key Infrastructure)

Eine der Grundlagen der Systemsicherheit unter Windows 2000 ist die so genannte Public Key Infrastructure (PKI) oder »Infrastruktur öffentlicher Schlüssel«. Mit Hilfe dieser Technik werden dem Systemverwalter viele Möglichkeiten an die Hand gegeben, die Verschlüsselung und Authentifizierung auf seinem System zu verwirklichen und möglichst effizient zu verwalten. Die Grundlagen und Möglichkeiten einer solchen Infrastruktur sind so vielfältig, dass sie im Rahmen dieses Buches nur angerissen werden können. Systemverwalter, die eine solche Sicherheitsstruktur mit einem Windows 2000-Server aufbauen wollten, sollten unbedingt weitergehende Literatur konsultieren.

Mit Hilfe einer PKI ist es grundsätzlich möglich, auch über unsichere Netzwerke (wie beispielsweise das Internet oder ein beliebiges anderes WAN), Daten sicher mit Hilfe eines privaten und eines öffentlichen Schlüssels zu versenden. Kommerzielle Transaktion, die so genannten E-Business-Anwendungen, sind ohne eine solche Infrastruktur auf Dauer nicht abzuwickeln. Dabei sollten die folgenden drei grundsätzliche Prinzipien der Sicherheit beachtet werden:

- Vertrauenswürdigkeit – alle Informationen müssen geschützt bleiben und sollen nur den »richtigen« Personen zugänglich gemacht werden,
- Integrität – um beweisen zu können, dass die entsprechenden Informationen und Daten auf ihrem Weg über das Netzwerk nicht manipuliert wurden, und
- Authentifizierung – damit sowohl die Identität eines Anwenders als auch die einer Applikation im Netzwerk eindeutig und nachprüfbar ist.

3.2.1 Die Komponenten einer PKI

Eine Infrastruktur, die in der geschilderten Art mit öffentlichen Schlüsseln arbeiten soll, stellt immer eine Kombination aus Hardware- und Softwareprodukten dar. Mit diesen Mitteln ist es dann möglich, die Grundvoraussetzungen für ein sicheres System und Netzwerk zu schaffen. Eine PKI basiert immer auf den so genannten Zertifikaten.

Bild 3.2: Die Komponenten, aus denen eine Public Key Infrastructure (PKI) bestehen sollte: Ganz besonders ist dabei, dass eine einheitliche und konsistente Sicherheitspolitik definiert wurde.

Hinter der Bezeichnung Zertifikate verbergen sich digital verschlüsselte Kennungen, die in der Regel aus einem öffentlichen Schlüssel und dem Namen des betreffenden »Subjekts« (der Anwender oder die Anwendung) bestehen. Innerhalb dieses »digitalen Ausweises« können mehrere Namentypen existieren, unter denen das entsprechende Subjekt bekannt ist. So können sich beispielsweise der entsprechende Namen aus dem Verzeichnisdienst, der E-Mail-Namen oder der Namen, der vom DNS (Domain Name Service) vergeben wird, in diesem Zertifikat wiederfinden. Um mit diesen Zertifikaten richtig arbeiten zu können, sollte eine PKI aus den folgenden Komponenten bestehen, die auch in der Abbildung 3.2 zu sehen sind:

- einer grundsätzlichen Sicherheitspolitik (Security Policy),
- einer Zertifizierungsstelle (CA – Certificate Authority),
- einer Registrierungsstelle (RA – Registrations Authority),
- ein Verteilungssystem für die Zertifikate (Certificate Distribution) und
- natürlich den Anwendungen, die PKI-Schnittstellen aufweisen.

Die Sicherheitspolitik stellt die Grundlage für die Arbeit mit sicherheitsrelevanten Daten innerhalb einer Firma oder Organisation dar. Durch solche grundsätzlichen Anweisungen werden auch die Arbeit mit verschlüsselten Daten und der Einsatz von Kryptographie geregelt. Die Basis einer PKI stellt aber die Zertifizierungsstelle, die CA (Certificate Authority) dar. Hier werden die Zertifikate während ihrer kompletten »Lebenszeit« verwaltet. Die CA gibt die entsprechenden Zertifikate aus und garantiert damit die Identität eines Anwenders oder eines Systems durch einen öffentlichen Schlüssel mit digitaler Signatur. Die Schnittstelle zwischen den Anwendern und der CA stellt in der Regel die so genannte Registrierungsstelle (RA) dar. Die Verteilung der Zertifikate innerhalb einer Firma kann dann wiederum auf unterschiedlichen Wegen erfolgen. Neben der Möglichkeit, diese Verteilung durch die Anwender selbst vornehmen zu lassen, bietet sich hier der Einsatz eines Verzeichnisdienstes wie Active Directory unter Windows 2000 an. Schließlich fehlen dann noch die Anwendungen, die mit einer PKI zusammenarbeiten müssen, um diese Infrastruktur aufzubauen. Hierzu zählen neben Web-Servern und Browsern natürlich auch die E-Mail-Programme und fast alle Anwendungen für EDI (Electronic Data Interchange) und E-Business. Auch die im folgenden Abschnitt vorgestellten VPNs (Virtual Private Networks) setzen häufig auf einer PKI auf, um die sichere Übertragung der Daten zu gewährleisten.

Neben der häufig eingesetzten Möglichkeit, auf eine dritte Stelle als CA zurückzugreifen (Firmen wie Verisign stellen diese Dienstleistungen zur Verfügung), ist es aber auch möglich, eine lokale Zertifizierungsstelle auf einem Windows 2000-Server zu installieren und zu betreiben. Dabei ist es sowohl möglich, eine so genannte Enterprise CA als auch eine Stand-Alone CA aufzusetzen. Eine Enterprise CA ist nahtlos in die Active-Directory-Dienste integriert, kann aber auch nicht ohne diesen Verzeichnisdienst betrieben werden!

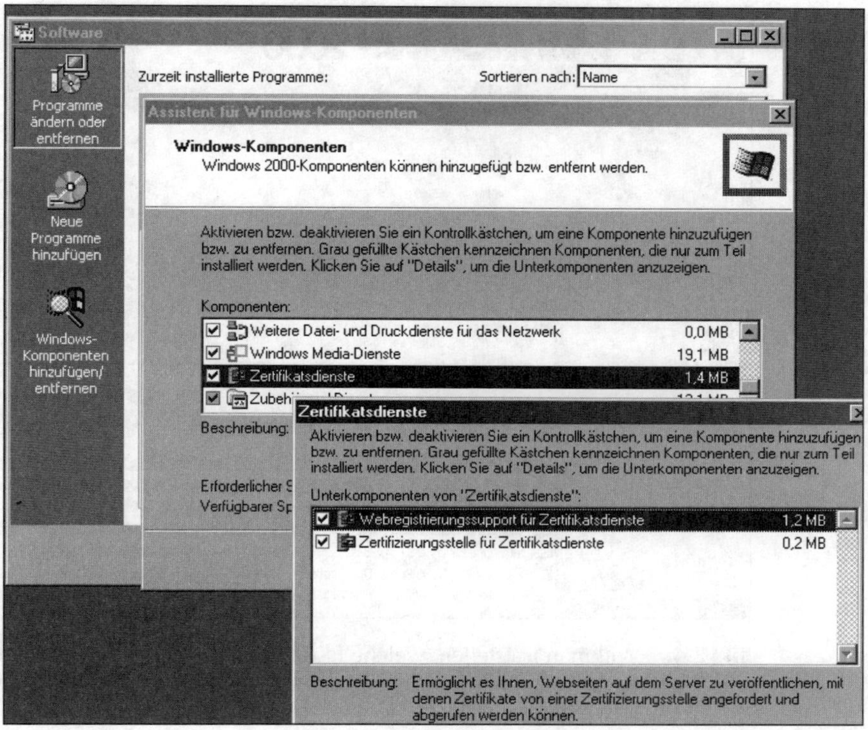

Bild 3.3: Um eine lokale Zertifizierungsstelle auf einem Windows 2000-Server einzurichten, müssen zunächst die erforderlichen Windows-Komponenten installiert werden.

Um den Server jedoch in dieser Eigenschaft einzusetzen, müssen zunächst einmal die benötigten zusätzlichen Windows-Komponenten installiert werden. Dies geschieht in dem entsprechenden Menü für die Softwareinstallation, wie in Bild 3.3 gezeigt wird.

Mit Hilfe dieser Zertifizierungsstelle kann der Administrator dann Zertifikate für alle Zwecke erstellen und mittels der Verzeichnisdienste oder über den Web-Sever des Systems verteilen. Damit stehen dann Zertifikate sowohl für digitale Signaturen als auch für verschlüsselte E-Mails, die Authentifizierung im World Wide Web und für den Einsatz von Smart Cards zur Domain-Authentifizierung zur Verfügung.

Wird nur eine lokale CA installiert, so können die User im Netzwerk ebenfalls ihre Zertifikate vom Windows 2000-Server anfordern. Allerdings können sie diese dann nur über die Web-Site bekommen, da der Einsatz eines Verzeichnisdienstes in diesem Fall nicht vorgesehen ist. Die Anwender haben dann die Möglichkeit, über die Web-Site des Servers Zertifikate anzufordern.

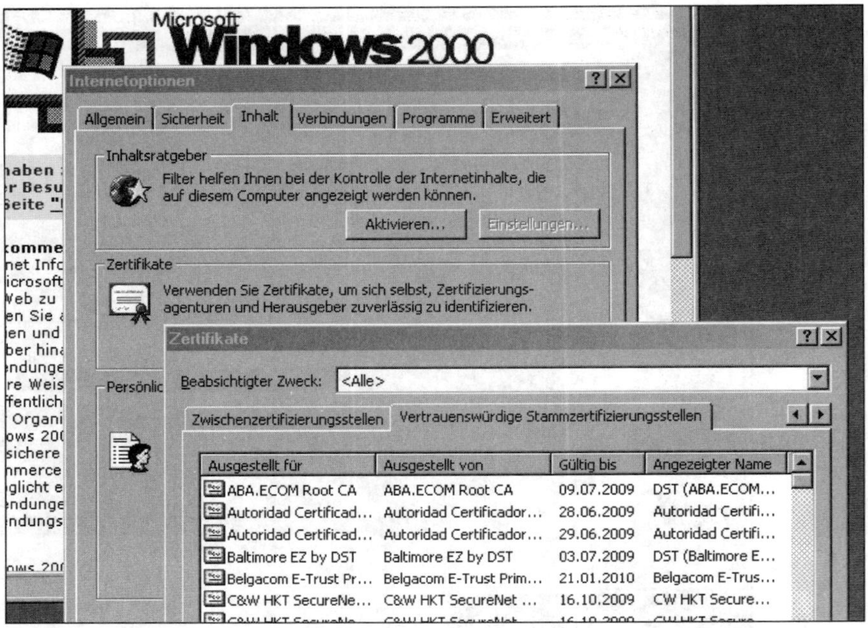

Bild 3.4: Will man feststellen, welche PKI-Zertifikate, Zertifizierungsstellen und so weiter auf einem Rechner zur Verfügung stehen, so werden diese Information über den Internet Explorer zugänglich gemacht.

Wurde auf dem Windows 2000-System eine CA installiert und ist auch der Web-Server (Internet Information Server) installiert, so wird dieser Dienst unter der folgenden Adresse zur Verfügung gestellt: `http://computer_name/certsvr`. Dabei muss natürlich für *computername* der DNS-Namen des entsprechenden Servers stehen, wie in Bild 3.5 zu sehen ist.

Um festzustellen, welche Zertifikate auf einem System bereits zur Verfügung stehen, kann der Internet Explorer eingesetzt werden. Durch Auswahl des Menüs *Extras* gelangt man zu den so genannten *Internetoptionen*, bei denen auf der Karte *Inhalte* dann auch die Informationen zu den bereits installierten Zertifikaten und die entsprechenden Zertifizierungsstellen zur Verfügung stehen (siehe Abbildung 3.5).

Die Verwaltung der Zertifikate auf dem Windows 2000-Server kann, wie so viele andere Verwaltungsaufgaben des Betriebssystems auch, mittels eines Snap-Ins in der MMC (Microsoft Management Console) bewältigt werden. Dieses Snap-In ist in der Regel nach der Installation des Server-Systems noch nicht vorhanden und muss deshalb vom Administrator nachträglich installiert werden. Die folgende Abbildung 3.6 zeigt das Snap-In im Einsatz.

Bild 3.5: Der Windows 2000-Server als Zertifizierungsstelle: Anwender können sich über die lokale Web-Site problemlos Zertifikate ausstellen lassen.

Für den Administrator ist es dabei ganz wichtig zu wissen, dass hier zwei unterschiedliche Modi zur Ansicht der Zertifikate zur Verfügung stehen. Über das *Ansicht*-Menü der MMC ist es möglich, die unterschiedlichen Ansichten auszuwählen (Bild 3.7). So kann sich der Administrator die vorhandenen Zertifikate beispielsweise so darstellen lassen, dass sie nach dem Verwendungszweck sortiert zu sehen sind. In der anderen Darstellung wird der so genannte *Zertifikatsspeicher* nach logischen Speicherkategorien angezeigt.

Mit dem Begriff *Zertifikatsspeicher* wird in diesem Fall der Ort bezeichnet, an dem die Zertifikate auf dem Server-System abgelegt werden. Hier finden sich in der Regel eine ganze Reihe von unterschiedlichen Zertifikaten, die von verschiedenen CAs ausgestellt wurden.

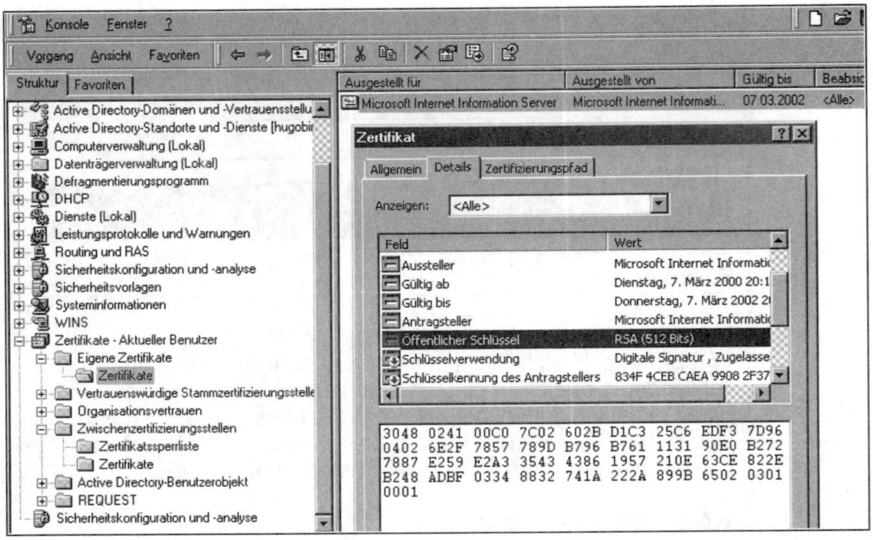

Bild 3.6: Verwaltung der Zertifikate einer PKI unter Windows 2000: Ein spezielles Snap-In der MMC (Microsoft Management Console) erleichtert diese Arbeit deutlich.

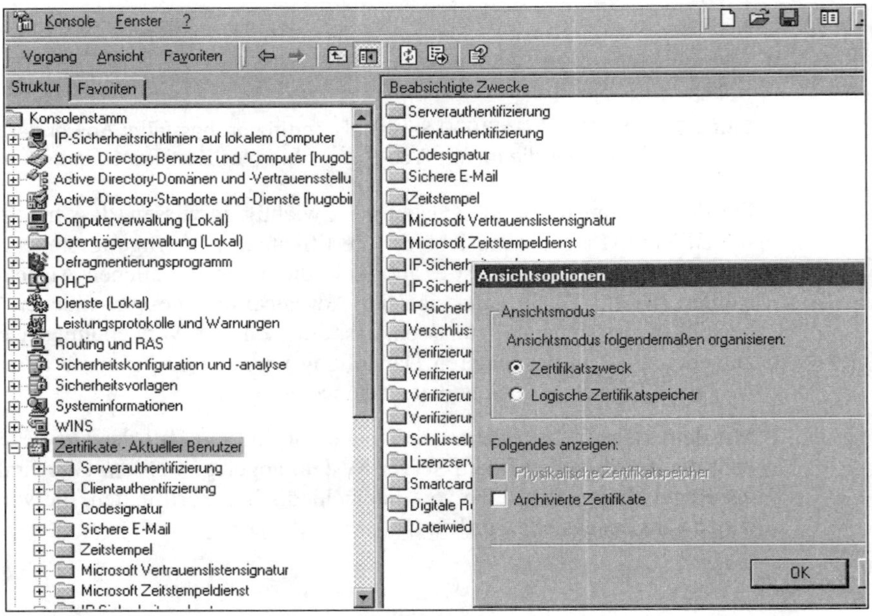

Bild 3.7: Bei der Verwaltung der Zertifikate auf dem Server stehen zwei unterschiedliche Ansichten des Zertifikatspeichers zur Verfügung.

Standardmäßig werden die Zertifikate nach logischen Speichern geordnet angezeigt. Dazu gehören dann die folgenden Kategorien:

- eigene Zertifikate,
- vertrauenswürdige Stammzertifizierungsstellen,
- Organisationsvertrauen,
- Zwischenzertifizierungsstellen,
- Active-Directory-Benutzerobjekt und
- Request.

Unter dem etwas ungewöhnlichen Begriff *Organisationsvertrauen* findet man hier einen Aufbewahrungsort (Microsoft spricht von einem so genannten Container) für Certified Trust Lists, als Vertrauenslisten für Zertifikate. Dabei handelt es sich um selbsterstellte Zertifikate von anderen Organisationen oder Firmen, denen eine Vertrauensstellung zugebilligt wird. Diese Listen erlauben es außerdem, diese Zertifikaten entsprechend der eigenen Sicherheitspolitik zu modifizieren. Dabei ist es auch möglich, über die ursprünglichen Spezifikationen der ausstellenden CAs hinaus zu gehen und beispielsweise Gültigkeitsdauer oder -bereich der Zertifikate für die eigene Firma noch weiter einzuschränken. Unter *Request* sind schließlich die Zertifikate abgelegt, die angefordert wurden aber noch ausstehen oder bereits abgelehnt sind.

Windows 2000 stellt eine ganze Sammlung von Programmen, Werkzeugen und Protokollen zur Verfügung, die es einem Administrator ermöglichen, eine Public Key Infrastructure innerhalb seines Firmennetzwerks aufzubauen. Allerdings zeigt bereits der kurze Überblick, den dieser Abschnitt des Kapitels über die Sicherheitsinfrastruktur gibt, sehr deutlich, dass beispielsweise der Einsatz von Anwendungen wie sichere E-Mail oder Authentifizierung mittels Smart Cards einen erheblichen Aufwand bei Design, Implementierung und Test einer solchen Lösung erfordert.

3.3 Virtual Private Networks (VPNs)

Mit Hilfe eines Windows 2000-Servers und den in diesem System unterstützten Protokollen wie beispielsweise PPTP und L2TP ist es möglich, ein so genanntes Virtual Private Network (VPN) aufzubauen. Ein solches VPN verbindet die Komponenten eines Netzwerks über ein anderes, häufig öffentliches Netz miteinander. Die Skizze in Abbildung 3.2 stellt dieses Prinzip dar.

Durch die in weiteren Abschnitten dieses Kapitels vorgestellten Protokolle ist es möglich, dass diese Art von Verbindung sehr sicher gestaltet werden kann. So bekommt der Anwender nicht nur die logische Ansicht eines einheitlichen Netzwerks (siehe auch Abbildung 3.8), ohne dabei durch die dazwischen liegende Verbindung gestört zu werden, sondern er bekommt auch die gleiche Sicherheit und Zuverlässigkeit wie im lokalen Netzwerk zur Verfügung gestellt.

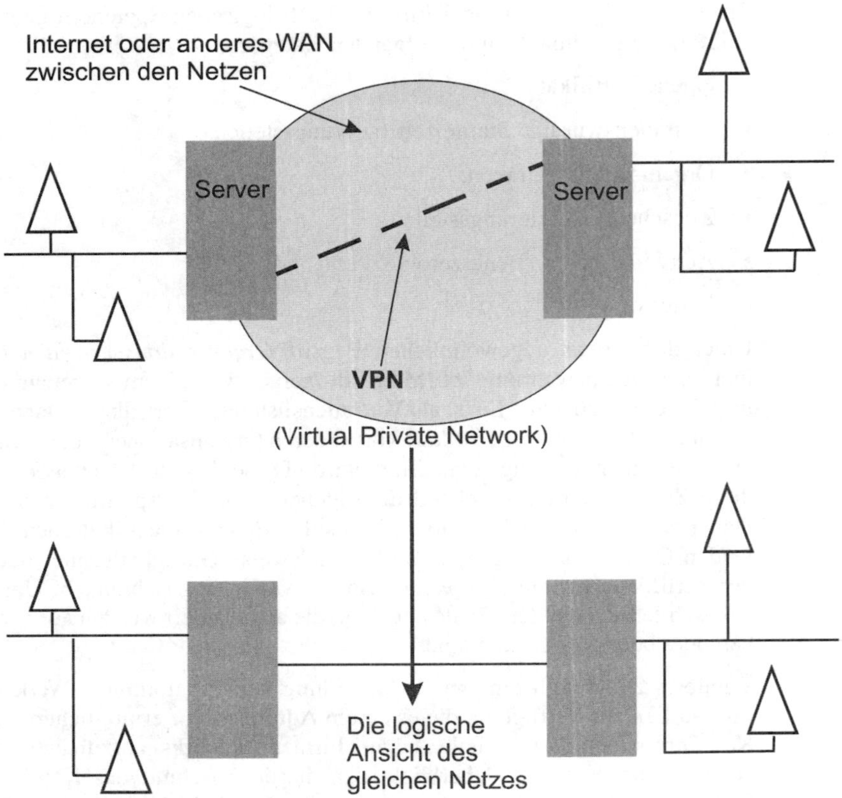

Bild 3.8: Bei einem VPN (Virtual Private Network) werden die Komponenten eines Netzwerks über ein anderes Netz miteinander verbunden. Dabei wird häufig ein »Tunnel« über das Internet oder ein anderes WAN eingesetzt.

Aus der Perspektive des Users ist ein Virtual Private Network eine Punkt-zu-Punkt-Verbindung, die beispielsweise zwischen seinem Remote-Rechner unterwegs und dem Firmen-Server aufgebaut wird. Die komplexe Natur dieser Verbindung braucht ihn nicht zu interessieren, solange er in der gewohnten Weise auf die Ressourcen im Firmennetz zugreifen kann.

3.3.1 Einsatzmöglichkeiten von VPNs

Es gibt eine Reihe von grundsätzlichen Einsatzmöglichkeiten für Virtual Private Internets. Dazu gehören:

- die Anbindung von Remote-Anwendern an Firmennetze,
- die Verbindung zwischen Zweigstellen und Hauptsitz einer Firma über ein öffentliches Netz wie beispielsweise das Internet und

- die Verbindung einzelner Rechner über ein Intranet zu einem eigenen virtuellen Netz.

Der bekannteste und zunächst am logischsten erscheinende Ansatz ist sicher die Anbindung von externen Mitarbeitern an das Firmennetz. Natürlich ist eine solcher Anbindung auch ohne Probleme über eine einfache Einwählleitung zu realisieren. Allerdings wirft diese Art der Anbindung bereits dann erhebliche Kostenprobleme auf, wenn sich der Mitarbeiter auf einem anderen Kontinent befindet. Hinzu kommen die viel relevanteren Sicherheitsprobleme, die durch den Einsatz von Standardtelefonleitungen und einfachen Modem-Farmen zum Einwählen in ein Firmennetz auftreten können. VPNs bieten hier die Möglichkeit, einen Zugang über das öffentliche Internet (oder auch ein anderes WAN) zu ermöglichen und dabei trotzdem die volle Sicherheit und vor allen Dingen Vertraulichkeit der Übertragung zu gewähren.

Ähnlich stellt sich die Situation bei der Anbindung von Zweigstellen dar, die beispielsweise einen direkten Zugang zum Firmennetz in der Hauptgeschäftsstelle benötigen. Hier steht als Alternative noch die ebenfalls sehr kostspielige Möglichkeit zur Verfügung, eine gemietete Standleitung zwischen diesen beiden Standorten zu verwenden. Häufig wird das Problem aber doch gelöst, in dem sich ein Router in der Zweigstelle direkt in einen Server der Hauptstelle einwählt. Mit Hilfe eines VPNs ist es nun möglich, dass der Router nur eine Verbindung zum lokalen ISP (Internet Service Provider) aufbaut. Die VPN-Software kann dann über diese Standardverbindung ein virtuelles Netzwerk zwischen dem Router in der Zweigstelle und beispielsweise einem Router im Hauptquartier über das Internet aufbauen. Auf beiden Seiten dieses virtuellen Netzes kommt nur ein lokaler Zugang zum Internet zum Einsatz.

Am ungewöhnlichsten erscheint auf dem ersten Blick die dritte Einsatzmöglichkeit eines VPNs, der Aufbau eines virtuellen Netzwerks innerhalb eines Intranets. Es kann aber durchaus vorkommen, dass die Daten einer bestimmten Abteilung innerhalb einer Firma so sicherheitsrelevant sind, dass sie auch im eigenen Firmennetz nicht für alle Mitarbeiter zugänglich sein sollen. Bisher wurde diese Art von Problemen häufig dadurch gelöst, dass diese Rechner oder Netzwerke physikalisch getrennt von den anderen Rechner und damit vom Firmen-Intranet arbeiten mussten. Auf diese Weise wird zwar ein sehr hohes Maß an Sicherheit garantiert, allerdings ergeben sich aus diesem Ansatz wiederum Probleme bei der Interoperabilität: Die Tatsache, dass eine Abteilung mit sicherheitsempfindlichen Daten arbeitet, bedingt ja nicht, dass diese Mitarbeiter keinen Zugriff auf andere Firmendaten benötigen oder dass nicht einige Daten aus dieser abgeschirmten Abteilung auch für andere Anwender in der Firma zugänglich sein müssten.

Für diese Fälle bietet sich eine VPN-Lösung an: Das LAN der sicherheitkritischen Abteilung wird über einen VPN-Server mit dem Firmen-Intranet verbunden. Dabei arbeitet der VPN-Server jedoch nicht wie ein Router, der diese beiden Teilnetze verbindet. Ein Router würde diese beiden Netze ja so verbinden, dass ein Zugang in beide Richtungen möglich wäre. Durch den Einsatz eines VPNs kann der Administrator aber sehr genau und auf Anwenderebene festlegen, welche User aus dem Firmennetz Zugang zu dem sicheren Teil des Netzwerks erhalten. Die Anwender, denen ein Zugriff gewährt wird, können ein virtuelles Netz mit dem VPN-Server aufbauen. Zusätzlich ist es dabei auch möglich, die gesamte Datenübertragung zu verschlüsseln. Alle anderen Anwender im Intranet haben weder einen Zugriff noch können sie dieses virtuelle Netz in ihrem Firmennetz überhaupt wahrnehmen.

3.3.2 Voraussetzungen für ein VPN

Bei jeder Netzwerklösung, die auch Zugang von außen ermöglicht, ist es wichtig, den Zugriff auf die Ressourcen und die Informationen im Netz nur kontrolliert zu ermöglichen. Aus diesem Grund und im Zusammenhang mit den zuvor geschilderten Einsatzszenarien für ein Virtual Private Network, muss ein VPN auf jeden Fall die folgenden Merkmale aufweisen:

- Authentifizierung der Anwender: Neben der möglichst zweifelsfreien Identifikation der User und der Kontrolle der Zugriffe müssen auch Accounting-Informationen zur Verfügung gestellt werden, die aufzeichnen, was ein Anwender zu welchem Zeitpunkt im VPN getan hat.
- Adress-Verwaltung: Die VPN-Lösung muss in der Lage sein, einem Netzwerk-Clienten eine Adresse auf dem privaten Netz zuzuteilen, die dann auch nur dort bekannt ist.
- Verschlüsselung der Daten: Alle Daten des VPNs, die über das öffentliche Netz geschickt werden, müssen so verschlüsselt sein, dass sie dort abbsolut nicht lesbar sind.
- Schlüsselverwaltung: Die Lösung muss die Schlüssel sowohl für den Server als auch für die Clients generieren, verwalten und erneuern können.
- Multiprotokoll-Unterstützung: Es sollten eine ganze Reihe von Netzwerkprotokollen wie IP, IPX (Internet Packet Exchange) usw. unterstützt werden.

Eine VPN-Lösung, die sich des Point-to-Point Tunneling-Protocols (PPTP) oder des Layer-2 Tunneling Protocols bedient, kann diese Grundvoraussetzungen für ein sicheres virtuelles Netzwerk erfüllen. Es gibt jedoch noch andere Ansätze und Lösungsmöglichkeiten, um jedenfalls Teilaspekte eines VPNs abzudecken. Dazu gehört auch das Internet Security Protocol (IPSec), das in Abschnitt 3.3 dieses Kapitels detaillierter vorgestellt wird.

3.3.3 Das Tunneling

Was versteht man aber nun unter dem immer wieder erwähnten *Tunneling*? Bei dieser Methode wird die Infrastruktur eines Netzwerks, das die Verbindung zwischen verschiedenen Netzwerken herstellt (*internetwork*), dazu eingesetzt, die Daten eines Netzwerk über ein anderes zu befördern. Bei den Daten, die auf diesem Weg befördert werden, kann es sich dann durchaus um die Pakete eines anderen Protokolls handeln. Allerdings wird diese so genannte Payload dann durch das Tunnel-Protokoll mit Hilfe eines zusätzlichen Headers verpackt. In diesem Header sind dann die Routing-Informationen zu finden, die es ermöglichen, dass die Daten ihren Weg über das Netzwerk finden.

Die Pakete werden dabei zwischen den Endpunkten des Tunnels über das entsprechende *Internetwork* verschickt. Dabei wird es sich zwar recht häufig um das Internet handeln, es kann aber auch das private Netzwerk einer Firma zum Einsatz kommen, das die verschiedenen Standorte verbindet. Der Einsatz von Tunnels stellt keinesfalls eine ganz neue Technik des Internet-Zeitalters dar, wie die zwei folgenden Beispiele von Tunnel-Technologien verdeutlichen:

- IPX-Tunneling über IP-Netzwerke: Wenn dabei ein IPX-Paket an einen Novell NetWare-Server oder -Router geschickt wird, so kann es in einen UDP- und eine IP-Header verpackt werden, um so seinen Weg über ein dazwischenliegendes IP-Netzwerk zu finden. Der IPX-Router oder -Server am Ende des Tunnels wird UPD- und IP-Header von den IPX-Paketen verpacken und sie dann im IPX-Netz an ihren Bestimmungsort leiten.
- SNA-Tunneling über IP-Netzwerke: Auch die Frames von SNA (System Network Architecture) werden mittels eines UDP- und eines IP-Headers gekapselt, bevor sie über ein IP-Netzwerk geschickt werden können.

In den letzten Jahren sind neue Tunneling-Techniken entwickelt worden, die sowohl auf Layer-2- als auch auf Layer-3-Protokollen aufbauen können. Auch sie werden in den weiteren Abschnitten dieses Kapitels noch genauer vorgestellt:

- IPSecurity (IPSec) Tunnel: Der IPSec-Tunnel-Modus erlaubt es, die über den Tunnel geleiteten Daten (Payload) direkt zu verschlüsseln, in einem IP-Header zu kapseln und dann beispielsweise über das Internet zu versenden.
- Point-to-Point Tunnel-Protocol (PPTP): Dieses Protokoll ermöglicht es, IP-, IPX- oder auch NetBEUI-Netzwerkverkehr zu verschlüsseln, in einem IP-Header zu kapseln und über ein IP-basiertes Netzwerk zu verschicken. Der Unterschied zu IPSec liegt in der Netzwerkebene: IPSec arbeitet auf Layer-3 während PPTP auf Layer-2 arbeitet.
- Layer-2-Tunneling Protocol (L2TP): Kann IP-, IPX- und NetBEUI-Verkehr über jedes Medium verschicken, das grundsätzlich ein Versenden von Datagrammen über eine Punkt-zu-Punkt-Verbindung anbietet. Dazu gehören neben IP auch X.25-, Frame-Relay- und ATM-Verbindungen.

Um einen Tunnel zwischen zwei Systemen einzurichten, müssen beide Systeme das gleiche Tunneling-Protokoll einsetzen. Um einen Tunnel zwischen den Systemen aufzubauen, kann sowohl auf Layer-2- als auf Layer-3-Protokolle zurückgegriffen werden. Layer-2-Protokolle arbeiten auf der Ebene des *Data-Link*-Layers (Schicht 2 des OSI-Referenzmodells) und benutzen Frames als Übertragungseinheit. PPTP, L2TP und das Layer-2-Forwarding (L2F) gehören zu den Tunnel-Protokollen, die auf dieser Netzwerkschicht arbeiten: Sie kapseln die zu übertragene Information (Payload) in einem PPP-Frame, um sie dann über das entsprechende WAN zu versenden. Layer3-Protokolle wie IPSec oder IP-over-IP beziehen sich auf den Network-Layer im OSI-Modell. Sie verwenden Pakete als Übertragungseinheit und kapseln die IP-Pakete in einem zusätzlichen IP-Header.

Bei Einsatz von Layer-2-Techniken wird ein Tunnel immer wie eine Netzwerk-Session behandelt. Das bedeutet, dass beide Endpunkte des Tunnels die verschiedenen Übertragungsparameter vereinbart haben. Dazu gehören beispielsweise die verwendete Verschlüsselung und die Komprimierung, die bei dieser Übertragung zum Einsatz kommen sollen. Zumeist wird ein auf Datagramme basierendes Protokoll verwendet, um die Daten durch den Tunnel zu transportieren. Ein entsprechendes unterstützendes Protokoll wird zusätzlich eingesetzt, damit auch die den Tunnel betreffenden Verwaltungsinformationen übertragen werden können. Das bedeutet auch, dass bei dieser Art von Layer-2-Tunnel, wie sie bei PPTP und L2TP eingesetzt werden, immer eine Phase vorausgeht, in welcher der Tunnel aufgebaut wird. Der Tunnel wird ebenso während der Übertragung verwaltet und nach Beendigung der Übertragung wieder abgebaut.

Beim Einsatz von Layer-3-Techniken für den Aufbau eines Tunnels existiert in der Regel keine explizite Phase, die dem Aufbau oder der Verwaltung des Übertragungstunnels dient. Hier wird davon ausgegangen, dass diese Art von »Verhandlungen » bereits zu einem anderen Zeitpunkt stattgefunden hat oder von einem anderen Protokoll geregelt wird.

3.4 Protokolle für das Internetworking: PPP, PPTP und L2TP

Das PPP-Protokoll (Point-to-Point-Protocol) ist der am häufigsten eingesetzte Standard, wenn es beispielsweise darum geht, Datenverarbeitung über einen Remotezugriff abzuwickeln oder auch ein LAN über einen Remote-Zugang mit einem WAN wie beispielsweise auch das Internet zu verbinden. PPP umfasst eine ganze Reihe von Standardprotokollen wie LCP, IDCP, PAP, CHAP und so weiter. Unter Windows 2000 Server ermöglicht es der Einsatz von PPP beispielweise den RAS-Diensten (Remote Access Server), Anfragen von anderen Systemen anzunehmen, die ebenfalls mit diesem standardisierten Protokoll arbeiten. Somit wird diesen Rechnern auch der Zugang zum Netzwerk ermöglichet. Die PPP-Standards ermöglichen zudem erweiterte Funktionen, die in älteren Standards wie beispielsweise SLIP nicht zur Verfügung standen: So unterstützen sie verschiedene Authentifizierungsmethoden sowie die Komprimierung und Verschlüsselung von Daten. Bei den meisten PPP-Implementierungen kann außerdem der gesamte Anmeldevorgang automatisiert werden.

Zu den großen Vorteilen von PPP zählt die Fähigkeit, über eine Leitung die Pakete von mehreren verschiedenen Netzwerkprotokollen (beispielsweise IP,

IPX, usw.) zu übertragen. Dadurch stellt PPP Multiprotokollfähigkeit zur Verfügung. PPP ist dabei auch die Grundlage für die Protokolle PPTP und L2TP, die für sichere VPN-Verbindungen (Virtual Private Network) verwendet werden.

3.4.1 PPP – Konzept und Verwendung

Das grundlegende Konzept von PPP wird durch den RFC-Standard 1661 festgelegt. Das Protokoll besteht aus drei Komponenten:

- dem Link Control Protocol (LCP), das die Aufgabe hat, Verbindungen über den Link auf- und abzubauen, zu konfigurieren und zu testen,
- dem Network Control Protocol (NCP), das dazu dient, die verschiedenen Protokolle der Schicht 3 über die entstehende Punkt-zu-Punkt-Verbindung auszuhandeln und zu konfigurieren und
- einer Möglichkeit, die Pakete der verschiedenen Protokoll einzukapseln und dann zu übertragen.

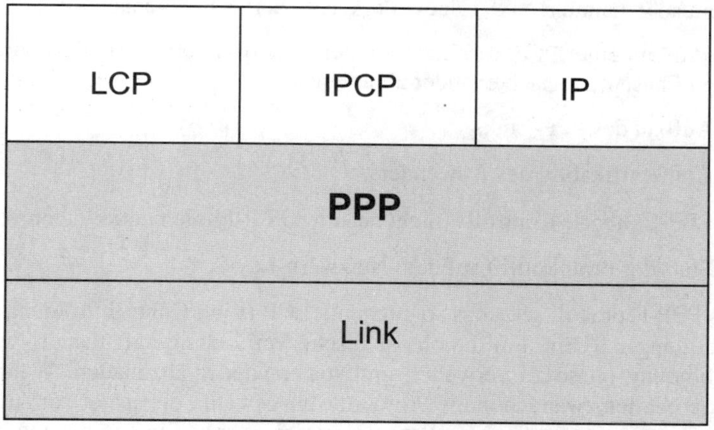

Bild 3.9: Die Protokollarchitektur des Point-to-Point-Protocols (PPP).

Handelt es sich bei dem eingekapselten Schicht-3-Protokoll beispielsweise um IP, so stellt sich die Architektur von PPP so dar, wie sie in Abbildung 3.9 skizziert wird. PPP stellt im Allgemeinen eine Variante des HDLC-Formats (High Level Data Link Control) dar.

Wurde eine Anfangsverbindung zu einem Remote-PPP-Server hergestellt, so wird die PPP-Verbindung anhand der folgenden Verhandlungen aufgebaut:

- Zunächst wird LCP verwendet, um die Verbindungs- und Datenblockeinstellungen einzurichten. Dazu gehört beispielsweise auch die maximale Datenblockgröße.

- Dann folgen die Protokolle zur Echtheitsbestätigung (Authentifizierungsprotokolle), die bestimmen, welche Stufe der Überwachung der eingesetzte RAS-Server auszuführen in der Lage ist. Die Sicherheitsebene kann dabei von einer unverschlüsselten Authentifizierung des Kennwortes (Klartextbestätigung) bis zur sicheren Authentifizierung durch den Einsatz so genannter Smartcards reichen.
- Schließlich werden durch Einsatz der dem eingekapselten Schicht-3-Protokoll entsprechenden NCPs die verschiedenen Netzwerkprotokolleinstellungen festgelegt. Dieser Aushandlungsvorgang umfasst sowohl die Komprimierung des Protokollvorspanns als auch das Komprimierungsprotokoll selbst.

Da PPP die Grundlage der weiteren Protokolle zum Aufbau von VPNs wie PPTP und L2TP darstellt, wird der grundsätzliche Verbindungsaufbau beim Einsatz von PPP hier ausführlicher beschrieben. Wie bereits erwähnt, wurde das Protokoll grundsätzlich dafür entwickelt, Daten über eine Einwählverbindung oder eine dedizierte Punkt-zu-Punkt-Verbindung zu versenden. Das bedeutet, dass eine PPP-Verbindung in der Regel zwischen einem Client, der sich einwählt, und einem so genannten NAS (Network Access Server) aufgebaut wird.

Der Aufbau einer PPP-Verbindung unter Windows 2000 verläuft in vier verschiedenen Phasen, die nacheinander ablaufen:

- Aufbau des PPP-Links,
- Authentifikation des Anwenders,
- PPP-Callback-Kontrolle (nicht bei allen PPP-Implementierungen vorhanden!),
- Start der Protokoll(e) auf dem Netzwerk-Layer.

Das PPP-Protokoll setzt das so genannte LCP (Link Control Protocol, siehe auch Abbildung 3.9) ein, um die physikalische Verbindung aufzubauen, während der Verbindungsphase zu verwalten und später wieder abzubauen. Während dieser Phase werden zwar schon die Protokolle ausgewählt, die später zur Authentifizierung der Anwender dienen sollen, sie werden aber erst in der zweiten Phase aktiv. Ähnlich fällt während dieser ersten Phase auch die Entscheidung darüber, ob die beiden Rechner bei der Übertragung einen Kompressions- und/oder ein Verschlüsselungs-Algorithmus einsetzen werden. Auch hier fällt in dieser Phase nur die grundsätzliche Entscheidung über deren Einsatz – die Wahl für bestimme Verschlüsselungs- oder Kompressions-Algorithmen und deren Einsatz findet erst in der vierten und letzten Phase des PPP-Verbindungsaufbaus statt.

In der zweiten Phase übergibt der Client die User-Daten an den Remote-Access-Server. Eine sichere Authentifizierung verhindert es an dieser Stelle, dass ein Sicherheitsrisiko durch so genannte »*replay attacks*« oder einer *remote client impersonation* auftritt. Von einer *replay attack* wird gesprochen, wenn es einer dritten Partei gelingt, die Übertragung »abzuhören« (beispielsweise mit einem Packet-Sniffer) und dabei die abgefangenen Pakete dazu einsetzen kann, sich als

Remote-System auszugeben. Sie werden dann von diesem dritten System an den NAS vermittelt, was es diesem Angreifer ermöglicht, unberechtigt eine authentifizierte Verbindung zu diesem Server aufzubauen und zu betreiben. Bei einer *remote client impersonation* wartet der Angreifer hingegen ab, bis die Verbindung zwischen Remote-Client und NAS etabliert und vor allen Dingen authentifiziert wurde. Dann fängt das dritte System die Übergabeparameter ab, trennt den »echten« Remote-Client ab und übernimmt die Kontrolle über die bereits bestehende Verbindung.

Um diese Art von Sicherheitsproblemen wirksam zu unterbinden, stellen die meisten Implementierungen von PPP verschiedene Authentifizierungsmethoden zur Verfügung. Diese werden hier nur kurz vorgestellt und in einem weiteren Abschnitt dieses Kapitels dann eingehender diskutiert. Typische Sicherheitsprotokolle, die bei PPP-Verbindungen zum Einsatz kommen, sind das Password Authentication Protocol (PAP), das Challenge Handshake Authentication Protocol (CHAP) und beim Einsatz von Microsoft Windows-Systemen noch das Microsoft Challenge Handshake Authentication Protocol (MSCHAP).

Während der gesamten zweiten Phase des PPP-Verbindungsaufbaus werden die Daten zur Authentifizierung auf der Seite des Network-Access-Servers (*NAS*) gesammelt. Auf diesem Server-System werden die Daten dann mit der eigenen User-Datenbank verglichen. Der Test kann natürlich auch mit Hilfe eines zentralen Authentication-Database-Servers vorgenommen werden, wie er von einem PDC (Primary Domain Controller) oder einem RADIUS-Server (Remote Authentication Dial-in User Service) unter Windows NT und Windows 2000 zur Verfügung gestellt wird.

Die von Microsoft eingesetzte Implementierung von PPP beinhaltet eine optionale Phase zur Kontrolle einer Callback-Verbindung. Auch dafür kommt ein spezielles Protokoll zum Einsatz, das die Bezeichnung Callback Control Protocol (CBCP) trägt. Wurde eine PPP-Strecke als Callback-Verbindung konfiguriert, so beenden sowohl der Client als auch der NAS nach der zweiten, der Authentifizierungs-Phase umgehend die Verbindung. Danach ruft der Network Access Server den Remote-Server auf einer vorher festkonfigurierten Telefonnummer zurück. Durch diese Art der Verbindung kann die Sicherheit einer Dial-up-Verbindung deutlich erhöht werden: Selbst wenn es eine dritte Partei schafft, sich in diese Verbindung einzuschalten, wird die Verbindung dann ja unterbrochen und nur die eine vorher festgelegte Telefonnummer angerufen. Der NAS erlaubt in diesem Fall nämlich nur Verbindungen, bei denen der Remote-Client physikalisch mit der entsprechend konfigurierten Telefonnummer verbunden ist – eine Einwahl etwa über eine andere geroutete Internet-Verbindung ist hier nicht zulässig.

In der letzten, der vierten Phase des PPP-Verbindungsaufbaus werden die so genannten NCPs (Network Control Protocols) aufgerufen, die in der ersten Phase während des Aufbaus der Verbindung ausgewählt wurden. Bei dem Network Control Protocol handelt es sich eigentlich um ein älteres Protokoll, das als Vorläufer von TCP/IP gilt und bis 1982 noch im Arpanet eingesetzt wurde. Diese

Protokoll stellten nur rudimentäre Dienste wie etwa den File-Transfer und Terminal-Dienste zur Verfügung. Es spielt heute nur noch als Komponente des PPP-Protokolls eine Rolle. So kann beispielsweise das IP Control Protocol (IPCP) während dieser Phase dem Client, der sich über die Dial-in-Verbindung anmeldet, eine dynamische Adresse zuweisen. Diese Vorgehensweise wird beispielsweise von den meisten Internet-Providern verwendet, um ihre Remote-User mit gültigen IP-Adressen zu versorgen. In der PPP-Implementierung, die Microsoft bei den Windows-Systemen einsetzt, wird das Protokoll zur Kontrolle der Kompression sowohl dafür verwendet, den Einsatz von Kompression mittels des MPPC-Protokolls (Microsoft Point-to-Point Compression) als auch der Verschlüsselung mittels des MPPE-Protokolls (Microsoft Point-to-Point Encryption) auszuhandeln. Diese Möglichkeit bietet sich an, da beide Protokolle von Microsoft in der selben Routine implementiert wurden.

Sind diese vier Phasen erfolgreich abgewickelt, beginnt das PPP-Protokoll damit, Daten zwischen den beiden Endpunkten der Verbindung zu übertragen. Dabei wird jedes zu übertragene Paket in einem PPP-Header verpackt, der dann vom jeweiligen Rechner am Endpunkt wieder entfernt wird. Wurde die Komprimierung der Daten in Phase 1 vereinbart und in Phase 4 auch erfolgreich bestätigt, so werden die Daten bei der Übertragung durch den entsprechenden Algorithmus komprimiert. Die gleiche Vorgehensweise gilt für eine eventuelle vereinbarte Verschlüsselung dieser Datenpakete.

Unter Windows 2000 Professional sowie bei eigenständigen Windows 2000-Servern, die bereits für eingehende Verbindungen konfiguriert wurden, sollten in der Regel keine speziellen Konfigurationsschritte mehr nötig sein, um eingehende PPP-Anrufe zu unterstützen. Auch für Internet-Verbindungen kommen unter Windows 2000 standardmäßig PPP-Protokolle zum Einsatz. Die vorgegebenen Einstellungen sind dabei so gewählt, dass sie in Regel ohne Modifizierung funktionieren.

In den PPP-Einstellungen, die bei Windows 2000 in den Netzwerk- und DFÜ-Verbindungen zu finden sind (Bild 3.10), ist es allerdings auch möglich, die Einstellung für die Verbindung explizit zu verändern und beispielsweise die Softwarekomprimierung oder die LCP-Erweiterungen zu aktivieren.

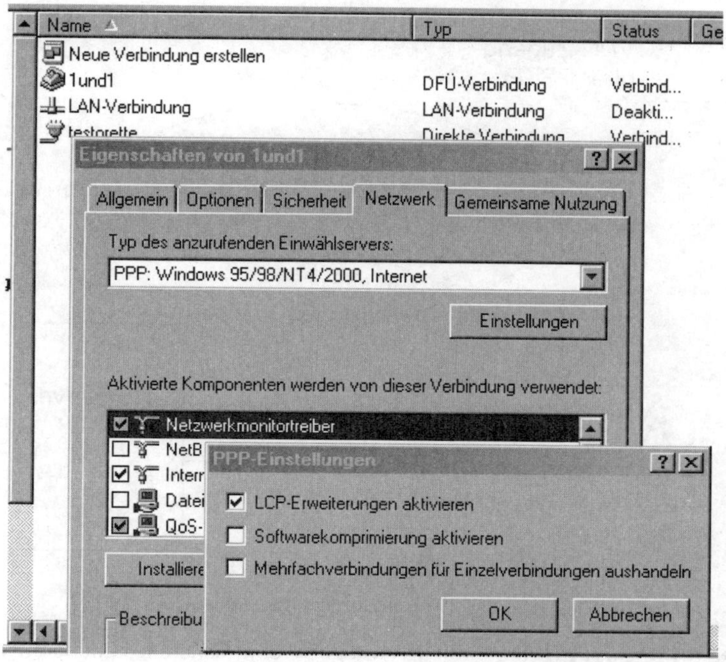

Bild 3.10: Die PPP-Einstellungen sind bei Windows 2000 in den Netzwerk- und DFÜ-Verbindungen zu finden und erlauben es beispielsweise, die LCP-Erweiterungen zu konfigurieren.

3.4.2 Das Point-to-Point-Tunneling-Protocol (PPTP)

Das Point-to-Point-Tunneling-Protocol (PPTP) ist ein relativ neues Protokoll, das von Microsoft und einigen Partnerfirmen entwickelt wurde, zu denen unter anderem auch 3COM gehörte. Es wurde erstmals unter Windows NT 4.0 zur Verfügung gestellt und bietet die Möglichkeit, über das Internet quasi eine Art »Tunnel« aufzubauen, um beispielsweise zwei räumlich getrennte Netzwerke mit dieser virtuellen Standleitung verbinden zu können.

Diese Art von Standleitung entsteht dabei zwischen zwei Komponenten, die in der Regel als PAC (PPTP Access Concentrator) und PNS (PPTP Network Server) bezeichnet werden. So kann beispielsweise ein ISDN-Router, der in einem Home-Office betrieben wird, als PAC fungieren, während auf der anderen Seite des Tunnels ein RAS-Server als PNS aktiv ist.

Das PPTP wurde als Erweiterung des PPP entwickelt und bietet verbesserte Sicherheit sowie Multiprotokollverbindungen über das Internet. Es schließt sowohl IP- als auch IPX- oder NetBEUI-Protokolle im Inneren von PPP-Datagrammen (in dem bereits erwähnten »Tunnel«) ein.

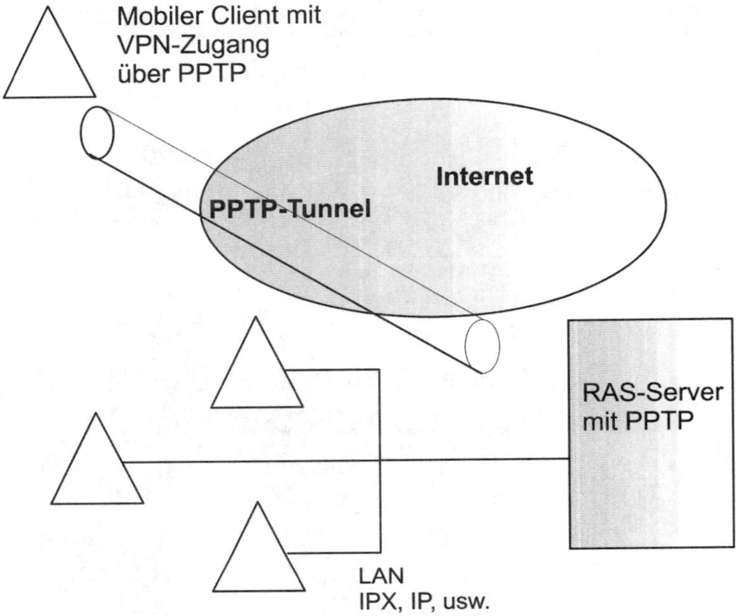

Bild 3.11: Das PPTP-Protokoll: Es ermöglicht eine sichere Datenübertragung, indem ein VPN (Virtual Private Network) über TCP/IP erstellt wird.

Dadurch erhalten die Anwender einer solchen PPTP-Verbindung die Möglichkeit, die entsprechenden Anwendungen, die von den jeweiligen Netzwerkprotokollen abhängig sind, auch »Remote« ausführen zu können. Der Tunnel-Server führt dabei alle Sicherheitsprüfungen aus und ermöglicht eine Verschlüsselung der auf diesem Weg übertragenen Daten. Dadurch kann die Sicherheit auch beim Versenden von Informationen über nicht sichere Netzwerke deutlich erhöht werden. Außerdem ist es möglich, PPTP-Verbindungen in privaten LAN-zu-LAN-Netzwerken einzusetzen.

3.4.3 Das Extensible Authentication Protocol (EAP)

Bei Verwendung einer solchen Verbindung kommt unter Windows 2000 das Extensible Authentication Protocol (EAP) zum Einsatz, das die Sicherheit bei einer Datenübertragung über PPTP-fähige VPNs gewährleistet. Es stellt eine Erweiterung des PPP-Protokolls dar und wurde entwickelt, weil es eine steigende Nachfrage nach der Möglichkeit gab, Bestätigungen für die Echtheit der Benutzer bei Remote-Zugriffen zu ermöglichen. Bei diesen Anwendungen geht es vor allen Dingen darum, andere und neue Sicherheitsmethoden einsetzen zu können. Das EAP stellt deshalb einen Standardmechanismus zur Unterstützung zusätzlicher Authentifizierungsmethoden innerhalb des PPPs dar. Durch den Einsatz dieses Protokolls kann eine Unterstützung für verschiedene Authentifizierungsmethoden hinzugefügt werden, dazu gehören beispielsweise Tokenkarten, einmalige Kennwörter, Authentifizierung durch öffentliche Schlüssel mit Hilfe von Zertifikaten, so genannten Smartcards und anderen Methoden. Die standardmäßigen Authentifizierungsmethoden unter PPP wie CHAP (Challenge-Handshake Authentication Protocol) oder das standardmäßig PAP (Password Authentication Protocol) bieten relativ wenig Schutz, wobei CHAP wenigstens noch eine Verschlüsselung der Benutzerkennung und des Passwortes vor der Übertragung anbietet. EAP bietet hier gerade gegen so genannte Wörterbuchangriffe einen größeren Schutz als diese Protokolle.

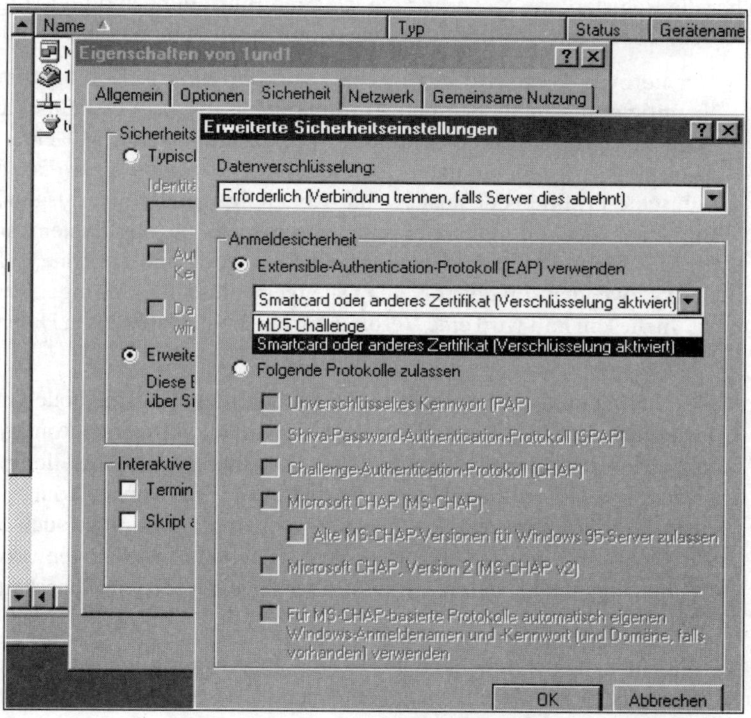

Bild 3.12: Die Konfiguration der Authentifizierungs- und Datenverschlüsselungseinrichtung geschieht innerhalb der Netzwerk- und DFÜ-Verbindungen.

Auf den Windows 2000-Sytemen werden die Authentifizierungsmethoden EAP-MD5 CHAP und EAP-TLS angeboten. EAP-TLS stellt eine Methode zur Authentifizierung dar, bei der Client und Server ihre Identität gegenseitig überprüfen. Kann ein Server, zu dem eine Verbindung hergestellt werden soll, seine Identität nicht korrekt nachweisen und diese Verbindung wurde ausschließlich und nur für die Authentifizierungsmethode EAP-TLS konfiguriert, so wird die Verbindung sofort wieder getrennt.

Bei den bisherigen Methoden war es für einen Server durchaus möglich, die Überprüfung der Authentifizierung gegenüber den Clients einfach zu überspringen, den Anruf entgegenzunehmen und die Kommunikation trotz der fehlenden Legitimation aufzubauen. Durch Einsatz von EAP-TLS ist jedoch gewährleistet, dass die Kommunikation nur dann stattfindet, wenn die Identität der Partner eindeutig verifiziert wurde.

Eingerichtet und konfiguriert werden diese Methoden in der DFÜ- und Netzwerkverbindung (siehe Bild 3.12) von Windows 2000. Nachdem man mit der rechten Maustaste die Eigenschaften einer Netzwerkverbindung ausgewählt hat, können über die Registerkarte *Sicherheit* die weiteren Einstellungen direkt vorgenommen werden. Hier kann eine der folgenden Möglichkeiten direkt ausgewählt werden:

- Der normale Weg wird es sein, eine vorkonfigurierte Kombination von Authentifizierungsmethoden und Anforderungen für die Verschlüsselung auszuwählen. Dazu wird die Einstellung *Typisch* ausgewählt. Mit einem weiteren Mausklick wird dann unter *Identität folgendermaßen verifizieren* die gewünschte Prüfmethode ausgewählt. Abhängig von der hier ausgewählten Option kann der Administrator nun entscheiden, ob das System automatisch eigene Windows-Anmeldenamen und Kennwort (und Domäne, falls vorhanden) verwenden soll oder ob eine Datenverschlüsselung zwingend erforderlich ist. In diesem Fall wird eine Verbindung bei unverschlüsselten Daten sofort getrennt.
- Will der Administrator hingegen die Authentifizierungsmethoden und die Anforderungen für die Verschlüsselung individuell aktivieren, konfigurieren beziehungsweise deaktivieren können, so muss die Einstellung *Erweitert (benutzerdefinierte Einstellungen)* gewählt werden. Danach können alle Werte manuell konfiguriert werden. Diese Art der Konfiguration ist auch in Bild 3.12 dargestellt. Will man allerdings diese erweiterten Einstellungen verwenden, so müssen entsprechenden Kenntnisse über die eingesetzten Sicherheitsprotokolle vorhanden sein.

Die verschiedenen Möglichkeiten zur Authentifizierung werden in einem späteren Abschnitt dieses Kapitels noch eingehender behandelt.

3.4.4 Das Layer-2-Tunneling-Protokoll (L2TP)

Unter Windows 2000 wird im Zusammenhang mit Virtual Private Networks (VPNs) eine weitere neue Netzwerktechnologie zur Verfügung gestellt: das Layer-2-Tunneling-Protokoll (L2TP).

Diese Technik wurde speziell für Multiprotokoll-VPNs entworfen. L2TP entwickelte sich aus den unterschiedlichen Vorschlägen der Konkurrenten Microsoft (PPTP: Point-to-Point Tunneling Protocol) und Cisco (L2F: Layer 2 Forwarding).

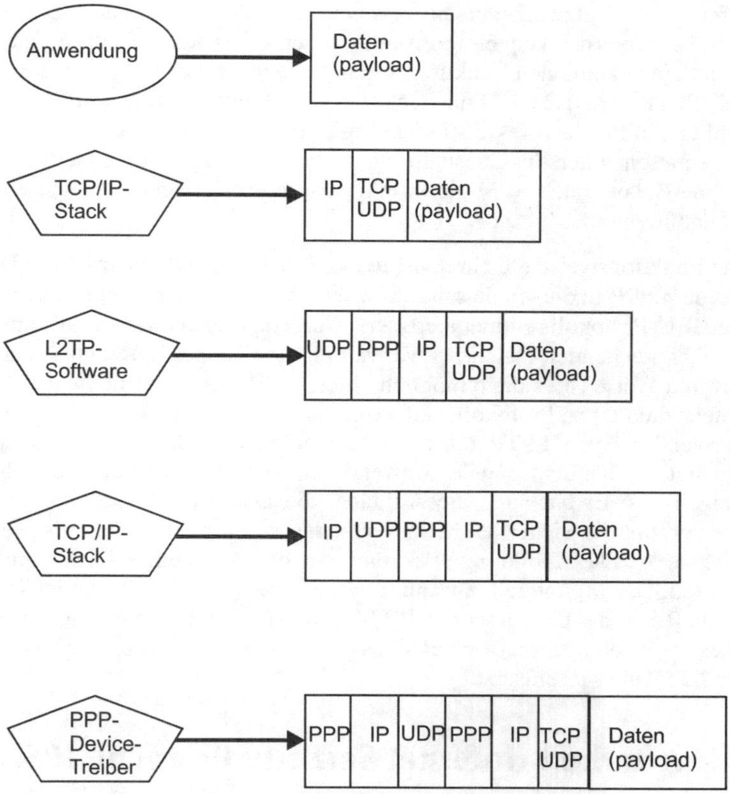

Bild 3.13: Diese Abbildung zeigt, wie ein L2TP-Paket vor der Übertragung zusammengesetzt wird. Dieses Beispiel bezieht sich auf die Übertragung von L2TP über IP.

Beim Aufbau eines virtuellen Netzwerks mittels einer PPP-Verbindung müssen sich die Endsysteme immer direkt eine Verbindung zu demjenigen Server aufbauen, der als PPP-Netzserver für dieses virtuelle Netz fungiert. Handelt es sich bei diesem Endsystem beispielsweise um einen mobilen Client, der sich in sehr großer räumlicher Entfernung von dem Server befindet, so entstehen hier unverhältnismäßig hohe Leitungskosten. Dieser gravierende Nachteil wird durch den Einsatz von L2TP beseitigt.

Das Protokoll L2TP wurde entwickelt, um es zu ermöglichen, PPP-Verbindungen auch direkt über IP-Router aufzubauen. Statt der Wählnetze und des Einsatzes von Telefonverbindungen kann so ein VPN auch über eine bestehende Infrastruktur von IP-Routern etabliert werden. Durch Verwenden einer Verbindung zu einem virtuellen privaten Netzwerk mit Hilfe des Layer-2-Tunneling-Protokolls hat der Anwender also die Möglichkeit, auch über das Internet oder ein anderes öffentliches Netzwerk auf ein privates Netzwerk zuzugreifen. Das L2TP stellt dabei ein Internet-Tunneling-Protokoll nach dem allgemeinen Standard dar und bietet einen ähnlichen Funktionsumfang wie das Point-to-Point-Tunneling Protocol (PPTP). Die L2TP-Implementation von Windows 2000 wurde allerdings ausschließlich für die direkte Ausführung über IP-Netzwerke konzipiert. Diese Implementation unterstützt deshalb auch nicht das direktes Tunneling über X.25-, Frame-Relay- oder ATM-Netzwerke, das normalerweise von diesem Protokoll unterstützt wird.

Die Funktionsweise gleicht dabei der von PPTP: L2TP integriert die Datenblöcke aus dem PPP, in die wiederum die entsprechenden Datenblöcke des IP-, IPX- oder NetBEU-Protokolls »hineingepackt« wurden. Zudem wird UDP eingesetzt, um die entsprechenden Daten zur Verwaltung des Tunnels auszutauschen. Auf diese Art und Weise ist es dann möglich, die spezifischen Anwendungen, die auf diese unterschiedlichen Protokolle aufsetzen, »remote« über das VPN auszuführen. Bei Verwendung von L2TP führt der Computer, der unter Windows 2000 Server arbeitet und bei dem sich der Anwender dann auch anmeldet, alle Sicherheitsprüfungen aus. Er hat auch die Aufgabe, die Datenverschlüsselung zu aktivieren. Dies erhöht die Sicherheit beim Versenden von Informationen über nicht sichere Netzwerke. Die Abbildung 3.13 zeigt, wie die Daten einer Anwendung gekapselt werden. Der im unteren Abschnitt dargestellte Frame zeigt schließlich das komplette Paket, das dann über den PPP-Device-Treiber in den Tunnel geschickt wird. Dieses Beispiel geht davon aus, dass es sich um eine Dial-up-Verbindung handelt, die L2TP über IP einsetzt.

3.5 IP-Sicherheit (Internet Security Protocol, IPSec)

Die Sicherheit der Netzwerkverbindungen wird mit dem Einsatz von Windows 2000 auf ganz verschiedenen Ebenen unterstützt, wie bereits im ersten Abschnitt dieses Kapitels gezeigt wurde. Sowohl für IPv4 als auch für das neue IPv6 wurden im RFC 2401 bestimmte IP-Sicherheitsfunktionen definiert, die Erweiterungen zur Unterstützung von Authentifizierungen und der vertraulichen Kommunikation beinhalten. Diese Sicherheitsvorkehrungen sind für die Implementierungen von IPv4 noch optional, für alle kommenden Implementierungen von TCP/IP, die auf IPv6 basieren, ist die Einbindung einer grundlegenden Menge dieser Sicherheitsfeatures zwingend vorgeschrieben.

Zu den neuen Funktionalitäten, die diese Betriebssystemversion anzubieten hat, gehört Windows IP-Security, eine Implementierung des Internet Security Protocols (IPSec). Bei IPSec handelt es sich um einen IETF-Standard (Internet Engineering Task Force) zur Verschlüsselung des Datenverkehrs über TCP/IP. In Windows 2000 Server wurde IPSec eng mit der Verwaltung von Systemrichtlinien verknüpft. So wird für den Anwender auch die Verschlüsselung zwischen Systemen transparent. IPSec kann sowohl dazu verwendet werden, die Kommunikation in einem Intranet sicher zu machen, als auch dazu, so genannte Virtual Private Networks über das Internet oder ein anderes WAN aufzubauen.

Durch den Einsatz der IP-Sicherheit soll das Arbeiten im Netzwerk grundsätzlich sicherer werden, ohne dabei die Einfachheit der Anwendung und damit die Benutzerfreundlichkeit einzuschränken. IPSec stellt dem Administrator unter anderem die folgenden Vorteile zur Verfügung:

- Schutz für private Netzwerke gegen Gefährdung aus dem WAN (Wide Area Network) beziehungsweise Internet,
- sichere Übertragung zwischen den entsprechenden Endpunkten einer Kommunikation (so verfügen bei einer solchen Verbindung nur der übertragende und der empfangene Rechner über Informationen, die den IP-Sicherheitsschutz betreffen),
- eine Sammlung von Schutzprotokollen und -diensten, die mit Hilfe von kryptrographischen Algorithmen arbeiten und
- die Möglichkeit, auch die Verbindungen zwischen verschiedenen LANs, Arbeitsgruppen, Domänen-Clients und -Servern oder gar Extranets sicher und zuverlässig zu gestalten.

3.5.1 Netzwerksicherheit

IPSec wird direkt auf einer IP-Übertragungsebene implementiert, dem Network Layer 3. Dadurch ermöglicht diese Art der Netzwerksicherheit einen hohen Sicherheitsgrad, der mit einem entsprechend geringen Aufwand verbunden ist. Bei der Einrichtung von IPSec sind deshalb keine Änderungen an vorhandenen Anwendungen oder Betriebssystemen erforderlich. Dadurch ist der Einsatz sowohl in Netzwerk-Arbeitsgruppen als auch in lokalen Netzwerken, Client/Server-basierten Anwendungen und Peer-to-Peer-Verbindungen möglich. Ein weiterer wichtiger Einsatzort sind die Remote-Zugriffe auf Firmennetze, wie sie beispielsweise bei mobilen Clients, Internet-gestützten Anwendungen oder Extranets zum Einsatz kommen.

In dieser Hinsicht unterscheidet sich IPSec auch ganz deutlich von anderen Sicherheitsmechanismen, die in der Regel oberhalb des Network Layers 3 konfiguriert und betrieben werden. So stellt beispielsweise das in Internet-Anwendungen häufig eingesetzte Protokoll nur für solche Anwendungen Sicherheitsmechanismen zur Verfügung, die SSL-Mechanismen erkennen und verarbeiten können. Dazu gehören zum Beispiel die meisten Web-Browser. Deshalb werden alle Anwendungen entsprechend geändert, damit sie von den Sicherheitsmechanismen von SSL profitieren können. Auch Sicherheitsmechanismen, die direkt innerhalb der Ebene 3 arbeiten, so beispielsweise die Verschlüsselung direkt auf der Sicherungsschicht, haben Nachteile: Sie schützen ausschließlich die betreffende Verbindung. So werden aber nicht unbedingt alle Verbindungen geschützt, die auf diesem Datenpfad »unterwegs sind«. Daraus ist sofort ersichtlich, dass diese Art der Sicherheit für Ende-zu-Ende-Verbindungen im Internet oder in Intranets, die mit Routern verbunden sind, sicher nicht so gut geeignet ist.

Dadurch, dass IPSec direkt auf den Network Layer 3 aufsetzt, werden alle IP-Protokolle und die Protokolle auf höherer Ebene von TCP/IP geschützt. Damit können unter anderem TCP-, UDP-, ICMP- und Raw-Verbindungen (Protokoll 255) sowie benutzerdefinierte Protokolle der IP-Ebene diesen Schutz direkt in Anspruch nehmen. Ein weiterer großer Vorteil der Sicherung von Informationen auf dieser Ebene ist es, dass alle Anwendungen und Dienste, die IP für die Datenübertragung verwenden, mit IPSec geschützt werden können. Dabei müssen keinen Änderungen an den Anwendungen und Diensten vorgenommen werden. Will man allerdings auch Nicht-IP-Protokolle von diesem Schutz profitieren lassen, müssen diese Pakete mit IP gekapselt werden.

3.5.2 IP-Sicherheitsprotokolle: Authentication Header

Der Daten- und Identitätsschutz wird für die einzelnen IP-Pakete durch Sicherheitsprotokolle gewährleistet. Die IP-Sicherheit unter Windows 2000 setzt zu diesem Zweck zwei Methoden der Authentifizierung und Verschlüsselung ein:

- Authentication Header (AH) und
- Encapsulation Security Payload (ESP).

Der Authentifizierungs-Header (AH) wird dabei zur Überprüfung der Echtheit der übermittelten Daten verwendet. Innerhalb dieses Authentifizierungs-Headers existieren dann wiederum verschiedene Felder für die entsprechenden Daten. Der Inhalt dieser Felder hängt ganz von den verwendeten Sicherheitsalgorithmen ab.

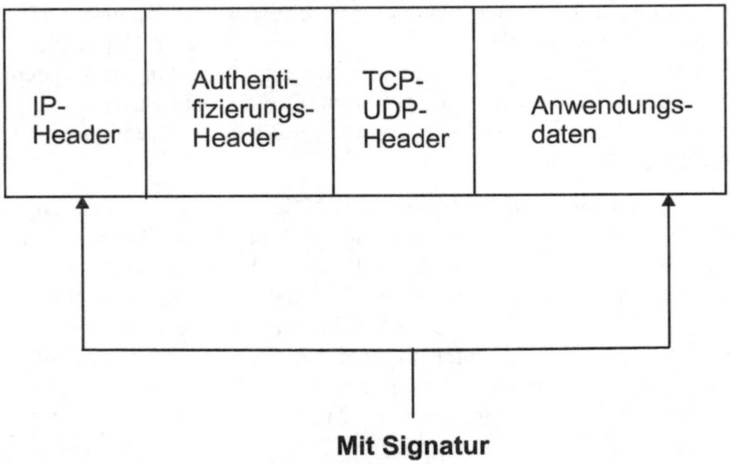

Bild 3.14: Der Authentifizierungs-Header (AH) befindet sich zwischen dem IP-Header und dem Header des entsprechenden Transportprotokolls (TCP oder auch UDP).

Die Verwendung eines AH garantiert neben der Authentifizierung auch die Datenintegrität und eine Anti-Replay-Funktion. Um die letzte Funktion zu verwirklichen, wurde in den Feldern des AH eine so genannte Sequenzernummer aufgenommen, die Replay-Attacken auf ein Datenpaket aufdecken soll. Bei dieser Art des Angriffs wird versucht, Pakete des Datenstroms zu kopieren, um sie zu einem späteren Zeitpunkt wiederholen zu können.

Wie Abbildung 3.14 zeigt, wird beim Einsatz eines AH das gesamte Paket signiert. Die Daten werden jedoch nicht verschlüsselt – die Vertraulichkeit ist also allein durch diese Maßnahme noch nicht gewährleistet. Die Daten sind für einen »Lauscher« auf dem Weg lesbar, können jedoch nicht mehr geändert werden. AH verwendet HMAC-Algorithmen (Hash Message Authentication Code), um das entsprechende Paket zu signieren. Dieser Hash-Code-Algorithmus erzeugt eine digitale Signatur für das Datenpaket, die der empfangene Rechner überprüfen kann. Wurde die Nachricht während der Übertragung in irgendeiner Weise verändert, so wird das IP-Paket vom Empfänger nicht angenommen.

3.5.3 IP-Sicherheitsprotokolle: Encapsulation Security Payload

Die zweite Methode zum Schutz der IP-Pakete trägt die Bezeichnung ESP (*Encapsulation Security Payload*). Sie stellt neben Authentifizierung, Integrität und Anti-Replay zusätzlich auch noch dieVertraulichkeit der übertragenen Daten sicher.

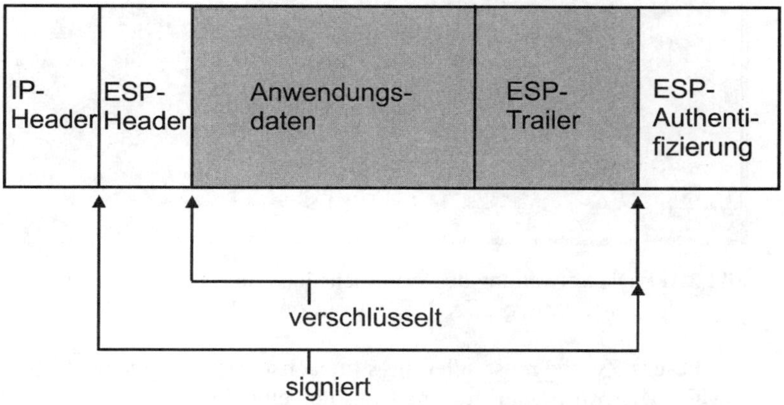

Bild 3.15: Der Einsatz von ESP (Encapsulation Security Payload) bietet auch die Vertraulichkeit der Übertragung. In der Regel werden dabei nur die Daten, nicht aber der IP-Header geschützt.

Allerdings signiert ESP das gesamte Paket normalerweise nur dann, wenn die Tunnelfunktion darauf angewendet wird. So werden in der Regel durch den Einsatz von ESP nur die Daten, nicht aber der IP-Header geschützt.

Wird beispielsweise von Rechner A an Rechner B eine Nachricht geschickt, bei deren Übertragung nur der AH zum Einsatz kommt, kann der Empfänger auf dem Rechner B durch die verwendete Signatur sicher sein, dass die Nachricht wirklich so und nicht anders von Rechner A abgeschickt wurde. Er kann allerdings nicht feststellen, ob die Nachricht auf ihrem Weg über das Netzwerk von irgendeiner, möglicherweise nicht berechtigten Person mitgelesen wurde. Kam hingegen auch ESP zum Einsatz, so werden die verschlüsselten Anwendungsdaten (siehe auch Abbildung 3.15) erst nach Abschluss des Überprüfungsprozesses wieder entschlüsselt und somit lesbar. Der Empfänger auf Rechner B kann also nicht nur sicher sein, dass diese Daten wirklich vom Sender auf Rechner A stammen, sondern auch, dass sie niemand auf ihrem Weg zu seinem Rechner lesen konnte.

Durch die Konfiguration von Sicherheitsmethoden in den IP-Sicherheitsrichtlinien des Windows 2000-Servers hat der Administrator die Möglichkeit, das für die Kommunikation benötigte Protokoll selbst auszuwählen.

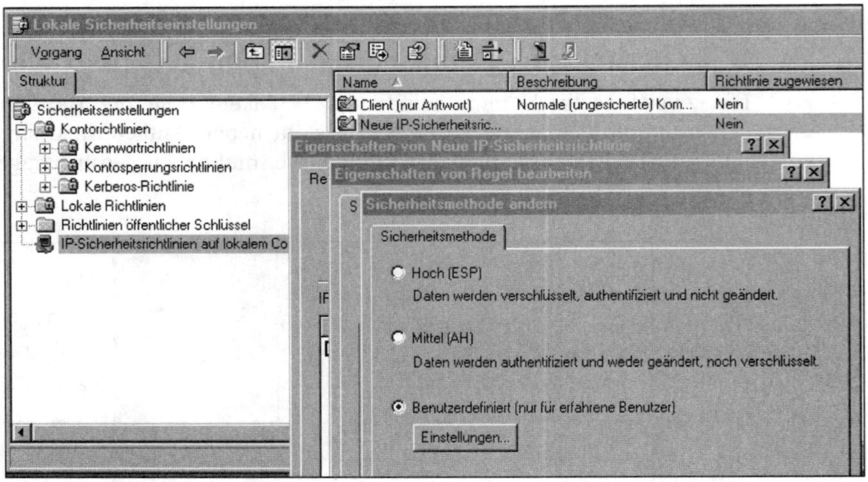

Bild 3.16: Die Verwaltung der Sicherheitsrichtlinien wird durch ein Snap-In in der MMC (Microsoft Management Console) möglich.

Zu diesem Zweck muss allerdings zunächst das entsprechende Snap-In in die MMC (Microsoft Management Console) eingefügt werden. Danach ist es mit Hilfe des Konsole sehr einfach, die Eigenschaften der entsprechenden IP-Sicherheitsrichtlinien zu bearbeiten. Die Abbildung 3.16 zeigt zum Beispiel die Bearbeitung einer solchen Richtlinie, die in diesem Fall allerdings nur für den lokalen Rechner gültig ist. Wird hier die Stufe hoch (ESP) ausgewählt, so kommt das ESP-Protokoll in Zusammenarbeit mit einen 56-Bit-DES Algorithmus für die Daten zum Einsatz. Die Gültigkeitsdauer des Schlüssels wird hierbei standardmäßig auf eine Stunde beziehungsweise eine Datenmenge von 100 Mbyte gesetzt. Über die Einstellung *Benutzerdefiniert* ist es dem Administrator aber auch jeder

Zeit möglich, diese Werte selbst zu definieren oder entsprechend zu verändern. In der Online-Hilfe von Windows 2000 werden sowohl die Einrichtung des Snap-Ins als auch die verschiedenen Einstellungen der Sicherheitsrichtlinien ausführlich dargestellt.

3.5.4 Aushandeln der IP-Sicherheit

Natürlich muss dem Austausch von sicheren Daten zwischen zwei Systemen ein Schritt vorausgehen, der diese Sicherheit überhaupt erst garantieren kann. Dazu ist es nötig, dass zwischen den Rechnern eine Art Abkommen geschlossen wird, bei dem sich Sender und Empfänger auf eine bestimmte Menge von Parametern einigen. Diese müssen dann vor der eigentlichen Kommunikation zwischen den beiden Endpunkten ausgetauscht werden.

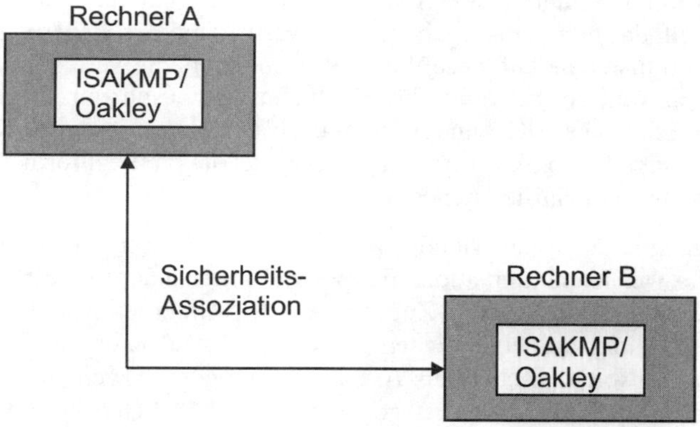

Bild 3.17: Eine Sicherheits-Assoziation stellt eine Kombination aus einer Richtlinie und Schlüsseln dar, mit deren Hilfe eine sichere Kombination zwischen zwei Endpunkten möglich ist.

Dieser Vorgang wird als Sicherheits-Assoziation bezeichnet (siehe Abbildung 3.17). Eine solche Verbindung ist nach RF 2401 durch die Zieladresse und den Security Parameter Index (SPI) identifiziert. Dieser Sicherheitsparameterindex stellt dabei einen eindeutigen Identifikationswert in der Sicherheitszuordnung dar. Das wird besonders dann wichtig, wenn es darum geht, mehrere Sicherheitszuordnungen auf dem empfangenen System eindeutig zu unterscheiden. So können beispielsweise mehrere Zuordnungen vorhanden sein, wenn ein solcher Rechner mit mehreren anderen Systemen gleichzeitig eine sichere Kommunikation aufrecht hält.

Der SPI beschreibt dabei unter anderem die folgenden Parameter:

- die Schlüssel für die Authentifizierung und/oder Verschlüsselung,
- die entsprechenden Algorithmen, die zur Verschlüsselung und Authentifizierung dienen können,

- wie lange die Schlüssel gültig sind,
- wie lange die Sicherheits-Assoziation Gültigkeit besitzt,
- die Sicherheitsstufe der Verbindung und
- die Quelladresse.

Um die allgemeinen Schlüssel, Sicherheitsdienste und die entsprechenden Sicherheitsmechanismen festzulegen, die für den Schutz der Kommunikation zum Einsatz kommen, kombiniert die Sicherheits-Assoziation eine Richtlinie und verschiedene Schlüssel. Zum Erstellen dieses Abkommens zwischen zwei Computern hat das IETF eine Standardmethode zur Auswertung von Sicherheitszuordnungen und Schlüsselaustauschvorgängen eingerichtet, die das ISAKMP- (Internet Security Association and Key Management Protocol) und das Oakley-Schlüsselgenerierungsprotokoll kombiniert. Bei ISAKMP handelt es sich um ein Schlüsselverwaltungsprotokoll, das hier die Aufgabe hat, die Verwaltung der Sicherheits-Assoziationen zu zentralisieren. Auf diese Weise ist es möglich, die Verbindungszeiten zu verringern. Ein weiteres bekanntes Protokoll zum Austausch von Schlüsseln heißt Internet Key Exchange (IKE) und wird im nächsten Abschnitt dieses Kapitels behandelt. Das Oakley-Protokoll erstellt und verwaltet die für die Informationssicherheit verwendeten authentifizierten Schlüssel.

Dieser Vorgang ist nicht nur wichtig, wenn es wie im Beispiel in Abbildung 3.17 darum geht, zwei Kommunikations-Endpunkte miteinander zu verbinden. Auch wenn ein Remote-Rechner einen Zugang zu einem Unternehmens-LAN benötigt oder die Verbindung zum eigentlichen Ziel durch einer Router oder Proxy-Server führt, kann eine solche Sicherheits-Assoziation eingesetzt werden. Bei Verwendung eines Proxy-Servers, im so genannten ISAKMP-Client-Modus, werden zudem die Bezeichnungen der Endpunkte nicht dargestellt, um auf diese Weise die Kommunikation noch besser zu schützen.

Die Kommunikation beim Einsatz von ISAKMP/Oakley wird in zwei Phasen ausgeführt. Durch diese Unterteilung ist es möglich, dass die Vorgänge der Ver- und Entschlüsselung auch mit sehr hoher Geschwindigkeit zuverlässig ausgeführt werden können. Sowohl die Vertraulichkeit als auch die Authentifizierung werden in beiden Phasen durch eine ausgehandelte Verschlüsselung und Authentifizierungsalgorithmen sichergestellt.

In der ersten Initialisierungsphase wird von den Partnern die ISAKMP-Assoziation eingerichtet. Der Schutz der Identität, das bedeutet die Gewährleistung, dass sich das System auch mit dem »richtigen« Partner unterhält, wird zu diesem Zeitpunkt durch das Oakley-Protokoll garantiert. So wird Angriffen über das Netzwerk vorgebeugt, bei denen falsche Identitäten vorgetäuscht werden, um an vertrauliche Daten zu gelangen. Die Sicherheitsaushandlung läuft in dieser Phase in drei Schritten ab:

- Richtlinienaushandlung: Dazu gehört beispielsweise die Aushandlung der verwendeten Schlüsselalgorithmen und der Authentifizierungsmethode.
- Schlüsselinformationsaustausch: Danach besitzen die Computer die Informationen, die sie benötigen, um den geheimen Hauptschlüssel für ISAKMP-Assoziation zu erstellen.
- Authentifizierung: Zu diesem Zeitpunkt versuchen die beteiligten Systeme den Schlüsselaustausch zu authentifizieren. Wenn dieser Vorgang nicht erfolgreich abgeschlossen wird, kann keine Kommunikation stattfinden.

Mit Hilfe der ISAKMP-Assoziation wird die zweite Phase der Kommunikation gestartet, bei der es jetzt um den Schutz der zu übertragenen Daten geht. Hier wird ein Paar Sicherheits-Assoziationen unter Mitwirkung des IP-Sicherheitsdienstes erstellt. Diese werden dann als IPSec-Sicherheits-Assoziationen bezeichnet. Der gesamte Vorgang der Sicherheitsaushandlung setzt sich in dieser Phase aus zwei grundsätzlichen Schritten zusammen:

- wiederum einer Richtlinienaushandlung, bei der das verwendete IPSec-Protokoll (AH oder ESP), der Integritätsalgorithmus und der Verschlüsselungsalgorithmus (kann auch fehlen) verhandelt werden und
- der anschließenden Übergabe von Sicherheits-Assoziation und Schlüssel plus SPI an den IPSec-Treiber.

Während der gesamten, hier etwas verkürzt geschilderten, Aushandlung sorgt die ISAKMP-Sicherheitsassoziation dafür, dass die Verbindung geschützt abläuft. Außer dem ISAKMP-Kopfbereich werden alle Nachrichtenpakete innerhalb der Pakete verschlüsselt verschickt. Dem Kopfbereich folgt zudem eine Signatur, deren Aufgabe es ist, die Nachricht zu authentifizieren. Der gleichzeitige Einsatz des *Oakley*-Protokolls verhindert die Wiederholung von Aushandlungsnachrichten. Damit stellt es einen wirksamen Anti-Replay-Schutz bereit.

Eine einzige ISAKMP-Sicherheits-Assoziation kann ohne Schwierigkeiten für mehrere Zuordnungsaushandlungen von IPSec verwendet werden. Auch aus diesem Grund wird der Vorgang zur Sicherheitsaushandlung äußerst schnell durchgeführt. Solange die entsprechende Sicherheits-Assoziation noch nicht abgelaufen ist, sind erneute Aushandlungen oder Authentifizierungen nicht notwendig. Die jeweils aktive IPSec-Richtlinie legt fest, wie viele dieser Assoziationen ausgeführt werden können.

Allerdings muss die Sicherheits-Assoziation neu verhandelt werden, wenn die Gültigkeitsdauer für den Haupt- oder auch den jeweiligen Sitzungsschlüssel abgelaufen ist. In solch einem Fall sorgt das Oakley-Protokoll dafür, dass eine Löschmeldung an das antwortende System geschickt wird. Dadurch wird es veranlasst, die bestehende ISAKMP-Sicherheits-Assoziation als abgelaufen zu kennzeichnen. Nur so kann vermieden werden, dass aus älteren Assoziationen falsche IPSec-Sicherheits-Assoziationen erstellt werden. An dieser Stelle muss auch ganz genau unterschieden werden: Die Gültigkeit der ISAKMP-Sicherheits-Assoziation wird durch das Oakley-Protokoll überwacht, während der IPSec-Treiber dafür zu sorgen hat, dass IPSec-Sicherheits-Assoziationen ungültig werden.

Für den Fall, dass auf einem der beteiligten Windows 2000-Systeme die Energieverwaltungsfunktion aktiv war und den Rechner in den Ruhezustand heruntergefahren hat, kann es natürlich passieren, dass die Assoziation während dieses Zeitraums ungültig wird. Dann wird sie automatisch neu verhandelt, wenn das System wieder heraufgefahren wird. Wird ein Windows 2000-Rechner komplett heruntergefahren, so kommt das Oakley-Protokoll ein weiteres Mal mit einer Löschmeldung zum Einsatz. Dadurch entfernt es die verbleibenden Sicherheits-Assoziationen auf diesem System. Auch hier müssen neue Verbindungen ausgehandelt werden, wenn das System im Netz wieder aktiv wird und mit anderen Systemen sicher kommunizieren soll. Diese so wichtige Löschmeldung wird jedoch nicht gesendet, falls ein Windows 2000-Server nicht ordnungsgemäß heruntergefahren wird! Dann kann es passieren, dass eine alte Sicherheits-Assoziation auf diesem System noch vorhanden ist und manuell gelöscht werden muss.

3.5.5 Die Paketverarbeitung unter IPSec

Auf jedem Windows 2000-Rechner ist als Systemdienst der IP-Richtlinienagent standardmäßig aktiviert. Auch diese Dienste werden unter Windows 2000 in einem Snap-In der MMC angezeigt, wie auf Abbildung 3.18 zu sehen ist.

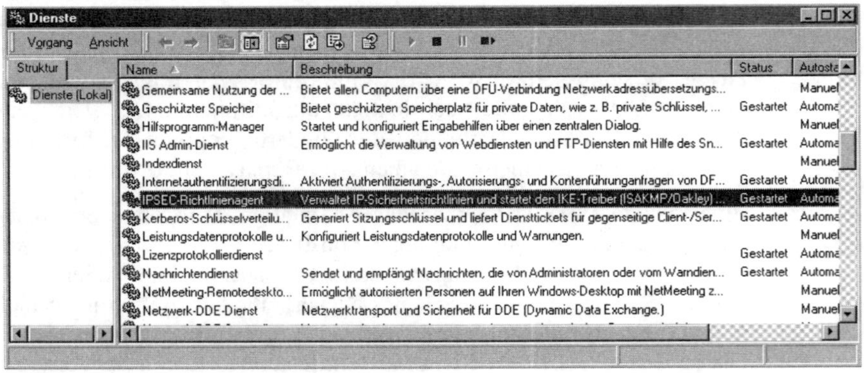

Bild 3.18: Der IP-Richtlinienagent ist standardmäßig unter Windows 2000 aktiv. Er ruft Informationen zu IP-Sicherheitsrichtlinien ab und leitet sie weiter.

Die Hauptaufgabe dieses Agenten besteht darin, die aktive Sicherheitsrichtlinieninformation für IP abzurufen und sie an die anderen IP-Sicherheitsfunktionen im System weiterzuleiten. Diese Informationen werden dort benötigt, damit die entsprechenden Sicherheitsdienste auf dem System ausgeführt werden können. Aus diesem Grund wird der Dienst auch beim Systemstart immer automatisch gestartet.

Normalerweise wird der Agent eine Verbindung zu Active Directory herstellen und auf diese Weise die benötigten Informationen bekommen. Existieren keine aktiven IP-Sicherheitsrichtlinien oder ist es nicht möglich, eine Verbindung zu Active Directory aufzubauen, so prüft er, ob in der Registry lokal zugewiesene IP-Sicherheitsrichtlinien existieren. Allerdings wird er auch weiterhin versuchen, die Informationen von Active Directory zu erhalten.

Vom IPSec-Richtlinienagenten nimmt dann der IPSec-Treiber die entsprechend aktive IP-Filterliste entgegen (siehe Abbildung 3.19). Der Treiber hat die Aufgabe, alle ein- und ausgehenden IP-Pakete mit den Filtern in der Liste abzugleichen. Stimmt ein Paket mit dem Filter überein, so wird die Filteraktion direkt auf dieses Paket angewandt.

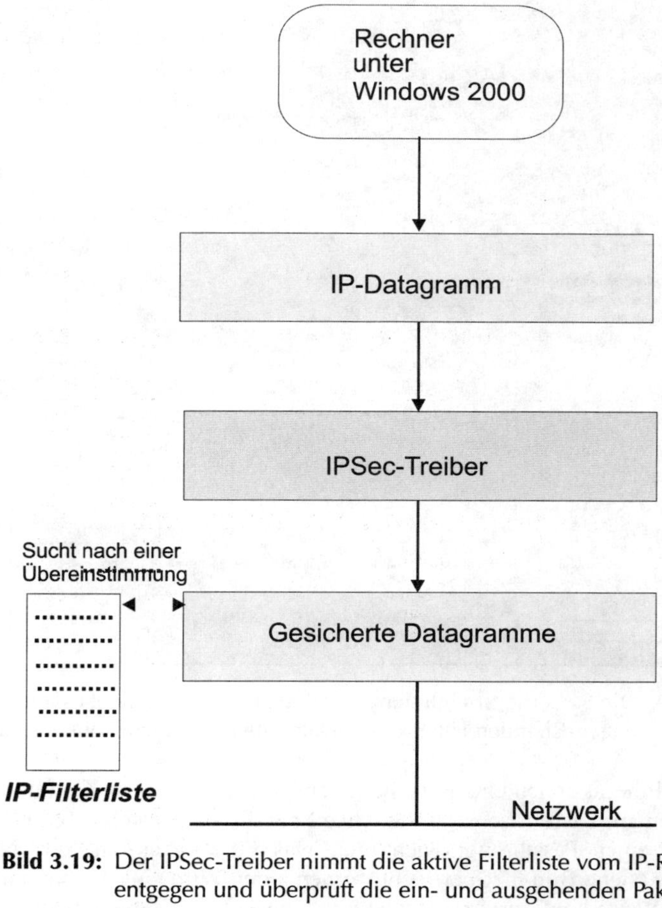

Bild 3.19: Der IPSec-Treiber nimmt die aktive Filterliste vom IP-Richtlinienagenten entgegen und überprüft die ein- und ausgehenden Pakete gegen diese Liste.

Die weitere Verarbeitung eines IP-Paketes hängt dann von der Filteraktion ab: Lässt diese eine Übertragung zu, wird das Paket unverändert auf dem Rechner empfangen beziehungsweise vom Rechner aus weitergesendet. Verbietet die Filteraktion jedoch die Übertragung, dann wird das IP-Paket verworfen.

3.5.6 Aktionen für Filter

Um die Sicherheit für Datenübertragungen festzulegen, verwendet Windows 2000 die so genannten Filteraktionen. Über die IP-Sicherheitsrichtlinienverwaltung kann der Administrator diese Filter konfigurieren. Dabei kann er sowohl auf vordefinierte Aktionen zurückgreifen als auch ganz eigene Bedingungen formulieren.

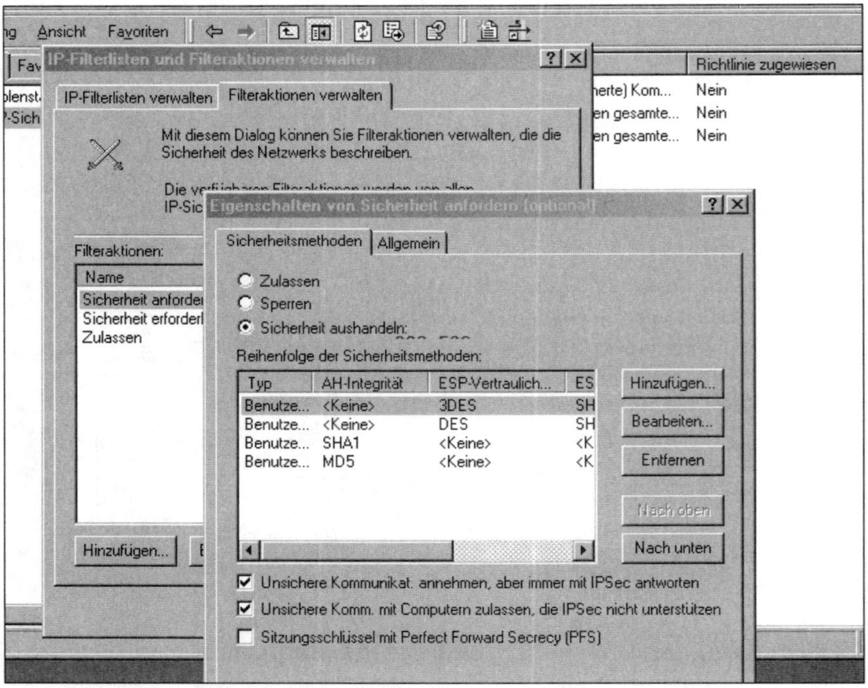

Bild 3.20: Die Sicherheitsrichtlinienverwaltung für IP ermöglicht es, die entsprechenden Filter für die Datenübertragung zu konfigurieren.

Um die Filteraktionen einzusetzen, bieten sich verschiedene Konfigurationsmöglichkeiten an: Die einfachste Möglichkeit bei diesen Einstellungen ist die Bereitstellung einer Passthrough-Richtlinie, was durch Auswahl des Menüpunkts *Zulassen* (siehe Bild 3.20) erreicht werden kann. Wird eine Verbindung auf diese Art und Weise konfiguriert, dann ist hier eine sichere Kommunikation nicht mehr möglich. Die Datenübertragung wird in diesem Fall von IPSec einfach nicht beachtet. Damit ist diese Art eigentlich nur dann zu empfehlen, wenn es ausschließlich darum geht, Broadcast-Informationen über die Verbindung zu übertragen und kein besonderer Schutz notwendig ist. Der Administrator sollte die Anzahl dieser Verbindungen möglichst gering halten, da sie auf jeden Fall ein gewisses Sicherheitsrisiko bedeuten. Der Geltungsgericht der eingesetzten Filterliste sollte deshalb auch möglichst klein sein.

Als weitere Möglichkeit kann der Datenverkehr gesperrt werden, was durch den Menüpunkt *Sperren* erreicht wird. Dadurch ist es möglich, die Übertragungen von nicht explizit autorisierten Servern und Clients zu unterbinden. Auch beim kompletten Sperren einer Filteraktion sollte der Administrator bestrebt sein, die IP-Filterliste möglichst klein zu halten. Ansonsten könnte es leicht passieren, dass auch berechtigte Systeme über diese Filterliste von der Kommunikation mit dem Windows 2000-Server ausgeschlossen werden.

Auch eine Kommunikation mit Systemen, auf denen IPSec nicht vorhanden ist oder nicht aktiviert wurde, ist bei Windows 2000 vorgesehen. Hier kann der Administrator zwischen zwei Einstellungen wählen:

- *Unsichere Kommunikation zulassen, aber immer mit IPSec antworten* und
- *Unsichere Kommunikation mit Computern zulassen, die IPSec nicht unterstützen.*

Diese Einstellungen sind auch in der Abbildung 3.20 zu sehen. Soll der eingehende, ungesicherte Datenverkehr nicht gesperrt werden, und möchte man dennoch sichergehen, dass die gesamte ausgehende Kommunikation und die nachfolgende bidirektionale Kommunikation gesichert sind, so kommt die Einstellung *Unsichere Kommunikation zulassen, aber immer mit IPSec antworten* zum Einsatz. Soll hingegen der Datenverkehr mit anderen Computern aktiviert werden, die IP-Sicherheit nicht unterstützten, und man möchte dabei sichergehen, dass die Datenübertragung bei einer ausbleibenden Antwort auf die Anforderung einer IPSec-Aushandlung trotzdem fortgesetzt wird, so wird *Unsichere Kommunikation mit Computern zulassen, die IPSec nicht unterstützen* aktiviert. Schlägt die anfängliche IPSec-Aushandlung für eine bestimmte Verbindung fehl, so wird IPSec für einen gewissen Zeitraum für diese Verbindung deaktiviert.

Diese Filtereinstellung bewirkt vor allen Dingen, dass ein Server gegebenenfalls auch auf eine ungesicherte Kommunikation zurückgreifen kann. Genau aus diesem Grund sollte der Netzwerkverwalter auch bei dieser Einstellung darauf achten, dass die Filterliste möglichst klein bleibt. Ansonsten könnte es nämlich sehr schnell passieren, dass die Regel nach einer fehlgeschlagenen Sicherheitsaushandlung automatisch dazu übergeht, den Datenverkehr ungesichert auszuführen. In IT-Umgebungen, in denen die Sicherheit der Datenübertragung die allerhöchste Priorität besitzt, sollte deshalb erwogen werden, ob diese Einstellung grundsätzlich deaktiviert werden. Allerdings ist dann höchstwahrscheinlich auch keine Kommunikation mit Systemen mehr möglich, die IPSec nicht unterstützen. Solche Rechner sollten dann allerdings in Hochsicherheitsumgebungen grundsätzlich nicht mehr zum Einsatz kommen.

Schließlich bleibt noch die Möglichkeit, den entsprechenden Sitzungsschlüssel mit PFS (Perfect Forward Secrecy) zu aktivieren. PFS legt fest, auf welche Art ein Schlüssel erstellt wird. Ist diese Methode aktiviert, so ist damit auch sichergestellt, dass ein Schlüssel, der zum Schutz einer Übertragung verwendet wurde, nicht mehr dazu verwendet werden kann, zusätzliche Schlüssel zu generieren. Aber auch neue Schlüssel können mit seiner Hilfe dann nicht mehr erstellt werden. Dies ist die sicherste Einstellung, die ein Netzwerkverwalter an dieser Stelle einsetzen kann. Allerdings fällt dadurch auch ein erheblicher Mehraufwand für den Server an. Aus diesem Grund verlängert sich auch die Zeitdauer für die Neuerstellung eines Schlüssels bei Verwendung dieser Einstellung deutlich. Sowohl der Rechner, der diese Art der Verbindung initiiert als auch das antwortende System müssen die gleiche Einstellung besitzen: Nur so kann die Aushandlung erfolgreich abgeschlossen werden!

3.5.7 IPSec: Die Funktionsweise

Wie läuft nun die Kommunikation zwischen zwei Domänen-Rechnern ab, die zu diesem Zweck IPSec einsetzen? Das schematisch dargestellte Beispiel in Abbildung 3.21 geht davon aus, dass ein beliebiger Anwender auf dem Rechner A (linke Seite des Bildes) aus einer Anwendung heraus eine Nachricht an einen anderen Anwender schickt, der auf Rechner B arbeitet.

Der IPSec-Treiber auf dem System A wird zunächst einmal die Filterliste der zu diesem Zeitpunkt aktiven Sicherheitsrichtlinie überprüfen. Dabei wird untersucht, ob in dieser Liste eine Übereinstimmung entweder mit der Adresse oder der Art der Datenübertragung für die ausgehenden Daten festzustellen ist.

Als nächster Schritt wird vom IPSec-Treiber eine Nachricht an den ISAKMP-Dienst geschickt, die diesen veranlasst, eine Sicherheitsverhandlung mit Rechner B zu starten. Nachdem der ISAKMP-Dienst auf System B diese Anforderung erhalten hat, führen die beiden Rechner daran anschließend den Schlüsselaustausch durch, richten eine ISAKMP-SA (Security Association = Sicherheitszuordnung) und einen geteilten geheimen Schlüssel ein.

Nun gilt es, die Sicherheitsstufe auszuhandeln, die für diese Datenübertragung gelten soll. Dies handeln die beiden beteiligten Rechner aus, indem sie nun ein Paar IPSec-SAs und die entsprechenden Schlüssel zum Sichern der Pakete einrichten. Den ausgehenden IPSec-SA und den entsprechenden IPSec-Schlüssel setzt der IPSec-Treiber auf Rechner A nun dazu ein, um die Pakete zu signieren. Nach dem Aushandeln der Vertraulichkeit können sie gleichzeitig auch noch verschlüsselt werden. Danach werden diese Pakete, deren Integrität nun gesichert ist, vom IPSec-Treiber zu dem Verbindungstyp weitertransportiert, der für die Kommunikation mit Rechner B vorgesehen ist.

Das empfangene System B transportiert die gesicherten Pakete dann zu seinem IPSec-Treiber (siehe auch Abbildung 3.21). Nun werden die empfangene IPSec-SA und die IPSec-Schlüssel verwendet, um die Integrität der Signatur zu prüfen.

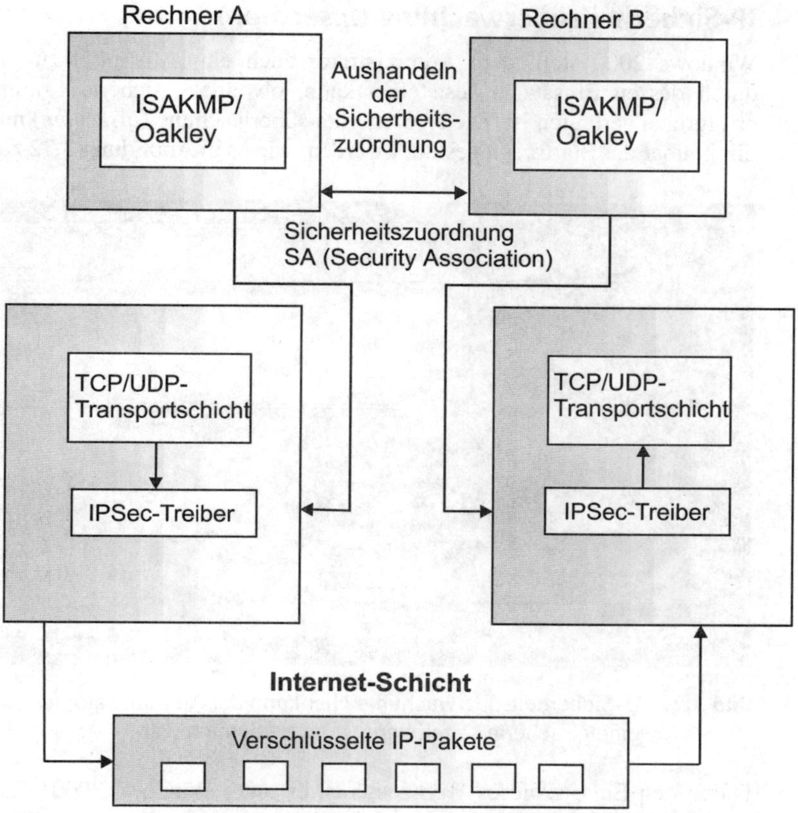

Bild 3.21: Rechner A und Rechner B kommunizieren unter Einsatz einer IPSec-Verbindung.

Wurden die Pakete verschlüsselt, so findet an dieser Stelle die Entschlüsselung statt. Danach reicht der IPSec-Treiber die entschlüsselten und überprüften Pakete an den TCP/IP-Treiber weiter, der sie wiederum zu der Anwendung leitet, die diese Datenpakete empfangen soll.

Für die Anwender, die mit dieser sicheren Kommunikation arbeiten, verläuft dieser Vorgang völlig transparent und unbemerkt. Auch ein Standard-Router oder ein Switch, die sich möglicherweise auf dem Datenpfad zwischen den beiden Systemen befinden, brauchen nicht speziell für IPSec konfiguriert werden, da sie die verschlüsselten Pakete einfach nur zum Ziel weiterleiten müssen. Wird der Router allerdings als Firewall, Proxy-Server oder Sicherheits-Gateway eingesetzt, so müssen spezielle Filter aktiviert werden, damit auch die gesicherten IP-Pakete korrekt weitergeleitet werden können.

3.5.8 IP-Sicherheitsüberwachung (*ipsecmon*)

Windows 2000 stellt dem Administrator auch ein Hilfsmittel zur Verfügung, durch dessen Einsatz er feststellen kann, ob eine gesicherte Kommunikation erfolgreich verlaufen ist. Die IP-Sicherheitsüberwachung (*ipsecmon*) muss jedoch direkt über das Startmenü gestartet werden, wie es in Abbildung 3.22 zu sehen ist.

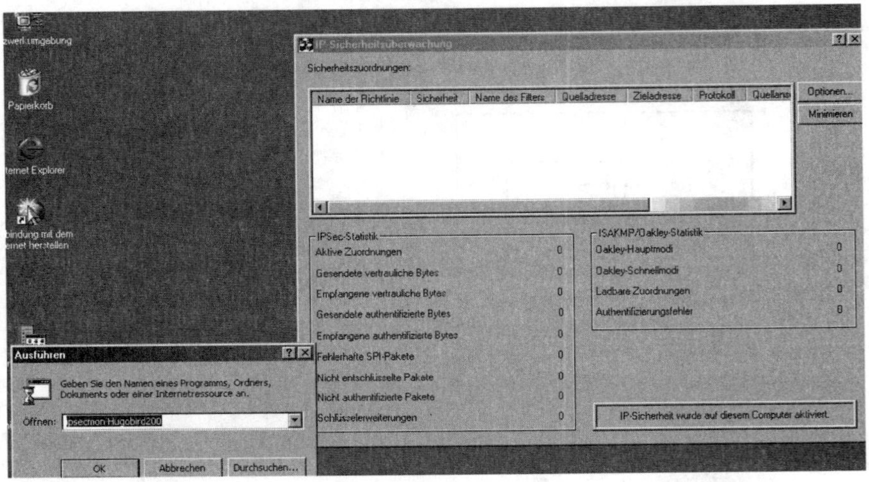

Bild 3.22: IP-Sicherheitsüberwachung: Hier kann der Administrator festzustellen, ob eine gesicherte Dateiübertragung erfolgreich war.

Durch den Einsatz dieses Werkzeugs ist es unter Windows 2000 beispielsweise möglich zu ermitteln, ob ein bestimmtes Authentifizierungsmuster aufgetreten oder eine Sicherheitszuordnung fehlgeschlagen ist. Auch eventuell vorhandene inkompatible Sicherheitseinstellungen können auf diese Weise erkannt werden. Durch die dabei geführte Statistik der fehlgeschlagenen Authentifizierungen bekommt der Systemverwalter die Möglichkeit zu untersuchen, ob beispielweise eine Aushandlung aufgrund nicht übereinstimmender Authentifizierungsmethoden fehlgeschlagen ist.

Dieser Monitor zeigt einen Eintrag für jede aktive Sicherheitszuordnung an. Zu den dabei dargestellten Informationen gehören neben der Bezeichnung der gerade aktiven IP-Richtlinie auch die aktive Filteraktion und die entsprechende IP-Filterliste. Zu den Daten, die hier bereitgestellt werden gehören unter anderem die folgenden Werte:

- Anzahl und Typen der aktiven SAs (Sicherheitszuordnungen),
- Gesamtzahl der Haupt- und Sitzungsschlüssel,

- Gesamtzahl der Bytes, die entweder über Encapsulation Security Payload (ESP) für die Vertraulichkeit der Verbindung oder über den Authentication Header (AH) für die Authentifizierung empfangen beziehungsweise gesendet wurden und
- die gesamte Anzahl der ladbaren Zuordnungen.

Als einzige Option, die hier vom Administrator verändert werden kann, steht die Aktualisierungsrate der Anzeige zur Verfügung. Dieser Wert ist standardmäßig auf 15 Sekunden eingestellt. Die Statistiken werden vom System bei jeder IPSec-Übertragung erstellt und weitergeführt.

3.6 Authentifizierung

Wenn sich ein Anwender in einem System anmeldet, ganz gleich ob es sich dabei um einen Stand-alone-Rechner oder um ein Netzwerk handelt, so läuft dabei in der Regel ein Prozess ab, mit dem die Anmeldeinformationen des Benutzers im System überprüft werden: Dieser Prozess wird als Authentifizierung bezeichnet.

Im einfachsten Fall werden dabei nur Name und Kennwort eines Benutzers anhand einer Autorisationsliste (beispielsweise einer Passwort-Datei) überprüft. Wird bei dieser Überprüfung eine Übereinstimmung festgestellt, so wird in dem Umfang Zugriff gewährt, wie es in der Berechtigungsliste für diesen Benutzer festgelegt ist.

Meldet sich ein Anwender unter einem Konto an einem Computer an, der unter Windows 2000 Professional betrieben wird, so wird diese Authentifizierung von der Arbeitsstation durchgeführt. Meldet der Benutzer sich hingegen unter einem Konto in einer Windows 2000 Server-Domäne an, dann kann die Authentifizierung durch jeden Server dieser Domäne erfolgen. Besonders wichtig ist eine korrekte Authentifizierung natürlich dann, wenn der Anwender sich »remote«, beispielsweise über eine Einwählleitung bei einem Netzwerk anmelden möchte.

Da bei der Authentifizierung von RAS-Clients die Sicherheit einen ganz besonders wichtigen Aspekt darstellt, stellt Windows 2000 hier unterschiedliche Authorisierungsmethoden zur Verfügung:

- EAP (Extensible Authentication Protocol),
- Password Authentication Protocol (PAP),
- Challenge-Handshake Authentication Protocol (CHAP),
- das Microsoft Challenge- Handshake Authentication Protocol (MS-CHAP),
- MS-CHAP, Version 2.0,
- SPAP (Shiva Password Authentication Protocol) und natürlich auch
- den nicht authentifizierten Zugriff.

Die Auswahl, welcher dieser unterschiedlichen Authentifizierungsmethoden zum Einsatz kommen soll, wird unter dem Eintrag *Routing und RAS*, der MMC (Microsoft Management Console) vorgenommem. Bild 3.23 zeigt diesen Vorgang.

3.6.1 PAP – Password Authentication Protocol

Die einfachste Methode der Authentifizierung ist neben dem nicht authentifizierten Zugriff der Einsatz von PAP. Das Password Authentication Protocol ist gerade bei älteren Implementierungen von PPP immer noch die Standardmethode bei einem Remote-Zugriff. Leider werden bei diesem Protokoll der Name und das Passwort der Anwenders im Klartext über das Netzwerk übertragen, sodass »Lauschangriffe« sehr schnell erfolgreich wären. Diese Methode wird in der Regel dann von den beiden Partnern eingesetzt, wenn RAS-Server und -Client nicht in der Lage sind, eine andere, sicherere Form der Übertragung auszuhandeln.

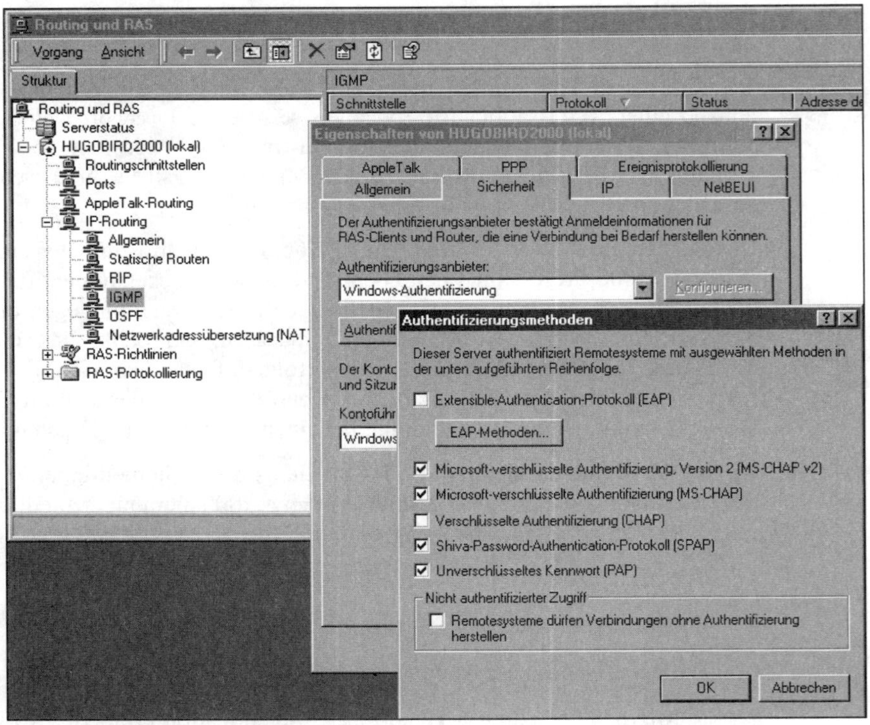

Bild 3.23: Unter *Routing und RAS* können die vom Server eingesetzten Authentifizierungsmethoden ausgewählt und aktiviert werden.

Um die Sicherheit eines Windows 2000-Servers zu erhöhen, ist es ratsam, PAP auf einem RAS-Server standardmäßig zu deaktivieren. Kennwörter im Klartext werden nämlich von den Clients nicht mehr gesendet, wenn die PAP-Unterstützung auf dem RAS-Server deaktiviert wurde. Allerdings kann es durchaus nötig sein, dieses Protokoll noch einzusetzen, wenn beispielsweise eine Verbindung mit einem Server aufgebaut werden muss, auf dem kein Windows-System verwendet wird und dadurch vielleicht keine andere Authentifizierungsmöglichkeit besteht.

3.6.2 CHAP – Challenge-Handshake Authentication Protocol

Im Gegensatz zu PAP bietet das Challenge-Handshake Authentication Protocol die Möglichkeit, bei einer Übertragung einen Verschlüsselungsalgorithmus einzusetzen und so die Sicherheit bei der Authentifizierung deutlich zu erhöhen. CHAP ist ein Protokoll, das in Form von Abfrage-Antwort arbeitet (siehe auch Bild 3.24). Der Network Access Server sendet im so genannten Challenge eine Session-ID und eine willkürlich ausgesuchten Challenge-String an den Client. Der Client muss nun den MD5-Hashing-Algorithmus einsetzen (Message Digest 5), um in seiner Antwort (Response) den User-Namen, eine Verschlüsselung des Challenge-Strings mit der Session-ID und seines Passworts an der Server zu senden. Der User-Namen wird bei dieser Art der Authentifizierung auch weiterhin im Klartext übermittelt. Damit stellt CHAP eine deutliche Verbesserung gegenüber PAP da, denn durch den willkürlich vom Server ausgewählten String sind die so genannten *replay*-Attacken wirkungslos. Auch gegen die ebenfalls bereits erwähnten »*remote client impersonation*-Angriffe (siehe 3.3.1) bietet diese Art der Authentifizierung einen Schutz, da während der Übertragung immer wieder Challenges an den Client geschickt und auch beantwortet werden müssen.

Ein Nachteil des Einsatzes von CHAP liegt darin, dass ein abgelaufenes Kennwort nicht während der Authentifizierung mit CHAP geändert werden kann. Wurden beispielsweise Benutzerkennwörter angeben, die bei der nächsten Anmeldung geändert werden, so muss die Anmeldung unter Verwendung einer LAN-Verbindung durchgeführt und das Kennwort vor dem Anmelden über eine RAS-Verbindung mit CHAP geändert werden, da die Anmeldung ansonsten fehlschlägt. Um dieses Problem wirkungsvoll zu umgehen, kann sich ein RAS-Benutzer vorübergehend anmelden, indem er das Kennwort unter Verwendung von MS-CHAP ändert. Da der RAS-Server von Windows 2000 dieses Protokoll unterstützt, ist so auch eine problemlose Verbindung mit RAS-Clients möglich, auf denen kein Windows-System zum Einsatz kommt, die aber CHAP unterstützen.

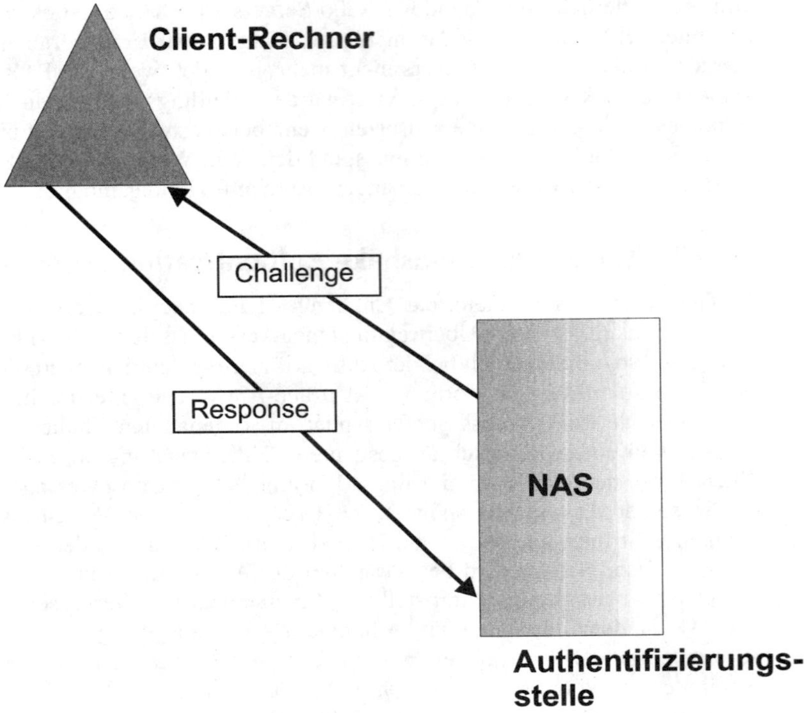

Bild 3.24: Der CHAP-Prozess im Überblick: Im Challenge wird neben dem Challenge-String auch eine Session-ID übertragen, die der Client in seiner Antwort in verschlüsselter Form wieder zurückgibt.

3.6.3 MS-CHAP – Microsoft Challenge-Handshake Authentication Protocol

Das ebenfalls auf einem Windows 2000-Server angebotenen Protokoll MS-CHAP ist in der Art der Authentifizierung dem CHAP-Protokoll sehr ähnlich. Auch bei Einsatz dieses Protokolls wird zunächst vom NAS eine Challenge an den Client geschickt wird. Dieser sendet dann den User-Namen und den Challenge-String plus dem Passwort verschlüsselt zurück. Hier kommt aber im Gegensatz zu CHAP eine so genannte MD4-Verschlüsselung zum Einsatz. Sie bietet zusätzliche Sicherheit, da der Server bei dieser Art der Verbindung das Passwort auch verschlüsselt abspeichern kann und nicht wie bei CHAP auf ein Passwort im Klartext auf dem NAS angewiesen ist.

Zu den Schwächen, die dieses von Microsoft auch als MS-CHAP Version 1 bezeichnet Protokoll allerdings immer noch aufweist, gehört die Tatsache, dass eine Authentifizierung nur in einer Richtung möglich ist. Ein RAS-Client besitzt auch bei diesem Protokoll nicht die Möglichkeit festzustellen, ob es sich bei dem von ihm angewählten Server wirklich um die erwünschte Gegenstelle oder nur um ein gut getarntes Fremdsystem handelt. Zu den weiteren Schwachpunkten von MS-CHAP 1 gehört der verwendete Kryptographieschlüssel: Bei der hier verwendeten 40-Bit-Verschlüsselung wird er immer mit Hilfe des Kennwortes des Anwenders gebildet. Das bedeutet, ein gleiches Kennwort generiert auch immer den gleichen Schlüssel. Hinzu kommt die Tatsache, dass immer nur ein Kryptographieschlüssel für die Übertragung in beiden Richtungen zum Einsatz kommt.

Um diese Sicherheitsprobleme zu beseitigen, wird unter Windows 2000 eine weitere Version dieses Protokoll angeboten: MS-CHAP 2. Hierbei handelt es sich um eine Verbindung, die sowohl mit verschlüsseltem Kennwort als auch mit einer gegenseitigen Authentifizierung von RAS-Client und -Server arbeitet. So ermöglicht MS-CHAP 2 die Authentifizierung in beide Richtungen. Der RAS-Client erhält eine Bestätigung, dass der RAS-Server, bei dem er sich eingewählt hat, auch wirklich auf das Kennwort des Benutzers zugreifen kann.

Auch das angesprochene Problem des Kryptographieschlüssels wurde bei diesem Protokoll gelöst: Er beruht stets auf dem Benutzerkennwort und einer zufälligen Challenge. Beim Anmelden mit demselben Kennwort wird zudem jeweils ein anderer Kryptographieschlüssel verwendet. Schließlich wird sowohl für die gesendeten als auch für die empfangenen Daten je ein gesonderter Kryptographieschlüssel erstellt.

Die beiden Versionen von MS-CHAP sind die einzigen bei Windows 2000 mitgelieferten Authentifizierungsprotokolle, die auch eine Änderung des Kennworts während der bereits laufenden Authentifizierung zulassen und unterstützen. Werden Window 95-Rechner als Remote-Clients eingesetzt, auf denen das *Dial-up Networking 1.3 Performance & Security Upgrade* eingespielt wurde, so können diese Systeme MS-CHAP 2 lediglich bei einer VPN-Verbindung einsetzen. Bei einer DFÜ-Verbindung mit diesen Clients wird MS-CHAP 2 nicht unterstützt.

3.6.4 EAP – Extensible Authentication Protocol

Mit Hilfe von EAP (Extensible Authentication Protocol) wird eine RAS-Verbindung durch einen zufälligen Authentifizierungsmechanismus überprüft. Unter Windows 2000 werden eine EAP-Infrastruktur, zwei verschiedene EAP-Typen sowie die Möglichkeit zur Weiterleitung von EAP-Meldungen an einen RADIUS-Server (Remote Authentication Dial-In User Service) zur Verfügung gestellt.

Dabei wird das zu verwendende Authentifizierungsschema vom RAS-Client und dem authentifizierenden Server, dem RAS-Server oder dem IAS-Server (Internet Authentication Service-Server), festgelegt. EAP kann zum Unterstützen von Authentifikationsschemata verwendet werden. Dazu gehören beispielsweise Generic Token Card, MD5-Challenge, Transport Level Security (TLS) zur Smartcard-Unterstützung sowie S/Key und natürlich auch zukünftige Authentifizierungstechnologien.

EAP gewährleistet eine dauernde Verständigung zwischen dem RAS-Client und dem authentifizierenden Server. Diese Konversation besteht aus Anfragen des authentifizierenden Servers nach Authentifizierungsinformationen sowie Antworten des RAS-Clients. Wird EAP zum Beispiel mit Sicherheits-Token-Karten verwendet, so hat der authentifizierende Server die Möglichkeit, den RAS-Client getrennt nach einem Namen, einer PIN und dem Wert der Token-Karte zu fragen. Nachdem sämtliche Anfragen gestellt und beantwortet wurden, durchläuft der RAS-Client eine weitere Authentifizierungsebene. Erst nachdem sämtliche Anfragen zufriedenstellend beantwortet wurden, ist die komplette Überprüfung des entsprechenden RAS-Clients abgeschlossen.

Als EAP-Typ wird dabei ein ganz bestimmtes EAP-Authentifizierungsschema bezeichnet. Sowohl der RAS-Client als auch der authentifizierende Server müssen den gleichen EAP-Typ unterstützen, damit eine Authentifizierung auch wirklich erfolgreich durchgeführt werden kann.

Zu den Besonderheiten des EAP-Protokolls gehört es, dass es speziell dafür entwickelt wurde, durch den Einsatz von so genannten Plug-Ins die Fähigkeit zu bekommen, beliebige andere Authentifizierungsmethoden bei Bedarf in EAP einzufügen. Auch die EAP-Implementierung unter Windows 2000 umfasst eine Gruppe interner Komponenten, mit deren Hilfe die Unterstützung für alle EAP-Typen jeweils in Form eines Plug-In-Moduls gewährleistet wird. Da, wie bereits erwähnt, eine erfolgreiche Authentifizierung immer die Installation des gleichen EAP-Authentifizierungsmoduls auf dem RAS-Client und dem authentifizierenden Server erfordert, stehen auch in Windows 2000 zwei EAP-Typen zur Verfügung: EAP-MD5 CHAP und EAP-TLS. Durch die Fähigkeit mit Plug-Ins zu arbeiten, ist es aber auch möglich, zusätzliche EAP-Typen selbst zu installieren. Wiederum müssen dabei die Komponenten für einen neuen EAP-Typ sowohl auf allen RAS-Clients als auch auf den authentifizierenden Servern installiert sein.

Beim EAP-Message Digest 5 CHAP-Protokoll (EAP-MD5 CHAP) wird das gleiche Handshake Challenge Protocol verwendet, wie es auch normalerweise bei CHAP unter PPP zum Einsatz kommt. Ein wichtiger Unterschied besteht jedoch: Sowohl die Challenge- als auch die Response-Meldungen werden hier als EAP-Meldungen verschickt. Dieses Protokoll kann beispielsweise dazu eingesetzt werden, wenn es darum geht, die Anmeldeinformationen von RAS-Clients unter Verwendung von Sicherheitssystemen wie Token-Karten zu ermöglichen.

Als weiterer Typ steht nun noch EAP-TLS (EAP-Transaction Level Security) zur Verfügung. Bei diesem Protokoll wird ein sehr hoher Sicherheitstandard erreicht, indem die Verbindung durch den Austausch von Zertifikaten abläuft. Werden beispielsweise so genannte Smartcards zur RAS-Authentifizierung eingesetzt, so ist die Verwendung von EAP-TLS erforderlich. Der gegenseitige Austausch von Meldungen zwischen Clients und Server, der bei dieser Methode zwingend vorgeschrieben ist, gewährleistet die gegenseitige Authentifizierung, eine korrekte Aushandlung der Verschlüsselungsmethode sowie einen sicheren Austausch von privaten Schlüsseln zwischen den beiden Endpunkten. Damit stellt EAP-TLS sicher die strengste Methode zur Authentifizierung und zum Schlüsselaustausch unter Windows 2000 dar.

Das User-Zertifikat kann dabei sowohl direkt auf dem Client-Rechner als auch auf einem externen Medium wie einer Smartcard abgespeichert sein. In beiden Fällen ist aber kein Zugriff auf dieses Zertifikat möglich, ohne dass eine weitere Sicherheitsabfage in Form einer PIN-Nummer oder eines Austausches von Informationen über Anwendernamen und Passwort stattgefunden hat. Durch diesen Ansatz der Kombination einer Information, die der Anwender bereits weiß, mit einer Information, die er in anderer Form besitzt, ist ein Sicherheitsstandard möglich, wie er von vielen Experten gefordert wird.

EAP-TLS wird nur auf RAS-Servern unter Windows 2000 unterstützt, die Mitglied in einer Windows 2000-Domäne im gemischten oder im einheitlichen Modus sind. Der gemischte Modus stellt dabei die Standardeinstellung des Domänenmodus für Domänen-Controller unter Windows 2000 dar. In diesem Modus können sowohl Windows NT- als Windows 2000-Reservedomänencontroller in dieser Domäne vorhanden sein. Vom einheitlichen Modus wird gesprochen, wenn alle Controller der Domäne unter Windows 2000 laufen. Nur völlig eigenständige RAS-Server unter Windows 2000 unterstützen EAP-TLS nicht.

In diesem Zusammenhang sollte noch EAP-RADIUS erwähnt werden. Dabei handelt es sich allerdings nicht um einen weiteren EAP-Typ. Hier werden EAP-Meldungen von ganz beliebigen EAP-Typen von einem Server, der die Authentifizierung durchführen soll, an einen RADIUS-Server (Remote Authentication Dial-In User Service) weitergeleitet, der dann diese Authentifizierung durchführt. Wurde beispielsweise ein RAS-Server vom Administrator so konfiguriert, dass er zur Authentifizierung RADIUS einsetzt, so werden die EAP-Übertragungen, die er vom Client erhält, verschlüsselt und als RADIUS-Meldungen zwischen RAS- und RADIUS-Server hin- und hergeschickt. Diese Vorgehensweise wird vor allem in solchen Umgebungen zum Einsatz kommen, in denen RADIUS als Authentifizierung eingesetzt wird. Der Vorteil liegt darin, dass die verschiedenen EAP-Typen dann nicht auf allen RAS-Servern, sondern lediglich auf dem RADIUS-Server installiert werden müssen.

3.6.5 SPAP – Shiva Password Authentication Protocol

Eine spezielle Authentifizierungsmethode, die ebenfalls unter Windows 2000 angeboten wird, wird vom Hersteller Shiva verwendet. Sie nennt sich SPAP (Shiva Password Authentication Protocol) und stellt einen beidseitigen Verschlüsselungsmechanismus zur Verfügung. Das bedeutet, dass dieser Verschlüsselungsalgorithmus im Gegensatz zu den bisher vorgestellten Methoden auch umkehrbar ist. Ein Rechner unter Windows 2000, der eine Verbindung zu einem Remote-Access-Server von Shiva aufbaut (beispielsweise einen LanRover E/T/Plus) kann dieses Protokoll ebenso einsetzen wie ein Shiva-Client, der eine Verbindung zu einem RAS-Server unter Windows 2000 aufbauen möchte. Zwar ist diese Form der Authentifizierung deutlich sicherer als eine Klartextübermittlung, sie erreicht aber weder den Sicherheitsstandard von CHAP oder gar MS-CHAP.

3.6.6 Nicht authentifizierter Zugriff

Auch der nicht authentifizierte Zugriff auf einen RAS-Server wird von Windows 2000 unterstützt. Bei dieser Verbindungsmethode sind die Anmeldeinformationen des Anwenders nicht erforderlich, Benutzernamen oder Passwort werden dabei nicht abgefragt. Nur wenn der nicht authentifizierte Zugriff unter Windows 2000 explizit aktiviert wurde, ist solch eine Verbindung überhaupt möglich. Es gibt jedoch einige Fälle, in denen ein Zugriff dieser Art durchaus sinnvoll sein kann:

- DNIS-Autorisierung (Dialed Number Identification Service),
- ANI/CLI-Authentifizierung (Automatic Number Identification/ Calling Line Identification) und
- bei einer Gastauthentifizierung.

Bei der DNIS-Autorisierung wird ein Verbindungsversuch anhand der entsprechend gewählten Nummer identifiziert. Dabei wird die vom Client angewählte Rufnummer an den Server übertragen. Dort kann dann über eine entsprechende RAS-Richtlinie, die beispielsweise diese Nummer als Bedingung zur Kennung des Anrufers enthält, der Zugriff erteilt werden. Bild 3.25 zeigt, wie diese Art der Zugriffe konfiguriert wird.

Bei der ANI/CLI-Authentifizierung (Automatic Number Identification/Calling Line Identification) wird ein Verbindungsversuch anhand der Telefonnummer des Anrufers autorisiert. Dieser Dienst übermittelt dabei die Nummer des Anrufers an den Empfänger des Anrufs. Er wird in der Regel von den Telefonunternehmen unterstützt.

Diese ANI/CLI-Authentifizierung unterscheidet sich deutlich von der Autorisierung durch Anruferkennung: So sendet der Client bei der Anruferkennung einen gültigen Benutzernamen und ein gültiges Kennwort. Die für die Einwähleigenschaft des Benutzerkontos konfigurierte Anruferkennung muss dann mit diesen Angaben übereinstimmen, ansonsten wird der Verbindungsversuch abgelehnt. Bei der ANI/CLI-Authentifizierung werden jedoch kein Benutzername und kein Kennwort gesendet. Sie ist also nur bis zu einem gewissen Grad als sichere Authentifizierung zu bezeichnen.

Schließlich stellt Windows 2000 noch die Möglichkeit zur Verfügung, eine so genannte Gastauthentifizierung vorzunehmen. Auch bei dieser Verbindung muss der Client keinen Benutzernamen und kein Passwort übermitteln, ihm wird automatisch das Gastkonto auf dem Server zugewiesen. Sowohl die Gastauthentifizierung als auch die Anmeldung mit ANI/CLI erfordern die Änderung von Einträgen in der Registry des Servers. Die entsprechenden Werte können der Online-Dokumentation von Windows 2000 entnommen werden.

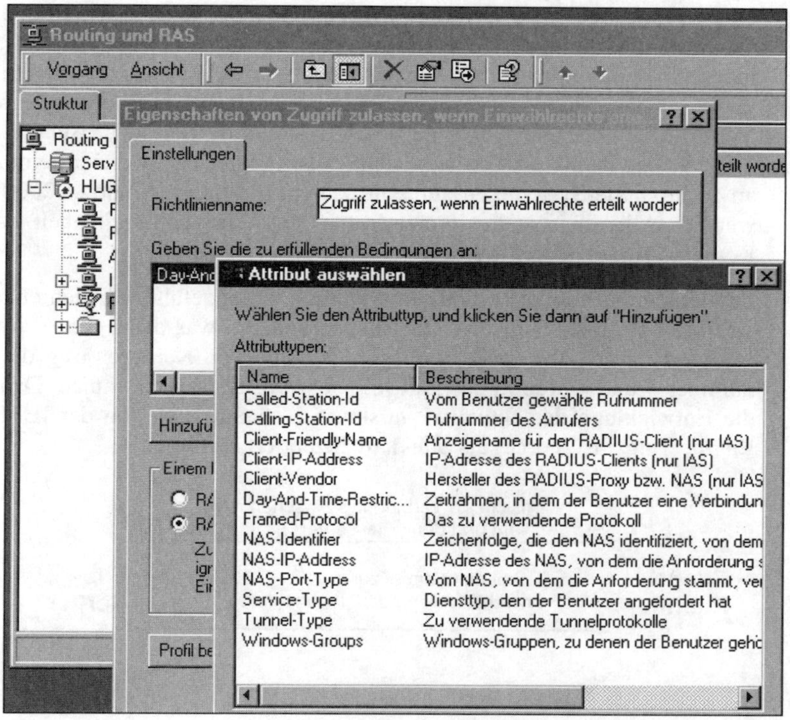

Bild 3.25: Bei nicht authentifizierten Zugriffen kann beispielsweise durch Identifizierung der Rufnummer eine gewisse Sicherheit erreicht werden.

3.7 Netzwerk-Authentifizierung mit Kerberos

Wie bereits in den vorherigen Abschnitten dargestellt wurde, bietet Windows 2000 eine ganze Reihe von Authentifizierungsmöglichkeiten an, um die Identität der Anwender zu verifizieren, die über einen Remote- beziehungsweise Dial-Up-Anschluss oder das Internet Zugang zum Netzwerk erhalten möchten. Geht es aber darum, diese Sicherheit auch innerhalb einer Windows 2000-Domäne zu erreichen, so stehen nur zwei Möglichkeiten zur Auswahl:

- Kerberos Version 5 und
- Windows NT LAN Manager (NTLM).

Kerberos Version 5 stellt dabei die Standardmethode für die Netzwerk-Authentifikation bei Rechnern dar, die unter Windows 2000 betrieben werden. Das Windows NT LAN Manager wurde in der selben Funktion bei NT-4-Systemen eingesetzt. Es wird aus Kompatibilitätsgründen natürlich auch unter Windows 2000 unterstützt und ermöglicht so das Einbinden von NT-Servern und -Clients in eine Windows 2000-Domäne. Auch Clients unter Windows 3.11 oder Windows 95/98 müssen dieses Protokoll weiterhin einsetzen, um auf Ressourcen innerhalb der Windows 2000-Domäne zuzugreifen. Umgekehrt werden Windows 2000-Systeme NTLM einsetzen müssen, wenn sie auf Ressourcen zugreifen wollen, die sich unter der Kontrolle von NT-4-Servern befinden. Außerdem kommt NTLM noch dann zum Einsatz, wenn es darum geht, Anwender beim Anmelden an Stand-alone-Systeme zu authentifizieren, die unter Windows 2000 betrieben werden. Allerdings sollte immer, wenn eine Auswählmöglichkeit besteht, auf Kerberos zurückgriffen werden.

Das Kerberos-Protokoll wurde ursprünglich vor ungefähr zehn Jahren am renommierten MIT-Institut in den USA entwickelt. Es war dabei Teil des bekannten Athena-Projekts. Die erste verfügbare Version von Kerberos trug die Versionsnummer 4 und wurde in der Industrie sehr positiv aufgenommen. Danach folgte die Entwicklung der aktuellen Version 5, die nun auch von der IETF (Internet Engineering Task Force) als Standard akzeptiert wurde.

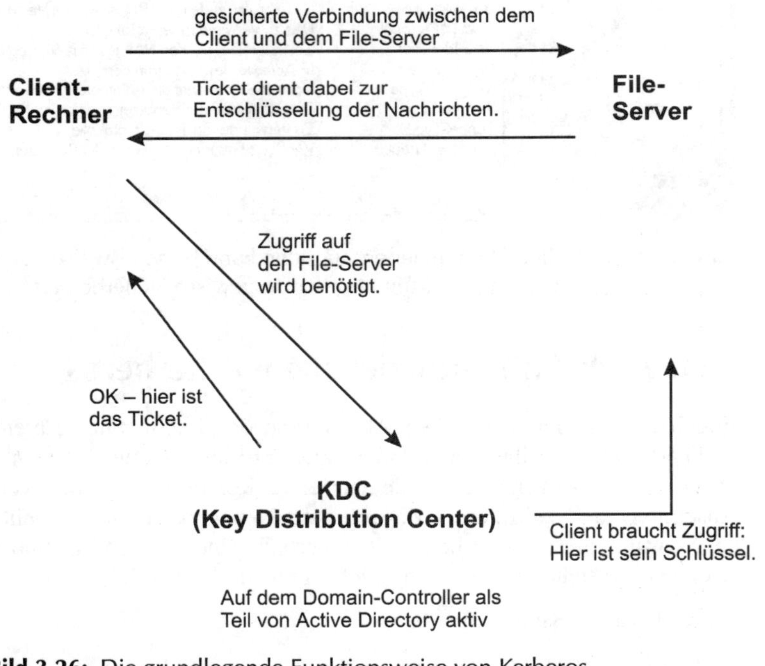

Bild 3.26: Die grundlegende Funktionsweise von Kerberos.

Die Implementierung von Kerberos unter Windows 2000 wurde so angelegt, dass es für den Netzwerkadministrator möglich ist, sofort und problemlos die Authentifizierung mittels NTLM zu beenden, wenn alle im Netzwerk arbeitenden Clients in der Lage sind, Kerberos vollständig zu unterstützen. Kerberos ist weitaus flexibler und effizienter als NTLM und bietet unter anderem die folgenden Vorteile:

- Schnellerer Verbindungsaufbau: Beim Einsatz der NTLM-Authentifizierung muss ein Anwendungs-Server jedes mal eine Verbindung zum Domain-Controller aufbauen, um die entsprechenden Berechtigungen des Clients zu überprüfen. Beim Einsatz der Kerberos-Authentifizierung braucht der Server nicht extra eine Verbindung zum Domain-Controller aufbauen, sondern kann die Clients selbst authentifizieren. Dies geschieht durch eine Beglaubigung (*credential*), die er vom Client erhält.

- Wechselseitige Authentifizierung: Beim Einsatz von NTLM ist es möglich, dass die Server die Identitäten der Clients überprüfen, allerdings ist der umgekehrte Weg dabei nicht möglich. Auch die Überprüfung und Bestätigung der Server-Identität untereinander wurde nicht unterstützt. Die NTLM-Authentifizierung war für eine Netzwerkumgebung entwickelt worden, bei der man davon ausgeht, dass die Identität der Server immer korrekt und verifiziert ist. Unter Kerberos wird von keinerlei solcher Vorraussetzungen ausgegangen: Beide Seiten einer Verbindung sind damit in der Lage festzustellen, ob der Partner am anderen Ende wirklich der ist, der er vorgibt zu sein.

- Delegierte Authentifizierung: Die verschiedenen Windows-Services verkörpern bestimmte Clients, wenn sie für ihre Zwecke auf Ressourcen im Netzwerk zugreifen müssen. So ist es oft auch möglich, dass ein solches Service-Programm die Arbeit eines Clients zu Ende führen kann, indem er den Zugriff auf die benötigten lokalen Ressourcen erhält. Sowohl NTLM als auch Kerberos stellen den Services die Information zur Verfügung, um solche Aufgaben lokal zu erledigen. Allerdings existieren eine ganze Reihe von verteilten Lösungen, die so angelegt sind, dass ein Service der auf einem Client-Rechner (also auf dem »Front-End«) aktiv ist, plötzlich auch die Identität des Clients gegenüber einem Service auf einem anderen Server im Netz (dem »Back-End«) einnehmen muss. Um auch in diesen Fällen eine korrekte Abarbeitung der Aufgaben zu garantieren, stellt Kerberos hier einen Proxy-Dienst zur Verfügung, der es einem Service erlaubt, die Identität seines Clients auch gegenüber einem anderen Service einzunehmen, der nicht auf dem lokalen Rechner aktiv ist.

- Vereinfachte Verwaltung des Trust-Managements: Durch die gegenseitige Authentifizierung bei Kerberos ist das Vertrauen (*trust*) zwischen den Sicherheitseinrichtungen unter Windows 2000 grundsätzlich beidseitig und transitiv. Aus diesem Grund wird auch kein komplexes Netz von Punkt-zu-Punkt-Beziehungen zwischen den Servern mehr benötigt. Die verschiedenen Domains eines großen Netzwerks können unter Kerberos in einem Baum von transitiven, gegenseitigen Vertrauensbeziehungen aufgebaut werden.

- Interoperabilität: Die von Microsoft eingesetzte Implementierung des Kerberos-Protokolls basiert auf den Standardvorgaben, die auch der IETF vorgelegt wurden. Deshalb ist beim Einsatz von Kerberos unter Windows 2000 auch sichergestellt, dass eine problemlose Zusammenarbeit mit anderen Netzwerken möglich ist, die ebenfalls Kerberos 5 zur Authenifizierung einsetzen.

Auch Erweiterungen wurden von Microsoft zu Kerberos 5 hinzugefügt. Während die Standard-Implementierung nur eine Authentifizierung mit Zertifikaten erlaubt, die private Schlüssel verwendet (symmetrische oder auch konventionelle Verschlüsselung), kann Kerberos unter Windows 2000 auch Zertifikate einsetzen, die öffentliche Schlüssel (asymmetrische Verschlüsselung) verwenden. Damit ermöglicht das Kerberos-Protokoll auch eine interaktive Anmeldung der Anwender mittels Smartcards. Diese Erweiterungen wurde von einer Reihe von Firmen bei der IETF als Vorschlag eingereicht und sollen einmal Teil des Standards werden.

Allerdings mehren sich seit dem Erscheinen der endgültigen Version von Windows 2000 auf dem Markt die Stimmen, die den von Microsoft hinzugefügten Erweiterungen ein hohes Maß an Inkompatibilität zu bestehenden Kerberos 5-Versionen gerade auf den Unix-Plattformen unterstellen. Diese Kritikpunkte sind umso schwerwiegender, als sie auch aus den Reihen des MIT geäußert werden. Es ist leider nicht möglich, im Rahmen dieses Buches solche Unterschiede aufzuspüren. Wer allerdings beabsichtigt, Kerberos unter Windows 2000 in heterogen Netzwerken einzusetzen, sollte sich über den aktuellen Stand der Dinge unbedingt informieren, um unliebsame Überraschungen beim Einsatz dieser Technologie zu vermeiden.

3.7.1 Kerberos – Anmeldung und Verbindungsaufbau

Die grundsätzliche Funktionsweise von Kerberos ist einfach: Um diese Art der Authentifizierung einzusetzen, werden so genannte Tickets eingesetzt, um Dienste im Netzwerk verwenden zu können. Die Abbildung 3.26 zeigt, wie dieser Vorgang prinzipiell abläuft. Eine der Besonderheiten des Kerberos-Protokolls ist, dass sowohl die Identität der Netzwerkdienste als auch des entsprechenden Anwenders überprüft wird. Dieser Vorgang wird auch als wechselseitige Authentifizierung bezeichnet (*mutual authentification*). Einen zusätzlichen Überblick über die unter Kerberos verwendete Terminologie bietet auch die Tabelle 3.1.

Kerberos-Terminologie	**Erläuterung**
Realm	Die gesamte Verwaltungseinheit von Kerberos: Eine Windows 2000-Domäne ist eine *Kerberos-Realm.*
KDC	*Key Distribution Center* – die zentrale Verwaltungsstelle für die Schlüssel. Ein Windows 2000 Domänen-Controller fungiert in der Regel als *KDC.*

Tab. 3.1: Grundlegende Begriffe und Abkürzungen unter Kerberos und ihre Funktionen unter Windows 2000.

Kerberos-Terminologie	Erläuterung
TGT	*Ticket-Granting-Ticket*: Ein erstes, ganz besonderes Ticket, das die Erstellung eines Tickets ermöglicht. Dieses gewährleistet dann schließlich den Zugriff auf den eigentlichen Netzwerkdienst.
Session-Key	Ein temporärer Schlüssel, der für die verschlüsselte Client/Server-Kommunikation während der laufenden Sitzung zum Einsatz kommt.
Keytab	Eine Datei, die Schlüssel für den entsprechenden Dienst oder Host-Rechner enthält.
Principal	Wird dazu verwendet, den Kerberos-Client eindeutig zu identifizieren. Ein Beispiel für solch ein *Principal* stellt der jeweilige User-Name plus dem Realm dar.

Tab. 3.1: Grundlegende Begriffe und Abkürzungen unter Kerberos und ihre Funktionen unter Windows 2000.

Auf einen Windows 2000-Domain-Controller ist ein Systemdienst als Teil von Active Directory aktiv, der eine wichtige Rolle bei Kerberos 5 spielt: das KDC (Key Distribution Center) – das Verteilungszentrum für Schlüssel (siehe auch Tabelle 3.1). Ein Anwender, der auf einen Dienst im Netzwerk zugreifen möchte, muss sich gegenüber dem KDC mittels Passwort oder einer anderen sicheren Authentifizierungsmethode wie etwa einer Smartcard ausweisen. Das Kerberos-Client-Programm fordert dann vom KDC ein TGT (Ticket-granting-Ticket) für diesen Anwender an. Diese Anforderung wird in einer unverschlüsselten Meldung an das KDC geschickt, in der sich auch der Name des Clients beziehungsweise des entsprechenden Clients befindet. Das KDC benutzt dann eine lokal vorhandene und sichere Kopie des User-Passworts zur Verschlüsselung und sendet ein verschlüsseltes Ticket an den Client-Rechner zurück. Dieses Ticket enthält unter anderem auch einen Session-Key, der mit einem Zeitstempel versehen wurde. Der Session-Key wird für die weitere Kommunikation zwischen Client-Rechner und KDC benötigt. Weiterhin beinhaltet dieses Ticket auch ein TGT. Der Anwender muss das korrekte Passwort übermitteln, damit dieses Ticket entschlüsselt werden kann und der Client Zugriff auf den Session-Key und das TGT bekommen kann.

Als nächster Schritt wird der Client eine Anforderung an das KDC stellen, dass er das Ticket für den Zugriff auf einen bestimmten Server im Netzwerk mit dem von ihm gewünschten Dienst benötigt. Während dieses Vorgangs sendet der Client ein verschlüsseltes Ticket, das den Session-Key enthält, den er vom KDC bekommen hat. Zudem enthält dieses Ticket die Bezeichnung des Servers auf den er zugreifen möchte, einen Zeitstempel und das TGT. Mit Hilfe des TGTs hat der Client nun jederzeit die Möglichkeit, weitere Tickets für andere Netzwerkdienste in dem Realm anzufordern, ohne dabei jedes Mal die gesamte Authentifizierungsprozedur durchlaufen zu müssen.

Nun führt das KDC eine Überprüfung durch, indem es seine Kopie des Session-Schlüssels dazu verwendet, die Anforderung zu entschlüsseln. Dann werden ein neuer Session-Schlüssel und ein Ticket angefertigt, das die folgenden Daten enthält:

- den gemeinsamen Session-Schlüssel,
- den Namen des Clients,
- die Netzwerkadresse,
- die Lebensdauer des Tickets und
- einen Zeitstempel sowohl für den Client als auch für den Server.

Das KDC führt zudem noch eine Aufgabe durch: Es entschlüsselt das vom Server erhaltene Ticket. Das geschieht durch die Verwendung einer lokalen, sicheren Kopie des Server-Passworts. Dann wird das Server-Ticket mitsamt dem gemeinsamen Session-Schlüssel vom KDC wieder an den Client zurückgeschickt.

Der Client-Rechner kann nun dieses Server-Ticket zusammen mit einem Zeitstempel an den entsprechenden Server-Rechner im Netz übermitteln. Dieser Zeitstempel wird dabei mit Hilfe des gemeinsamen Session-Schlüssels, den er zuvor vom KDC bekommen hat, überprüft.

Der Server verwendet nun sein Passwort dazu, das vom Client übermittelte Ticket zu entschlüsseln. Nach diesem Vorgang besitzt der Server eine gültige Kopie des gemeinsamen Schlüssels für diese Session. Mit Hilfe dieses Schlüssels kann er danach die Nachricht mit dem Zeitstempel entschlüsseln, die er vom Client bekommen hat. Der Server kann so feststellen, dass dieses Ticket wirklich vom KDC erstellt wurde und wird den Client nun als vertrauenswürdig akzeptieren. Da es sich hier aber, wie bereits anfangs erwähnt, um eine wechselseitige Authentifizierung handelt, muss auch der Server dem Client eine entsprechende Mitteilung machen.

Dies geschieht, indem der Server eine ebenfalls mit dem gemeinsamen Session-Schlüssel verschlüsselte Nachricht übermittelt, in der sich der Zeitstempel des Clients und der Servernamen befinden. Der Client wird diese Nachricht entschlüsseln (wiederum mit dem gemeinsamen Session-Key). Danach kann er sicher sein, dass er nun mit dem richtigen und vertrauenswürdigen Server im Netzwerk kommuniziert.

Als besonders wichtiges Merkmal dieser hier geschilderten Kommunikation ist hervorzuheben, dass zu keinem Zeitpunkt ein Passwort in irgendeiner Form über das Netzwerk verschickt wird: Es wird immer nur als Schlüssel auf der jeweiligen Plattform eingesetzt. Ein weiterer Sicherheitsaspekt wird durch die Zeitstempel und die damit verbundene »Lebenszeit« der entsprechenden Tickets gewährleistet. Dadurch sind die Clients gezwungen, sich wieder zu authentifizieren, wenn diese Zeit abgelaufen ist. Dieser Vorgang läuft unter Kerberos völlig automatisch ab. Ein manueller Eingriff des Anwenders ist nicht notwendig.

3.8 Sicherheitskonfiguration und -analyse

Obwohl es sich schon bei Windows NT in der Version 4.0 um ein relativ sicheres Betriebssystem handelte, fehlte es doch häufig an einfachen und in das Betriebssystem integrierten Möglichkeiten, die Sicherheit eines Systems zu überprüfen und zu konfigurieren. So stehen bereits unter dieser Version von Microsofts Server-Betriebssystemen Möglichkeiten zur Verfügung, eine eigene Sicherheitspolitik in einem Netzwerk zu etablieren. Auch die Konfiguration und Überwachung eines Netzwerks sind unter Windows NT mittels der integrierten Werkzeuge für den Administrator gut durchzuführen.

Aus der Sicht eines solchen Netzwerk- und/oder Systemadministrators bietet Windows NT also eine ganze Reihe unterschiedlicher Tools, die es mit Hilfe einer grafischen Oberfläche erlauben, individuelle Einstellungen in den unterschiedlichsten Bereichen der Systemsicherheit durchzuführen. Allerdings besitzen diese Systemwerkzeuge und -einstellungen aber gerade aus der Administratorsicht einen entscheidenden Nachteil: Sie sind nicht zentralisiert. So muss der Systemverantwortliche in vielen Fällen drei, vier oder mehr verschiedene Programme aufrufen, um die Sicherheit eines einzelnen Systems zu konfigurieren. Erschwerend kommt hinzu, dass diese unterschiedlichen Programme nicht an einem zentralen Ort sondern in ganz verschiedenen Untergruppen des Betriebssystems zu finden sind.

Während also auch unter Windows NT Werkzeuge für die Konfiguration der Sicherheitsaspekte zur Verfügung stehen, existieren keine Programme, die eine Analyse der Systemsicherheit zulassen. Einzig die *Ereignisanzeige* mit ihren wenigen und größtenteils nicht besonders aussagekräftigen Informationen stellt hier einige Daten zur Verfügung. Um diese Probleme unter Windows 2000 zu beseitigen, wird von Microsoft ein weiteres Snap-In für die MMC (Microsoft Management Console) zur Verfügung gestellt, das unter der Bezeichnung *Sicherheitskonfiguration und Analyse* zu finden ist (siehe auch Bild 3.27). Auch dieses Werkzeug muss in Regel nachinstalliert werden, da es nicht automatisch bei der Installation eines Server-Systems integriert wird.

Mit Hilfe dieses Werkzeugs steht dem Administrator nun eine zentrale Schaltstelle in der Systemverwaltung zur Verfügung. Es handelt sich dabei um ein ganzes Set dieser Snap-Ins, das laut Aussagen von Microsoft in den nächsten Versionen des Betriebssystems noch weiter ausgebaut werden soll. Ein weiteres wichtiges Snap-In, das in diesem Abschnitt noch eingehender erläutert wird, sind dabei die so genannten *Sicherheitsvorlagen*, die als Schablonen für die Sicherheitseinstellungen dienen.

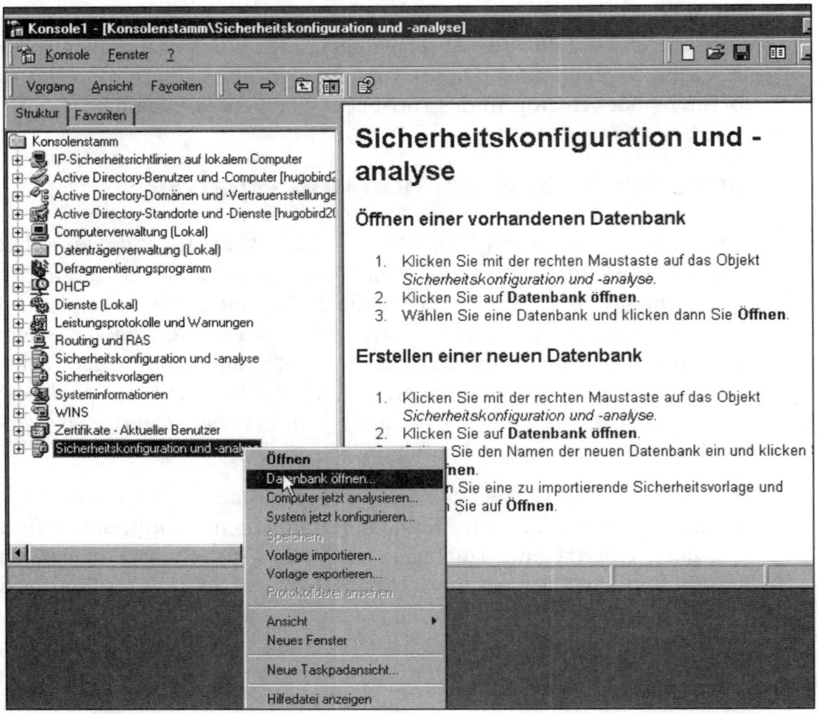

Bild 3.27: Sicherheitskonfiguration und -analyse: Ein Snap-In für die MMC (Microsoft Management Console), das die Einstellung und Überwachung der Sicherheitsmerkmale eines Systems zentralisiert.

Das Werkzeug erlaubt es dem Systemverwalter, die folgenden Aufgaben mit seiner Hilfe durchzuführen:

- Konfiguration der Systemsicherheit auf einem oder mehreren Windows NT- oder Windows 2000-Systemen und
- die Durchführung von Sicherheitsanalysen auf diesen Rechnersystemen.

Da es sich um eine sehr komplexe Aufgabe handelt, die Systemsicherheit auf einem Windows 2000-System zu analysieren und dann entsprechend zu konfigurieren, wurde diese Sammlung von Snap-Ins so konzipiert, dass sie es dem Administrator erlaubt, auf einer übergeordneten Ebene zu arbeiten. Das bedeutet, mit Hilfe dieses Tool-Sets kann der Administrator beispielsweise eine ganze Reihe von Einstellungen und Konfigurationen definieren und sie dann automatisch im Hintergrund ausführen lassen. Die Sicherheitskonfiguration ermöglicht es zudem, die entsprechenden Konfigurationsvorgänge zu automatisieren. So kann es vermieden werden, dass der Systemverwalter auf jedem Rechner die gleichen Mausklicks und Einstellungen immer wieder vornehmen muss, um einen einheitlichen Sicherheitsstandard zu erreichen.

3.8.1 Merkmale der Sicherheitskonfiguration und -analyse im Überblick

Im Gegensatz zu anderen Betriebssystemen, die Microsoft bisher auf den Markt gebracht hat, wurde die Systemsicherheit als zentrales Merkmal in fast allen Bereichen des Systems integriert. Dadurch wird es aber auch weitaus komplizierter, die Frage »Wie sicher sind mein Rechner und das Netzwerk?« eindeutig zu beantworten. Hier fungiert das Werkzeug für die Sicherheitskonfiguration als zentrales Repository, mit dessen Hilfe die Analyse und Konfiguration der folgenden Systembereiche möglich ist:

- Richtlinien für die Konten der Anwender – sowohl lokale als auch Domainweite Passwörter können hier vergeben und verwaltet werden. Dazu gehört auch die Verwaltung der Kerberos-Richtlinien.
- Allgemeine Richtlinien für das lokale System – allgemeine Benutzer- und Zugriffsrechte. Sicherheitsoptionen für lokale Ressourcen wie CD-ROM-Laufwerke, Floppy-Laufwerke und so weiter.
- Gruppen mit Einschränkungen (*restricted groups*): Hier kann die Gruppenzugehörigkeit der Anwender zu den Standardgruppen wie beispielsweise *Administratoren* oder *Sicherungsoperatoren* geregelt werden. Dieses Werkzeug sollte allerdings nicht als allgemeines Tool für die Verwaltung von Anwendergruppen verstanden werden. Es soll nur dazu dienen, die Mitgliedschaft in »sensitiven« Gruppen zu kontrollieren, die spezielle Zugriffsrechte besitzen.
- Systemdienste: Konfiguration der Sicherheit für bestimmte Standarddienste auf dem Server-System. Dazu gehören auch die Netzwerkdienste wie TCP/IP, NetBIOS oder das CIFS-Filesharing (Common Internet File System). Hier können sowohl die Start-Optionen der einzelnen Dienste festgelegt als auch die Zugriffe auf diese Dienst reglementiert werden.
- Dateisysteme: Die Einstellung des NTFS (Windows NT File System) sowie der Zugriffe auf lokale oder auch im Netzwerk freigegebene Dateien oder Verzeichnisse werden hier konfiguriert.
- System-Registry: Das Tool-Set kann eingesetzt werden, um die Sicherheitsmerkmale der lokalen Schlüssel in der Datenbank der Systemregistrierung zu verwalten.

3.8.2 Definition einer Sicherheitsvorlage

Mit den so genannten Sicherheitsvorlagen können all die im vorherigen Abschnitt beschriebenen Merkmale konfiguriert und dann in das System übernommen werden. Dabei werden keine neuen Sicherheitsaspekte oder gar -anwendungen auf dem System installiert. Wie bereits zuvor erwähnt, dient diese Sammlung von Snap-Ins, zu denen auch eines für die Sicherheitsvorlagen gehört, dazu, die auf dem System existierenden Sicherheitsattribute an einem zentralen Punkt zu verwalten. Diese Vorlagen werden als reine Textdatei mit der Endung *.inf* abgespeichert und können auch in das so genannte Gruppenrichtlinienobjekt der Systemkonsole importiert werden. Mittels der Gruppenrichtlinien werden auf einem Windows 2000-System die Programme und andere Komponenten der Desktop-Umgebung definiert und konfiguriert. Nähere Informationen zu diesen Objekten findet man in der Online-Dokumentation des Systems.

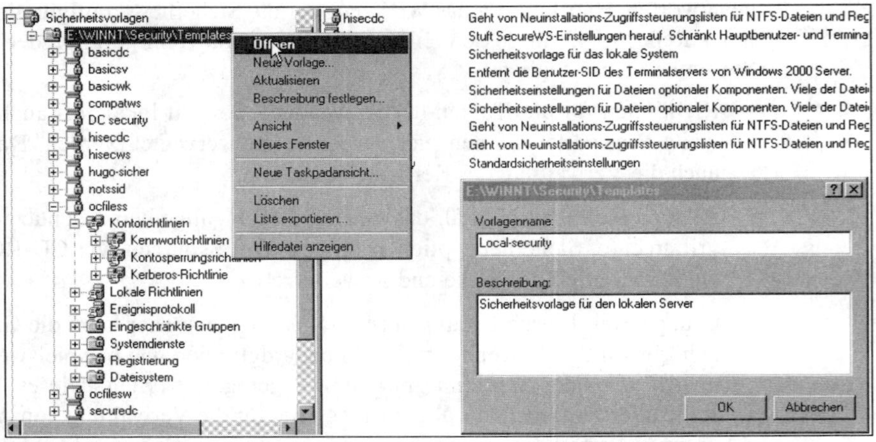

Bild 3.28: Mit Hilfe der so genannten Sicherheitsvorlagen ist es relativ leicht, die grundlegende Konfiguration für die Sicherheit eines Systems festzulegen.

Das Bild 3.28 demonstriert das Anlegen einer solchen Sicherheitsvorlage. In dieser Sicherheitsvorlage können dann die bereits erwähnten Bereiche der Systemsicherheit problemlos konfiguriert werden. Hier findet man dann wieder die jeweiligen Sicherheitsrichtlinien vor:

- Kontorichtlinien,
- Lokale Richtlinien,
- Ereignisprotokoll,
- Eingeschränkte Gruppen,
- Systemdienste,
- Registrierung und
- Dateisystem.

Nach einem Doppelklick auf die Sicherheitsrichtlinie, die angepasst werden soll, kann dann das entsprechende Attribut (beispielsweise Zugriffsrechte auf ein bestimmtes Dateiverzeichnis) ausgewählt und geändert werden.

3.8.3 Die Sicherheitskonfiguration

Im Snap-In *Sicherheitskonfiguration und -analyse* ist es nun möglich, mit Hilfe dieser Vorlage das System entsprechend zu konfigurieren. Dazu muss eine so genannte Sicherheitsdatenbank ausgewählt oder erstellt werden. In diese Datenbank kann dann die erstellte oder eine andere bereits vorhandene Sicherheitsvorlage direkt importiert werden. Wird allerdings eine bereits vorhandene Datenbank eingesetzt, so sollte darauf geachtet werden, welche Sicherheitskonfigurationen und -vorlagen sich bereits in dieser Datenbank befinden.

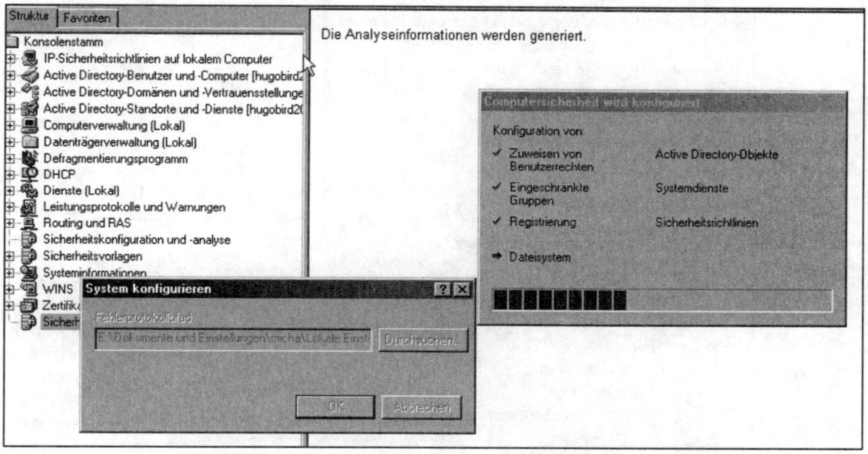

Bild 3.29: Die Konfiguration des Systems mittels des Snap-Ins *Sicherheitskonfiguration und -analyse*: Hier wird gerade eine Datenbank mit Sicherheitsinformationen bearbeitet.

Die Datenbank-Dateien, mit deren Hilfe diese Sicherheitskonfiguration durchgeführt wird, können nämlich durch neue Sicherheitsvorlagen inkrementell ergänzt werden. Diese Vorgehensweise empfiehlt sich besonders dann, wenn nach und nach die Sicherheitsbedürfnisse steigen. Es ist optional aber auch möglich, die bereits in einer Datenbank befindlichen Sicherheitsoptionen zu überschreiben.

3.8.4 Die Sicherheitsanalyse

Die zweite wichtige Fähigkeit dieses Snap-Ins ist die Analyse des aktuellen Sicherheitsstatus eines Windows 2000-Systems. Bei diesem Vorgang wird der augenblickliche Sicherheitsstatus des zu untersuchenden Systems mit einer entsprechenden Sicherheitsvorlage verglichen. Dabei hat der Administrator die Möglichkeit, eine beliebige von ihm erstellte oder bereits bestehende Vorlage in eine eigene Datenbank zu importieren und dann das bestehende System zu überprüfen. Änderungen, die in dieser Datenbank vorgenommen werden, haben deshalb natürlich auch keinen Einfluss auf die Konfiguration des Systems. Die verwendete Vorlage wird bei der Überprüfung vom System als so genannte Basiskonfiguration betrachtet. Das Snap-In fragt während der laufenden Überprüfung die Einstellung aller Sicherheitsbereiche im System ab, die in der Basiskonfiguration festgelegt sind. Wenn bei dieser Überprüfung festgestellt wird, dass die aktuellen Systemeinstellungen mit den Einstellungen in der Basiskonfiguration übereinstimmen, wird davon ausgegangen, dass diese korrekt sind.

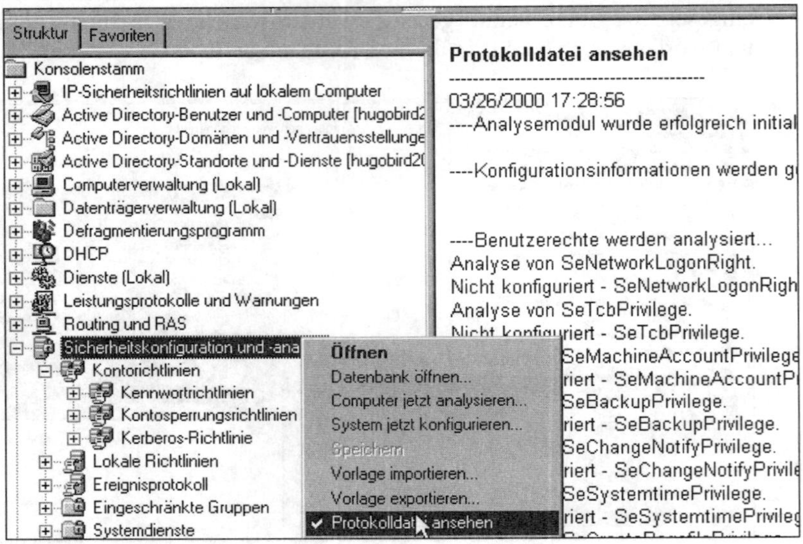

Bild 3.30: Die Protokolldatei der Sicherheitsanalyse kann direkt in der MMC betrachtet werden, wenn die entsprechende Option aktiviert wurde.

Treten bei diesem Vergleich Unterschiede auf, werden diese Attribute in der Protokolldatei als mögliche Probleme angezeigt. So bekommt der Administrator ein Mittel an die Hand, diese Art von potenziellen Problempunkten in seiner Sicherheitskonfiguration aufzuspüren.

Der Name und der Speicherort dieser Protokolldatei kann vor dem Start der Sicherheitsanalyse festgelegt werden. Wenn, wie in Abbildung 3.30 gezeigt, der entsprechende Menüunterpunkt angewählt wurde, wird die Protokolldatei auch direkt nach Beendigung der Überprüfung in der MMC angezeigt.

3.8.5 Automatisierung der Konfiguration und Analyse

Alle Aufgaben und Möglichkeiten, die in den vorherigen Abschnitten geschildert wurden, lassen sich unter Windows 2000 auch über eine Kommandozeilenversion dieser Werkzeuge ausführen. Dabei handelt es sich um ein Programm mit der Bezeichnung *secedit.exe*. Da es direkt von der Kommandozeile aus arbeitet, kann es problemlos über Stapeldateien oder durch den Taskplaner ausgeführt werden.

Somit können beispielsweise Sicherheitsvorlagen automatisch erstellt oder auch Sicherheitsanalysen auf diese Art und Weise ausgeführt werden. Dieses Kommandozeilen-Tool lässt sich besonders gut dann einsetzen, wenn der Systemverwalter mehrere Systeme in seinem Netzwerk konfigurieren muss und dabei überall die gleichen Sicherheitseinstellung benötigt. Zudem bietet sich über *secedit* die Möglichkeit, beispielsweise die Analyse der Systemsicherheit auf einem Server automatisch im Hintergrund ablaufen zu lassen, wenn das System nicht so stark belastet ist. Die grundlegende Syntax dieses Programms lautet wie folgt:

```
secedit /analyse | /configure | /refreshpolicy | /export | /validate
```

Dabei muss jeweils eines der Schlüsselwörter vorhanden sein, um entweder ein System zu analysieren, zu konfigurieren oder eine der anderen Möglichkeiten auszuführen. Diese »Schalter« benötigen in der Regel noch weitere Optionen, die beispielsweise den Pfad zu der Datenbankdatei angeben, die das Werkzeug verwenden soll. Diese Parameter und Optionen werden in der Online-Dokumentation ausführlich geschildert.

Kapitel 4

Das Active Directory – Grundlage für ein Sicherheitskonzept

Mit dem Verzeichnisdienst von Windows 2000, dem Active Directory, vollzieht Microsoft einen wesentlichen Schritt, um sein neues Betriebssystem für den unternehmensweiten Einsatz tauglich zu machen. Dieses Konzept bringt eine massive Änderung gegenüber der Vorgängerversion mit sich. Denn nun sind an einer netzwerkweit zentralen Stelle die wichtigsten Informationen zusammengefasst, die sich mit Aspekten der Sicherheit sowie der Administrierbarkeit befassen.

Doch auch Softwareprodukte, die auf Basis von Windows 2000 zum Einsatz kommen, profitieren vom Active Directory. Sie müssen künftig keine eigenen Verzeichnisdienste implementieren, sondern sind in der Lage, auf die entsprechenden Dienste des Active Directory zurückzugreifen.

Hinter einem Verzeichnisdienst verbirgt sich zuerst nichts besonderes. Praktisch ein jeder hat damit schon zu tun gehabt, selbst wenn er mit Computernetzwerken nichts am Hut hat. Ein Beispiel für einen Verzeichnisdienst sind die Gelben Seiten, also das Branchentelefonbuch. Hier findet der Interessent unter einer Vielzahl von gleichartigen Informationen in der Regel die gewünschte Adresse. Ein anderes gängiges Beispiel für einen Verzeichnisdienst – nunmehr allerdings schon im Bereich der Computer beheimatet – bildet ein Dateisystem des PCs. Hier sind die wesentlichen Informationen zusammengefasst, um auf die einzelnen Dateien zugreifen zu können. Sozusagen als Abstraktion dieser Spezialfälle gilt nun das Active Directory, das Informationen über bestimmte Objekte beherbergt.

Im Falle eines Verbundes aus Computern, die über ein Netzwerk wie auch immer gekoppelt sind, lassen sich eine Vielzahl von Objekten definieren, die für die Kooperation oder auch nur die Kommunikation untereinander interessant sind. Typische Vertreter dieser Gattung sind einzelne Computer selbst, Anwender am System aber auch Anwendungsprogramme, Faxgeräte oder Drucker. In der Verallgemeinerung findet auch der Begriff Ressource für jedes dieser Objekte Verwendung. Hierbei ist allerdings noch eine kleine Unterscheidung zu berücksichtigen. Das Verzeichnis selbst speichert all die Informationen und der Verzeichnisdienst erst macht diese Informationen verfügbar und so letztendlich auch nutzbar.

Mit dem AD hat Microsoft allerdings nicht die erste Implementation eines derartigen Konzeptes vorgestellt. Schon bei Banyan hatte man erkannt, dass der netzwerkweite Zugriff auf Ressourcen eine zentrale Bedeutung bekommt. Danach hat Novell mit seinen Netware Directory Services (NDS) aufgeschlossen und eine verteilte Datenbank mit den entsprechenden Informationen im Umfeld von Netware 4.x vorgestellt.

Nachdem Windows NT bisher auch ohne das Active Directory ausgekommen ist und mit dem AD auch jede Menge an zusätzlichen Wissen, an Planung und an Aufwand notwendig wird, sollen zuerst die Vorteile eines derartigen Konzeptes zur Sprache kommen. Heutige Netzwerkkonzeptionen tendieren dazu, an Komplexität und an Größe zuzunehmen. Immer noch mehr unterschiedliche Systeme sind im Netzwerk angeschlossen und damit geht die Übersichtlichkeit verloren.

Ein typisches Beispiel ist die Suche nach speziellen Farbdruckern in einem bestimmten Gebäude, wenn ein Anwender beispielweise seine Powerpoint-Folien in Farbe und mit einer maximalen Auflösung ausdrucken will. Dann steht normalerweise der Anruf beim Netzwerkadministrator auf dem Plan, um die gewünschte Information über den passenden Drucker zu bekommen. Doch danach müssen die ausgedruckten Folien auch noch den Weg zum Anwender finden!

Besser wäre in diesem Szenario sicher eine Lösung, bei der die Suche nach dem geeigneten und zugleich nächsten Drucker im Netzwerk über einen zentralen Verzeichnisdienst erledigt wird. Der Anwender gibt dabei in seinem Print-Dialog lediglich einen Farbfoliendrucker ein und das System schlägt den geeigneten vor. Zudem zeigt ein Kommentar auch noch, in welchem Raum sich diese Ressource befindet.

Doch dies stellt nur einen Teil der Funktionalität dar, die ein Verzeichnisdienst zu bieten imstande ist. Viel umfassender sind die Bereiche, die mit der Sicherheit zu tun haben oder die zur Verwaltung der netzwerkweiten Ressourcen dienen. Hierbei kommen beim AD noch weitere Funktionen ins Spiel, die sich für das tägliche Arbeiten anbieten:

- Die Replikation sorgt dafür, dass die Datenbankkopien auf den vorhandenen Servern permanent abgeglichen werden. Damit kann der Ausfall einzelner Server kompensiert werden (Fehlertoleranz).
- Um einen effektiven Zugriff auf den Verzeichnisdienst zu ermöglichen, darf man das Verzeichnis in Untergruppen aufteilen. Das hat auch zur Folge, dass sich sehr viele Informationen über Objekte im AD ablegen lassen.
- Das AD kann über sehr viele Rechner im Netzwerk verteilt werden. Auch dies dient der Sicherheit bei einem etwaigen Systemausfall und dem effektiven Zugriff durch die Anwender.
- Mit dem AD werden die Sicherheitseinstellungen zentral geschützt und verwaltet, die die Administratoren für ihr Netzwerk definiert haben.

Damit übernimmt das AD zwei wesentliche Aufgaben: Zum einen ist dies ein Konzept, mit dem sich die Verwaltung der netzwerkweiten Ressourcen vereinfacht, und zum anderen steht damit ein Hilfsmittel für den Anwender beziehungsweise für Anwendersoftware zur Verfügung.

In diesem Kontext spielt die Skalierbarkeit dieses Konzeptes eine eminent wichtige Rolle. Microsoft verspricht, das AD arbeite in kleinsten Konfigurationen mit einem Server und nur einigen hundert Objekten bis hin zu tausenden Servern mit Millionen Objekten. Zugegebenerweise müssen die Autoren gestehen, die Obergrenze im Rahmen dieses Buches nicht ausgetestet zu haben.

4.1 Die grundlegenden Begriffe des Active Directory

Zum Verständnis der Architektur des Active Directory, sind zuerst die notwendigen Begriffe zu klären. Einige erscheinen zwar bekannt aus alten Windows NT-Tagen, doch hat sich die Bedeutung massiv geändert.

Gültigkeitsbereich (Scope)

Der Gültigkeitsbereich des Directory ist sehr weiträumig. Er kann alle einzelnen Objekte, alle Server und sogar jede Domäne innerhalb eines Weitverkehrsnetzwerks umfassen. Selbst die Kombination von mehreren Weitverkehrsnetzen ist dabei denkbar, so dass mehrere Netzwerke sich in einem AD verwalten lassen. Dieser Ansatz war den Entwicklern des AD quasi vorgegeben, denn nur so lässt sich die geforderte Skalierbarkeit von Netzwerken mit einem Server über eines mit mehreren Servern bis hin zu Netzwerkverbunden effizient realisieren.

Namensraum

Wie auch bei allen anderen Verzeichnisdiensten gehört die Bildung eines einheitlichen Namensraums zu den Grundaufgaben. Dabei handelt es sich um einen Bereich, in dem ein Name aufgelöst werden kann. Unter der Auflösung eines Namens ist der Vorgang zu verstehen, bei dem aus dem angegebenen Namen einer gewünschten Ressource der Weg zum Objekt beziehungsweise zur gesuchten Information selbst gefunden wird.

Objekt

In der Terminologie der Verzeichnisdienste versteht man unter Objekt nichts anderes als eine Menge von Eigenschaften, die ihrerseits etwas Konkretes, sprich etwas »Greifbares« repräsentieren. Ein Beispiel für ein Objekt ist ein Anwender. Dafür existiert ein Objekt namens User, das bestimmte Datensätze besitzen muss: Der Anmeldename des Anwenders, sein Passwort, seine E-Mail-Adresse, sein Heimatverzeichnis etc. stellen einige Attribute dar, die bei diesem Objekt erforderlich sind.

Container

Bei einem Container handelt es sich um ein spezielles Objekt, das zwar Attribute besitzt, aber doch auf keine »konkrete« Instanz verweist. Die Aufgabe eines Containers liegt in der Gruppierung von Objekten. Damit lassen sich Objekte mit ähnlicher Sicherheit, Verwaltung, etc. zusammenfassen. Dies bietet für die Administration große Vorteile, zumal die Container für die Strukturierung des AD-Baumes sorgen. Hier drängt sich die Analogie zum Dateisystem auf: Es besitzt Dateien und Verzeichnisse. Die Dateien beinhalten unter anderem die Nutzinformation, die Verzeichnisse eines Dateisystems aber sorgen nur für die baumartige Struktur. Für den Container bedeutet dies, dass er zwar wie ein normales Objekt Attribute besitzen kann, aber keine Ressource an sich repräsentiert.

Baum (Tree)

Um die komplette Hierarchie innerhalb eines AD zu beschreiben, findet der Begriff Baum Anwendung. Wie bei einem Dateisystem ist das AD baumartig strukturiert. Die Endpunkte in dieser Struktur sind die gewöhnlichen Objekte, die Knoten im Baum – also die Verzweigungspunkte – die bereits besprochenen Container. Mit Hilfe des AD-Baumes wird deutlich, wie die Objekte miteinander verknüpft sind oder wie der Pfad von einem Objekt zu einem anderen lautet. Dabei sind auch Sonderfälle möglich. So entspricht beispielsweise ein einfaches Verzeichnis einem Container. Ebenso kann eine Domäne ein Container sein. Dagegen ist ein zusammenhängender Subtree nichts anderes als ein ununterbrochener Pfad im AD-Baum, der alle Objekte innerhalb jedes Containers in dem Pfad enthält. Bild 4.1 verdeutlicht diesen Sachverhalt.

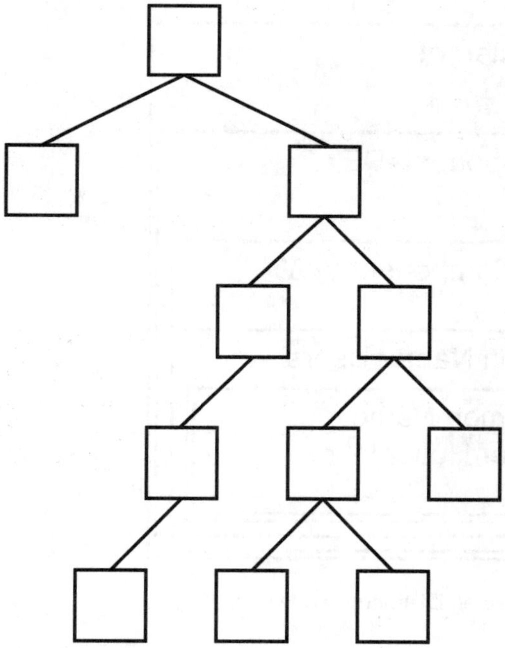

Bild 4.1: Beispiel für einen zusammenhängenden Subtree in einem Verzeichnis.

Name

Der Name eines Objektes identifiziert die gewünschte Ressource im Verbund. Das ist insoweit nichts besonderes. Doch es existieren – ähnlich wie bei einem Dateisystem – zwei Versionen: Es handelt sich beim AD um den *Distinguished Name« (DN* und um den *Relative Distinguished Name* (*RDN*). Auch bei einem üblichen Dateisystem existiert immer ein absoluter Pfadname und ein relativer Name.

Der DN bezeichnet zum einen das gewünschte Objekt im AD eindeutig und zeigt auch den kompletten Pfad durch die gesamte Container-Hierarchie, über die der Zugriff auf das Objekt möglich ist. Ein typisches Beispiel für einen DN lautet:

```
/O=Internet/DC=DE/DC=AWI/CN=Users/CN=Rainer Huttenloher
```

Bild 4.2 verdeutlicht diese Zusammenhänge. Diese vergleichsweise umständliche Namensgebung beruht auf den X.500-Ansätzen, die ursprünglich von der Telekommunikationsindustrie entworfen und dann auch standardisiert wurden.

Jedes Verzeichnissystem, das zu diesem Standard und dem daraus abgeleiteten Konzepten wie beispielsweise zu LDAP (Lightweight Directory Access Protocol) kompatibel sein will/muss, hat diese Namensgebung und somit auch diese Strukturierung zu respektieren.

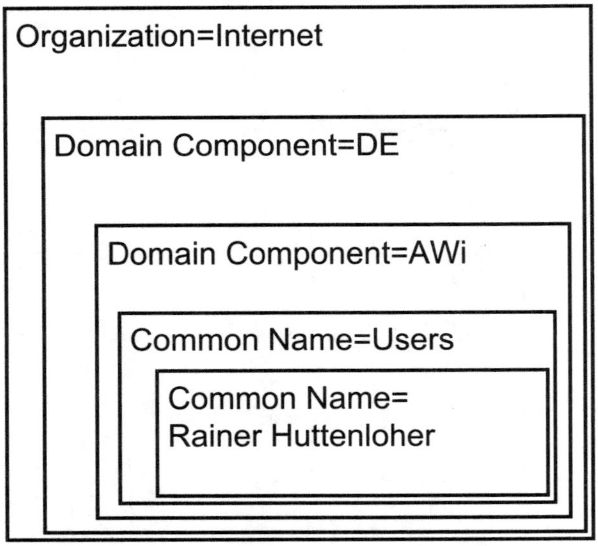

Bild 4.2: Beispiel für einen Distinguished Name.

Unter dem RDN versteht man dagegen nur den letzten Teil in der Namenskette, der auf das Objekt selbst verweist. Dieser Name wird zudem in einem der Attribute des Objektes selbst abgelegt. Im vorherigen Beispiel lautet der RDN des User-Objektes »Rainer Huttenloher« lediglich CN=Rainer Huttenloher.

Schema

Im Schema des AD befinden sich alle Objektklassen und Attribute, die sich im Verzeichnis ablegen lassen. Für jede Objektklasse legt das Schema auch fest, wo sie in der Verzeichnishierarchie erzeugt werden kann. Dazu sind die zutreffenden

Eltern der Objektklasse angegeben. Der Inhalt einer Objektklasse wird seinerseits durch die Attribute der Klasse festgelegt.

Ein vorgefertigtes Schema könnte zwar viele Anforderungen bereits abdecken. Doch erst die Erweiterbarkeit dieses Konzeptes bringt den großen Schritt nach vorne. Die Erweiterung verläuft vergleichsweise einfach und kann sowohl von Anwendern aber auch von Applikationsprogrammen vorgenommen werden.

Die einfachste Erweiterung ist das Hinzufügen von weiteren Attributen. Dies kann zu jeder Zeit erfolgen. Die Definition eines Attributes besteht aus einem Namen für das Objekt, einer zugeordneten Objektidentifikationsnummer (OID, Object ID) sowie einer Vorschrift, mit der festgelegt wird, welche Arten von Daten das Attribut beherbergen kann und optional noch eine Angabe über die Bereichsgrenzen für die Werte. Im Falle von Zeichenketten beispielsweise umfassen diese Grenzen die Angabe der minimalen und der maximalen Zeichenkettenlänge.

Jedem der sich mit großen Datenbanken auseinander zu setzen hat, wird klar sein, dass die Geschwindigkeit der Bearbeitung einer Abfrage massiv davon abhängt, ob ein guter Index verfügbar ist, der eine Optimierung der Abfrage erlaubt. Ist kein derartiger Index vorhanden, muss der LDAP-Server bei einer gegebenen Abfrage die komplette Partition des AD durchforsten.

Wenn man ein Attribut definiert, besteht die Möglichkeit, einen Index für dieses Attribut zu erzeugen. Aber auch über bereits bestehende Attribute lässt sich ein Index anlegen. Das Anlegen eines Index erscheint angeraten, wenn

- das Attribut sehr häufig bei Abfragen Verwendung findet. Das Hinzufügen eines Index verbraucht einerseits Speicherplatz und beeinträchtigt die Einfüge-Operationen negativ in Sachen Performance – der Index muss ja auch gewahrt bleiben, wenn eine Einheit eingefügt wird.
- die Werte in dem Attribute im hohen Masse »einzigartig« sind. Beispielsweise verbietet sich der Einsatz von Bool'schen Werten als Index. Dagegen eignen sich etwa Namen oder noch besser die Mitarbeiternummer.
- das Attribut bei den Objekten auftritt, nach denen häufig gesucht wird. Daher sollte das Attribut zu einem Muss-Kriterium bei den Objekten gehören, nach denen gesucht wird.

Neben dem Hinzufügen von Attributen ist mitunter auch das Erweitern durch neue Objekte notwendig. Dazu lassen sich neue Objektklassen jederzeit in das Schema einbauen.

Die Definition eines Objekts benötigt natürlich auch einen Namen, eine Objektidentifikationsnummer (OID) sowie eine Reihe von Attributen, die enthalten sein müssen beziehungsweise sein können. Dazu kommt noch die Angabe der »Eltern« für dieses neue Objekt und die Klasse, von der das Objekt abgeleitet wurde sowie eine Liste von Hilfsklassen, die zu diesem Objekt gehören.

Um das Schema explizit zu erweitern, benötigt der Anwender allerdings die entsprechenden Administrator-Rechte. Mit Hilfe eines Snap-ins für die Microsoft Management Console (MMC), das bei Windows 2000 enthalten ist, ist der Anwender dann in der Lage, neue Attribute oder Klassen anzulegen. Für jede neue Klasse und für jedes neue Attribut ist eine OID erforderlich.

Diese Nummer identifiziert eindeutig eine Objektklasse oder ein Attribut im Verzeichnisdienst. Herausgegeben werden die OIDs von den Issuing Authorities. Dabei wird großer Wert darauf gelegt, dass diese OIDs eine Hierarchie bilden. Sie besitzen das Format von Dezimalzahlen, getrennt durch Punkte – nach dem Motto »1.2.3.4«.

Firmen können sich eine OID zuweisen lassen und anschließend diese OID als den Ausgangspunkt ihrer internen Hierarchie verwenden.

Namenskontext (Naming Context) und Partitionen

Ein AD besteht immer aus einem oder mehreren Partitionen (auch als Namenskontext bezeichnet). Dabei handelt es sich um einen zusammenhängenden Subtree des Verzeichnisses. Diese Partitionen sind notwendig für die Unterteilung eines AD, wenn es um die Replikation der AD-Informationen geht. Als kleinste Replikationseinheit werden die einzelnen Attribute repliziert. Es existieren jedoch drei Partitionen (Schema, Configuration sowie Domänendatenbank), die in zwei verschiedenen Replikationsringen repliziert werden: Schema und Configuration zusammen sowie die Domäne.

Somit wird auch klar: In einem AD verwaltet ein Server zumindest drei Partitionen: Das Schema, die Konfiguration (mit der Replikationstopologie und den zugehörigen Metadaten) sowie zumindest einen Domänen-Namenskontext (die einzelnen Subtrees mit den aktuellen Objekten im Verzeichnis).

Domäne (Domain)

Beim Begriff der Domäne muss der Windows NT-Profi umdenken. Zwar übernimmt eine Domäne im Wesentlichen nach wie vor die Aufgabe einer Sicherheitstrennlinie innerhalb eines Computernetzwerks, doch kommt hier weitaus mehr als bisher die Bedeutung zum Tragen, wie sie auch die Domänen im Internet inne haben. Für das erste Verständnis des AD reicht es allerdings, sich folgendes vor Augen zu halten: Ein AD kann sich über eine oder über mehrere Domänen erstrecken, die sich ihrerseits auch über mehrere Niederlassungen eines Unternehmens spannen.

Generell gilt, dass jede Domäne ihre eigenen Sicherheitsrichtlinien besitzt und über Vertrauensbeziehungen mit anderen Domänen verbunden sein kann. Auch hier gibt es einen Sonderfall: Wenn alle über Vertrauensbeziehungen verknüpften Domänen ein gemeinsames Schema, eine gemeinsame Konfiguration sowie einen gemeinsamen Global Catalog verwenden, dann bilden sie einen so genannten Forest. Ein Forest besteht im Extremfall aus nur einer einzelnen Domäne, aus einem Domänenbaum oder aber aus mehreren Trees.

Domänenbaum (Domain Tree)

Neben den bereits besprochenen Eigenschaften eines Domänenbaums (gemeinsames Schema, Konfiguration und Global Catalog) bildet dieser Baum auch noch einen zusammenhängenden Namensbereich. Zudem sind die Domänen innerhalb eines Baumes über die Vertrauensbeziehungen verbunden. Daher bietet sich die Darstellung dieser Bäume auf zwei Arten an, zum einen über die Vertrauensbeziehungen zwischen den Domänen und zum anderen über den Namensbereich. Bild 4.3 zeigt Domänen mit ihren Vertrauensbeziehungen.

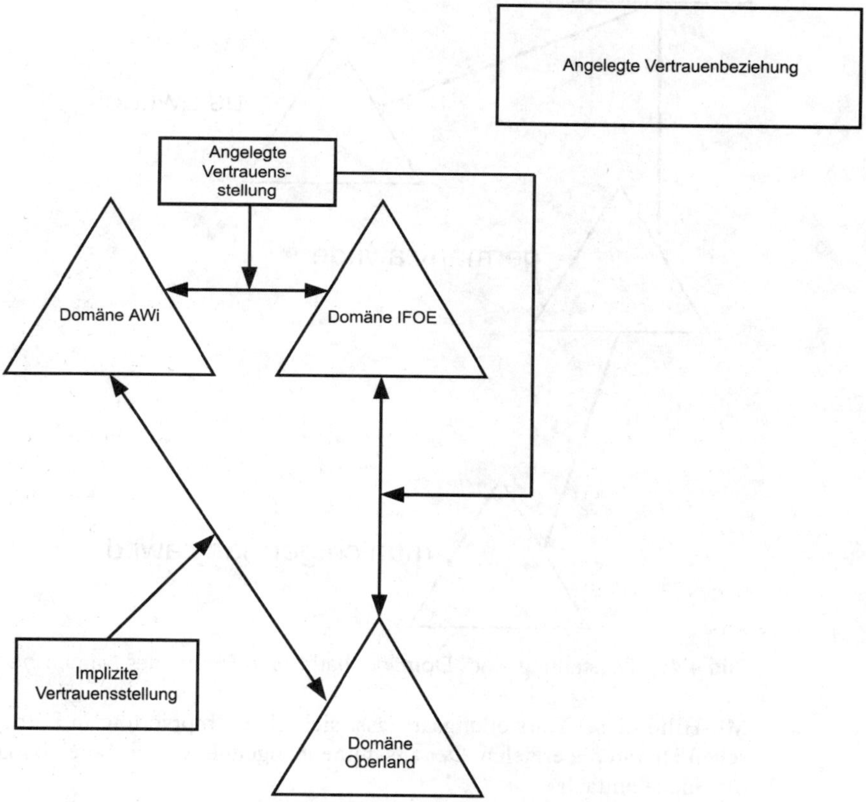

Bild 4.3: Domänen und ihre Vertrauensbeziehungen.

Windows 2000 etabliert die Vertrauensbeziehungen mit Hilfe des Kerberos-Konzeptes. Dieses Sicherheits-Protokoll zeichnet sich durch die Eigenschaften transitiv und hierarchisch aus. Wenn Domäne A der Domäne B vertraut und wenn die Domäne B der Domäne C vertraut, dann vertraut die Domäne A automatisch auch der Domäne C.

Bild 4.4 zeigt dagegen die Darstellung über den Namensbereich. Hier kommt erneut der DN ins Spiel. Er lässt sich bestimmen, indem man dem Pfad im Namensbereich des Domänenbaums folgt.

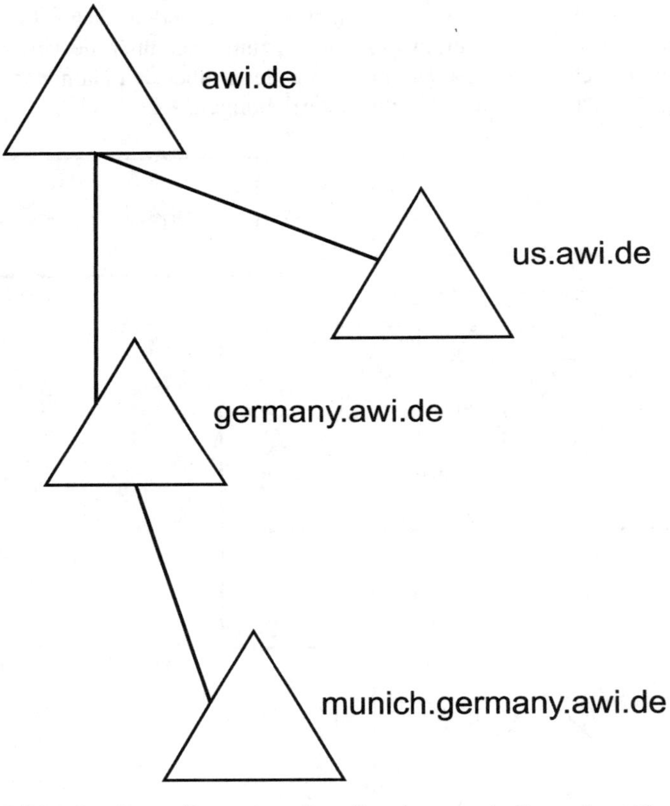

Bild 4.4: Darstellung eines Domänenbaumes in Form eines Namensbereichs.

Mit Hilfe dieser Darstellungsart lässt sich eine Gruppierung in Form einer logischen Hierarchie erzielen. Der zusammenhängende Namensbereich macht hierbei die Suche einfach.

Forest (Wald)

Weisen einer oder mehrere Bäume keinen zusammengehörigen Namensbereich auf, dann lassen sich die Domänen dennoch zusammen gruppieren. Für diese Fälle eignet sich das Forest-Konzept. In der deutschen Übersetzung greift Microsoft für Forest auf die Bezeichnung »Gesamtstruktur« zurück, doch Forest trifft den Kern besser.

Hierbei verwenden alle Bäume im Forest dasselbe Schema und dieselbe Konfiguration und einen gemeinsamen Global Catalog (GC). Beim GC handelt es sich um einen Dienst, der auf einem Domänencontroller (dem ersten, der in einem neuen Forest eingerichtet wird) läuft. Seine Aufgabe ist das Bereitstellen von Meta-Informationen für den gesamten Forest. Dazu gehören Informationen über alle Objekte in den unterschiedlichen Domänen des Forests. Damit der Speicherbedarf nicht zu groß wird, führt der GC aber nur Teilinformationen, Microsoft hat dabei die Vorgaben gemacht, welche Informationen hier abgelegt werden sollen. Mehr zum GC ist ab Seite 213 zu finden.

Alle Bäume innerhalb eines Forest vertrauen sich gegenseitig über die Kerberos-Vertrauensbeziehungen. Aber Vorsicht: Die Domänen vertrauen sich implizit alle gegenseitig, aber nicht explizit. Jede Domäne hat nur mit ihrem Vorgänger und ihrem Nachfolger eine direkte Vertrauensbeziehung.

Anders als ein einzelner Baum besitzt ein Forest keinen DN. Er existiert vielmehr als eine Menge von Objekten, die miteinander in Beziehung stehen. Die Objekte selbst nennen allerdings immer einen DN ihr eigen. Dabei kennen die einzelnen Bäume die Kerberos-Vertrauensbeziehungen zu den anderen Mitgliedern im Forest.

Eine durchgängige Hierarchie existiert daher nur für die Kerberos-Vertrauensbeziehungen. Bild 4.5 zeigt eine Konfiguration, bei der ein Forest aus zwei Verzeichnisbäumen besteht.

Wem sich der Sinn dieses Konstrukts verschließt, der sollte an die zur Zeit typischen Firmenübernahmen denken. So lassen sich zwei ehemals eigenständige Unternehmens – zumindest als ein erster Schritt in der Zusammenlegung der IT-Infrastruktur – sehr gut in einem Forest beheimaten und die notwendigen Vertrauensstellungen aufbauen.

Hierbei soll aber der Hinweis nicht verschwiegen werden, dass ein Zusammenfügen zweier separater Forests derzeit noch nicht möglich ist. Kauft eine Firma also eine andere, so muss ein Forest deinstalliert und danach alle Domänen in den vorhandenen ersten Forest neu installiert werden.

Standort (Site)

Unter einer Site versteht man im Zusammenhang mit dem AD einen Standort innerhalb eines Netzwerks. Normalerweise sind in einem Standort auch Server mit dem Active Directory beheimatet – allerdings lassen sich, so Microsoft, auch Sites erstellen, in denen nur Clients residieren.

Generell besteht eine Site aus einem oder mehreren über TCP/IP gut verknüpften Subnetzen. Die Bezeichnung »gut verknüpft« zielt auf die Bandbreite und Zuverlässigkeit der Netzwerkverbindung ab. Ein treffendes Beispiel dafür ist ein Ethernet-LAN mit 10 oder 100 Mbit/s Übertragungsrate. Mit diesem Site-Konstrukt sind Administratoren in der Lage, die logische Struktur des AD mit ihren Eigenheiten (Replikation, Zugriffsberechtigungen, etc.) auf das physikalische Netzwerk effizient abzubilden.

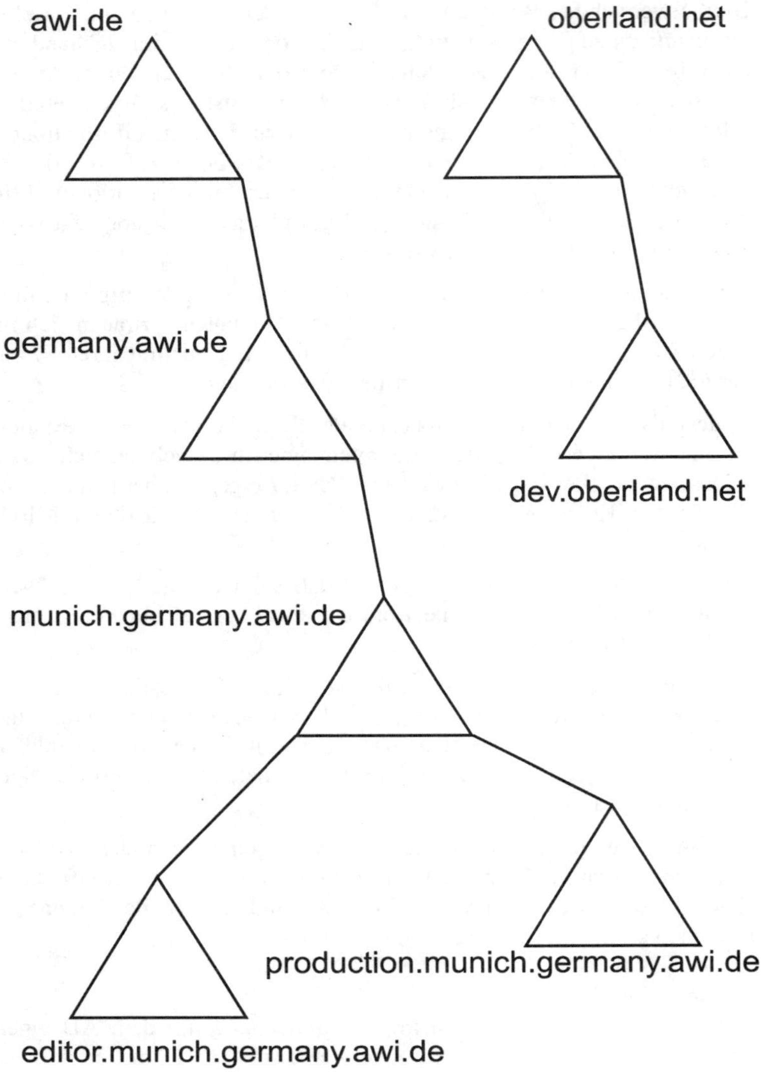

Bild 4.5: Mehrere Bäume bilden einen Forest.

Immer wenn sich ein Anwender am System anmeldet, findet der AD-Client den Server mit dem AD in derselben Site, in der der Anwender sich anmeldet. Insgesamt ergibt sich daraus eine Vereinfachung der Anmeldeprozedur innerhalb einer Site. Dazu kommt noch, dass die Konfiguration der Replikation innerhalb einer Site verläuft und die verschiedenen Dienste (etwa ein fehlertolerantes DFS) ebenfalls innerhalb einer Site gefunden werden.

4.2 Die Architektur des AD

Nachdem die grundlegenden Begriffe des AD bereits erklärt wurden, kommen nun die wesentlichen Architekturmerkmale des AD zur Sprache. Auch hier tauchen neue Begriffe auf, die zunächst der Erklärung bedürfen.

Datenmodell

Das Datenmodell des AD ist von der Mutter aller Verzeichnisdienste, von X.500, abgeleitet. Das Verzeichnis beheimatet Objekte unterschiedlicher Couleur, die ihrerseits durch die Attribute beschrieben sind. Welche Objekte sich im Verzeichnis ablegen lassen, legt das so genannte Schema fest. Für jede Objekt-Klasse definiert diese Struktur die notwendigen und optionalen Attribute, die dann im Objekt – genauer gesagt in der Instanz der Objekt-Klasse – vorhanden sein müssen oder zusätzlich Verwendung finden können. Zudem legt das Schema die Hierarchie der Objekte fest, also welche Objekt-Klasse die übergeordnete Stufe (sozusagen das Elternteil) der aktuellen Objekt-Klasse sein kann.

Die Realisation des Schemas im AD erfolgt als eine Menge von Instanzen von Objekt-Klassen, die im Verzeichnis abgelegt sind. Andere Ansätze von Verzeichnisdiensten verwenden dazu reine Textdateien. Das Ablegen des Schemas im AD selbst verspricht einen großen Vorteil: Auch Anwendungen können dadurch das Schema auslesen und so bestimmen, welche Objekte und Eigenschaften zur Verfügung stehen.

Ein weiteres Highlight des AD ist seine dynamische Erweiterbarkeit. Damit ist beispielsweise eine Applikation in der Lage, das ursprüngliche Schema mit zusätzlichen Attributen und Klassen anzureichern und diese Zusätze auch gleich zu verwenden. Die Modifikationen am Schema erfolgen durch die Bearbeitung der Schema-Objekte, die im AD liegen beziehungsweise neu erzeugt werden. Um die Schema-Objekte zu schützen, kommen Access Control Lists (ACLs) zum Einsatz, sodass nur Anwender oder Anwendungsprogramme mit der entsprechenden Autorisation diese Modifikationen durchführen können.

Das AD stellt ein wesentliches Fundament für die Sicherheitskonzeption unter Windows 2000 dar. Daher müssen die einzelnen Objekte im AD selbst gegen den Zugriff Unbefugter – seien es Anwender oder Applikationen – geschützt werden. Diese Aufgabe übernehmen die ACLs. Sie prüfen bei jedem Zugriff auf ein AD-Objekt, ob die notwendige Berechtigung vorliegt.

Mit Hilfe des AD lässt sich nun auch eine einfachere Verwaltung der netzwerkweiten Ressourcen realisieren. Bekommt ein Anwender von einer »höheren Instanz«, also beispielsweise von seinem zuständigen Administrator die entsprechenden Rechte eingeräumt, dann ist er in der Lage, anstehende Verwaltungsaufgaben an den einzelnen Objekten in der Hierarchie des AD selbständig zu übernehmen. Vom Prinzip her erscheint dies dem Kenner von Windows NT 4 als nichts Besonderes.

Doch hier irrt der vorschnell Urteilende! Denn mit dem AD kommt in diesem Kontext eine Granularität der Berechtigungen ins Spiel, die in der Vorgängerversion von Windows 2000 so detailliert nicht möglich war. Aber hier liegt zugleich die größte Versuchung, denn wenn der Administrator nicht aufpasst, geht die Übersichtlichkeit bei der Verwaltung schnell verloren. Ein gesunder Kompromiss ist also gefragt, wobei nicht alles Machbare auch implementiert werden soll.

Das AD verfügt über ein spezielles Modul, genauer gesagt über einen Prozess, der die physische Abspeicherung des AD übernimmt: der Directory System Agent (DSA). Will ein Client Informationen aus dem AD bekommen, so greift er über eines der möglichen Interfaces (also über eine Programmschnittstelle wie das ADSI oder LDAP) auf den DSA zu. Über dieses Modul wickelt dann das System alle Requests ab, wie etwa das Suchen nach Objekten, das Ändern von Attributen oder auch nur das Lesen von Einträgen. Damit ist jeder Client vom physischen Format des AD, also wie die Informationen letztendlich auf der Festplatte gespeichert sind, isoliert.

Integration des Domain Name System (DNS)

Das Internet basiert auf einem wesentlichen Fundament: dem Domain Name System (DNS). Es stellt im Prinzip nichts anderes sicher als die Umsetzung von Rechnernamen – so wie Menschen sie sich einfach merken können – zu den entsprechenden IP-Adressen, die das Internet Protokoll benötigt. Mit seinem vor Jahren vollzogenen Schwenk in Richtung Internet, unterstützt Microsoft schon in den Vorgängerversionen das DNS. Doch mit Windows 2000 erfolgt ein fast schon kompromisslos zu nennender Übergang zum DNS.

Dabei hat Microsoft seinem DNS aber auch wesentliche Neuerungen hinzugefügt, die sich mittlerweile in der Standardisierung befinden. Bei Microsoft legt man großen Wert auf die Aussage, dass beim DNS bestehende Standards – in der Fachsprache als RFCs (Request for Comments) bezeichnet – implementiert wurden, man sich daher auch an die internationalen Standards hält. Die wohl bedeutendste Neuerung rangiert unter der Bezeichnung Dynamic DNS (siehe auch Kapitel 2.3).

Das AD arbeitet mit dem DNS sehr eng zusammen. Es verwendet das DNS als den Dienst, über den sich netzwerkweit die verschiedenen Ressourcen – zumeist Computer – ermitteln lassen. Die Fachbezeichnung für diese Art Dienst lautet Location Service. Hierbei war aber eine Modifikation im Domänenkonzept von Windows NT notwendig.

Administratoren konnten die bisherigen NT-Domänen nach eigenem Gutdünken und quasi nach einem beliebigen Schema benennen. Damit ist bei Windows 2000 Schluss – nur wer sich an das Muster hält, das im Internet Verwendung findet, der wird alle Vorzüge problemlos nutzen können.

Im Klartext bedeutet das, dass die Domänennamen bei Windows 2000 wie die Domänen im DNS zu bezeichnen sind. Ein Beispiel dazu lautet: AWI.DE – wobei die Darstellung in Groß-/Kleinschreibung keine Unterschiede macht. Diese Bedingung stellt sicher, dass sich Windows 2000-Domänen in das weltweite Internet-Format einordnen lassen.

Server, auf denen das AD läuft, müssen ihre Adressen so bekannt machen, dass die Clients sie finden, selbst wenn auf der Seite der Clients nur bekannt ist, an welcher Domäne sie sich anmelden. Das DNS besitzt dazu so genannte Service Resource Records (SRV RR).

Diese Einträge finden im DNS Verwendung, um den Namen eines Dienstes auf die Adresse des Servers abzubilden, der diesen Service anbietet. Das Format eines derartigen Eintrags sieht aus wie folgt:

```
<dienst>.<protokoll>.<domaene>
```

Ein Beispiel für dieses Format ist der Eintrag eines Servers mit dem AD, der das Protokoll LDAP über das Protokoll TCP bereitstellt und sich zudem in der Domäne `awi.de` befindet:

```
ldap.tcp.awi.de
```

Weitere Informationen in diesem Eintrag befassen sich mit der Priorität und der Gewichtung des Servers. Daraus leitet ein Client dann den Grad der Eignung eines Servers ab. Denn es besteht die Möglichkeit, dass mehrere Server einem Client ihre Dienste offerieren, sodass sich der Client den nächsten Server – also den mit der geringsten Verzögerung – aus dem Verbund (sprich der Domäne) heraussuchen kann.

Beim Installieren des AD zeigt ein AD-Server seine Fähigkeiten an, indem er das Dynamic DNS (DDNS) verwendet. Diese Erweiterung des ursprünglichen DNS-Konzepts berücksichtigt eine Besonderheit, die sich in den Zeiten des Internet ergeben hat: IP-Adressen können sich ändern.

Dies ist vor allem bei Internet-Anbindungen der Fall, bei denen der Internet Service Provider (ISP) seinen Kunden keine festen IP-Adressen zuweist, sondern nur den aktiven Teilnehmern IP-Adressen aus seinem Kontingent dynamisch zuordnet, die dann nach Beendigung der Internet-Session auch wieder an den ISP »zurückfallen«. Das Dynamic DNS selbst ist bereits im Kapitel 2.3 besprochen.

Der Einsatz des Dynamic DNS ist keine Vorbedingung für Windows 2000, selbst wenn bei Windows 2000 Server ein derartiger Server enthalten ist. Doch das Dynamic DNS birgt einen wesentlichen Vorteil: Hiermit können die AD-Server die notwendigen Einträge in das DNS selbst vornehmen. Beim Einsatz eines statischen DNS-Servers sind die entsprechenden Einträge manuell auszuführen. Eine Arbeit, die man vermeiden sollte, da das Format eines Eintrags genauestens passen muss – es sich also um eine sehr fehlerträchtige Aufgabe handelt.

Bei Microsoft selbst wird noch ein weiteres Argument für die Verwendung von Dynamic DNS ins Feld geführt. Es handelt sich bei diesem Service um eine native Implementation für Windows 2000 und nicht um die Portierung der BIND-Software, die öffentlich zur Verfügung steht. Dabei legt der DDNS-Server von Microsoft die DNS-Zonen ab, für die er im Rahmen des AD »authoritativ« ist, für die er sozusagen die Verantwortung trägt.

Die Daten des DNS werden unter den DNS-Servern von Microsoft repliziert. Hat der Administrator vorgegeben, dass die DNS-Zone *Active Directory-Integrated* ist (der DNS-Server ist aber auch vollständig BIND-konform zur Version BIND 8.1.2.), dann findet der Replikationsmechanismus des AD Verwendung, nicht aber der Zonen-Transfer, wie er beim DNS ansonsten üblich ist. Nur für die Interoperabilität zu anderen DNS-Servern greift der DNS-Server von Microsoft auf den Zonen-Transfer zurück.

Zu den beiden anderen Namensdiensten, zu WINS und zu DHCP, sei noch ein kurzes Wort gestattet: Der DHCP-Server hat unter Windows 2000 einiges an Änderungen erfahren (siehe Kapitel 2.2). Der DHCP-Client kann nun ebenfalls mit dem DNS umgehen und verwendet die Dienste des Dynamic DNS, um die die Pointer-Einträge des jeweiligen Clients beim DNS-Server direkt einzutragen. Der DHCP-Client kann sich aber weiterhin beim WINS registrieren, wenn der DHCP-Server beim Finden der WINS-Server im Netzwerk behilflich ist.

Auch im Bereich des WINS bringt Windows 2000 Veränderungen mit sich (siehe Kapitel 2.4). Die Windows 2000-Clients brauchen nicht länger den Netbios-Konventionen folgen. WINS ist aber immer noch für die anderen Clients notwendig. Treten keine »älteren« Clients mehr im Netzwerk auf, schlägt in der Regel dem WINS die letzte Stunde. Diese Server können dann problemlos abgeschaltet werden.

Benennung von Objekten

Für die eindeutige Bezeichnung eines Objekts im AD gibt es genau einen Namen, den Distinguished Name (DN). Er beinhaltet genug Informationen, um einem Client den Zugriff auf ein Objekt im AD zu ermöglichen. Wie bereits zuvor angedeutet, kann ein DN sehr schwierig zu merken und einzutippen sein, je nachdem, wie tief das Objekt sich in der Hierarchie des AD befindet. Außerdem besteht die Möglichkeit, dass sich der DN eines Objekts ändert – etwa wenn man Modifikationen am Schema des AD vornimmt.

Aus diesen Gründen erscheint es angeraten, andere Möglichkeiten für den Zugriff auf ein Objekt einzubauen. Dazu unterstützt das AD Abfragen, die sich an bestimmten Attributen eines Objekts beziehungsweise einer Objektklasse orientieren. Das bietet den Vorteil, dass ein Anwender ein Objekt auch dann finden kann, wenn er den genauen DN dieses Objekts nicht kennt. Um das Suchen von Objekten über spezielle Suchkriterien zu vereinfachen, haben die Entwickler des AD zwei nützliche Eigenschaften implementiert:

- Ein Globally Unique Identifier (GUID) wird jedem Objekt zugewiesen, wenn es erzeugt wird. Hinter einem GUID verbirgt sich nichts anderes als eine 128-Bit-Zahl, die garantiert im kompletten Verbund nur einmal vorkommt. Diese

GUID eines Objekts wird nie geändert, selbst dann nicht, wenn ein Objekt verschoben oder umbenannt wird. Anwendungen steht es frei, die GUID eines Objektes abzuspeichern und somit das gewünschte Objekt abzurufen – unabhängig davon, welchen DN dieses Objekt zur Zeit hat.

- Der User Principal Name (UPN) ist ein Attribut (eine Eigenschaft, sie entspricht einer Mail-Adresse und ist im RFC 822 spezifiziert) eines Security Principal. Darunter versteht man bei Windows 2000 User, Gruppen oder Computer (diesen drei Gattungen lassen sich Berechtigungen zuweisen). Sie haben aus sicherheitstechnischer Sicht andere Eigenschaften als »tote Ressourcen« – etwa ein Netzwerkdrucker. Ein UPN ist daher nichts anderes als eine Kurzform des DN, der dadurch einfacher zu merken ist. Er besteht in der Regel aus einer Kurzform, um den Anwender zu spezifizieren, sowie aus einem Anteil, der den Domänenbaum eindeutig bestimmt, in dem der Anwender zu finden ist. Ein Beispiel dazu wäre `RainerH@awi.de`. Doch diese Regel lässt sich auch brechen. Denn mit dem Verwaltungs-Tool *AD Domains and Trusts* ist der Administrator in der Lage, weitere Suffixe hinzuzufügen. Ein Anwender aus der Domäne awi.de beispielsweise könnte auch einen UPN namens `abc@updatew2k.de` erhalten. Generell ist aber zu beachten, dass es keine zwei Anwender mit demselben »Kurznamen« geben sollte!

In diesem Kontext sei nochmals darauf hingewiesen, dass nur der DN garantiert eindeutig ist. Denn das AD erlaubt es nicht, dass zwei Objekte denselben RDN haben und zugleich unter dem selben Knoten – sprich Elternteil – in der AD-Hierarchie angesiedelt sind. Mit der Implementierung dieser Regel stellt das AD sicher, dass die Eindeutigkeit gewahrt ist. Dasselbe trifft auf die GUIDs zu. Denn bei ihnen garantiert der verwendete Algorithmus, dass jede GUID nur einmal vergeben wird.

Zugriff auf das AD

Der Zugriff auf das AD erfolgt über spezielle Protokolle. Sie legen fest, mit welchen Nachrichtenformaten und mit welchen Aktionen Clients und Server agieren. Aus Sicht eines Programmierers erschließen sich diese Zugriffsmethoden durch *Application Programming Interfaces (APIs)*. Diese von Microsoft offen gelegten Schnittstellen sollen andere Software-Hersteller motivieren, auf die Verzeichnisdienste des AD zurückzugreifen und nicht eine eigene Datenbank mit diesen Informationen anzulegen. Zudem können andere Anwendungen auch noch zusätzliche Informationen in Form einer Erweiterung der ursprünglichen Struktur in das Schema des AD einbringen. Zu den unterstützten Protokollen gehören:

- X.500: Dieses Protokoll ist quasi der Urahn moderner Verzeichnisdienste. Von X.500 unterstützt das AD allerdings nur das Informationsmodell, hat aber Zugriffsprotokolle wie das Directory Access Protocol (DAP), das Directory System Protocol (DSP), das Directory Information Shadowing Protocol (DISP) oder das Directory Operational Binding Management Protocol (DOP) nicht implementiert. Dies ist allerdings für den Einsatz in heutigen Verzeichnisdiensten kein gravierendes Problem, sind diese Protokolle doch nicht mehr sonderlich gefragt. Sie basieren auf der zwar standardisierten aber doch niemals wichtig gewordenen OSI-Netzwerk-Protokollfamilie. In der Realität spielt einfach die TCP/IP-Familie die dominierende Rolle, das OSI-Networking hat hier keinen Boden gut machen können. Zudem erfordern diese Protokolle in der Regel einen sehr hohen Aufwand, schlucken also enorm Performance. Daher wurde auch aus der X.500-Grundlage das Lightweight Directory Access Protocol (LDAP) entwickelt.

- LDAP: Dieses Protokoll entstand zuerst als eine Alternative zum DAP des X.500, wurde dann aber massiv erweitert. Vom AD wird die LDAP Version 2 sowie die Version 3 unterstützt.
- MAPI-RPC: Das AD erlaubt es auch, mit dem Messaging API (MAPI) und den zugehörigen Schnittstellen des Remote-Procedure-Call-Ansatzes (RPC) zu arbeiten.

Für den Zugriff auf das AD stehen dem Software-Entwickler drei Schnittstellen zur Verfügung. Neben dem MAPI (für die Kompatibilität zu älteren Anwendungen gedacht) und dem LDAP (ein für die Programmiersprache C ausgelegtes API) misst man bei Microsoft dem ADSI (Active Directory Service Interface) die größte Bedeutung bei.

Dabei handelt es sich um einen einfachen (viele Feinheiten der Kommunikation werden sozusagen selbstständig bereits vordefiniert) und zugleich objektorientierten Ansatz. Entwicklern steht aus verschiedenen Programmiersprachen (wie Visual Basic, Java oder C/C++) der Zugriff auf das AD offen. Zudem lässt sich hierbei auch mit Hilfe des Scripting auf das AD zurückgreifen, womit Systemadministratoren ein mächtiges Tool in die Hand bekommen.

Virtuelle Container

Ein weiteres interessantes Konzept des AD stellen die virtuellen Container dar. Damit ist ein AD in der Lage, auf andere LDAP-kompatible Verzeichnisse transparent für den Anwender zuzugreifen. Komplette Verzeichnisdienste werden so als virtuelle Container im AD abgebildet. Um diesen Abbildungsprozess zu ermöglichen, benötigt das AD zum einen den DNS-Namen eines Servers, der das andere Verzeichnis (oder auch nur eine Kopie davon) beherbergt. Zudem muss klar definiert sein, an welcher Stelle des AD der virtuelle Container angelegt werden soll und wie der DN des fremden Verzeichnisdienstes lautet, ab dem »gesucht« (sprich zugegriffen) wird.

Global Catalog

Nun kann sich jeder ausmalen, wenn in einem Verzeichnisdienst eine Unmenge an Objekten mit einer Vielzahl von Attributen abgelegt ist, wie zeitraubend sich der Umgang mit einem derartigen Verzeichnisdienst gestalten kann. Hier kommt der Global Catalog ins Spiel. Das AD darf aus mehreren Partitionen oder Naming Contexts bestehen. Unter einem Naming Context versteht man einen zusammenhängenden Namensraum.

Der DN eines Objekts besitzt immer genug Informationen, um die Partition zu bestimmen, in der das Objekt liegt. Doch es treten auch Fälle auf, in denen eine Applikation oder ein Anwender den DN eines Objektes nicht kennt und auch nicht weiß, in welcher Partition sich das gesuchte Objekt befindet. Wenn der Anwender (oder die Applikation) allerdings einige Attribute des Objektes kennt, so lässt sich eine Suche nach diesen Kriterien starten.

Dazu beinhaltet der Global Catalog eine Kopie – genauer gesagt eine Replika – eines jeden Objekts im AD – allerdings nur mit einer geringen Anzahl von zugehörigen Attributen. Dabei finden vor allem die Attribute Verwendung, nach denen die meisten Suchen im AD gestartet werden, um eine komplette Kopie eines Objekts im AD zu finden. Typische Vertreter dieser Attributgattung sind Name und Vorname eines Anwenders oder sein Anmeldenamen.

Um den Global Catalog immer auf dem neuesten Informationsstand zu halten, übernimmt der Replikations-Mechanismus des AD die Erstellung des Global Catalogs und erzeugt zudem eine Topologie, nach der die Replikation dann abläuft. Die Eigenschaften, die in die ursprüngliche Version des Global Catalogs einfließen, sind von Microsoft vordefiniert.

Allerdings ist ein Administrator in der Lage, zusätzliche Eigenschaften in den Global Catalog aufzunehmen. Doch sollte hier sehr sparsam umgegangen werden. Denn je mehr Informationen einfließen, um so aufwändiger wird die Bearbeitung – sei es die Suche nach einem Objekt oder auch nur die Replikation, weil mehr Informationen zu replizieren sind.

Replikation

Beim AD handelt es sich um eine verteilte Datenbank. Dabei müssen Änderungen an die verschiedenen Kopien der Datenbank im Verbund repliziert werden. Durch die Bereitstellung mehrerer Kopien auf verschiedenen Servern sind allerdings in diesem Zusammenhang die üblichen Synchronisationsprobleme zu bewältigen.

Das AD verfolgt ein Konzept, das Multi-Master-Replikation genannt wird. Darunter versteht man einen Ansatz, bei dem alle Replikas einer Partition beschreibbar sind. Dadurch lassen sich Aktualisierungen an jeder Replika einer Partition ausführen. Das Replikationssystem des AD reicht die Änderung an einer Kopie an die anderen Replikas weiter. Für den Anwender bedeutet das, dass er sich nicht um die Replikation kümmern muss und dass sie für ihn transparent verläuft.

Um die Änderungen korrekt auszuführen, verwenden andere Verzeichnisdienste spezielle Zeitstempel. Doch dieses Konzept steht und fällt mit der haargenauen Synchronisation der Systemzeit auf den Servern, auf denen der Verzeichnisdienst läuft. Wenn aber die Zeitsynchronisation in einem unter Umständen weltweiten Netzwerk nicht korrekt arbeitet, können schlimmstenfalls Aktualisierungen im AD verloren gehen.

Deswegen arbeitet das AD unter Windows 2000 mit einem anderen Ansatz. Nicht die Systemzeit und der Zeitstempel bestimmen die Aktualität einer Änderung, sondern die so genannten Update Sequence Numbers (USNs). Dabei handelt es sich um eine 64-Bit-Zahl, die von jedem AD-Server verwaltet wird. Immer wenn der Server eine Aktualisierung an irgendeiner Eigenschaft im AD vornimmt, zählt er die USN um Eins hoch und speichert die neue USN mit der entsprechenden Eigenschaft.

Hier soll aber deutlich werden, dass nicht pro Attribut die USN um Eins hochgezählt wird. Dazu ein Beispiel: Die aktuelle USN besitzt den Wert 3112, der verwendet wurde, um ein neues Kennwort eines Benutzers zu markieren. Bei der nächsten Änderung – ein Anlegen einer neuen OU im Active Directory – wird der Wert dann auf 3113 erhöht, usw.

Dabei stellt das AD sicher, dass diese Operation, nämlich das Erhöhen um 1, »atomar« durchgeführt wird. Das bedeutet, das Erhöhen der USN, ihr Abspeichern und die Modifikation der Eigenschaft des AD nur als Ganzes erfolgt. Sollte eine der »Teiloperationen« scheitern, bleibt der vorausgegangene Zustand, und keine Modifikation ist erfolgt.

Um die Abstimmung mit den anderen AD-Servern im Verbund zu vereinfachen, führt jeder AD-Server auch eine Tabelle mit den USNs seiner Replikationspartner. Dabei werden pro Replikationspartner zwei USNs verwaltet, die High Watermark und der Up-to-Date-Vektor. Letzterer ist die USN des letzten Originating update, wohingegen der High Watermark immer hochgezählt wird, auch wenn das Update repliziert wurde.

Wenn ein Partner-Server den Directory-Server benachrichtigt, dass eine Replikation notwendig geworden ist, dann fordert der Directory-Server alle Änderungen an, bei denen die USN höher ist, als er vorher gemeldet bekommen hat.

Da die USN in der Tabelle immer atomar bei jedem Update aktualisiert wird, ist die Wiederherstellung nach einem Systemfehler ebenfalls vergleichsweise einfach. Um die Replikation erneut zu starten, fragt ein Server lediglich seine Partner nach allen Änderungen, die eine USN besitzen, die größer ist als der letzte entsprechende Eintrag in seiner Tabelle.

Die tragende Rolle fällt bei diesem Konzept der atomaren Aktualisierung zu. Sie stellt sicher, dass ein unterbrochener Replikationsvorgang immer genau da wieder aufsetzen kann, wo er vor dem Abbruch stand. Damit gehen keine Aktualisierungen verloren und auch keine Duplikationen dieses Vorganges finden statt.

Trotz dieser durchdachten Replikationsstrategie besteht in einem Multi-Master-System wie dem AD immer die Möglichkeit, dass zwei beziehungsweise mehr Akteure zur selben Zeit eine Eigenschaft eines Objektes oder gar das komplette Objekt mit unterschiedlichen Werten ändern. Wenn nun eine Änderung einer Eigenschaft an einer zweiten oder folgenden Replika erfolgt, ehe die Änderung von der ersten Replika weitergereicht wurde, tritt eine so genannte Replikations-Kollision auf.

Diese Zustände lassen sich durch den Rückgriff auf eine Property Version Number aufdecken. Anders als die USN handelt es sich bei diesen Werten nicht um Server-spezifische Größen, sondern um eine Kenngröße, die direkt einer Eigenschaft eines Objekts im AD zugewiesen ist. Wird eine Eigenschaft zum ersten Mal einem Objekt im AD zugewiesen, dann erfolgt zugleich die Initialisierung dieser Versionsnummer.

Jeder Originating Write, also jeder Schreibzugriff auf ein Objekt, der eine Änderung an einer Eigenschaft eines Objekts auslöst, erhöht die Versionsnummer. Dagegen weisen die Änderungen aufgrund eines Replikationsvorgangs keinen Charakter auf, der dem Originating Write entspricht, und machen somit auch keine Änderung der Versionsnummer notwendig. Ein kleines Beispiel soll dies verdeutlichen:

Der Anwender Rainer Huttenloher ändert sein Passwort, da es bereits eine lange Zeit in Benutzung war. Dadurch tritt aus der Sicht des AD ein Originating Write auf. Dies hat zur Folge, dass die Versionsnummer dieses Passworts erhöht wird. Im Zuge der Replikation erfolgt die Mitteilung an die anderen Server im Verbund, dass sich eben dieses Passwort geändert hat. Doch beim Replikationsvorgang selbst wird die Versionsnummer dann nicht mehr hochgezählt. Ihre Übertragung erfolgt mit demselben Stand, der zuvor nach dem Ändern des Passworts erreicht wurde.

Quasi als Begleiteffekt kann der Replikationsmechanismus erkennen, ob eine Aktualisierung veraltet und somit nicht gültig ist: Ist eine Versionsnummer, die ein AD-Server (mit der Replika des Objekts) erhält, niedriger als jene, die er selbst lokal gespeichert hat, dann ist die Aktualisierung veraltet und kann schlicht und einfach übergangen werden. Wenn andererseits die empfangene Versionsnummer einer Eigenschaft größer ist als die lokal abgelegte Versionsnummer, handelt es sich um einen Aktualisierungsvorgang, der auszuführen ist.

In diesem Szenario – vor allem bei sehr großen und verschachtelten Verbunden – kann der Fall auftreten, dass sich eine Schleife in der Replikations-Topologie ergibt. Damit in diesem Fall keine Endlos-Replikation das System zum Absturz bringt oder es zumindest in seiner Performance massiv beeinträchtigt, kann das AD mit dieser Konstellation umgehen. Mit Hilfe des Propagation Dampening ermittelt das AD selbständig (durch die gleichzeitige Auswertung von Up-to-Date- und High-Watermark-Vektor), welche Replikationspfade redundant sind und welche Replikas bereits aktualisiert sind. Dies birgt für den Systemadministrator einen großen Vorteil: Er darf die Replikations-Topologie so konfigurieren, dass zwischen den einzelnen Servern auch mehrere Pfade aktiviert sind. Damit sind die Weichen in Richtung Hochverfügbarkeit gestellt, und auch die Performance kann davon profitieren. Denn das System erkennt selbst, welche Pfade es noch zu gehen hat.

4.3 Migration zum Active Directory

Die bisherigen Ausführungen machen es deutlich: Die Unterschiede zum Vorgänger von Windows 2000, die verschiedenen Versionen von Windows NT, erfordern einen großen Aufwand bei der Umstellung. Generell sollte, wo immer es möglich ist, ein neues Design der EDV-Infrastruktur erfolgen. Dabei können die Altlasten am schnellsten ausgegliedert und ein sauberes Design durchgezogen werden. Eine aktuelle Auflistung aller Systeme, auf denen Windows 2000 einsatzbereit ist, zeigt die Hardware Compatibility List auf der Microsoft-Website. Doch wer Hunderte oder gar Tausende von Anwendern und eine große Anzahl von Computern und Netzwerkinfrastrukturgeräten in seinem Netz weiter verwenden will, der wird sicher die schrittweise Migration ins Auge fassen.

Für die Migration zum Windows 2000 Server existieren einige Grundvoraussetzungen: Ein direkter Upgrade von Windows 95/98 oder gar den früheren 16-Bit-Versionen wie Windows for Workgroups (WfW) 3.11 ist nicht möglich. Ebenso finden die ersten NT-Versionen (Windows NT 3.1 und 3.5) keine Unterstützung. Erst für Windows NT 3.51 und für Windows NT 4.0 ist die direkte Migration machbar.

Bei der Migration spielen die Domänen Controller von Windows 2000 die tragende Rolle, beherbergen sie doch eine Kopie des AD. Unter Windows NT 3.1, 3.5, 3.51 und 4.0 gibt es zwei Arten von Domänen Controllern, den Primären Domänen Controller (PDC) und den Backup Domänen Controller (BDC). Das Kennzeichen eines PDC ist, dass er eine beschreibbare/lesbare Kopie des NT-Verzeichnisses führt. Der oder die BDC verfügen dagegen lediglich über eine lesbare Kopie des Verzeichnisses. Bei Windows 2000 kommt eine wesentlich verbesserte Form des Verzeichnisses hinzu, das Active Directory. Unterschiede bei den Domänen Controller gibt es nicht mehr, alle sind gleich.

Der erste Schritt einer Migration von Windows NT 3.51 oder 4.0 aus, ist die Aktualisierung des PDC mit Windows 2000. Im Rahmen dieser Installation werden alle Anwender und Gruppen des alten Domänenverzeichnisses in das AD überführt. Als Teil dieser Arbeit muss der Administrator angeben, welchen Charakter die entsprechende Domäne haben soll:

- entweder als Ausgangspunkt eines neuen Domänenbaums in einem neuen Forest,
- als Startpunkt eines neuen Domänenbaums in einem bestehenden Forests oder
- aber als »Kind« eines bestehenden Domänenbaums.

Zu diesem Zeitpunkt besitzt man eine »gemischte Domäne«. Mit den Verwaltungswerkzeugen von Windows 2000 lässt sich diese Domäne bereits administrieren. Unter anderem ist der Administrator in der Lage, eine hierarchische Struktur bestehend aus den *Organisatorischen Einheiten* im Verzeichnis anzulegen und die Verwaltungsaufgaben auch an andere Mitglieder delegieren. Doch eines darf der

Administrator nicht vergessen: Alle bestehenden BDCs, alle alleinstehenden Server sowie alle Clients bleiben unberührt. Sie wissen nicht einmal, dass der ehemalige PDC nun ein AD-Server ist.

Um die BDCs umzustellen, müssen auch diese Systeme mit Windows 2000 aktualisiert werden. Im Verlauf des Upgrade-Prozesses erkennt Windows 2000, dass es sich um »ehemalige« BDCs handelt und installiert automatisch auf diesen Systemen eine Replika des AD. Anschließend reiht es diese Systeme in die Replikations-Topologie des AD ein.

Arbeiten alle Domänen Controller dann mit Windows 2000, handelt es sich nicht länger um eine gemischte Domäne. Explizit ist dann ein »imaginärer« Schalter umzulegen. Doch Vorsicht: Ist dieser Schalter erst einmal betätigt, ist der Weg zurück vom *Native Mode* in den *Mixed Mode* endgültig versperrt. Wer hier zu schnell vorgeht, der kommt um die Neuinstallation nicht mehr herum.

Damit stehen die Neuerungen von Windows 2000 anschließend auch allgemein bereit. Dazu zählen Eigenschaften wie das Anlegen von universellen Gruppen, die Möglichkeit, mit der Gruppenverschachtelung Eigenschaften zu vererben, usw. Doch hat man dann auch mit Einschränkungen zu leben, denn zum Beispiel die Systemrichtlinien von Windows NT 4.0 werden dann bei den Windows 2000-Clients nicht mehr unterstützt.

Alleinstehende Server sollten ebenfalls mit Windows 2000 aktualisiert werden. Die lokalen Anwender und Gruppen des alleinstehenden Servers werden dabei in der Registry des *Member Servers* abgelegt und wandern nicht in das AD. Will der Systemverwalter dies erreichen, muss er einen Member Server auch zu einem Windows 2000-DC (als eigene Domäne) upgraden, dann wandern seine lokalen Gruppen und User mit ins AD.

Dagegen erlaubt das Upgraden eines Member Servers aber, dass er an der Kerberos-basierenden Sicherheitskonzeption teilnehmen und AD-bewusste Anwendungen unterstützen kann. Zudem bekommt man die AD-bezogenen Shells und die entsprechenden Systemdialoge.

Die Clients im Netzwerk mit Windows NT Workstation lassen sich auf Windows 2000 Professional aktualisieren. Clients mit Windows 95 benötigen zuerst das Aufspielen eines Service-Packs, damit sie für das AD »sensibilisiert« sind. Das Aktualisieren der Clients sollte auf alle Fälle erfolgen, da sie danach ebenfalls auf der Kerberos-Basis an den modernen Sicherheitsmechanismen von Windows 2000 profitieren können.

Aus Sicht der Anwenderkonten stellt der Aktualisierungsvorgang eines PDCs mit Windows NT 3.51 oder 4.0 nichts Aufregendes dar. Die Anwender werden entsprechend in das AD »überführt« und liegen dann in einem Container namens *Users* – im Wurzelverzeichnis der Domäne. Entsprechendes gilt für die Computerkonten, auch sie sind nach der Aktualisierung im Container *Computers* im Wurzelverzeichnis der Domäne abgelegt. Von hier aus kann der Administrator die

Objekte so verteilen, wie sie in der neu aufzubauenden Domänen- und Organisations-Hierarchie bestehen sollen.

Bei der Migration von globalen Gruppen gibt es dagegen eine kleine Unterscheidung: Die »normalen« Gruppen (die vom Administrator erstellt wurden) werden in das AD überführt und liegen dann im Container namens *Users* – natürlich im Wurzelverzeichnis der Domäne. Die so genannte Built-in Groups dagegen liegen nach der Migration im Container *Built-in*.

Plattform	zu W2000 Professional	zu W2000 Server
Windows 3.x	nein	nein
Windows NT 3.1	nein	nein
Windows NT 3.1 Advanced Server	nein	nein
Windows NT 3.51 WS	ja	nein
Windows NT 3.51 SRV	nein	ja
Windows 9x	ja	nein
Windows NT 4.0 WS	ja	nein
Windows NT 4.0 SRV	nein	ja

Tab. 4.1: Diese Aktualisierungswege stehen aus der alten Windows-Welt zu Windows 2000 ohne spezielle Hilfen offen.

4.4 Basis für die Sicherheit

Die Verwaltung von Anwender- und Computerkonten ist nicht nur bei großen Unternehmen eine wichtige Forderung, die an die EDV-Infrastruktur gestellt wird. Doch in den modernen Unternehmen sind Umorganisationen, Firmenaufkäufe, Expansionen oder gar die Integration von virtuellen Unternehmen zusätzliche Faktoren, die massive Auswirkungen auf die Anforderungen hinsichtlich Flexibilität und Skalierbarkeit einerseits sowie der geforderten Sicherheit der EDV andererseits nach sich ziehen.

Bei diesen Anforderungen zeigen sich dann auch die limitierten Fähigkeiten von Windows NT. Die Konteninformationen werden hier in einem sicheren Bereich der Registry auf den Domänen Controllern geführt. Mit Hilfe der Vertrauensstellungen zwischen Domänen und dem Konzept der *Pass-Through Authentication* bietet die zweistufige Domänenhierarchie nur eine sehr rudimentäre Flexibilität, wenn es darum geht, Benutzer- und Computerkonten entsprechend zu organisieren. Innerhalb der Domäne selbst sind die Konten alle in einer flachen Hierarchie gespeichert.

Anders die Welt, wie sie in Windows 2000 aussieht. Das AD ist die Quelle aller Informationen für alle Benutzer- und Computerkonten. Die Domänen lassen sich zudem in einer beliebig verzweigten Hierarchie anordnen und innerhalb der

Domäne selbst steht über das Hilfsmittel der *Organizational Units* eine weitere Möglichkeit zur Bildung einer Hierarchie offen. Bild 4.6 zeigt diese Konstellation.

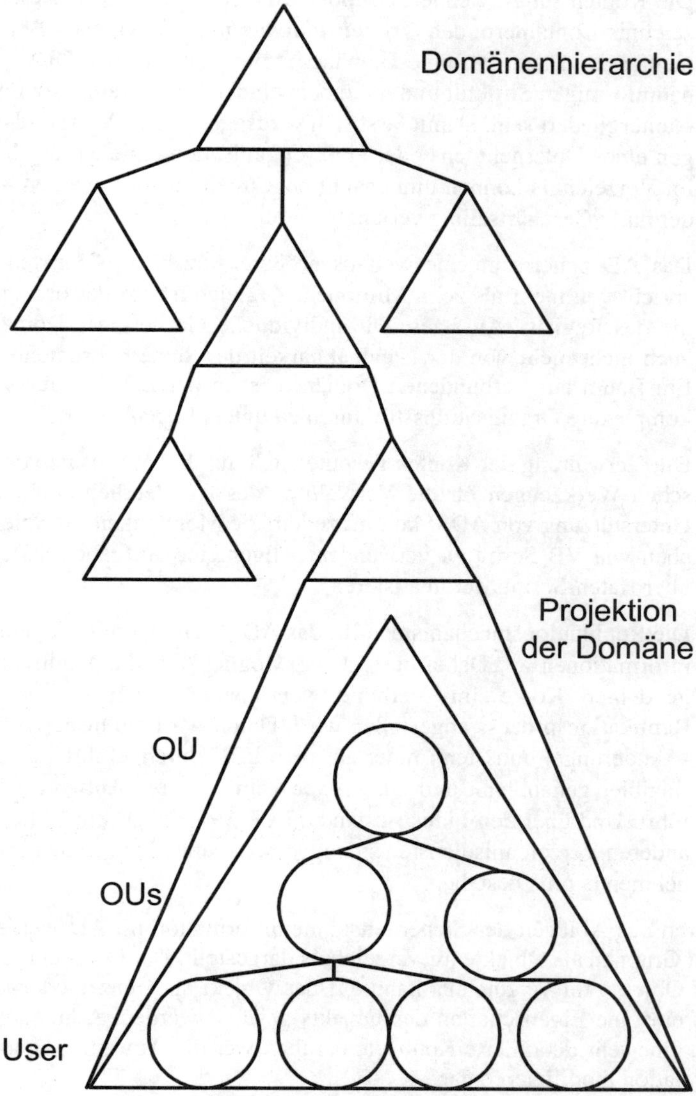

Bild 4.6: Die hierarchische Struktur des Active Directory.

Das Konzept des AD eignet sich auch für die Verwaltung der Sicherheitsaspekte für die verschiedenen Kontenarten. Die Vorteile dieses Ansatzes sind:

- Die Konten für Anwender, Gruppen und Computer lassen sich mit den Verzeichnis-Containern, den *Organizational Units* (OUs), nach Belieben zusammenfassen. Dazu darf eine Domäne in eine Vielzahl von OUs – alle in einer baumförmigen Struktur und mit einem einheitlichen Namensraum angeordnet – untergliedert sein. Damit lässt sich sozusagen ein EDV-Abbild der Abteilungen eines Unternehmens oder einer Organisation erzielen. Doch alle Objekte im Verzeichnis können umbenannt oder umorganisiert werden – ganz wie es der harte Geschäftsalltag verlangt.
- Das AD beherrscht eine weitaus größere Anzahl an Objekten – Microsoft spricht von mehr als zehn Millionen. Zugleich ist die Performance besser als die des Registry-Ansatzes. Die individuelle Größe einer Domäne wird nun auch nicht mehr von der Handhabbarkeit der Sicherheitsdatenbank begrenzt. Ein Baum aus verbundenen Domänen ist in der Lage, weitaus größere und komplexere Organisationsstrukturen zu unterstützen.
- Die Verwaltung der Konten gestaltet sich durch den Einsatz von neuen grafischen Werkzeugen für die Verwaltung des AD deutlich einfacher. Über die Unterstützung von ADSI kommt zudem die Möglichkeit ins Spiel, Scriptsprachen wie VB Script zu verwenden. Allgemeine Aufgaben lassen sich damit über Batch-Scripts automatisieren.
- Die Replikationsmechanismen für das AD legen mehrere Kopien der Konteninformationen an. Dabei besteht die Möglichkeit, die Modifikationen an irgendeiner Kopie im Verbund vorzunehmen, von wo aus dann der Replikationsprozess angestoßen wird. Damit wird die bisherige Arbeitsweise – Änderungen mussten immer auf dem PDC durchgeführt werden – deutlich flexibler gehandhabt und zudem auch ein besseres Antwortverhalten eingeführt. Und über den Industriestandard LDAP existiert ein Mittel, das AD mit anderen Verzeichnisdiensten zu koppeln, die unter Umständen in einem Unternehmen bereits bestehen.

Durch das Ablegen der Sicherheitskonteninformation im AD werden Anwender und Gruppen als Objekte im Verzeichnis dargestellt. Der Lese- und Schreibzugriff auf Objekte im Verzeichnis kann auf das Objekt als Ganzes oder aber auch nur auf einzelne Eigenschaften des Objekts gewährt werden. Administratoren besitzen eine sehr detaillierte Kontrolle darüber, wer die Anwender- oder Gruppeninformation modifizieren darf.

Das Gruppenkonzept hat eine Überarbeitung erfahren. Zu den lokalen und globalen Gruppen sind nun die Universellen Gruppen dazugekommen. Zudem können die Gruppen im *Native Mode* verschachtelt werden (zum Beispiel ist Gruppe 1 ein Mitglied in Gruppe 2, und dies wiederum ein Mitglied in Gruppe 3 usw.).

Verzeichnis- und Sicherheitsdienste

Viele Entwicklungen im Bereich des AD zielen bei Windows 2000 darauf ab, eine grundlegende Beziehung zwischen dem Verzeichnisdienst AD und den Sicherheitsdiensten des Windows 2000-Betriebssystems aufzubauen. Das AD speichert die Information über das Sicherheitskonzept einer Domäne – dazu zählen die Domänen-weit gültigen Passwort-Vorgaben und die Systemzugriffs-Privilegien – die eng mit dem eigentlichen System verknüpft ist. Die Sicherheits-relevanten Objekte im Verzeichnis müssen ihrerseits aber sehr sicher verwaltet werden. Nur so lassen sich nicht erlaubte Zugriffe verhindern, die unter Umständen das komplette System in Mitleidenschaft ziehen könnten.

Windows 2000 verfolgt ein Objekt-basierendes Sicherheitsmodell und regelt die Zugriffskontrolle auf alle Objekte über den Verzeichnisdienst. Jedes Objekt im AD besitzt einen speziellen Sicherheits-Deskriptor. Er legt die Zugriffsrechte fest, die man benötigt, um die Eigenschaften des Objekts zu lesen oder sie zu modifizieren. Bild 4.7 zeigt das Zusammenspiel zwischen dem Windows 2000-Betriebssystem und dem AD.

Das AD verwendet das Mittel der *Impersonation* und die Zugriffsüberprüfung, die Windows 2000 bietet. Damit klärt das System, ob ein AD-Client das gewünschte Objekt lesen oder modifizieren darf. Alle Anfragen eines LDAP-Clients an das AD veranlassen daher das Betriebssystem selbst, die Zugangskontrolle abzuwickeln. Das AD verlässt sich hierbei auf Windows 2000 und entscheidet keinesfalls selbst, ob der Zugriff erlaubt ist.

Das Sicherheitsmodell von Windows 2000 verwendet die Gruppenzugehörigkeit und vereinfacht somit die Zugriffskontrolle (aber auch einzelne Benutzer, nicht nur Gruppenmitglieder, können Berechtigungen erhalten). Damit erreicht es eine durchgängige und quasi standardisierte Zugriffskontrolle auf alle Ressourcen. Andererseits verlassen sich die für die Sicherheit zuständigen Komponenten von Windows 2000 voll auf die Informationen, die dazu im AD abgelegt sind.

Beispielsweise wird das verschlüsselte Passwort eines Anwenders von der Anmeldeprozedur im »Hochsicherheitstrakt« des Verzeichnisses bei den User-Objekten angelegt. Das Betriebssystem verlässt sich darauf, dass diese Information sicher verwahrt ist und nur die berechtigten Instanzen darauf zugreifen können. Ein weiteres Beispiel für dieses Konzept ist die Sicherheitseinstellung für eine ganze Domäne: Auch sie befindet sich im AD. Dieses enge Zusammenspiel von Betriebssystem und AD lässt sich nur dann sicherstellen, wenn das AD sehr tief im Betriebssystem »verankert« ist. Dies führt Microsoft auch als Grund für die Plattformabhängigkeit des AD an – denn das AD läuft derzeit nur auf der Windows 2000-Plattform.

Vertrauensbeziehungen zwischen Domänen

Die Domänen bei Windows 2000 lassen sich in einer beliebigen Tiefe hierarchisch strukturieren. Da aber die Domänen mit DNS-Namen benannt werden und diese auf 255 Zeichen inklusive der Punkte begrenzt sind, ist die Verschachtelung des AD nur theoretisch beliebig tief.

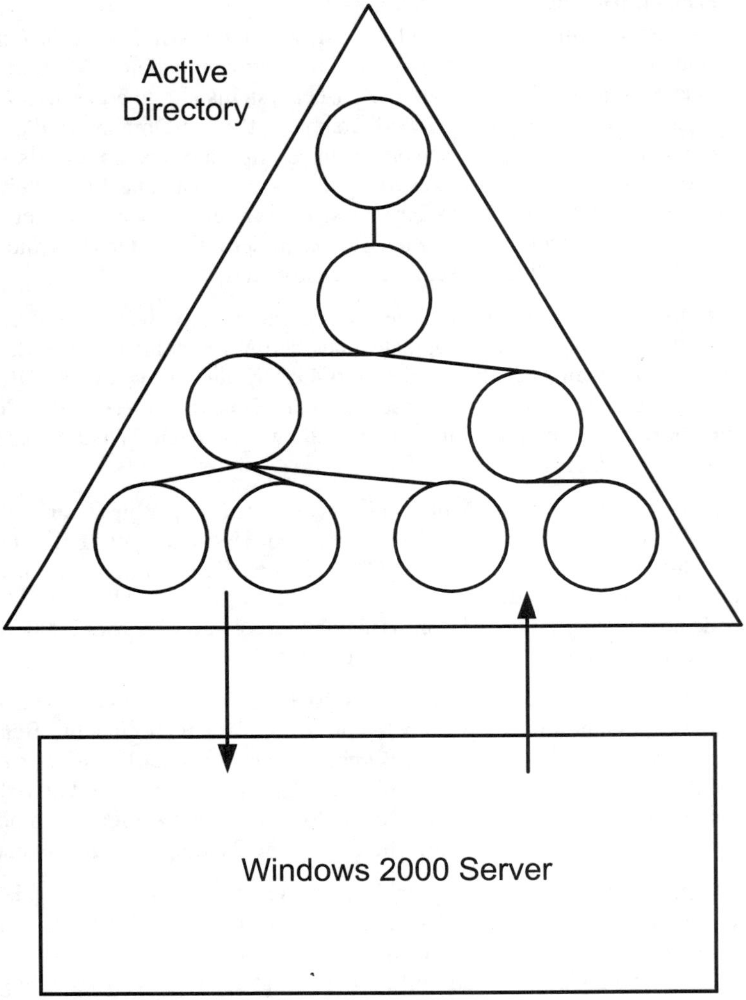

Bild 4.7: Betriebssystem und AD sind eng gekoppelt.

Daraus entsteht dann ein Domänenbaum. Die Vertrauensbeziehungen zwischen den einzelnen Domänen bei Windows 2000 erlauben es den Anwendern, sich mit den in ihrer »Heimatdomäne« angelegten Konten auch in anderen Domänen dem System gegenüber bekannt zu machen. Bislang war dies nicht so einfach: Windows NT 4.0 und die Vorgängerversionen verlangten nach explizit angelegten Vertrauensstellungen zwischen den entsprechenden Domänen. Vor allem bei komplizierten Domänenkonzepten bereitete die Verwaltung dieser Vertrauensbeziehungen den Administratoren massiven Aufwand.

Dagegen arbeitet das AD (siehe dazu auch Bild 4.8) mit zwei verschiedenen Arten der Vertrauensstellungen:

- explizite Einweg-Vertrauensbeziehungen zu bestehenden Domänen, die auf Windows NT 4.0 basieren (sozusagen die Abwärtskompitabilität) und
- Zweiweg-Vertrauensbeziehungen zwischen Domänen, die Bestandteil des Windows 2000-Domänenbaums sind.

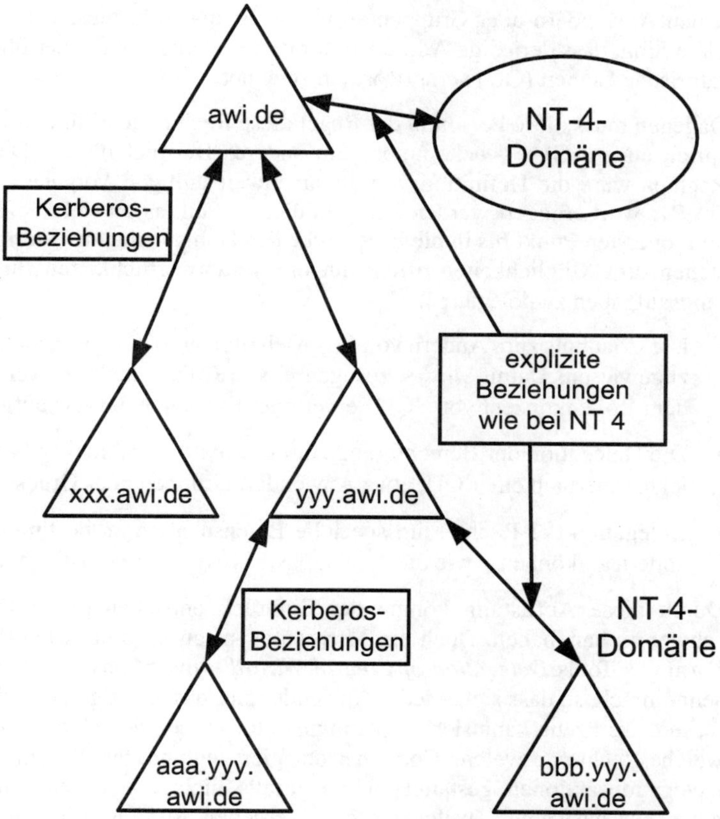

Bild 4.8: Windows 2000 kennt zwei Arten von Vertrauensbeziehungen.

Der »transitive« Charakter der Vertrauensbeziehungen zwischen den Domänen erleichtert dem Administrator das Leben, speziell wenn es um die Verwaltung Domänen-übergreifender Konten geht. Innerhalb eines Domänenbaums vertrauen als Voreinstellung alle Domänen einander. Genau genommen gibt es aber nur zwischen einer Domäne und ihrem direkten Vorgänger und Nachfolger eine explizite Vertrauensbeziehungen, die anderen Vertrauensbeziehungen sind aufgrund der Transitivität implizit.

Sind Ausnahmen von der Regel gewünscht, dann lassen sich auch explizite Einweg-Vertrauensbeziehungen für Domänen definieren. Unternehmen mit mehreren Domänen profitieren enorm von dieser Umstellung.

Eine weitere Vereinfachung in punkto Administration bringt die Delegation von Administrationsaufgaben. Dabei bekommen bestimmte Anwender ganz spezielle Rechte eingeräumt, mit denen sie kleine Teile – also zum Beispiel ihre Gruppe – der kompletten Organisation in einem fest definierten Umfang selbstständig verwalten können. Ein Beispiel dafür sind die Aufgaben, die mit dem Anlegen von neuen Anwendern oder Gruppen auftreten. Es macht in diesem Umfeld auf alle Fälle Sinn, dass derjenige Administrator diese Rechte besitzt, der für eine organisatorische Einheit (OU) verantwortlich zeichnet.

Dagegen muss diese Person in der Regel diese Rechte nicht für andere Bereiche – sprich andere OUs – bekommen. Ein anderes Beispiel für die Delegation von Rechten wäre die Definition von domänenweit gültigen Vorgaben – etwa wann ein Passwort erneuert werden muss. In diesem Fall lassen sich die Einstellungen vom obersten Punkt bis in die letzte Ecke des Domänenbaums vererben. Generell stehen drei Möglichkeiten offen, um die Verantwortlichkeiten für die Verwaltungsaufgaben zu delegieren:

- Die Erlaubnis zum Ändern von Eigenschaften wird einem speziellen Container zugewiesen. Damit wird sozusagen eine »Rolle« (nicht zu verwechseln mit dem Rollenkonzept von SQL Server oder Exchange Server) aufgebaut.
- Die Delegation der Berechtigung zum Löschen oder Anlegen bestimmter Objekte innerhalb einer OU, etwa Anwender, Gruppen oder Drucker.
- Delegation der Rechte, um spezielle Eigenschaften an bestimmten Objekten ändern zu können – wie das Recht, das Passwort bei User-Objekten zu setzen.

Durch diese Auflistung könnte der Eindruck entstehen, diese Delegation ist schwer zu handhaben. Doch ein Microsoft-typisches Point&Click-Interface – in Form des Tools *Delegation of Control Wizard* – macht das Arbeiten damit doch sehr einfach, so dass sicher jeder Anwender hier das Richtige einstellen kann. Mit diesem Werkzeug kann sich der Administrator schnell den Überblick verschaffen, welche Rechte an welche Container delegiert wurden. Das Hinzufügen weiterer Delegationsaktionen gestattet sich ebenfalls nicht sonderlich schwierig. Man muss nur auswählen, welche Rechte vergeben werden sollen und wer diese Rechte zugeteilt bekommt.

Mit der Integration dieser Funktionalitäten in das AD ist es möglich, an einer zentralen Stelle alle wesentlichen Zugriffsinformationen und Verwaltungsaufgaben durchzuführen. Dies beinhaltet auch komplexere Aktionen, wenn beispielsweise anderen Firmen der Zugriff auf bestimmte Ressourcen des eigenen Netzwerks offen stehen sollen. Speziell in Bereichen, wo Fremdfirmen in den Produktionsablauf eines Hersteller einbezogen werden müssen, kann dieser Ansatz seine Vorteile voll ausspielen.

Filigrane Zugriffsrechte

Moderne Unternehmen bedürfen einer Kontrolle der EDV- und Netzwerkinfrastruktur. In großen Firmen übernehmen in der Regel viele Administratoren alle Aufgaben, die damit zusammenhängen. Doch auch hier hat man unter den verschiedenen Rollen zu unterscheiden. Nicht jeder Administrator soll alle Funktionen ausführen können. Durch das Konzept der AD mit den Eigenschaften von Objekten ist die Voraussetzung gegeben, sehr spezielle Definitionen zu erlauben.

Die Sicherheitsarchitektur der Objekte im AD verwendet die Security Descriptoren (SD) von Windows 2000, um den Zugriff auf ein Objekt zu kontrollieren. Jedes Objekt im AD besitzt daher auch einen SD. Der SD beinhaltet seinerseits die ACL (Access Control List). Die Einträge in dieser Liste erlauben oder verweigern spezifische Zugriffsrechte für einzelne Anwender oder gleich für ganze Gruppen. Dabei ist die Vergabe der Zugriffsrechte auch auf verschiedenen Ebenen möglich:

- Sie können für das Objekt als Ganzes gültig sein. Das betrifft dann natürlich auch alle Eigenschaften des Objekts.
- Sie dürfen auch für eine Teilmenge der Eigenschaften eines Objekts festgelegt werden. Dabei findet das Mittel der *Property Sets* Verwendung.
- Sie lassen sich auch nur für eine einzelne Eigenschaft eines Objekts vergeben.

Die Erteilung des generellen Schreib-/Lesezugriffs auf alle Eigenschaften eines Objekts für denjenigen, der das Objekt erzeugt hat, ist die allgemein gängige Voreinstellung. Das Erteilen oder Verweigern von Zugriffsrechten auf Objekte für einen *Property Set* eignet sich für die bequeme Definition von Zugriffsrechten auf eine zusammengehörige Menge von zumeist ähnlichen Eigenschaften.

Die Gruppierung von Eigenschaften lässt sich im Schema festlegen. Dazu verfügt eine *Property* im Schema über das *Property Set Attribute*. Mit der Zuteilung von Zugriffsrechten auf der Ebene von Properties ergibt sich die feinste Einstellung im AD. Container-Objekte im Verzeichnis unterstützen zudem noch einen anderen Ansatzpunkt im Zusammenhang mit dieser filigranen Rechtevergabe: Hier lässt sich noch festlegen, wer Kinder-Objekte erzeugen darf und welchem Typ diese Kind-Objekte angehören sollen.

Damit bei dieser sehr detaillierten Zuweisungsmethodik nicht das Verständnis verloren geht – nach dem Motto: Was habe ich denn eigentlich erlaubt? – wurde der ACL-Editor im Vergleich zu Windows NT erweitert: Es handelt sich nach wie vor um ein Modul, mit dem sich der berechtigte Anwender die Zugriffsrechte anzeigen lassen und diese Einstellungen auch verändern kann. Dabei werden allerdings nun auch die Einstellungen berücksichtigt, die nicht explizit, sondern vielmehr im Zuge der Vererbung auf die jeweilige Eigenschaft eines Objekts zugewiesen wurden.

Die Vererbungslehre der Zugriffsrechte

Werden auf einer höheren Stelle in einem Container im Verzeichnis bestimmte Berechtigungen festgelegt, vererben sich diese nach unten bis zu den Endpunkten im Verzeichnisbaum. Generell existieren zwei Möglichkeiten für diese Vererbung:

- Statisch: Unter der statischen Zuteilung der Zugriffsberechtigung versteht man bei Windows 2000 die Vererbung von Berechtigungen, wie sie zum Zeitpunkt der Erzeugung eines Objekts definiert wurden. Dabei lässt sich die Zugriffskontrollinformation in einem Container definieren, die dann zu den Kind-Objekten »fließen« soll. Wird ein Kind-Objekt erzeugt, dann kommen die geerbten Berechtigungen des Eltern-Containers zu denen hinzu, die sozusagen als Voreinstellung für den Objekttypus festgelegt sind. Alle Änderungen der vererbten Zugriffsrechte an höheren Stellen im Baum müssen nach unten an alle betroffenen Kind-Objekte weitergegeben werden. Neu vererbte Berechtigungen werden vom AD an die betreffenden Objekte weitergereicht, je nach den Optionen, die die neuen Rechte betreffen.
- Dynamisch: Bei der dynamischen Vererbung werden die effektiven Zugriffsrechte auf ein Objekt bestimmt, indem die einzelnen, explizit zugewiesenen Berechtigungen des Objekts selbst, sowie die seiner Vorfahren im Verzeichnisbaum ausgewertet werden. Dies bringt eine große Flexibilität ins Spiel, denn mit einer übergeordneten Änderung an einem Container in der Hierarchie lassen sich alle Kinder-Container und Endpunkte im Verzeichnisbaum mit beeinflussen. Für diese Flexibilität muss man allerdings Abstriche in Sachen Performance in Kauf nehmen, da die Berechnung der effektiven Zugriffsrechte – vor allem bei komplexen Verzeichnisbäumen – immer berechnet werden muss, wenn der Zugriff auf eines der Objekte von einem Client gefordert wird.

Der Administrator hat keine Auswahl zwischen statischer und dynamischer Vererbung, wenn er die grafischen Tools verwendet, sondern kann dies lediglich über entsprechende Scripte erreichen.

4.5 Strukturierungsmittel Group Policy

Die Group Policy erweitert zum einen in gewisser Weise die Verzeichnisdienste, zum anderen greift sie auf deren Fähigkeiten zurück. Mit Hilfe der Group Policy (Gruppenrichtlinie) sind Administratoren in der Lage, generelle Einstellungen für Anwender und Computer sowie für entsprechende Gruppen dieser Objekte vorzunehmen.

Dazu besitzt die Microsoft Management Console ein Snap-in-Modul (den Group Policy Editor). Mit ihm lassen sich die gewünschten Einstellungen für eine bestimmte OU realisieren. Alle Benutzer oder Computer, die ihre Konten in dieser OU besitzen, bekommen dann die Einstellungen dieser Gruppenrichtlinie.

Diese Einstellungen sind dann in einem *Group Policy Object* (GPO) enthalten, das seinerseits den entsprechenden Objekten im AD – seien es Domänen, Sites oder OUs – zugeordnet ist. Alle Einstellungen der Group Policy werden in der lokalen Registrierung (unter dem Schlüsseln HKEY_LOCAL_MACHINE und HKEY_CURRENT_USER) abgelegt. Auch die Einstellungen der Local Policy werden in die Registrierung übertragen.

Die Verwaltung von Computern, die netzwerkweit im Einsatz sind, stellt einen großen Kostenfaktor dar. Viele Unternehmen können die zugehörigen Ausgaben nur unzureichend nachvollziehen, geschweige denn kontrollieren. Einen wesentlichen Faktor für die Kosten bringen die Anwender an ihren Arbeitsstationen in die Gleichung mit ein, wenn sie beispielsweise wichtige Systemdateien überschreiben – womöglich wenn ein neuer Bildschirmschoner oder gar ein »Ballerspiel« installiert werden.

Das Zusammenspiel aus AD und Group Policy versetzt den Administrator in die Lage, ein zentrales Management der Arbeitsstationen durchzuführen, ohne auf zusätzliche Software wie den Systems Management Server zurückgreifen zu müssen.

Dazu stehen dem Systemverwalter über den Group Policy Editor einige Optionen offen:

- Skripten: Damit steht einem beispielsweise die Auswahl der Skripten beim Systemstart, beim Ausloggen oder beim Herunterfahren des Systems frei.
- Software Management Optionen: Hiermit lässt sich definieren, welche Anwendungen die Benutzer auf ihren Arbeitsstationen angezeigt bekommen.
- Einstellung für *Dokumente*: Das Festlegen der Ablageort für die Dateien der einzelnen Anwender und die Möglichkeit, spezielle Ordner umzulenken (bei mobilen Anwendern in Kombination mit Intellimirror sehr sinnvoll).
- Sicherheitseinstellungen: Die Sicherheitseinstellungen für lokale Computer, für Domänen und das Netzwerk stellen in Zusammenhang mit der Group Policy sicher, dass die jeweilige Arbeitsumgebung so zurechtgeschnitten ist, wie sie vom Administrator vorgegeben wurde.

Bei Windows NT 4.0 stand dem Administrator bereits der *System Policy Editor* – in der deutschen Variante als Systemrichtlinien-Editor bezeichnet – zur Verfügung. Damit konfigurierten die Systemverwalter die Einstellungen für die einzelnen Anwender und einzelnen Computer und legten diese Informationen in der Registrierungsdatenbank von Windows NT ab. Dieses Konzept erfährt mit dem *Group Policy Editor* eine massive Erweiterung. Auch dieses Modul wird als Snap-in in die Microsoft Management Console eingeklinkt.

Mit dem neuen Werkzeug lassen sich nun aber Vorgaben für ganze OUs mit all ihren Anwendern und Computern erstellen. Dazu arbeitet die Group Policy mit dem *Group Policy Object* (GPO). Sie beherbergen die verschiedenen Einstellungen.

Dabei existiert eine Verbindung zu den Objekten, die im AD residieren, wie etwa eine Domäne, eine Site oder eine *Organizational Unit*. Als Voreinstellung bezieht sich die Group Policy auf alle Computer und Benutzer, die in einem ausgewählten Container des AD befinden. Doch die Vorgaben durch die Group Policy lassen sich auch filtern. Für das Filtern dieser Einträge steht dem Administrator der Security ACL Editor zur Verfügung.

Den Zusammenhang zwischen der Group Policy und dem AD verdeutlicht Bild 4.9.

Beim Arbeiten mit dem Group Policy Editor zeigen sich dem Administrator zwei übergeordnete Knoten im Namensbereich: die User Settings und die Computer Settings. Unter diesen Knoten müssen dann die speziellen Einstellungen für die Desktop-Umgebungen und die entsprechenden Gruppenrichtlinien für die Computer und die Benutzer im Netzwerk angelegt werden.

Zu den Computer Policys zählen Einstellungen, wie sie für das Betriebssystem notwendig sind, wie das Erscheinungsbild des Desktops konfiguriert ist, welche Anwendungen der jeweilige Benutzer zur Verfügung hat, welche Sicherheitseinstellung für das System gilt und welche Aktionen beim An- oder Abmelden ausgeführt werden. Dies ist nur eine kleine Auswahl an Beispielen, die der Systemverwalter hier vorgeben kann. Allen ist aber eines gemeinsam: Die Computerbezogenen Group Policys werden immer dann übernommen, wenn das Betriebssystem initialisiert wird. Zudem lesen Computer alle 90 Minuten die Gruppenrichtlinien neu, Domänencontroller sogar alle fünf Minuten.

Zu den User Settings gehören dagegen alle Informationen, die aus Anwendersicht relevant sind. Auch hierunter rangiert das Verhalten des Betriebssystems, Einstellungen für das Erscheinungsbild des Desktops, die zugewiesenen Sicherheitseinstellungen, die erlaubten Anwendungsprogramme oder die Anmelde- oder Abmeldeskripten. Ein Unterschied zu den Computer Settings besteht beim Zeitpunkt, ab dem diese Einstellungen gültig werden: Die anwenderbezogene Group Policy wird immer dann übernommen, wenn sich der Benutzer am Computer anmeldet (sowie alle 90 bzw. 5 Minuten).

Diese Zweiteilung – User Settings und Computer Settings – erscheint auf den ersten Blick doppelt angelegt. Doch die Computer- und User-Einstellungen überschneiden sich bis auf ganz wenige Ausnahmen nicht. Zudem gibt es durchaus Beispiele, bei denen der Einsatz einer Group Policy sozusagen für alle Anwender gelten soll, die sich an einer bestimmten Gruppe von Rechnern anmelden.

Denkbar wäre ein Szenario in einer Universität, bei der sich beliebige Anwender anmelden dürfen – selbst ohne ein Passwort zu haben – und dann am System allerdings nur sehr eingeschränkte Aktionen ausführen können. Hier erweist es sich als sinnvoll, die Group Policy mit den erlaubten Aktionen an der Gruppe der öffentlich zugängigen Rechner festzuzurren. Das funktioniert aber nur, wenn für eine Policy der *Loopback* eingestellt wurde.

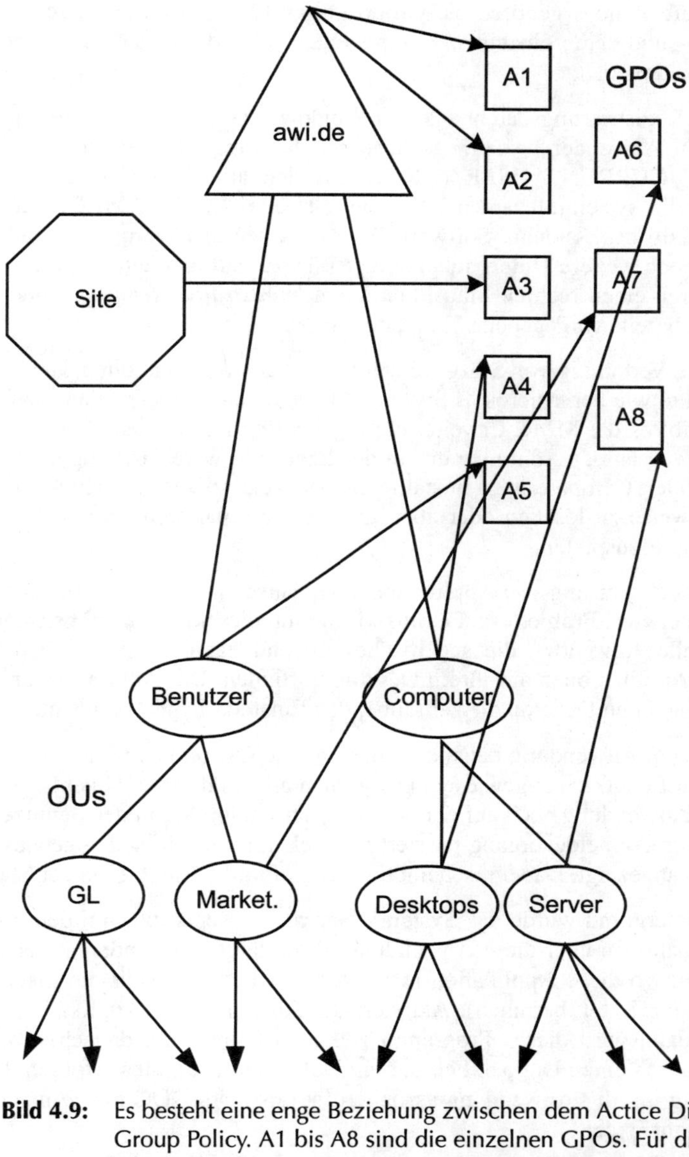

Bild 4.9: Es besteht eine enge Beziehung zwischen dem Actice Directory und der Group Policy. A1 bis A8 sind die einzelnen GPOs. Für die komplette Site gilt A3, für die Domäne dazu noch A1 und A2. Für alle Mitglieder der OU Marketing (Mkt.) lautet die effektive GP: = A3+A1+A2+A5+A7

Ein weiterer Knoten, der im Group Policy Editor auftritt, ist der Punkt *Administrative Templates*. Er beinhaltet Informationen, die von der Group Policy in der Registry abgelegt werden. Dies entspricht in etwa dem, was unter Windows NT die Systemrichtlinien festlegen. Zu den Einstellungen im Zusammenhang mit den

Software Policys gehören die Group Policy für das Betriebssystem – Windows 2000 – und seine einzelnen Komponenten ebenso wie die für die verfügbaren Applikationen.

In der Registrierungsdatenbank von Windows 2000 finden sich die Einstellungen für den Anwender beziehungsweise für das lokale System unter den Punkten HKEY_CURRENT_USER (HKCU, für den aktuellen Benutzer) beziehungsweise die systemrelevanten Teile unter HKEY_LOCAL_MACHINE (HKLM). Unterhalb des Knotens Software Policys lassen sich vom Systemadministrator auch noch weitere Unterpunkte anlegen. Dazu lädt man einfach weitere Templates durch einen rechten Mausklick auf *Administrative Templates* oder aber man ändert bereits vorgegebene Templates ab.

Um die Verteilung von Software zentral zu verwalten und ohne dabei auf Zusatzprodukte wie den Microsoft Systems Management Server zurückgreifen zu müssen, gibt es die MMC-Erweiterung *Application Deployment Editor*. Mit diesem Werkzeug ist der Administrator in der Lage, Software für Gruppen von Anwendern oder Computern zu installieren, sie zuzuweisen, zu aktualisieren beziehungsweise zu löschen oder aber auch sie zu reparieren, sprich fehlende DLLs wieder aufzuspielen.

Mit der Zuweisung von Applikationen an ganze Gruppen von Anwendern behandelt man viele Probleme auf einmal. Denn mit diesem Trick lässt sich garantieren, dass alle Anwender, die spezifische Anwendungen für ihre Arbeit benötigen, diese Applikationen auf ihrem Desktop vorfinden. Der Administrator muss nicht mehr an jeden Desktop die zeitraubenden Einstellarbeiten vornehmen.

Wird eine Anwendung beispielsweise an eine OU und somit an die darunter liegenden Benutzern zugewiesen, bekommen alle zu dieser OU gehörigen Benutzer diese Anwendung auch auf dem Desktop angezeigt. Wenn der Benutzer dann den nächsten Anmeldevorgang passiert hat, bekommt er die neu zugewiesene Applikation angezeigt. Dabei erscheint das Programm als Sinnbild in der Startleiste.

Im Hintergrund wurde das System – sprich die Registry – mit den notwendigen Informationen über diese Anwendung (dazu zählt unter anderem auch die Information, wo diese Applikation residiert und wo sich die für die Installation notwendigen Daten befinden). Aktiviert der Anwender die Applikation zum ersten Mal, dann wird dieses Programm zuerst installiert und danach geöffnet. Aber auch durch einen Doppelklick auf ein Dokument kann dies erfolgen, falls dessen Endung mit der Anwendung assoziiert ist (also ein .DOC mit Winword oder ein .XLS mit Excel).

Als abgeschwächte Form dieser Zuweisung von Applikationen, gibt es noch das Veröffentlichen (das so genannte Publishing). Dabei bekommt erneut eine Gruppe von Anwendern die Programme zugeteilt, aber es erscheinen keine Shortcuts auf dem Desktop – auch die Einträge in der lokalen Registry fehlen. Somit haben hier die einzelnen Anwender noch die Freiheit der Wahl, ob sie diese Programme auch installieren wollen. Die für das Aktivieren der Anwendung notwendigen Informationen befinden sich im AD. Die Installation eines veröffentlichten Programms erfolgt mit Hilfe des *Add/Remove Program*-Werkzeugs. Dieses Tool zeigt dem Anwender, welche Programme er auf seinem System installieren darf und letztendlich dann verwenden kann. Ein anderer Weg ist das Aufrufen einer Datei, bei dem das System anhand der Endung erkennt, zu welcher Applikation diese Daten gehören – etwa die Endung PPT zu Powerpoint.

Mit Hilfe einer weiteren MMC-Erweiterung ist ein Administrator in der Lage, den Desktop eines Anwenders anzureichern. Er kann Verzeichnisse oder Shortcuts den »speziellen Verzeichnissen« hinzufügen. Damit sind die Verzeichnisse gemeint, die sich unter dem Knoten *\documents and settings* auf demjenigen Laufwerk liegen, auf welchem sich *%systemroot%* befindet.

Dazu zählen Verzeichnisse wie *My Documents*, *Desktop* oder *Favorites*. Alle Dateien, die der Administrator angibt, werden dabei dem Desktop des Anwenders zugeschrieben – entweder beim Hochfahren des Systems (die Computer-Settings) oder aber beim Anmelden der Benutzer (User Settings). Hierbei ist aber nach wie vor zu beachten: Alle Einstellungen, die dem Computer Settings zugewiesen werden, beziehen sich auf alle Benutzer, die sich an dem Computer anmelden dürfen. Alle Einstellungen, die in den User Settings abgelegt sind, beziehen sich immer nur auf die angegebenen Benutzer – egal von welchem Computer aus sie ihre Arbeit aufnehmen, sprich sich dem System gegenüber anmelden.

Es besteht jedoch die Möglichkeit, beliebige Dateien im *Favorite*-Verzeichnis abzulegen. Doch das *Favorite*-Menü zeigt immer nur die Dateien an, die in Form eines Shortcuts vorliegen; also nur die Dateien, die in der Registry als *IsShortcut* unter dem Schlüssel *ProgID* markiert sind. Dazu zählen Dateitypen wie .url, .lnk, .pif und ähnliche.

Typische Einsatzbereiche der *User Documents and Settings* sind folgende Aufgabenstellungen:

- Umleiten der *Special Folders* in einem Benutzerprofil auf eine andere Speicherstelle – etwa ein Verzeichnis im Netzwerk auf einen bestimmten Server. Ein Beispiel dazu wäre die Umleitung des Verzeichnisses *My Documents* auf das entfernte Verzeichnis *\\Server1Gruppe1\Freigabe\%username%*. Aus dieser Umleitung resultieren einige Vorteile. Zum einen hat der Anwender immer Zugriff auf seine Dokumente, selbst wenn er sich an einer anderen Stelle – etwa an einem anderen Standort seines Unternehmens und somit an einem anderen Computer – anmeldet. Des weiteren werden die Daten eines jeden Anwenders auf dem Server gespeichert – wenn diese Vorgabe strikt eingehalten wird. Damit lassen sich die typischen Sicherungsaufgaben auch auf die Daten der Anwender beziehen, die sonst ihre Arbeitsplatzstationen womöglich nicht sichern. Außerdem wird die Zeit reduziert, um sich am Netzwerk an- oder abzumelden – verglichen mit dem Ansatz, den Windows NT 4.0 verfolgt. Unter diesem Betriebssystem ist das Verzeichnis *My Documents* ein Teil des *Roaming User Profile*. Dadurch werden die Inhalte dieses Verzeichnisses zwischen Client und Server hin- und herkopiert, wenn sich Anwender an- oder abmelden. Liegt das Verzeichnis *My Documents* außerhalb des Benutzerprofils, lassen sich diese Kopierzeiten vermeiden.

- Veröffentlichen von Shortcuts oder der Dateien in den *Special Folders*. Diese Verzeichnisse enthalten die Anwendungsdaten, Desktop-Einstellungen, das Start-Menü sowie die Startup-Programme. Für die Benutzer sind in den *Special Folders* diese Informationen ebenfalls abgelegt, doch kommen hier noch die *Favorites* sowie die lokalen Einstellungen dazu. Ebenso befinden sich *My Documents*, die Netzwerkumgebung, die Drucker und der Punkt *Send to* an dieser Stelle. Diese Technik eignet sich beispielsweise dazu, um eine URL mit dem Verweis auf eine für die tägliche Arbeit wichtige Webadresse auf jeden Desktop zu hinterlegen oder sie im Browser als Lesezeichen zu speichern.

Die Sicherheitseinstellungen

Um innerhalb des Group Policy Objects die Sicherheitseinstellungen für Computer festzulegen, findet die Erweiterung *Security Settings* Verwendung. Eine Sicherheitskonfiguration besteht aus den Einstellungen für die einzelnen Sicherheitsbereiche eines Windows 2000-Systems. Diese Konfiguration ist dabei in einem Group Policy Object enthalten und wird sozusagen von den Computern übernommen – als Folge der Group-Policy-Definition.

Die Erweiterung *Security Settings* wurde konzipiert, um die bestehenden Sicherheitswerkzeuge (etwa den Access Control List Editor oder den Local User Manager) zu ergänzen. Die *Security Settings*-Erweiterung spezifiziert ein Modul, das die Standardsicherheitseinstellungen interpretieren kann und die notwendigen Operationen automatisch im Hintergrund abwickelt. Allerdings ist man noch in der Lage, mit den gewohnten Werkzeugen jederzeit spezielle Einstellungen abzuändern. Zu den einzelnen Sicherheitsbereichen, die für einen Computer konfiguriert werden können, gehören die folgenden Punkte:

- Account-Policies: Sie gelten immer nur domänenweit, müssen daher in einer Group Policy enthalten sein, die auf die Domäne direkt appliziert ist. Account Policies in Group-Policy-Objekten, die auf eine OU assoziiert sind, werden ignoriert.

- Lokale Policies: Dazu gehören Sicherheitseinstellungen für die Zuweisung von Benutzerrechten und speziellen Sicherheitsoptionen. Eine lokale Policy versetzt den Administrator zum Beispiel in die Lage, zu definieren, wer die Benutzerrechte wie *Ändern der Systemzeit* durchführen darf.

- Ereignisprotokolle: Dieser Bereich kontrolliert die Sicherheitseinstellungen für die Ereignisprotokolldateien zu den Themen Anwendungen, Sicherheit und Systemereignisse. Diese Protokolldateien lassen sich mit Hilfe der Systemereignisanzeige ansehen.

- Gruppen mit eingeschränkten Rechten: Dies bezieht sich auf Sicherheitseinstellungen für Computer mit fest definierten Gruppen, die bestimmte – zumeist eingeschränkte – Rechte aufweisen. Mit diesen Einstellungen lässt sich beispielsweise festlegen, wer in Built-in-Gruppen von Rechnern wie den Administratoren usw. Mitglied wird und wo diese Mitglied sein sollen.
- Systemdienste: Die Konfigurations- und Sicherheitseinstellungen für Systemdienste – etwa Datei- und Druckdienste oder Netzwerkdienste – beziehen sich direkt auf die angegebenen Dienste. Zu den Einstellungen der Systemdienste gehört zum Beispiel die Startart des Dienstes.
- Registry: Damit wird die Konfiguration und Analyse der Einstellungen für die Sicherheitsdeskriptoren oder die ACL für jeden Registry-Schlüssel abgewickelt. Werden die Sicherheitseinstellungen auf die Registrierungsschlüssel angewendet, arbeitet die MMC-Erweiterung *Security Settings* mit dem selben Vererbungsmodell, das bei allen Baumstrukturen von Windows 2000 (etwa dem AD oder dem Dateisystem NTFS) Verwendung findet.
- Dateisystem: Damit werden die Einstellungen der Sicherheitsdeskriptoren, die ACLs sowie die Auditing-Informationen für alle Objekte im lokalen Dateisystem konfiguriert und ausgewertet.

Damit die Definition der Sicherheitseinstellung nicht zu einem endlosen Szenario ausartet, gibt Microsoft einige Einstellungen vor – die sich allerdings wieder anpassen lassen:

- *Idealws.inf*: Einstellungen für eine typische Arbeitsplatzstation,
- *Securews.inf*: Einstellungen für eine besonders sichere Workstation,
- *Securedc.inf*: Einstellungen für einen sicheren Domänencontroller,
- *Sample.inf*: Beispiel für die Einstellungen einer Workstation sowie
- *Sampledc.inf*: Beispiel für die Einstellungen eines Domänencontrollers.

Als Voreinstellung befinden sich die Konfigurationsdateien im Verzeichnis *\%systemroot%\Security\Templates*. Diese Beispiele lassen sich als Ausgangspunkt für eigene Sicherheitseinstellungen verwenden. Die Dateien selbst sind vom Typ .inf und besitzen somit ein Textformat. Wenn man eine Sicherheitskonfiguration erstellt und zuweist beziehungsweise eine existierende Sicherheitseinstellung modifiziert, bearbeiten die *Security Settings Extensions* die Konfigurationsdateien und führen auch die zugehörigen Änderungen an den betreffenden Computern – im Rahmen der Group Policy – durch.

Mehr zum Thema Sicherheitskonfiguration findet sich im Kapitel 3.8.

Kapitel 5

Das Active Directory im Einsatz

Das Active Directory ist ein wesentlicher Aspekt, der für die Umstellung auf diese neue Betriebssystemversion spricht. Nachdem ein Administrator sich mit den Begriffen weitestgehend vertraut gemacht hat, kommt die Zeit des Planens. Hierbei sind alle für das eigene Unternehmen wichtigen Aspekte zu berücksichtigen. In diesem Buch lassen sich niemals alle Szenarien durchspielen – nicht umsonst offeriert das Microsoft-Kursprogramm einen Wochenkurs, der sich um nichts anderes kümmert als die Planung des AD.

Nach dem flachen Domänenmodell von Windows NT bringt nun das Active Directory die Charakteristik eines skalierbaren, hierarchischen Verzeichnisdienstes ins Spiel. Administratoren und Anwender sollten aber nicht gleich anfangen, am System erste Verzeichnisse anzulegen. Es passieren sonst zu viele Fehler. Anzuraten ist deshalb jedem, der Windows 2000 und die darin enthaltenen Verzeichnisdienste einzusetzen gedenkt, sich erst einmal genau damit vertraut zu machen. Wer davon profitieren will, der hat zuerst etwas Neues zu lernen. Und zudem sind die Möglichkeiten für eine Lösung sehr vielfältig.

5.1 Domänenbäume, Forests und Sites

Ein Domänenbaum in Windows 2000 besteht aus einer Hierarchie von Windows 2000-Domänen, von denen jede eine Partition des Active Directory (AD) besitzt. Die Form des Baumes sowie die Beziehungen zwischen den einzelnen Mitgliedern im Baumverbund ergeben sich aus den DNS-konformen Bezeichnungen für die einzelnen Domänen. Alle Domänen in einem Baum bilden einen zusammenhängenden Namensraum. Hier muss zum Beispiel die `germany.awi.de` eine Tochter von `awi.de` darstellen.

Diese Struktur spiegelt sich auch in den Vertrauensstellungen beziehungsweise Vertrauensbeziehungen der Domänen wider. Kommt eine Domäne zu einem Baum dazu, erstellt das System automatisch eine bidirektionale transitive Vertrauensbeziehung zwischen der neu hinzugekommenen Domäne und der Domäne, die im bestehenden Baum die »Elternrolle« in der Hierarchie (also der logische Elternteil des Eingliederungspunkts) übernimmt.

Da selbst in komplexen Domänenstrukturen keine expliziten Vertrauensstellungen gegenüber anderen Domänen aufzubauen und zu verwalten sind, kann dieses Konzept seine Vorteile ausspielen. Die gesamte Vertrauenshierarchie ist lediglich als Teil der Metadaten des Verzeichnisdienstes im *Configuration Container* abgelegt. Alle notwendigen Objekte werden im AD angelegt, wenn eine Domäne zu einem bestehenden Baum hinzukommt.

Eine wesentliche Voraussetzung für einen Domänenbaum ist der zusammenhängende Namensraum. Bild 5.1 demonstriert diesen Zusammenhang. Die oberste Domäne, `awi.de`, stellt den Ausgangspunkt dar: Die Domänen eine Ebene darunter beinhalten immer den Namen der oberen Domäne als einen Teil ihres eigenen

Namens. In AD-Terminologie ausgedrückt: Der Distinguished Name (DN) jedes Objekts in den untergeordneten Domänen enthält die Namen der übergeordneten als Prefix.

Bei Suchoperationen im AD kann man entweder das gesamte Active Directory oder eine einzelne Domäne wählen. Wird eine einzelne Domäne ausgewählt, geht der Suchvorgang nicht weiter auf die untergeordneten Domänen.

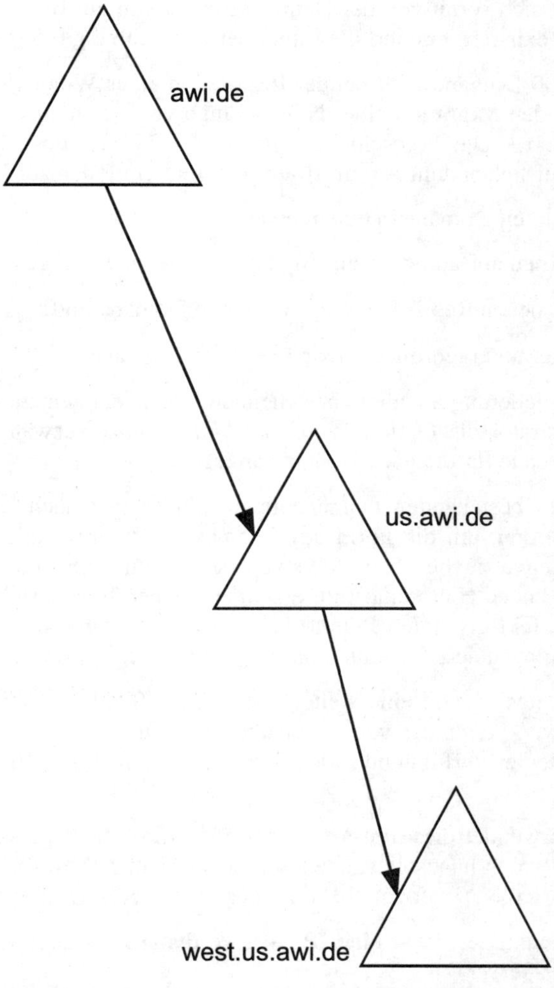

Bild 5.1: Die übergeordnete Domäne und die Kinder-Domänen bilden einen zusammenhängenden Namensbereich, da der Name der Kinder-Domänen den beziehungsweise die Namen der übergeordneten Domäne(n) enthält.

Nun ist es aber durchaus denkbar, dass Konstellationen eintreten, bei denen sich diese Verwandtschaft nicht realisieren lässt. Ein Beispiel könnte die Integration der EDV-Welt eines bestehenden Unternehmens nach einer Firmenübernahme sein. Wenn zwei oder mehrere Namensräume nebeneinander bestehen, steht einem das Mittel der Forests zur Verfügung.

Genau genommen besteht jedes AD per Definition schon aus einem Forest, auch wenn es in diesem Forest nur eine einzige einsame Domäne gibt. Die Microsoft-Welt unterscheidet sich somit von der Natur: Bereits wenn ein Baum (eben eine einzelne Domäne) existiert, rangiert dies unter der Bezeichnung Forest.

Eine Windows 2000-Domäne wird bei der Installation eines Windows 2000-Servers oder aber bei den Migration einer NT-Vorgängerversion in einen Domänenbaum eingegliedert. Dies geschieht durch Ausführen des Programms *dcpromo.exe*. Dabei stehen dem Administrator mehrere Optionen zur Verfügung:

- Erzeugen der ersten Domäne in einem neuen Forest,
- Erstellen eines neuen Baumes in einem bereits bestehenden Forest,
- Erzeugen einer neuen Replika einer bestehenden Domäne und
- Installieren einer untergeordneten Domäne (Kind-Domäne).

Um dabei die Angliederung an einem bestehenden Domänenbaum zu realisieren, muss der Administrator die Option *Install a Child Domain* auswählen und die übergeordnete Domäne für die neue Domäne angeben.

Domänen in einem bestehenden Domänenbaum dürfen fast nach Belieben im Baum platziert werden, um die Form des Baumes zu ändern – allerdings sind auch Einschränkungen zu beachten: Beispielsweise kann man nicht innerhalb eines Baumes eine neue Hierarchiestufe erzeugen. Generell aber steht es einem frei, den zuerst perfekt geplanten Baum umzugruppieren, wenn ihn die Realität eingeholt hat und eine andere Struktur angeraten erscheint.

Mit dem Begriff Sites kommt eine weitere Option ins Spiel. Sie spiegelt einen Bereich des Netzwerkverbundes wider, der über eine gute Anbindung zwischen den einzelnen Systemen verfügt und zudem in einem oder mehreren IP-Subnetzen gruppiert ist.

Windows 2000 verwendet diese Informationen über die Site-Zugehörigkeit, um für einen Anwender den nächstgelegenen Server mit dem AD zu finden. Meldet sich ein Anwender am Netzwerk an, bekommt er für seine Workstation – wenn

die *DHCP*-Option aktiviert ist – eine IP-Adresse dynamisch zugewiesen (etwa durch einen DHCP-Server).

Dabei erkennt dieser Server auch, in welchem Subnetz sich diese Workstation befindet. Arbeitet eine Workstation mit einer statischen IP-Adresse, so besitzt sie zugleich auch eine statische Subnetzinformation.

Die Workstation sucht zunächst einmal DCs. Dazu befragt sie den DNS-Server. Der antwortet unter Umständen mit einer ganzen Reihe von DCs. Die Workstation »pollt« jeden der angebotenen DCs mit einem kleinen Datenpaket und wendet sich danach an denjenigen, der am schnellsten geantwortet hat. Dieser extrahiert das Subnetz der Workstation und teilt ihr mit, in welcher Site sie sich befindet. Diese Information wird in die Registry der Workstation geschrieben. Anschließend fragt die Workstation den DNS-Server nach einem DC, der sich in ihrer Site befindet.

Die Sites spielen auch eine große Rolle, wenn es um die Replikation der AD-Information geht. Innerhalb einer Site erzeugt Windows 2000 automatisch eine Ring-Topologie für die Replikationsoperation der AD-Server. Ein bidirektionaler Ring wird allerdings nur bis maximal sieben DCs erzeugt, danach werden Querverbindungen hergestellt.

Innerhalb einer Site erfolgt die Replikation über den RPC-Mechanismus und somit vergleichsweise schnell. Zwischen verschiedenen Sites dagegen lässt sich die Replikation auf zwei Arten konfigurieren:

- entweder kommt auch hier der RPC-Mechanismus zum Einsatz
- oder aber – bei den Punkten Replikation von Configuration, Schema und Global Catalog – über das Protokoll SMTP. Falls man auf SMTP zurückgreift, leistet der IIS 5 diesen Dienst, denn er besitzt einen virtuellen SMTP-Server. Die Replikation der Domänendatenbank über SMTP erfolgt aber immer über RPC.

Ist nun eine Site zu planen, so besteht das absolute Minimum aus einem einzigen IP-Subnetz. Weitere Subnetze, die mit einer theoretischen Bandbreite von mindestens 10 Mbit/s angeschlossen sind, sollten zur Site hinzugefügt werden. Andere Subnetze, die ihre Anbindung nur über Weitverkehrsstrecken, über mehrere Router oder generell über alle langsamen Anbindungen realisieren, sollten in eigene Sites gruppiert werden.

5.2 Die Möglichkeiten von Dcpromo

Um das AD von Windows 2000 zum Leben zu erwecken, ist die Software-Komponente *Dcpromo* auf einem Domain Controller (DC) zum Leben zu erwecken. Hierzu stehen einem prinzipiell zwei Wege offen: Entweder bekommt das System diese Rolle explizit bei der Neuinstallation eines Servers mit Windows 2000 zugewiesen oder aber bestehende Systeme (entweder ein PDC oder ein BDC) erfahren eine »Aufwertung« im Rahmen der »Promotion«. Diese zweite Methode eignet sich für den schrittweisen Übergang eines bestehenden NT-4-Domäne zu einer Windows 2000-Domäne.

Generell lässt sich jeder alleinstehende Server oder jeder Server, der Mitglied einer Arbeitsgruppe ist, mit Windows 2000 zu einem DC erweitern. Dieser Vorgang steht aber nur dann offen, wenn man Administrator-Rechte auf dem lokalen

System besitzt. Beim Upgraden eines bestehenden NT-4-PDC oder -BDC ist zu beachten, dass der PDC immer zuerst umgestellt werden muss. Erst danach können weitere BDC der NT-4-Domänen folgen, es steht einem aber frei, wann diese Umstellung stattfinden soll. Eine direkte zeitliche Verknüpfung – etwa nach dem Motto, der PDC ist schon aktualisiert, nun müssen schnellstens die BDC noch folgen – besteht nicht. Ein BDC muss auch nicht zu einem DC – also mit der Aufgabe, eine Replik des DCs zu halten – umfunktioniert werden, er darf durchaus die Rolle eines einfachen Servers im Windows 2000-Verbund übernehmen.

Diese Alternative erscheint als sehr zutreffend, denn für einen DC dürften doch einige Hardware-Aufrüstungen notwendig werden, um netzwerkweit eine vernünftige Performance zu offerieren. Im Falle einer Aktualisierung – sprich Installation von Windows 2000 Server – auf einem Windows NT 4.0 PDC oder BDC, wird der Promotions-Vorgang nach dem Umstellen des Systems und dem anschließenden Neustart automatisch begonnen.

Die erste Domäne

Um die erste – in vielen Fällen wohl auch die einzige – Domäne für eine Organisation anzulegen, muss man unbedingt auf die Namensgebung zurückgreifen, die einem das Internet vorschreibt – somit kommt DNS ins Spiel. Diese Namen müssen somit der Konvention »MeineFirma.com« oder auch wie im Testnetz dem Beispiel »obersteebene.awi.de« folgen. Alle weiteren – untergeordneten Namen – in der Baumstruktur hängen diesen Domänennamen an ihren eigenen Namen wortwörtlich an. Im Testnetz ergaben sich dabei Bezeichnungen wie:

- `grasbrunn.obersteebene.awi.de`,
- `produktion.grasbrunn.obersteebene.awi.de`,
- `redaktionen.grasbrunn.obersteebene.awi.de` oder
- `trostberg.obersteebene.awi.de`.

Um danach den ersten DC im neu zu bildenden Netzwerk aufzusetzen, ist zuerst der DNS-Server von Microsoft zu installieren. Es ist zwar möglich, auf DNS-Server anderer Herkunft zurückzugreifen, doch einfacher wird das Ganze, wenn anhand der SRV-Einträge angezeigt ist, welche Systeme die Rolle eines DC inne haben.

Daher ist die Unterstützung von SRV-Einträgen ein absolutes Muss für den DNS-Server. Zudem sind dynamische Updates (also das Dynamic DNS) zu empfehlen, ebenso wie *Incremental Zone Transfer* oder das *Active Directory-Integrated DNS*, wozu man dann aber unbedingt einen auf Windows 2000 basierenden DNS-Server benötigt. Mehr zum Problemfeld DNS wurde bereits im Kapitel 2.3 verdeutlicht.

Um nun einem Server die Rolle eines DC aufzubürden, existiert ein eigener Assistent – das Programm *Dcpromo*. Es lässt sich über *Start – Ausführen – Dcpromo* aktivieren.

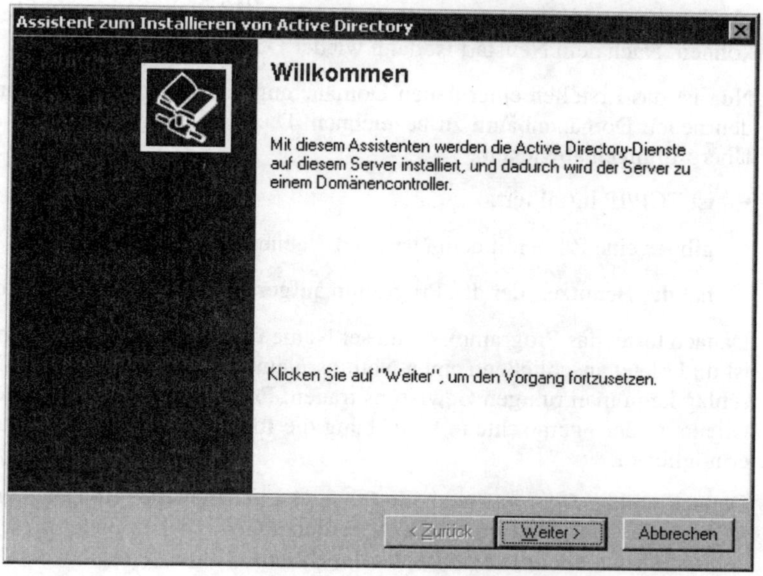

Bild 5.2: *Dcpromo* kommt im Assistentengewande.

Dieser Assistent fragt zuerst das System, ob das Dateisystem auch vom Typ her NTFS (und zwar die Version 5) entspricht. Denn nur wenn das AD absolut sicher ist – nach den Kriterien von Windows 2000 –, kann dieses Softwaremodul installiert und letztendlich auch vom Betriebssystem entsprechend geschützt werden. Besitzt der Computer lediglich ein FAT-Dateisystem, muss zunächst die Konvertierung zu NTFS 5.0 erfolgen.

Dazu ist der Assistent zu beenden und über die Kommandozeile diese Aktion einzuläuten. Sie funktioniert über:

```
Convert <Laufwerksangabe> /FS:NTFS
```

Mit dem Begriff `<Laufwerksangabe>` ist das Laufwerk gemeint, auf dem Windows 2000 derzeit installiert ist. Allerdings kann man die AD-Dateien auch auf ein anderes als das Systemlaufwerk legen (aus Performance-Gründen erscheint diese Vorgehensweise auch angeraten), kann man also auch ein anderes Laufwerk entsprechend umwandeln. Das Systemlaufwerk für Windows 2000 sollte aber auch unbedingt das Format NTFS 5.0 haben.

Das Konvertierungsprogramm erscheint danach nochmals mit einem Dialog: Es wird angezeigt, welches Dateisystem aktuell im Einsatz ist, und es wird nach einer Bestätigung gefragt, ob die Konvertierung nun wirklich stattfinden soll. Zudem bekommt der Anwender noch den Hinweis, dass die Konvertierung erst nach dem Neustart abgeschlossen wird. Dies ist unbedingt notwendig, da beispielsweise nur so die offenen Systemdateien ebenfalls auf das neue Format umgestellt werden können. Nach dem Neustart ist dann wieder Dcpromo zu starten.

Nun ist das Erstellen einer neuen Domäne angesagt. Dazu hat der Administrator den neuen Domänenbaum zu bezeichnen. Dazu muss das Programm erst einige Überprüfungen abwickeln:

- ist TCP/IP installiert,
- gibt es eine Zone mit dem Namen der neuen AD-Domäne und
- hat der Benutzer, der das Programm aufgerufen hat, genügend Rechte?

Danach testet das Programm, ob dieser Name für die Domäne bereits in Gebrauch ist und bietet anschließend einen Netbios-Namen für die Domäne an. Diesen Vorschlag kann man ruhigen Gewissens trauen. Er ist lediglich dazu gedacht, älteren Clients in der »gemischten« Umgebung die Identifikation der neuen Domäne zu ermöglichen.

Danach schlägt *Dcpromo* noch die Pfade vor, in denen die AD-Datenbank und die zugehörigen Log-Dateien abgelegt werden sollen. Zudem bietet dieser Assistent noch Pfade an, über die eine Replik des System-Volume erreichbar ist, und er will zudem noch den DNS-Server eigenständig konfigurieren, falls dieser noch nicht zuvor installiert wurde.

Allerdings ist es generell nicht zu empfehlen, den DNS-Dienst auf diese Weise zu installieren, weil es automatisch AD-integriert ist, auf Secure Dynamic Updates eingestellt wird und weil keine Reverse Lookup Zone erstellt wird.

Falls aber dennoch diese Installationsmethode für DNS gewählt wird, bringt der Assistent zuerst eine Warnung – er könne den DNS-Server nicht ansprechen – und bietet dann seine Dienste an, um DNS so zu konfigurieren, damit alles wie gewünscht funktioniert. Nach einem weiteren Mausklick startet dann der Promotions-Vorgang und beendet seine erfolgreiche Arbeit. Nach einem Neustart des Systems ist die erste Domäne des Windows 2000-Netzwerks betriebsbereit.

Als weitere Aufgaben kann der Administrator nun weitere DCs nach diesem Rezept anlegen oder aber Server und Workstations in die Domäne eingliedern. Sind weitere Mitglieder in die Domäne einzubringen, so ähnelt die Vorgehensweise dem Konzept, wie es in Windows NT 4.0 schon üblich war. Ein System mit Windows 2000 benötigt zumindest eine Adresse eines DNS-Servers, um einen DC lokalisieren zu können. Die IP-Adresse des DNS-Servers kann manuell eingetragen oder aber über DHCP automatisch zugeteilt werden. Die Konfiguration des DHCP-Dienstes ist in Kapitel 2.2 bereits beschrieben.

Verwenden ältere Clients wie Windows 95/98 oder Windows NT 4.0 das WINS, um die Domänencontroller zu finden, dann muss der Administrator auch WINS unter Windows 2000 konfigurieren (siehe Kapitel 2.4). Die einzelnen Computerkonten können entweder bereits im Vorfeld mit dem *Active Directory Users and Computers* angelegt werden, oder aber man lässt beim Eintritt in die Domäne den

Rechner selbst ein entsprechendes Konto anlegen. Genau genommen muss ein Benutzer dies tun – und der muss dazu den Namen und das Kennwort eines dazu berechtigten Anwenders in der Domäne angeben. Dürfte ein Computer selbst – ohne entsprechende Benutzerrechte dies erledigen – hätte man hier eine ernst zu nehmende Sicherheitslücke!

Eintritt in die Domäne

Damit ein System mit Windows 2000 Mitglied einer Domäne wird, braucht der Administrator lediglich über *Einstellungen* die Netzwerkverbindungen aktivieren (also *Eigenschaften* des Symbols *Netzwerkumgebung* aufrufen – dort den Punkt Netzwerkidentifikation). Mit dem entsprechenden Eintrag kann die Mitgliedschaft in einer sicheren NT-Domäne – durch Angabe der korrekten DNS-Bezeichnung für die Domäne – angegeben werden.

Danach müssen lediglich der Anmeldename und das zugehörige Passwort einer Person eingegeben werden, die Einträge im AD vornehmen darf – in der Regel wird diese Aufgabe sowieso der Administrator übernehmen, sodass es hierbei keine Probleme geben sollte. Nach einem Neustart sowie dem folgenden Anmeldevorgang steht dem System dann die Mitgliedschaft in der gewünschten Domäne offen.

Anlegen von weiteren DCs

Eine weitere Aktion im Zusammenhang mit dem AD betrifft das Festlegen von Replikas der Domäne. Auch dazu bietet Windows 2000 Server einen Assistenten – erneut *Dcpromo*. Damit kann der Administrator einen Server in die Domäne integrieren und ihm die Rolle eines Domänencontrollers in dieser Domäne zuweisen. Danach ist dieses System in der Lage, den zuvor alleinigen DC zu entlasten.

Das Programm *Dcpromo* wird erneut über die *Startleiste* aktiviert. Hier ist dann die Option *Replika in einer bestehenden Domäne* zu wählen. Durch die Eingabe des vollständigen DNS-Namens der gewünschten Domäne und die folgende Angabe eines entsprechend privilegierten Benutzers plus Passwort bekommt der Assistent genügend Informationen und wickelt seine Aufgabe ab. Aber auch hier gilt: Erst nach einem Neustart kann das System die Aufgaben des DCs übernehmen.

Doch das sind noch lange nicht alle Funktionen, die sich mit Hilfe von *Dcpromo* abwickeln lassen. Weitere Arbeiten umfassen das Hinzufügen von untergeordneten Domänen (Kind-Domänen) an einen bestehenden Domänenbaum oder aber das Hinzufügen eines Domänenbaums zu einem Forest. Das Arbeiten mit einem Forest dürfte aber die Belange von kleinen und mittleren Firmen bei weitem übertreffen. Man sollte lediglich wissen, dass es eine derartige Alternative gibt – vielleicht übernimmt die eigene Firma ja einmal einen Konkurrenten – dann kann man anfangs sicher gut mit dem Forest-Konzept eine spätere Zusammenlegung der EDV-Infrastruktur vorbereiten.

Allerdings sollte man nicht vergessen, dass man derzeit bei Firmenzusammenschlüssen noch keine getrennten Forests zusammenfügen kann. Der Ausweg ist aufwändig und lautet: Zuerst eines der Active Directorys entfernen und es dann in dem Forest der anderen Firma neu installieren.

Dagegen ist das Hinzufügen von Kind-Domänen eine sicher auch bei kleineren oder mittleren Unternehmen eine notwendige Angelegenheit – man bedenke doch nur die Bildung einer Filiale im Ausland, bei der die Kontenrichtlinien zu übernehmen sind! Für diese Aktion ist es zuerst wichtig, das System zur Domäne hinzuzufügen, mit dem die Kind-Domäne einhängt werden soll.

5.3 Die Verwaltung des Active Directory

Um in einer Domäne eine Infrastruktur – bestehend aus OUs, Gruppen und Benutzern bzw. Computern – anzulegen, kommen mehrere spezielle Verwaltungsprogramme zum Einsatz. Die Komponenten unter dem Startmenü *Programme-Verwaltung* werden bei der Installation eines DCs automatisch auf das System gespielt.

Bei alleinstehenden Servern oder bei Workstations kann der Administrator diese Software aber auch nachträglich installieren. Dies geschieht durch Ausführen des Programms *adminpak.msi* im *\system32*-Verzeichnis eines Servers oder in *\i386* auf der Windows 2000-Server-CD. Mit den entsprechenden Zugriffsrechten lassen sich dann diese Verwaltungsaufgaben auch von der Workstation des Administrators vornehmen – ein Ansatz, der sich für die Praxis anbietet.

Die Microsoft Management Console (MMC) selbst lässt sich ebenfalls mit einem entsprechenden und funktionsgleichen Snap-in ausstatten, sodass es dem Administrator überlassen bleibt, in welchem Rahmen er seine Verwaltungsaufgaben künftig erledigen will. Zu empfehlen ist auf großen Bildschirmen auf alle Fälle die MMC, denn so sind alle notwendigen Snap-ins konfigurierbar und stehen zudem sofort zur Verfügung. Bild 5.3 zeigt eine ziemlich komplexe MMC mit ihren Snap-ins.

Ein weiterer Grund spricht für den Einsatz der MMC: Denn Microsoft setzt massiv auf dieses Konzept (es ist die einzige Oberfläche, die Microsoft für die Verwaltung von Windows 2000 vorsieht) und bietet Herstellern von zusätzlicher Software für die Verwaltung sogar direkte Schnittstellen an. Es dürfte daher sicher sein, dass Dritthersteller auf diese Interfaces aufsetzen und sich so einiges an eigener Programmierarbeit sparen. Mit anderen Worten: Die MMC wird über kurz oder lang zum Standard, sodass das Arbeiten mit ihr zum normalen Job eines Administrators wird.

In einer komplexen Multidomänenstruktur braucht der Netzwerkverwalter ein Hilfsmittel, mit dem er die AD-Domänen sowie die Vertrauensstellungen zwischen ihnen bearbeiten kann. Diesen Job erledigt das Programm *Active Directory-Domänen und -Vertrauensstellungen* (bzw. das entsprechende Snap-in der MMC).

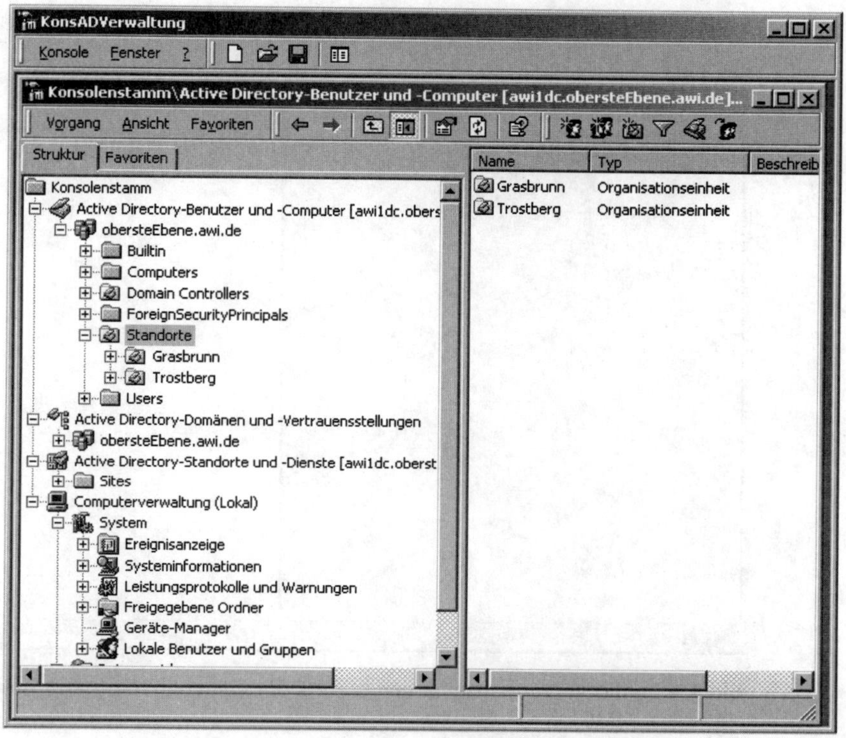

Bild 5.3: Eine MMC-Konsole lässt sich beliebig komplex definieren.

Wird dieses Programm – mit Administratorrechten – gestartet, zeigt es die derzeit verfügbaren bzw. bekannten Domänen an (siehe Bild 5.4).

Ändern des Domänenmodus

Eine Domäne ist in der Lage, zwei verschiedene Betriebszustände aufzuweisen. Es handelt sich dabei um den

- Mixed Modus, bei dem in einer Domäne Systeme mit Windows 2000 sowie mit den Vorgängerversionen von Windows NT Server (siehe auch Migration, Kapitel 4.3) gemeinsam existieren können und in dem einige Eigenschaften von Windows 2000 noch nicht gestartet sind. Der zweite Modus ist der
- Native Modus, bei dem alle DCs mit Windows 2000 Server ausgestattet sind.

Wird eine Domäne erstmals angelegt, arbeitet sie im Mixed Mode. Das Umschalten in den Native Mode ist nicht mehr umkehrbar. Diese Umstellung sollte daher erst dann vorgenommen werden, wenn man sich absolut sicher ist, dass keine »alten« Systeme mehr als DC in der Domäne arbeiten. Die Umstellung selbst ist dagegen vergleichsweise einfach.

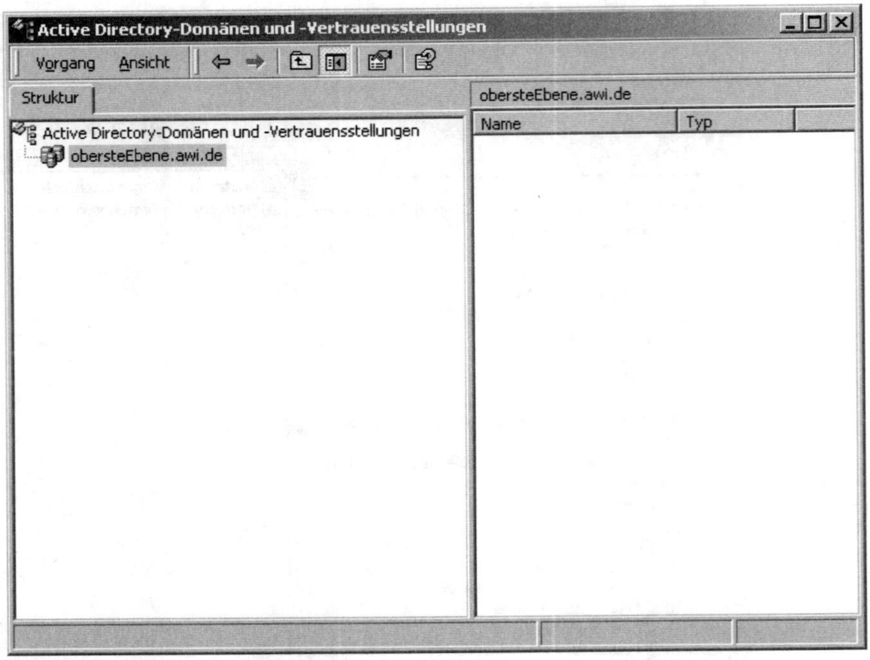

Bild 5.4: Alle Vertrauensstellungen und AD-Domänen im Griff: per Snap-in in die MMC.

Im Werkzeug *Active Directory-Domänen und -Vertrauensstellungen* (oder mit dem entsprechenden MMC-Snap-in oder in *Active Directory Benutzer und Computer*) ist nur die gewünschte Domäne anzuklicken und dann mit der rechten Maustaste das Kontextmenü zu aktivieren. Über den Punkt *Eigenschaften* erscheint eine entsprechende Darstellung und unter dem Punkt *Allgemein* kann der Administrator die Umstellung der Betriebsart anstoßen. Nach der Umstellung (Bild 5.5) wird der Betriebsmodus *native mode* angezeigt.

Benutzer und Computer in der Domäne

Nachdem bislang nur die einzelnen Domänen angelegt sind, bekommen sie auch eine interne Struktur. Mit Hilfe der Organisationseinheiten (OU) lassen sich theoretisch beliebig komplexe Bäume erstellen, die aber nur innerhalb der Domäne gelten. Doch LDAP begrenzt die Verschachtelung auf 64 Ebenen, wobei nur bis zur 32. Ebene die Gruppenrichtlinien angewendet werden.

Für diese Strukturierungsarbeiten kommt mit dem Betriebssystem ein passendes Werkzeug ins Spiel, das Programm *Active Directory-Benutzer und -Computer* (bzw. das entsprechende Snap-in für die MMC). Das alleinstehende Programm sieht nach dem Start aus, wie in Bild 5.6 gezeigt.

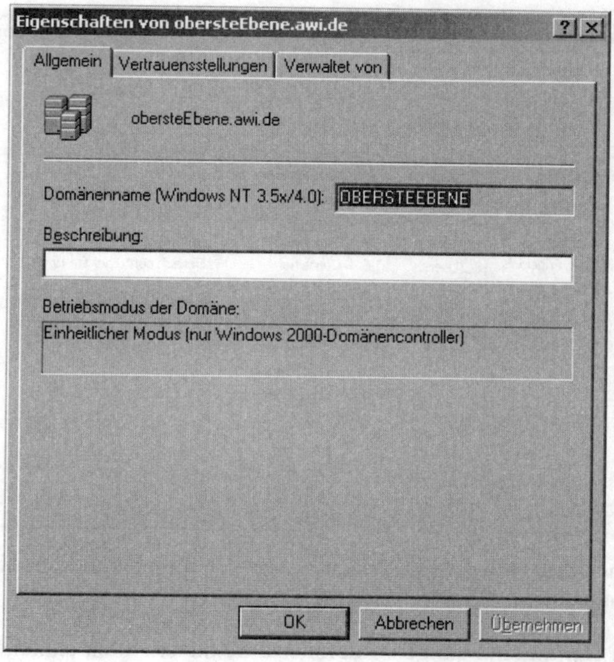

Bild 5.5: Die Domäne ist auf den »native Mode« umgestellt – der Vorgang ist dann nicht mehr rückgängig zu machen.

In diesem Bild sticht die typische Aufteilung ins Auge: Auf der linken Seite befindet sich der Bereich, in dem alle Container sowie ihre logischer Zusammenhang – nach dem Motto: A ist das Elternteil von B, B ist das Kind von A – erkennbar sind. In Bild 5.6 sind alle Objekte dargestellt, wie sie nach der Installation von Windows 2000 Server automatisch vorhanden sind. Das Betriebssystem legt einige Objekte von sich aus an. Dazu zählen:

- die Domäne (hier `obersteEbene.awi.de`), und innerhalb dieser Domäne noch
- Builtin (ein Container),
- Computers (ein Container für die aktualisierten Computerkonten),
- Domain Controllers (eine Organisationseinheit, OU, mit allen neuen DCs von Windows 2000),
- ForeignSecurityPrincipals (ein Container mit Security Identifier, SIDs, die zu Objekten aus externen und vertauenswürdigen Domänen gehören) sowie
- Users (Container für alle aktualisierten Anwenderkonten).

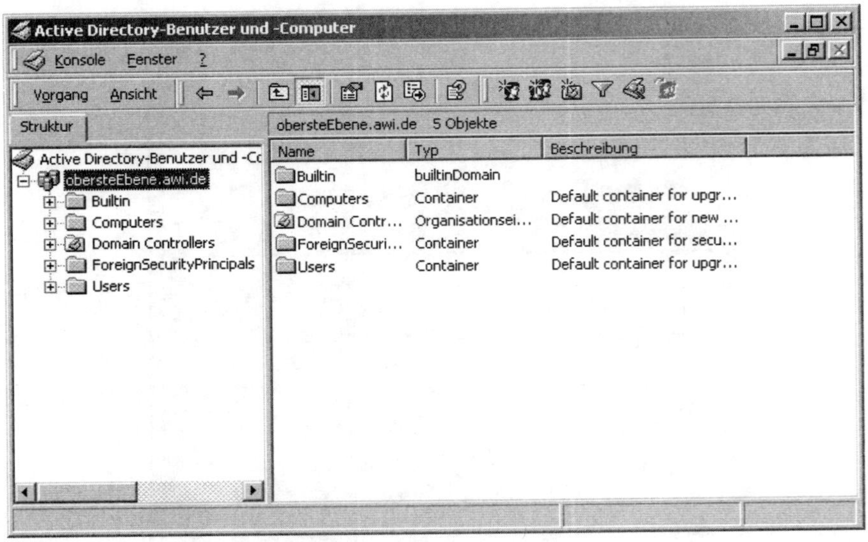

Bild 5.6: Nach dem Anlegen der Domäne zeigt sich dieser grundsätzliche interne Aufbau.

Im Container *Builtin* sind einige vordefinierte Benutzerkonten enthalten. Sie reichen bis hin zum Administrator. Wobei auch Operatoren für verschiedene Teilaufgaben festgelegt sind. Bild 5.7 zeigt die verschiedenen Einträge.

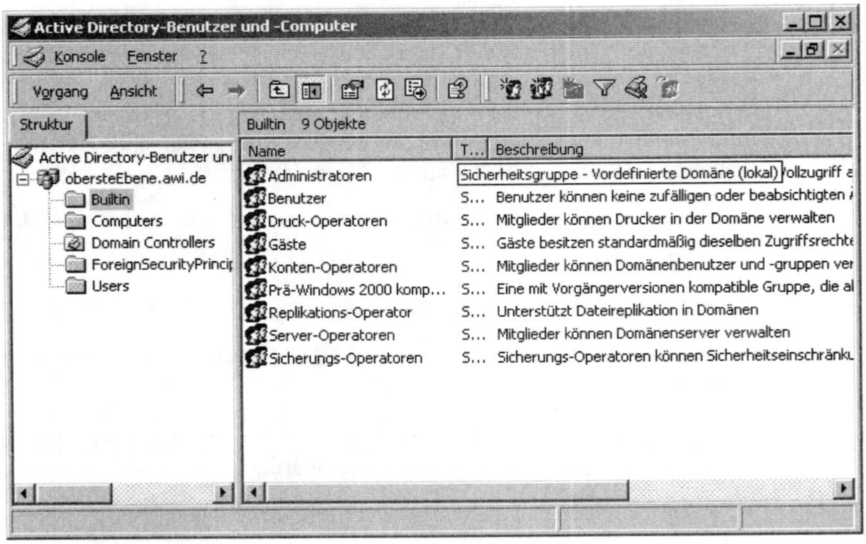

Bild 5.7: Bereits im Urzustand sind viele Benutzerkonten im AD vordefiniert.

Unter *Domain Controllers* sind alle Systeme der Domäne mit ihrem Computernamen aufgeführt, die als DC konfiguriert und einsatzbereit sind. Unter dem Container *User* residiert eine Vielzahl von Einträgen. Bild 5.8 zeigt dazu eine Auswahl.

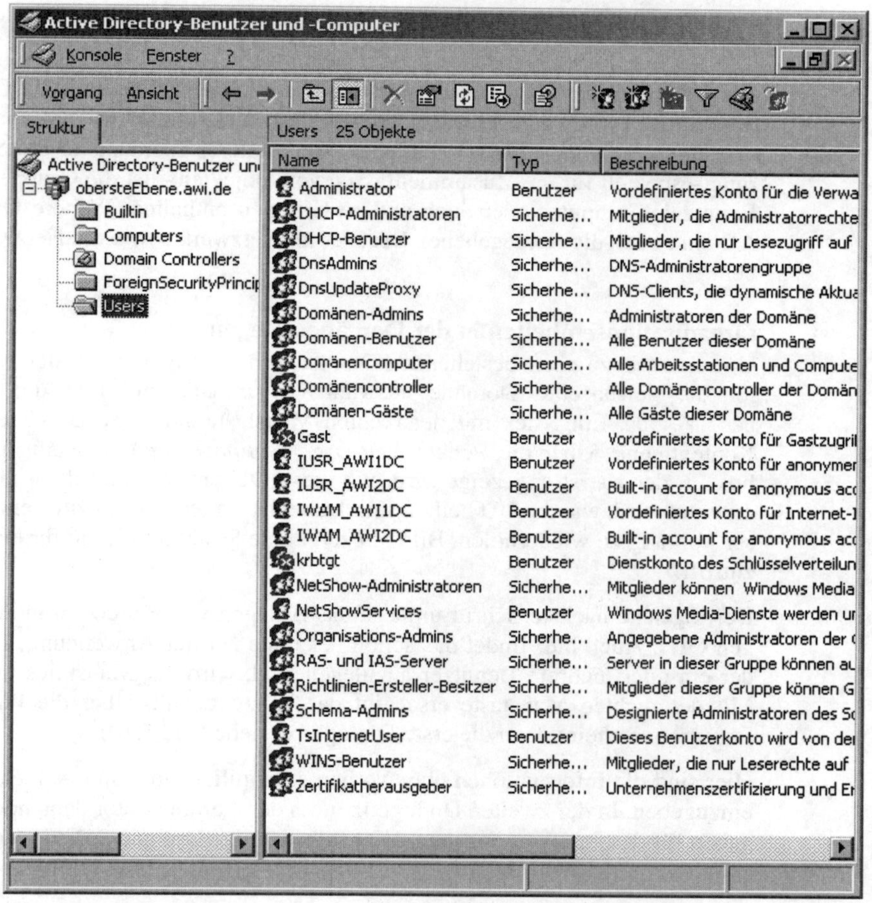

Bild 5.8: Der Benutzer-Container besitzt als Voreinstellung schon jede Menge Einträge.

Doch diese Vielzahl an bestehenden Einträgen darf nicht darüber hinwegtäuschen: Sinnvoll auf das eigene Unternehmen lässt sich das AD erst dann anpassen, wenn man in der Lage ist, eigene Objekte anzulegen und sie in einer vernünftigen Struktur abzulegen. Innerhalb des AD lassen sich daher an Objekten weitere User, zusätzliche Computer sowie Kontakte (Contacts, sie kommen erst bei Exchange 2000 so richtig zur Bedeutung) ablegen. Die Rolle von User und Computer dürfte auf der Hand liegen.

Ein Kontakt ist dagegen ein Objekt, dem sämtliche Zugriffsrechte fehlen. Verwendung findet dieses Objekt eigentlich nur, wenn externe Benutzer repräsentiert werden müssen – etwa im Zusammenhang mit E-Mail. Dies scheint ein Objekt zu sein, für das es eigentlich keinen Grund gibt – zumindest solange nicht, bis nicht auch Programme wie Exchange 2000/Platinum auf das AD zurückgreifen können.

Um innerhalb des AD eine Baumstruktur aufzubauen, kommen die Organisationseinheiten (OU) zum Einsatz. Auch sie lassen sich mit dem Tool *Active Directory-Benutzer und -Computer* anlegen. Ein weiteres Element für die Strukturierung – speziell für das Zusammenfassen von Objekten – ist die Gruppe. Sie kann Benutzer, Computer oder auch andere Gruppen enthalten. Weitere Objekte des AD sind noch die freigegebenen Drucker im Netzwerk sowie die Netzwerkfreigaben.

Organisationseinheiten in der Domäne anlegen

Um eine OU zu einer bestehenden Domäne hinzuzufügen, muss der Administrator die gewünschte Domäne auswählen – im Beispiel hier die `obersteEbene.awi.de`. Ein Klick mit der rechten Maustaste auf diese Domäne zeigt das Kontextmenü. Über die Punkte *Neu-Organisationseinheit* erscheint die Dialogbox, in der zuerst angezeigt wird, wo diese OU entsteht und dann die Eingabe erwartet wird, wie die OU heißen soll. Dabei ist für jede neu anzulegende OU dieser Vorgang zu wiederholen. Bild 5.9 zeigt eine Struktur, wie sie für einen Verlag zutrifft.

Der logische nächste Schritt umfasst das Anlegen von Benutzern in den jeweiligen OUs. Auch hier findet das schon bekannte Muster Anwendung: Die OU, in der ein oder mehrere Benutzer anzulegen sind, wird per Mausklick ausgewählt. Mit der rechten Maustaste erscheint das Kontextmenü. Über die Punkte *Neu-Benutzer* erscheint dann die erste Dialogbox (siehe Bild 5.10).

Hier sind die Informationen über Vorname, Familienname und Anmeldekennung einzugeben. In der zweiten Dialogbox muss der Administrator dann noch die Vorgaben für das Passwort angeben. Hier stehen einige Optionen offen, wie Bild 5.11 zeigt.

Sollen weitere Informationen zum Benutzer angegeben werden, ist das nun angelegte Benutzerobjekt zu verwenden. Die konsistente Vorgehensweise lautet wiederum: Klick auf das Benutzerobjekt, Aufruf des Kontextmenüs mit der rechten Maustaste und dann auf den Punkt *Eigenschaften* verzweigen. Bild 5.12 zeigt das Ergebnis.

Und hier wird klar: Es lässt sich unter diesem Punkt jede Menge Information unterbringen. Wer hier alles ausfüllen will und das für ein Unternehmen mit 500 Mitarbeitern, der ist für die nächste Zeit gut beschäftigt. Sinnvoll ist es hier, sich eine unternehmensweit gültige Vorgabe zu überlegen, welche Punkte denn sinnvollerweise auszufüllen sind und die Kunst der Reduzierung zu üben.

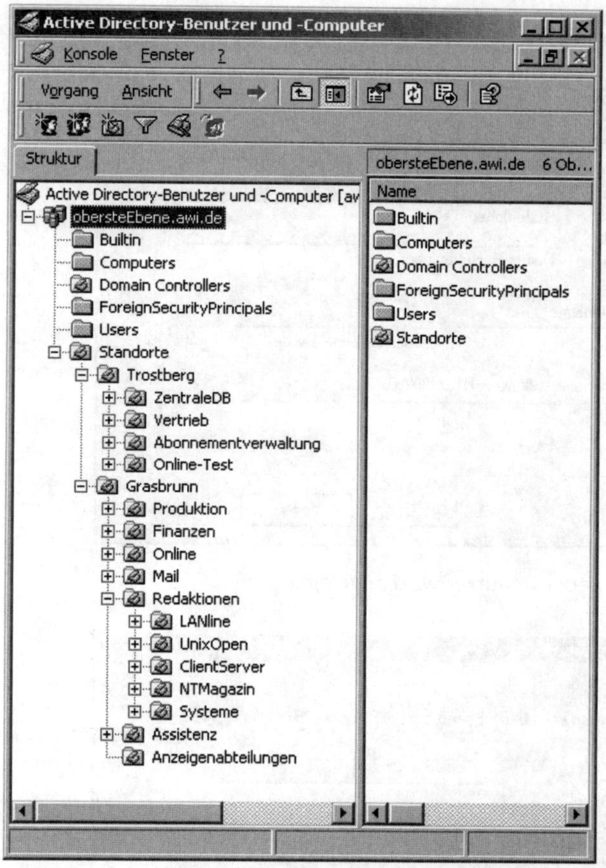

Bild 5.9: Die Strukturierung eines Unternehmens im AD erfolgt mit Hilfe der OUs.

Ein Administrator könnte nun die Frage stellen: Wozu die vielen Features, wenn man dann geraten bekommt, sie nicht zu nutzen? Doch darauf lässt sich erwidern, dass es ja auch Methoden gibt, mit denen er viele Benutzerkonten auf einmal anlegen kann – etwa das Kopieren einer Vorlage, das Tool *csvde.exe* oder ein entsprechendes VB-Script.

Ein wichtiger Punkt in diesem Zusammenhang ist die Rubrik *Mitglied von* (siehe Bild 5.13). Hier steht es dem Administrator frei, den Benutzer einer Gruppe zuzuweisen. Doch dazu müssen die Gruppen erst definiert werden.

Das Anlegen einer neuen Gruppe ist nicht schwierig. Der Administrator wählt zuerst die OU aus, in der die Gruppe definiert wird, im Beispiel unter der OU Redaktionen. Hier soll nun die Rolle der Redakteure als eine Gruppe angelegt werden. Dies erfolgt wieder mit dem Kontextmenü und den Punkten *Neu-Gruppe.* Bild 5.14 zeigt die entsprechende Dialogbox.

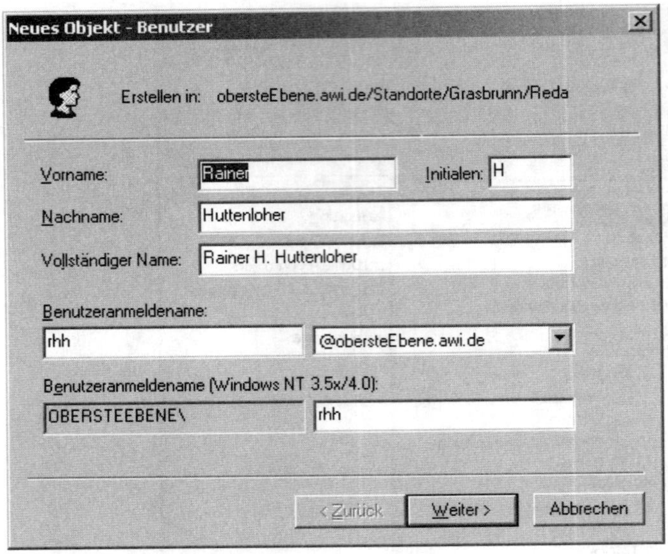

Bild 5.10: Ein neuer Benutzer wird angelegt.

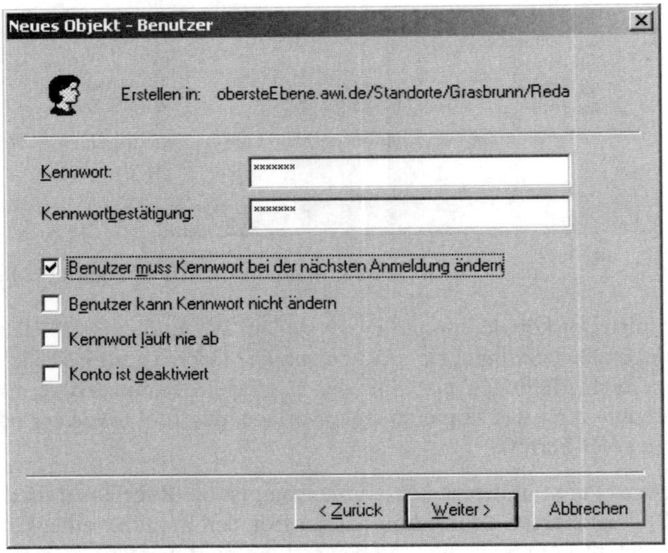

Bild 5.11: Beim Anlegen eines Benutzers spielt die Passwort-Richtlinie eine große Rolle, wenn es um die Einhaltung der unternehmensweiten Sicherheitsrichtlinie geht.

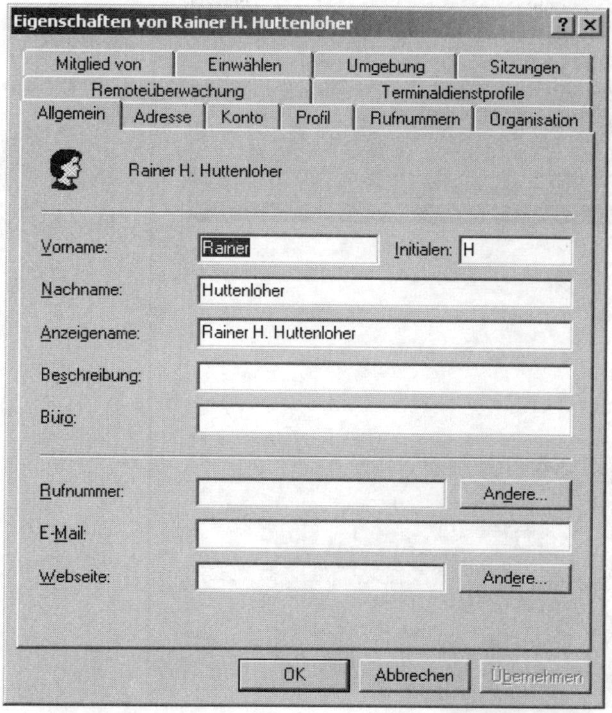

Bild 5.12: Viele Informationen für einen Benutzer lassen sich erst nach dem Anlegen des Anwenders definieren.

Hier wurde als globale Gruppe *Chefredakteure* angelegt. Bei dieser Festlegung sind zwei Optionen zu beachten. Zum einen muss der Administrator angeben, für welchen Gültigkeitsbereich – hier als Gruppenbereich bezeichnet – diese Gruppe existieren und welche Art von Objekten in der Gruppe abgelegt werden sollen. Es stehen drei Möglichkeiten offen:

- Lokale Domäne; dies hat die Gültigkeit in der lokalen Domäne zur Folge,
- Global; dies entspricht einer baumweiten Gültigkeit, sowie
- Universal; dies gilt im gesamten Forest – also in mehreren zusammengehörigen Domänen.

Zum anderen ist der Typus der Gruppe anzugeben. Hier stehen zwei Varianten zur Wahl: Sicherheit und Verteiler. Mit der ersten Einstellung wird festgelegt, ob die Mitglieder der Gruppe Zugriffsrechte auf andere Ressourcen im Netzwerk (etwa Faxgeräte, Drucker oder auch nur Dateien) erteilen können.

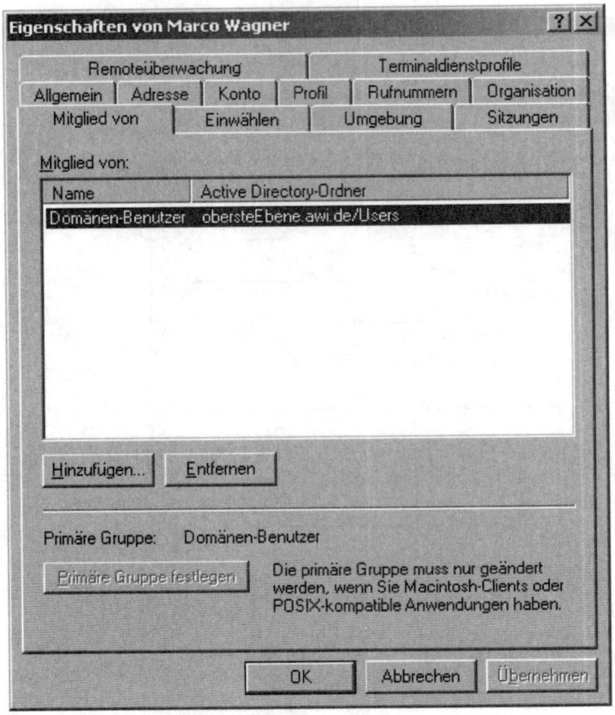

Bild 5.13: Die Zugehörigkeit zu einer Gruppe spielt im AD eine wichtige Rolle.

Allerdings sollte man bedenken, dass auch Sicherheitsgruppen als Verteilergruppen fungieren können, aber nicht umgekehrt. Zudem haben Verteilergruppen den Vorteil, dass sie nicht in das Zugriffs-Token des Benutzers aufgenommen werden – so wird der Anmeldevorgang und der Zugriff auf Ressourcen beschleunigt.

Um nun einen Benutzer einer Gruppe zuzuweisen, muss der Administrator die in Frage kommende Gruppe per Mausklick auswählen und mit der rechten Maustaste die *Eigenschaften* auswählen. Hier gilt es, den Punkt *Mitglied* anzuwählen (siehe Bild 5.15).

Es erscheint ein Fenster, in dem alle bisherigen Mitglieder dieser Gruppe aufgelistet sind. Bei einer neu angelegten Gruppe – wie im Falle der Gruppe Chefredakteure im Bild 5.15 – ist diese Liste leer. Über den Punkt *Hinzufügen* aber kommt eine Liste mit allen möglichen Benutzern zum Vorschein – dabei sind neben den explizit angelegten Anwendern auch die vom System definierten Benutzer (wie der *TsInternetUser*) sowie andere Objekte (wie die in der Domäne installierten DC oder Computer) enthalten.

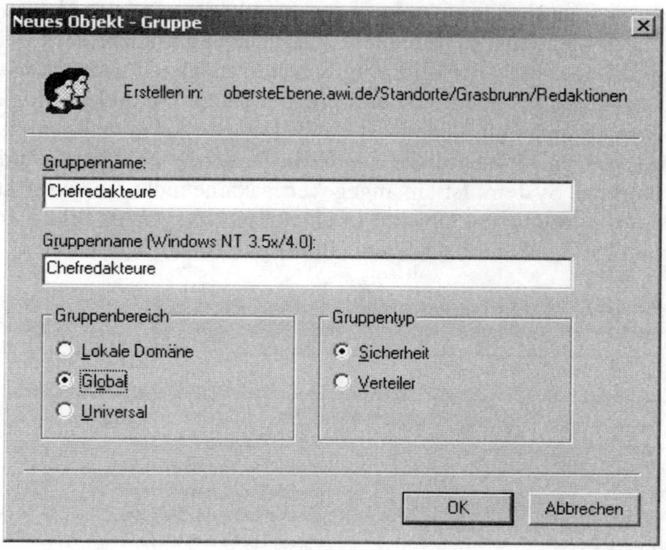

Bild 5.14: Gruppen sind schnell angelegt.

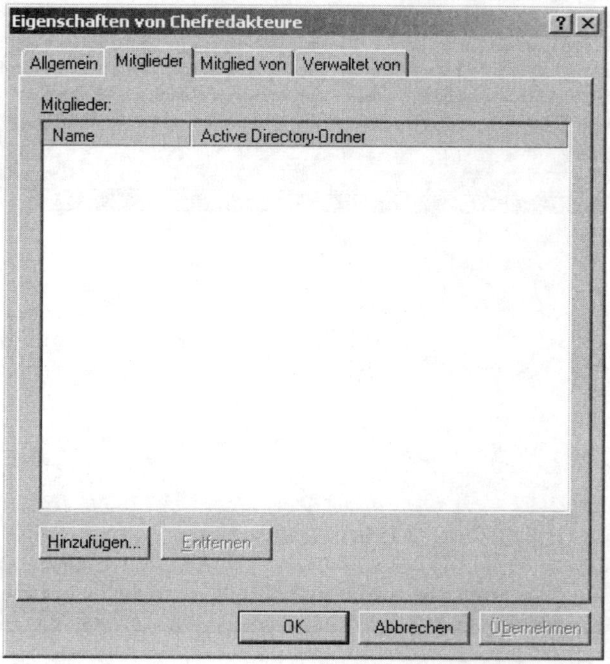

Bild 5.15: Nachdem eine Gruppe neu angelegt ist, besitzt sie noch keine Mitglieder.

Wenn man hier nur einzelne Objekte auswählen könnte und den Vorgang für jedes Objekt wiederholen müsste, wäre diese Aufgabe bei umfangreichen Gruppen sehr zeitraubend. Daher hat Microsoft vorgesehen, dass gleich mehrere Objekte markiert und so auf einmal übernommen werden können. Die andere Möglichkeit der Eingabe von Gruppenmitgliedern ist das Eintippen des jeweiligen Namens (bei mehreren Objekten müssen diese durch ein Semikolon getrennt werden). Auch hier assistiert das System: Ist ein angegebener Name nicht eindeutig, stellt einem das System die möglichen Objekte in einer Liste zur Wahl. Bild 5.16 zeigt die Gruppe der Chefredakteure, nachdem ein Mitglied eingefügt wurde.

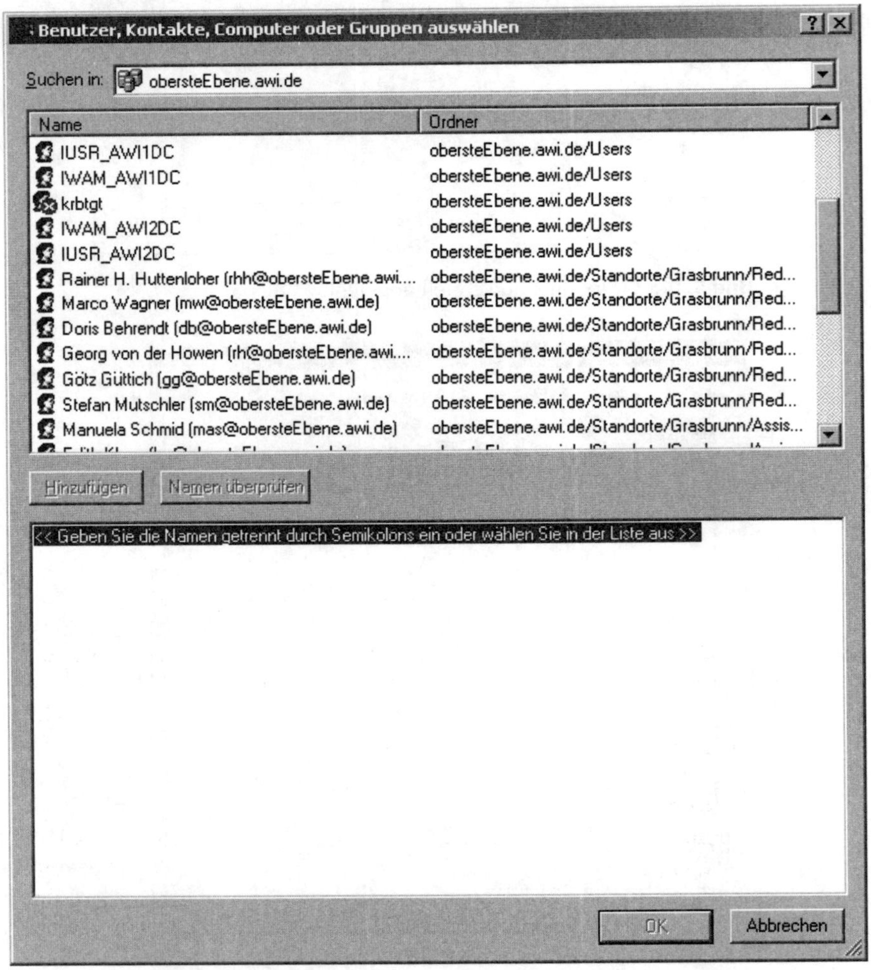

Bild 5.16: Zur Gruppe der Chefredakteure gehört nun bereits ein Mitglied.

Wesentlich schneller geht diese Aufgabe aber, wenn man in die entsprechende OU geht und dort alle Benutzer markiert. Bild 5.17 demonstriert diese Vorgehensweise.

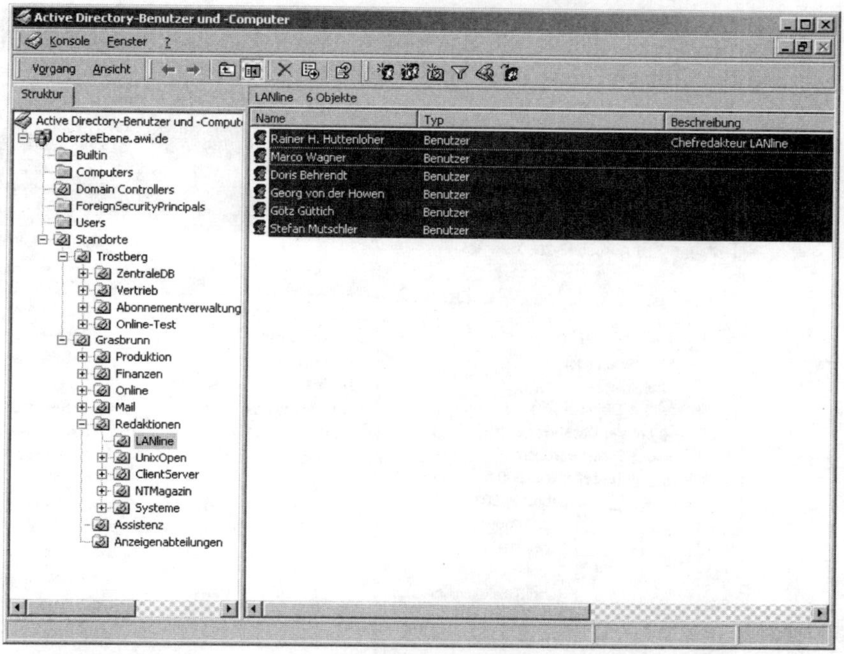

Bild 5.17: Beschleunigung für die Aufnahme in eine Gruppe durch das Kontextmenü.

Mit einem Klick der rechten Maustaste erscheint ein Kontextmenü, aus dem man den obersten Menüpunkt *Mitglieder einer Gruppe hinzufügen* auswählt und dann aus der angebotenen Liste die Gruppe (hier die Gruppe der Redakteure) auswählt, zu der alle markierten Objekte (hier die Benutzer in der OU LANline) dann gehören sollen. Nach Abschluss der Aktion meldet das System, dass die gewünschte Aufgabe korrekt abgewickelt wurde.

Freigaben im AD publizieren

Die netzwerkweite Freigabe von Verzeichnissen – auch von Ordnern, die durch das DFS angelegt wurden – ist eine weitere elegante Möglichkeit, die das AD offeriert. Um eine Freigabe im AD zu publizieren, muss der Administrator einen zweistufigen Weg einschlagen, denn das Anlegen eines *Shared Folder Objekts* im AD führt nicht automatisch zur Freigabe des Verzeichnisses. Der erste Schritt umfasst daher die Freigabe des Verzeichnisses, der zweite das Publizieren im AD.

Um ein Verzeichnis freigeben zu können, muss es logischerweise zuerst existieren. Das Erstellen eines Verzeichnisses funktioniert nach alter Gewohnheit mit Hilfe des Windows NT Explorer (er liegt nun unter *Programme-Zubehör-NT Explorer*). Im Beispiel wurden unter dem Verzeichnis TexteLANline2000 weitere Unterverzeichnisse angelegt: Ausgabe2-2000 und Ausgabe3-2000. Darunter sind erneut Verzeichnisse mit den verschiedenen Rubriken der Zeitschrift angelegt. Bild 5.18 zeigt diese Ausgangssituation.

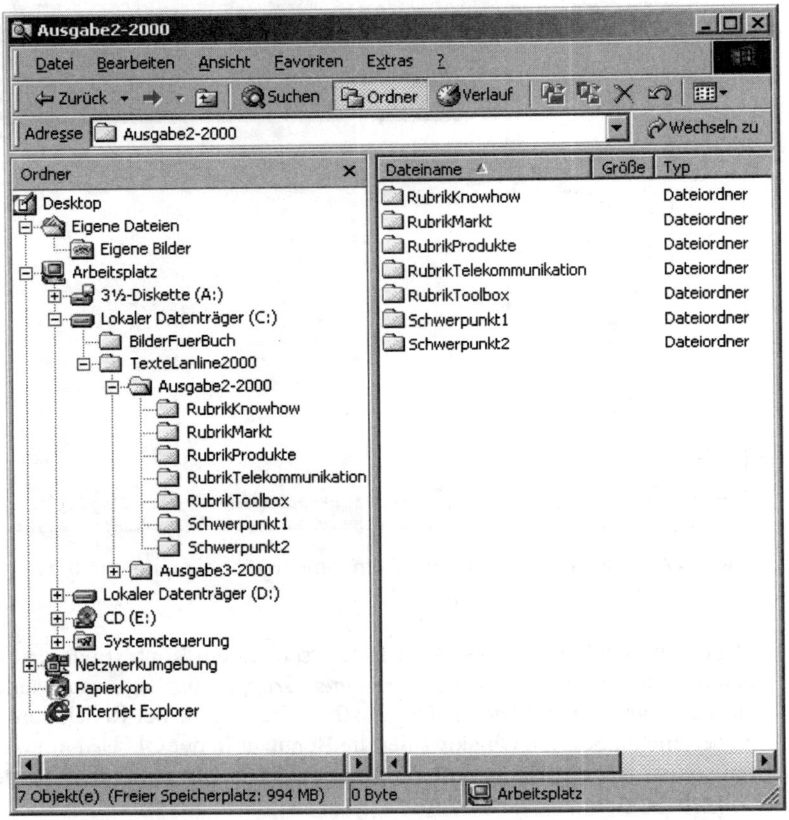

Bild 5.18: Um Freigaben für Verzeichnisse zu erstellen sind zwei Schritte notwendig: zuerst das Selektieren des Ordners . . .

Nun ist als erster Schritt das freizugebende Verzeichnis zu selektieren – am besten per rechtem Mausklick auf das Verzeichnis und dann durch die Auswahl des Menüpunkts *Eigenschaften*. Bild 5.19 zeigt die Informationen, die für den Ordner *Ausgabe2-2000* dann für die Freigabe ausgefüllt wurden.

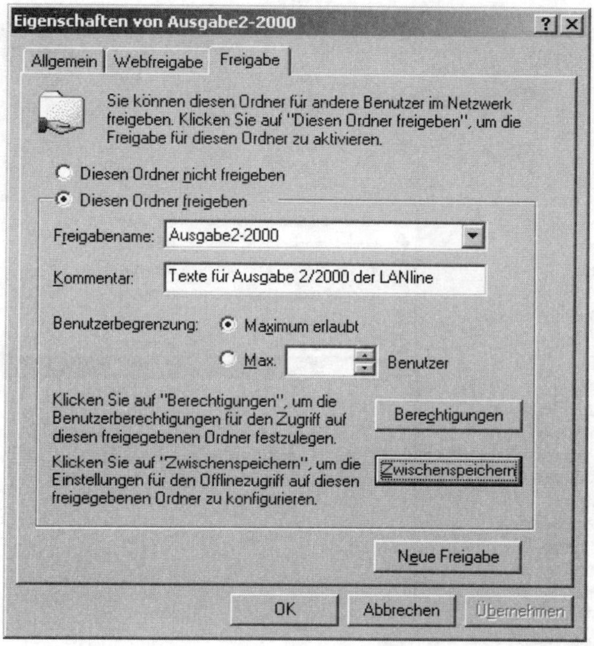

Bild 5.19: . . . und dann unter *Eigenschaften* die Festlegung der Freigabe.

Bislang verläuft alles noch nach dem von NT her gewohnten Modell: Der Name für die Freigabe ist einzugeben, dann können die Dateien im Ordner erzeugt werden, auf die der Zugriff der einzelnen Benutzer erfolgt.

Um den Ordner nun auch im AD zu publizieren, ist das Programm *Active Directory-Benutzer und -Computer* zu starten und die OU auszuwählen – in diesem Beispiel *LANline*. Ein Klick mit der rechten Maustaste bringt wieder das Kontextmenü zum Vorschein, aus dem der Punkt *Neu* und danach *Freigegebener Ordner* zu selektieren sind. Daraufhin erscheint eine Eingabemaske, in der zum einen der Name des freigegebenen Ordners sowie der Netzwerkpfad zu diesem Ordner hinterlegt werden müssen.

Im konkreten Fall waren das

`Ausgabe2-2000 und \\awildc\ausgabe2-2000.`

Danach erscheint in der Darstellung (siehe Bild 5.20) der entsprechende freigegebene Ordner.

Alle berechtigten Benutzer sehen nun diesen Ordner, wenn sie das AD durchblättern. Dies geschieht beispielsweise über die *Netzwerkumgebung* auf dem Desktop.

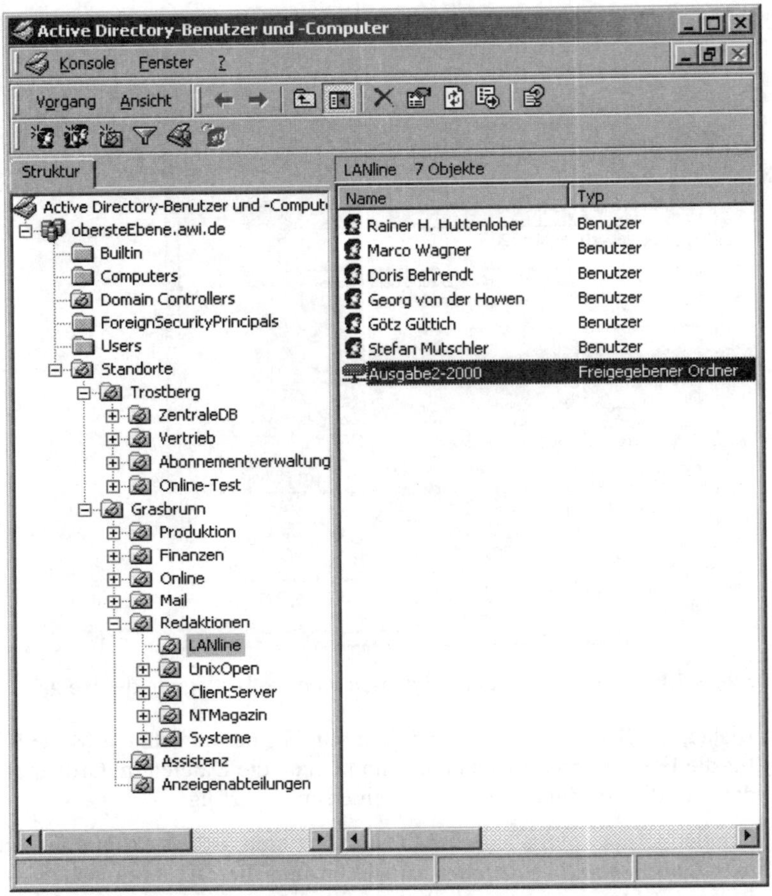

Bild 5.20: Erst wenn die Freigabe im AD publiziert wird, sehen die berechtigten Anwender den Ordner.

Freigeben von Druckern

Aus Sicht des AD besteht kein prinzipieller Unterschied zwischen einem Verzeichnis und einem Drucker. Es handelt sich bei beiden um netzwerkweit verfügbare Ressourcen, sprich Objekte im AD. Und deswegen ähnelt sich die Behandlung beider Objekte auch, wenn es um das Publizieren im AD geht. Ist ein Drucker installiert, erfolgt die Festlegung seiner Freigabeoptionen durch das Anklicken seiner *Eigenschaften*. Unter dem Reiter *Freigabe* sind einige Einträge zu beachten: Der Administrator ist in der Lage anzugeben, ob der Drucker netzwerkweit zur Verfügung gestellt wird, mit welchen Namen das geschehen soll und – ganz wichtig – ob der Drucker im AD geführt, also ob er publiziert werden soll.

Damit offenbart sich auch schon der Unterschied zu den freigegebenen Verzeichnissen: Per Voreinstellung ist die entsprechende Checkbox im Dialog aktiv. Das hat zur Folge, dass der Drucker standardmäßig im AD publiziert wird. Bei einem Drucker ist diese Vorgehensweise auch sinnvoll, da diese Ressource in einem Netzwerk in der Regel für viele Benutzer zur Verfügung stehen soll. Falls ein Drucker *versteckt* und somit für die »Öffentlichkeit« im AD gar nicht sichtbar sein soll, muss nur dieser Eintrag deaktiviert werden.

Das AD führt den Drucker dann unter dem entsprechenden Computer-Container und nennt ihn *Servername.Druckername*. Das Printersubsystem meldet auch alle Veränderungen – wie die Beschreibung des Geräts, den Zustand, das geladene Papier, etc. – an das AD weiter. Allerdings ist der Drucker im Tool *AD Benutzer und Computer* nur dann zu sehen ist, wenn man in *Ansicht-User und Computer als Container zeigen* ausgewählt hat.

Erzeugen von Computer-Objekten im AD

Auch beim Anlegen von neuen Computer-Objekten gilt die Devise: Automatisierung ist Trumpf. Im Klartext bedeutet das, dass ein Computer-Objekt automatisch angelegt wird, wenn ein Computer in die Domäne »eintritt«. Doch es steht dem Administrator auch frei, entsprechende Objekte bereits im Vorfeld anzulegen. Dazu muss er die OU auswählen, in der der Computer später logisch eingereiht sein soll. Über die rechte Maustaste erscheint das zur OU gehörende Menü und in gewohnter Manier lässt sich über *Neu-Computer* diese Aktion ausführen (siehe Bild 5.21).

Bild 5.21: Das »logische Anlegen« neuer Computer kann der Administrator bereits vor der Installation dieser Systeme durchführen.

Als eine wichtige Option steht es einem hier noch frei, die Benutzer anzugeben, die den Computer zur Domäne hinzufügen dürfen – standardmäßig sind dies die Domänen-Admins. Dazu muss bei der Option *Benutzer oder Gruppe* mit Hilfe des *Ändern*-Knopfs aus einer daraufhin erscheinenden Liste die Auswahl getroffen werden. Diese Liste wird in der Regel sehr umfangreich sein (siehe Bild 5.22).

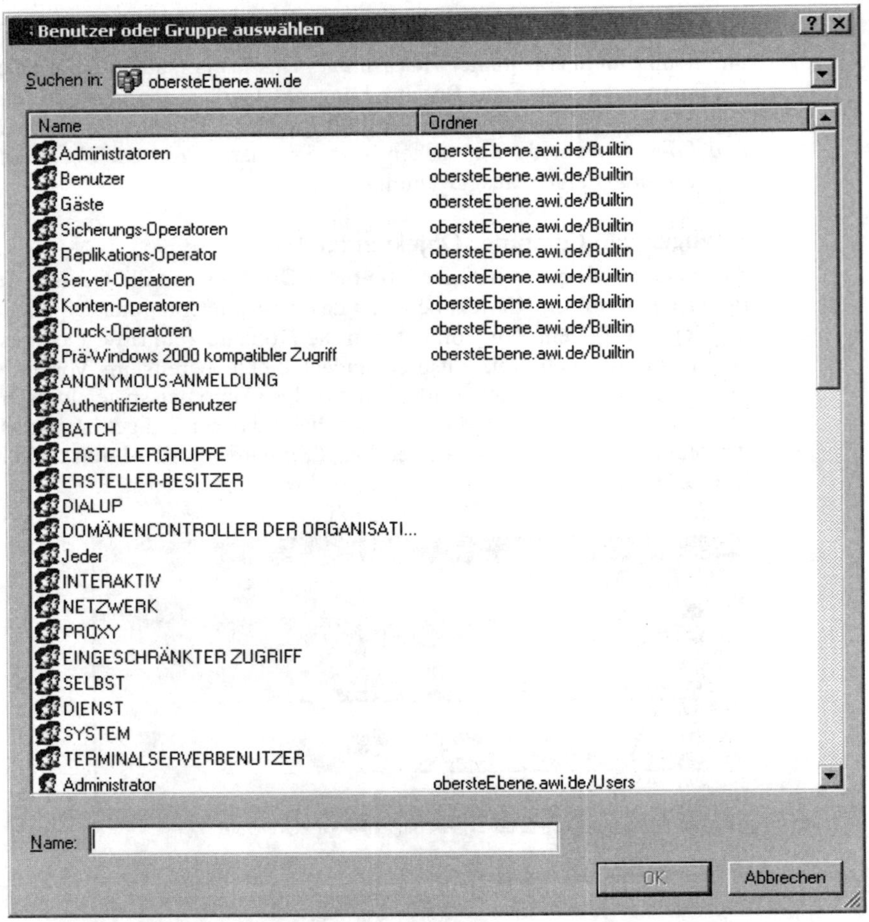

Bild 5.22: Hier wird festgelegt, wer den Computer zur Domäne hinzufügen darf – wer sich aber am Computer anmelden darf, wird durch das Systemrecht *Lokale Anmeldung* definiert.

Hier zeigt sich auch der Vorteil dieses Wegs. Die Zuteilung der gesamten Zugriffsrechte übernimmt ein Domänen-Administrator zentral. Die Installation des Computers selbst kann aber auch jemand abwickeln, der in der Domäne wesentlich weniger Rechte besitzt. Also eine Verbesserung, die sich typischerweise bei Unternehmen mit kleinen Filialen auswirken wird.

Nachdem die Computer-Objekte erstellt sind und die entsprechenden Systeme auch im Netzwerkverbund arbeiten, dreht sich das Hauptaugenmerk eines Administrators auf die Verwaltung des Systems. Das sollte in einem modernen Konzept wie Windows 2000 natürlich immer remote erfolgen. Typische Aufgaben sind das Überwachen der Ereignisanzeige, das Abwickeln von Diagnose-Aufgaben etc.

Um diese Verwaltungsaufgaben für einen Computer zu erledigen, braucht der Administrator nur den gewünschten Computer im AD auswählen und mittels rechter Maustaste aus dem Menü den Punkt *Verwalten* aktivieren. Dadurch startet das Verwaltungswerkzeug für den selektierten Rechner.

Arbeiten mit Objekten

Jedes Unternehmen, das heute auf dem Markt bestehen will, hat mit einem Problem zu kämpfen: Veränderungen sind in unterschiedlichen Schüben angesagt. Die EDV-Infrastruktur muss mit diesen Modifikationen optimal umgehen können. Eine Umorganisation – etwa die Bildung einer neuen Arbeitsgruppe für ein womöglich nur kurzfristig abzuwickelndes Projekt – sollte von der Netzwerkverwaltung aus auch genauso schnell funktionieren wie ein unter Umständen notwendig gewordener Umzug von Mitarbeitern.

Für dieses Szenario bietet das AD auch die Möglichkeit, Objekte in der Hierarchie zu verschieben, sie umzubenennen oder sie zu löschen. Das Umbenennen und Löschen schafft sicher jeder Systemverwalter intuitiv: Objekt anwählen und löschen bzw. anwählen und den Namen nach einem nochmaligen Klick auf die bisherige Bezeichnung editieren. Dagegen ist das Verschieben von Objekten schon etwas aufwändiger.

Nach dem Auswählen des Objekts und dem rechten Mausklick muss aus dem Menü der Punkt *Verschieben* aktiviert werden. Daraufhin erscheint ein Fenster, in dem die Navigation durch den AD-Baum offen steht. Damit kann man das Objekt sehr komfortabel in einen anderen Bereich des Baums verschieben. Als Beispiel soll ein Redakteur (*Stefan Mutschler*) aus der OU *LANline* in den zweiten Standort (*Trostberg*) und da in die OU *Online-Test* verschoben werden. Bild 5.23 zeigt die Auswahl für das Verschieben.

Ein weiteres Hilfsmittel für die effiziente Verwaltung von Benutzern und Computern ist das Verschachteln von Gruppen. Diese Methodik steht zur Verfügung, wenn das AD im *Native Mode* agiert – also nur mehr Windows 2000-Systeme in der Domäne vorhanden sind (im *Mixed Mode* kann man – genau wie bei Windows NT 4.0 – globale Gruppen zum Mitglied in lokalen Domänengruppen machen). Um eine verschachtelte Gruppe zu erzeugen, ist zuerst die entsprechende OU auszuwählen – im Beispiel die *Redaktionen* im Standort *Grasbrunn*.

Dazu ist zuerst der Dialog *Gruppen auswählen* zu aktivieren (siehe Bild 5.24). Über den Punkt *Hinzufügen* können dann alle Zugehörigkeiten definiert werden.

Bild 5.23: Das Verschieben von Objekten erledigt das AD sehr komfortabel.

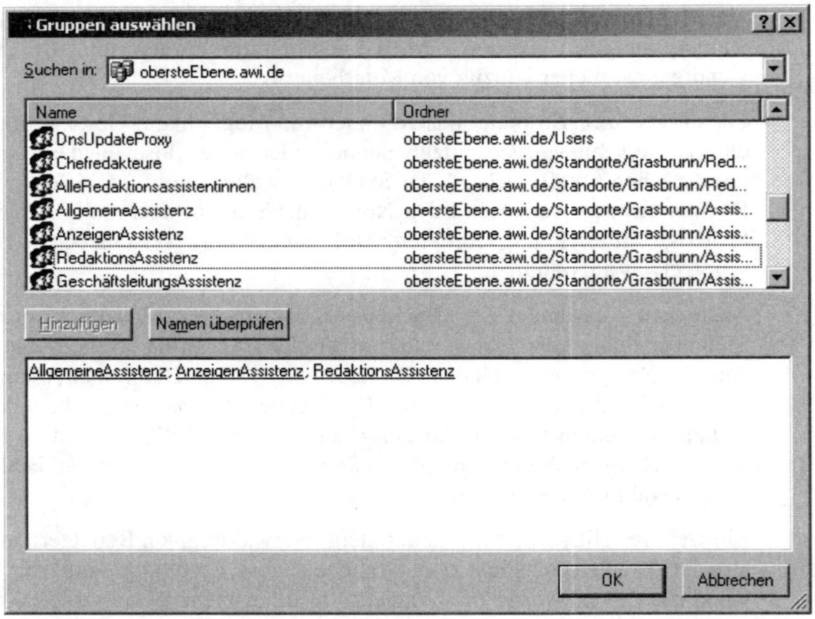

Bild 5.24: Gruppen auswählen.

Anstelle bei einer komplizierteren Suche immer nur den Verzeichnisbaum zu durchforsten, lassen sich einzelne Objekte im AD auch explizit suchen. Dazu existiert im Kontextmenü einer OU der Dialog *Benutzer, Kontakte und Gruppen suchen* (siehe Bild 5.25).

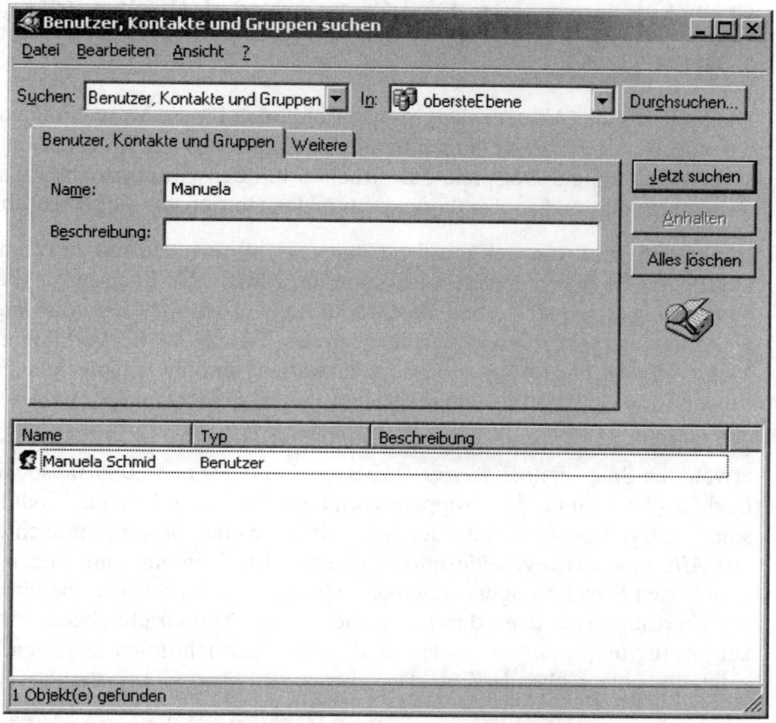

Bild 5.25: Dialog für das Durchsuchen des AD nach Objekten.

Damit die Suche nach Objekten im AD noch effizienter abläuft, stehen Verfeinerungsmöglichkeiten in Form von Filterkriterien offen. Bild 5.26 zeigt den entsprechenden Dialog (erreichbar über den Menüpunkt *Ansicht* und dann *Filter*).

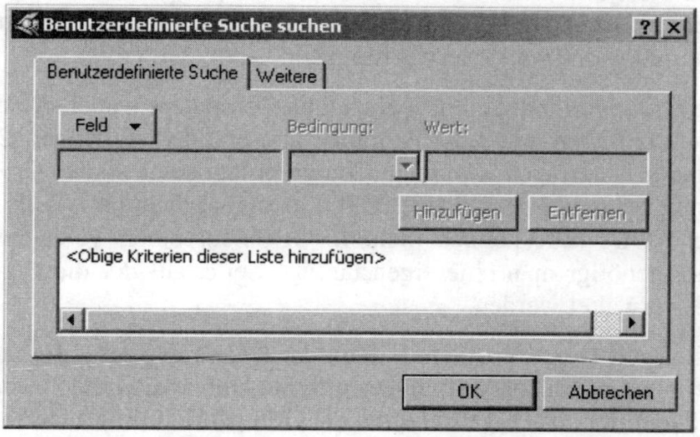

Bild 5.26: Die Verfeinerung der Suchkriterien kann der Benutzer selbst angeben.

5.4 Das Arbeiten mit den Gruppenrichtlinien (Group Policies)

Die theoretischen Vorteile der Gruppenrichtlinien für die Verwaltung von Computer- und Benutzerkonten kamen bereits in Kapitel 4.5 zur Sprache. Im folgenden soll anhand einiger Beispiele das Arbeiten mit den Gruppenrichtlinien-Objekten (GPOs) gezeigt und so ihre Vorteile im realen Betrieb vor Augen geführt werden.

Der erste Schritt, um sich mit den Gruppenrichtlinien vertraut zu machen, ist das Definieren einer geeigneten Konsole in der MMC. Als Snap-in für diese Aufgabenstellung eignet sich erneut das Modul *Active Directory-Benutzer und -Computer.* Angelegt wird diese Konsole über das übliche MMC-Verfahren: Aus dem Menü *Snap-in hinzufügen/entfernen* auswählen und die entsprechenden Erweiterungen für das lokale System unter dem Punkt (*Eigenständige Snap-in*) angeben.

Zur Bearbeitung der Gruppenrichtlinien verwendet man neben dem bereits erwähnten Snap-in noch *Active Directory-Standorte und -Dienste* sowie natürlich noch das Snap-in für die Gruppenrichtlinie selbst. Nachdem alle Module der Konsole hinzugefügt sind, muss der Administrator noch prüfen, ob auch die Checkbox *Alle Erweiterungen hinzufügen* aktiviert ist, denn nur dann stehen alle untergeordneten Erweiterungen zu den drei übergeordneten Snap-ins bereit. Am besten speichert man sich dann diese Konsole ab. Sie steht anschließend immer wieder zur Verfügung, wenn Arbeiten an den Gruppenrichtlinien anstehen. Bild 5.27 zeigt eine entsprechende Konsole.

Wer sich einen Überblick zum Thema Gruppenrichtlinie verschaffen will, der braucht lediglich in der Konsole die entsprechende Domäne, den gewünschten Standort oder auch nur die OU markieren und dann via rechten Mausklick das Kontextmenü aktivieren. Hier existiert der Unterpunkt *Eigenschaften*, über dem die Gruppenrichtlinie angezeigt werden kann. Nach der Installation sind nicht viele Gruppenrichtlinien zu sehen, typisch sind aber einige vordefinierte Richtlinien, etwa die *Default Domain Policy* für alle angelegten Domänen in einem Netzwerkverbund (doch diese Richtlinie sollte man nicht mit der für jede Domäne eigene *Default Domain Policy* verwechseln).

Um sich die Gruppenrichtlinie eines einzelnen Computers – auch die des lokalen Computers – anzusehen, muss der Administrator erst den jeweiligen Computer – über das Snap-in – abfragen. Denn ein Computer legt seine eigene Gruppenrichtlinie (genauer gesagt sein spezifisches GPO) lokal und nicht im AD ab. Domänen, Standorte und OUs aber können mehrere GPOs für einen Verzeichnis-Ordner haben. Daher benötigt man eine eigenständige Seite, auf der die Eigenschaften des Objektes verwaltet werden.

Beim Arbeiten mit Domänen, Standorten oder OUs muss der Administrator mit Hilfe der definierten Konsole auf die gewünschte Domäne, Standort oder OU verzweigen und hier über die *Eigenschaften* die Gruppenrichtlinie auswählen.

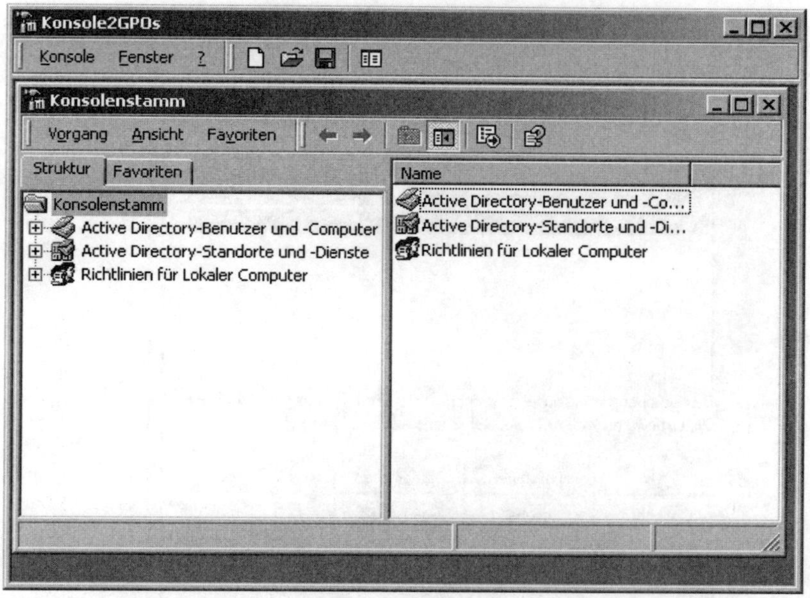

Bild 5.27: Ist eine Konsole für das Arbeiten mit den GPO erst definiert und abgespeichert, steht sie immer wieder zur Verfügung.

Im Beispiel zeigt sich zuerst nur die voreingestellte Richtlinie bei der Domäne `obersteebene.awi.de`. In diesem Dialog (siehe auch Bild 5.28) stehen einige Aktionen zur Auswahl:

Neue Richtlinien lassen sich definieren, vordefinierte Richtlinien sich hinzufügen, bestehende Richtlinien können bearbeitet oder gelöscht werden, und zudem sind Optionen machbar und die genauen Eigenschaften der Gruppenrichtlinie lassen sich anzeigen.

Wird hier zum Beispiel der Punkt *Bearbeiten* ausgewählt, startet die MMC das Gruppenrichtlinien-Snap-in. Alle vorherigen Aktionen lagen noch beim Modul *Active Directory-Benutzer und -Computer.* Auch hier soll ein wichtiger Hinweis nicht fehlen: Die eingebauten Computer- und Benutzer-Container repräsentieren keine OUs – deshalb können diesen Container auch keine Gruppenrichtlinien assoziiert werden.

Benutzer oder Computer in diesen Containern bekommen ihre Gruppenrichtlinien normalerweise über die GPOs, die für die Domäne und für die Standorte zugewiesen beziehungsweise vererbt werden. Dagegen handelt es sich beim Container mit den Domänencontrollern um eine OU. Dieser kann daher direkt eine Gruppenrichtlinie zugeteilt werden.

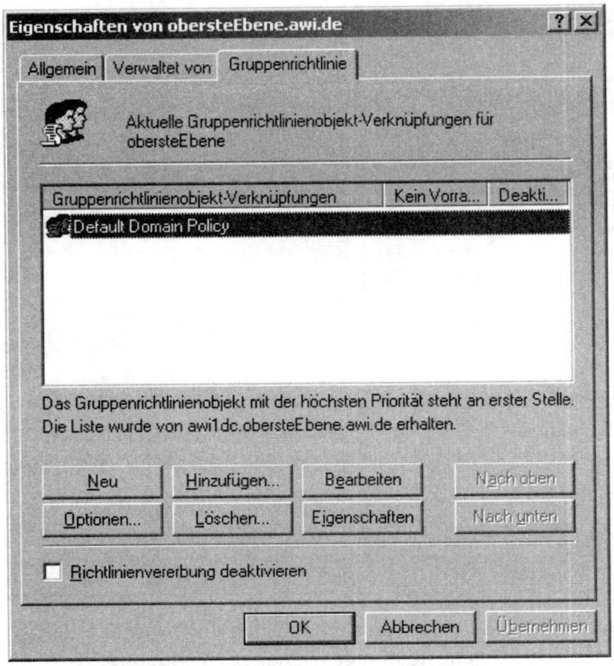

Bild 5.28: Das Bearbeiten der Gruppenrichtlinien erfolgt per Point & Click.

Um ein neues GPO zu erstellen, ist wieder die MMC-Konsole zu starten und auf die gewünschte Stelle in der AD-Hierarchie zu verzweigen. Ein Beispiel für eine Aufgabe könnte lauten: Es soll für den Standort Grasbrunn in der Domäne `obersteebene.awi.de` eine neue GPO angelegt werden. Dazu ist beim Standort Grasbrunn mittels rechten Mausklick auf die *Eigenschaften* zu gehen und hier der Reiter *Gruppenrichtlinie* auszuwählen. Über den *Neu*-Button kann dann eine neue Richtlinie benannt werden (siehe Bild 5.29).

Die Voreinstellung dieser Richtlinie zeigt sich über den Punkt *Eigenschaften*. Es erscheinen drei Formen: *Allgemein*, *Links* und *Sicherheitseinstellungen*. In diesen Unterpunkten sind dann die gültigen Einträge abgelegt. Bild 5.30 demonstriert die per Voreinstellung aktiven Werte in punkto Sicherheit für die neu angelegte GPO.

An dieser Stelle kommen nun die Anforderungen ins Spiel, die ein Unternehmen für seine Belange festlegt. Es lassen sich zum einen weitere GPOs benennen, die bestehenden GPOs können auch bearbeitet werden. Dazu stehen alle Erweiterungen bereit, die das Gruppenrichtlinien-Snap-in selbst offeriert.

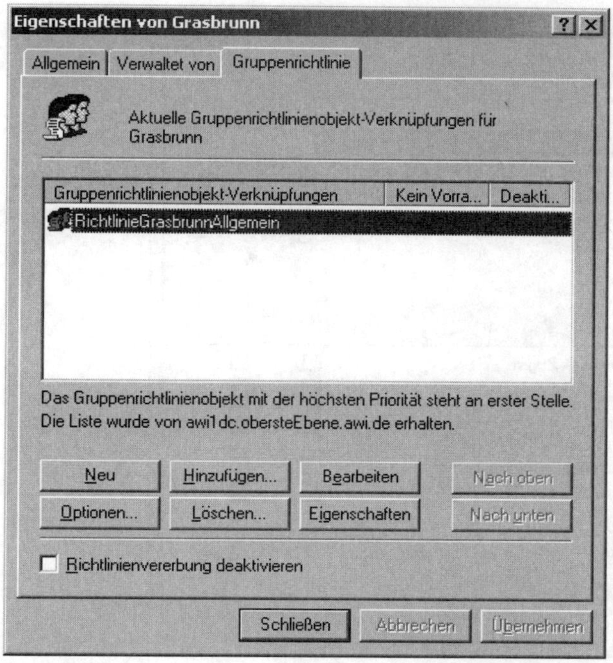

Bild 5.29: Das Benennen einer neuen Richtlinie.

Sind mehrere GPOs beispielsweise für einen Standort festgelegt, so bestehen unterschiedliche Wertigkeiten für die jeweiligen GPOs. Das GPO, das in der Auflistung am weitesten oben steht, besitzt die höchste Priorität, wobei die einzelnen GPOs nacheinander ausgewertet werden und die in der Liste oben stehende zuletzt.

Da es sich hier immer um eine aufwändige Bearbeitung vieler Rechte handeln kann, sollten die Auswirkungen auf die Performance eines Systems klar sein: Je mehr GPOs auszuwerten sind, umso länger wird das Hochfahren eines Computers oder der Anmeldevorgang eines Benutzers dauern.

Hier muss der Administrator immer einen guten Kompromiss zwischen Sicherheit und Performance finden. Die Faustregel lautet daher: Immer mit möglichst wenig GPOs auskommen! Jede GPO besitzt selbst den Status eines Objekts im AD und besitzt daher auch ein entsprechendes Kontextmenü. Aus den Eigenschaften eines GPOs lassen sich daher auch wichtige Angaben ersehen.

Die Bearbeitung einer GPO zeigt Bild 5.31. Nach dem Klick auf den Punkt *Bearbeiten* erscheint ein Fenster für die *RichtlinieGrasbrunnAllgemein*. Dabei sind als Unterpunkte die *Computer- und die Benutzerkonfiguration* mit weiteren drei Unterpunkten (*Softwareeinstellungen*, *Windows-Einstellungen* und *Administrative Vorlagen*) vertreten.

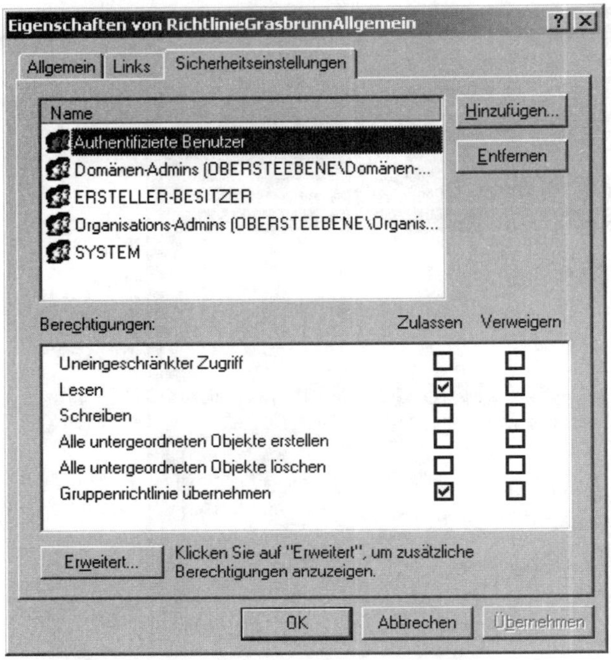

Bild 5.30: Jede neue GPO besitzt schon voreingestellte Werte.

Expandiert der Administrator diese Punkte, so zeigt sich eine Darstellung wie in Bild 5.31. Mit einer weiteren Verzweigung in die Unterpunkte steht einem danach die Einstellungen (per Aktivierung über Checkboxen) der entsprechenden Werte frei.

Sind erst mal mehrere GPOs definiert, so spielt die Verwaltung aller GPOs eine wesentliche Rolle. Diese Aufgabe lässt sich mit Hilfe des Kontextmenüs einer Domäne, eines Standorts oder einer OU über den Punkt *Eigenschaften* erledigen. Zum einen lässt sich hier die Reihenfolge der Richtlinien umstellen. Andere Aktionen umfassen das Definieren von weiteren GPOs, das Löschen von bestehenden Vorgaben oder auch das Abfragen, mit welchen anderen OUs, Standorte oder Domänen diese GPO noch verbunden ist.

Der Punkt *Hinzufügen* startet einen Dialog, über den sich alle derzeit zu einer Domäne/Standort oder OU gehörigen GPOs darstellen lassen. Über den Auswahldialog *Suchen in* kann der Administrator auch in andere Domänen verzweigen. Dies ist bei komplexen Hierarchien mit mehreren Domänen sehr hilfreich.

Doch diese Sache hat auch einen Haken: Assoziiert man in einer Domäne eine Gruppenrichtlinie aus einer anderen Domäne, verbleibt diese in ihrer »Heimat« und wird nicht kopiert.

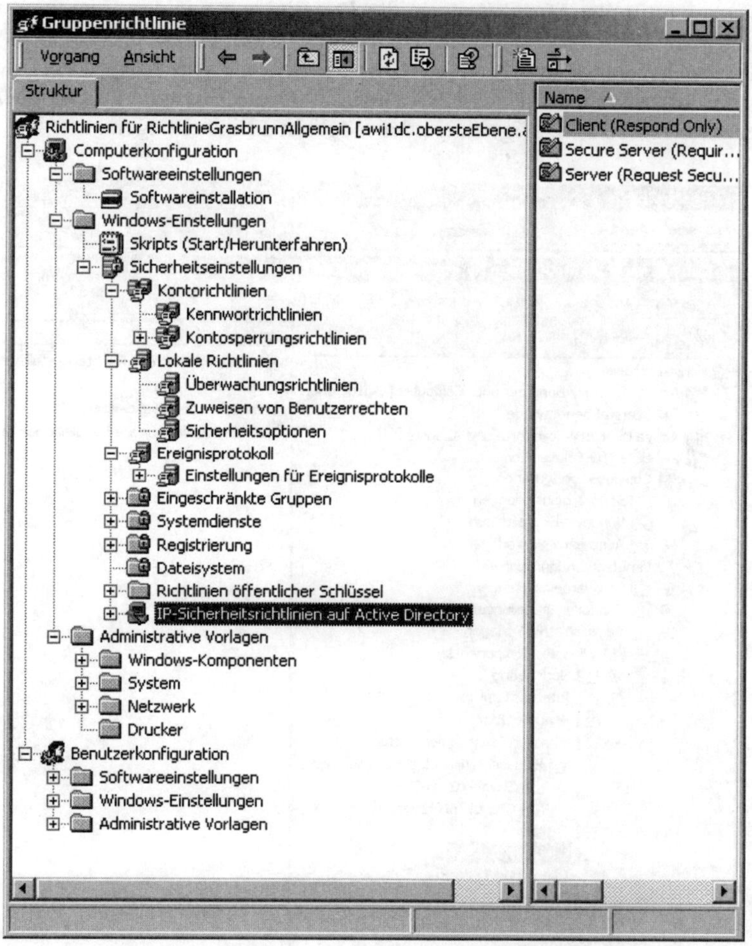

Bild 5.31: Die Rechte in einer Gruppenrichtlinie lassen sich sehr detailliert angeben.

Sie muss jedes Mal aus der fremden Domäne geladen werden – eventuell über WAN-Verbindungen, was die Zeit für das Starten eines Rechners beziehungsweise den Anmeldvorgang eines Benutzers zusätzlich verlängert.

Bei Windows 2000 werden die in den Gruppenrichtlinien definierten Einstellungen auch in die Registrierung übertragen, natürlich auch die der lokalen Richtlinie. Diese ist übrigens in *%systemroot%\system32\GroupPolicy* zu finden. Auf diese Größen kann man über die *Administrative Vorlagen* (die Templates) zugreifen.

Dazu sind in der MMC-Konsole die *Richtlinien für lokale Computer* anzugeben und hier in die *Administrativen Vorlagen* zu gehen. Diese Templates sind vom Format her kompatibel zu den .ADM-Dateien, die von Windows NT her bekannt sind. Allerdings wurden bei Windows 2000 die verfügbaren Optionen deutlich erweitert. Bild 5.32 zeigt einige der möglichen Einstellungen.

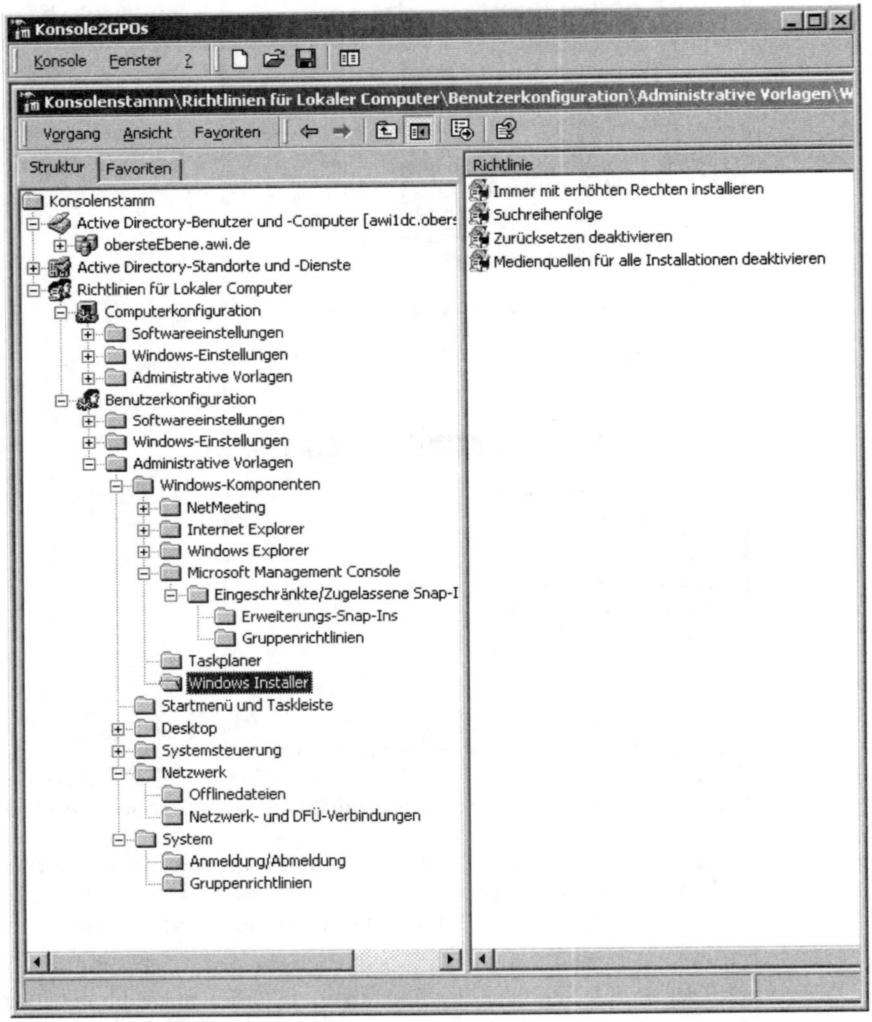

Bild 5.32: Eine Vielzahl von Richtlinien lassen sich für den lokalen Computer angeben.

5.5 Einfache Verwaltung dank Intellimirror

Kurz gefasst definiert Microsoft für Intellimirror folgendes:

- automatische Installation mit Remote Installer Service,
- Gruppenrichtlinien,
- Server-basierte Benutzerprofile und
- Disk Quotas.

Hinter dem Schlagwort Intellimirror verstecken sich generell einige grundlegenden Eigenschaften, mit denen es unter Windows 2000 möglich wird, dass die Daten, die Einstellungen aber auch die Anwendungen einem Benutzer »automatisch folgen«. Dabei ist es egal, ob sich der Anwender immer an seinem eigenen System oder an einem System innerhalb der Domäne anmeldet oder ob sich sein System im Netzwerkverbund befindet beziehungsweise offline arbeitet. Aus dieser Kurzübersicht leiten sich schon drei wesentliche Faktoren ab:

- die Verwaltung der Daten eines Benutzers,
- die Installation und anschließende Verwaltung von Anwendungen sowie
- die Verwaltung der Einstellungen eines Benutzers.

Mit dem Intellimirror-Ansatz steht es frei, einzelne Aufgabe aus diesem Spektrum zu aktivieren oder auch das komplette Bild zu verwirklichen. Entscheidend ist hier allein die Vorgabe, die für ein Unternehmen gilt. Die meisten Eigenschaften von Intellimirror – wie die Offline-Folders – benötigen nicht einmal lokale Richtlinien. Hier ist nur ein Server notwendig, der dem Windows 2000-Client einen Zugriff über das Server Message Protocol (SMB) erlaubt. In anderen Fällen reichen auch schon lokale Richtlinien – den gesamten Intellimirror-Komplex aber erschließt die Kombination aus AD und Gruppenrichtlinien.

In vielen Unternehmen arbeiten die Benutzer an ihrem lokalen System, speichern hier ihre Arbeit ab und sind zudem an das Firmennetzwerk angebunden. Oftmals ist ein fließender Übergang zwischen lokalem Arbeiten und vernetzter Kooperation mit anderen Mitgliedern in einer Arbeitsgruppe notwendig – vor allem wenn fertige Ergebnisse den Mitarbeitern zu übertragen sind. Ein weiterer Punkt kommt mit den mobilen Anwendern ins Spiel, etwa Außendienstmitarbeiter, die auf einem Notebook ihre Arbeit offline abwickeln und dann im Büro beim Anschluss an das Firmennetzwerk ihre Daten mit dem zentralen Server synchronisieren müssen. Je mehr von diesen teils aufwändigen Synchronisationsaufgaben automatisch und vor allem ohne Zutun des Administrators über die Bühne geht, umso produktiver werden die Mitarbeiter ihre Aufgaben erledigen.

Umleiten von Ordnern

Um Dateien lokal zwischenspeichern zu können, braucht man nicht Ordner des Profils umzuleiten – dies kann man von jedem beliebigen freigegebenen Verzeichnis aus tun – vorausgesetzt, die Freigabe ist für das Caching konfiguriert.

Die Schlüsselrolle für die automatische Abwicklung der Synchronisation von Online- und Offline-Arbeiten übernimmt die Umleitung von Verzeichnissen (Folder Redirection). Hier eignet sich beispielsweise eine entsprechende Umkonfiguration für das Verzeichnis *Meine Dateien* mit all den darunter liegenden Verzeichnissen (etwa *Meine Bilder*).

Dieses Verzeichnis wird vom Administrator so konfiguriert, dass es neben dem Speicherplatz auf der lokalen Festplatte auch noch auf einem Netzwerklaufwerk – sprich auf dem Server – angelegt wird. Immer wenn ein Anwender seine Daten speichert, erfolgt deren Ablage über das Netzwerk und wird dann zurück zum lokalen System synchronisiert.

Diese Synchronisation erfolgt im Hintergrund und bleibt so für den einzelnen Anwender transparent – solange das Netzwerk die Daten nur schnell genug transportieren kann. Für den Benutzer selbst ändert sich nichts, egal ob er offline arbeitet – etwa weil das Netzwerk vorübergehend ausgefallen ist – oder ob er direkt im Netzwerk hängt.

Kann sein System wieder erfolgreich auf das Netzwerk zugreifen, erfolgt die Synchronisation mit dem »veralteten Status« auf dem Netzwerklaufwerk und alles befindet sich wieder im Lot. Sollten sowohl die Version seiner Datei auf dem Netzwerk als auch die auf dem lokalen System sich gegenüber der zuletzt gespeicherten Version geändert haben, so wird der Anwender gefragt, welche Version denn nun die zutreffende ist. Aufgrund seiner Antwort läuft danach die Synchronisation wieder automatisch ab.

Um das Arbeiten von mobilen Anwendern zu ermöglichen, muss der Administrator zuerst ein Verzeichnis im Netzwerk erstellen, auf dem die Ablage von entsprechenden Einstellungen (Roaming Profiles) erlaubt ist. Anschließend sind aus den normalen Benutzern dann die *roaming*-Anwender zu machen. Dazu hat der Administrator auf einem der Server auf der Festplatte ein Verzeichnis anzulegen, etwa das Verzeichnis *Profile* auf der lokalen Festplatte D: des Servers AWI1SRV.

Ein rechter Mausklick auf diesen neuen Ordner und das anschließende Verzweigen in den Freigabe-Dialog sowie das Ausfüllen der Werte wie in Bild 5.33 mit einem abschließenden Klick auf *OK* gibt das Verzeichnis zum Abspeichern der Profile von *Roaming Usern* auf dem Server frei.

Roaming User

Um nun einzelne Benutzer als *Roaming User* zu charakterisieren, muss über das Tool *Active Directory-Benutzer und -Computer* auf die OU verzweigt werden, in der der Anwender – hier Rainer Huttenloher (mit dem Anmeldenamen `rhh@obersteebene.awi.de`) residiert.

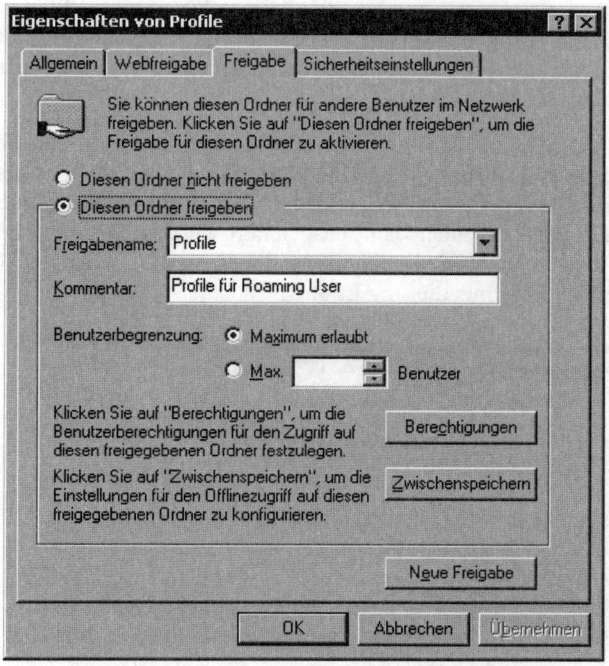

Bild 5.33: Als ersten Schritt muss der Administrator auf dem Server eine Freigabe einrichten.

Der Benutzer ist vom Administrator anzuklicken und mit der rechten Maustaste auf die *Eigenschaften* dieses Kontos zu gehen. Hier muss der Systemverwalter nun den Pfad für das Profil des Anwenders eingeben, in diesem Fall lautete die Eingabe:

`\\AWI1SRV\Profile\%username%.`

Bei dem Begriff `%username%` handelt es sich um eine Umgebungsvariable. In diesem Fall wird der Anmeldename `rhh` auf diese Variable abgebildet. Wenn sich nun `rhh` an einem Computer (als `rhh@obersteebene.awi.de`) anmeldet, dann legt das Betriebssystem das Verzeichnis `rhh` (auf *\\AWI1SRV\Profile*) an.

Danach kann sich `rhh` auf einem beliebigen System in der Domäne als `rhh@obersteebene.awi.de` anmelden. Um zu zeigen, dass dieser Anwender auch seine persönlichen Einstellungen von Computer zu Computer »mitnimmt«, sollte sich dieser Anwender einen persönlichen Screensaver aus dem Internet besorgen (sozusagen der Worst Case für den Systemverwalter!) und diesen Bildschirmschoner verwenden (über *Systemsteuerung, Anzeige, Bildschirmschoner* ist das schnell realisiert).

Wenn der Anwender in der Lage ist, diese Einstellung zu modifizieren – denn auch das lässt sich verbieten – so wird Folgendes geschehen: Egal auf welchem System in der Domäne sich der Benutzer anmeldet, er erhält als Bildschirmschoner immer den zuvor ausgewählten.

Ähnlich kann ein Systemverwalter die Aufgabe der Umleitung von Verzeichnissen abwickeln. Zuerst muss er wiederum einen Ordner auf der Festplatte D: des Servers AWI1SRV, hier mit der Bezeichnung *PersönlicheDateien*, anlegen, unter dem die Dateien der Anwender dann gespeichert werden. Darauf folgt wie auch schon im vorherigen Beispiel die Erteilung der Freigabe für dieses Verzeichnis. Bild 5.34 zeigt das Ergebnis dieser Aktionen.

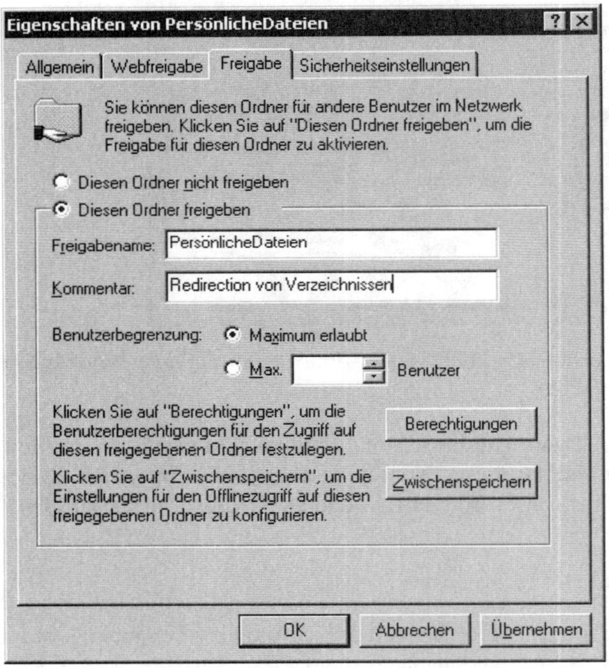

Bild 5.34: Das Umleiten von Verzeichnissen auf eine Freigabe im Netzwerk bringt Synchronisationsaufwand mit sich, den das System allerdings weitestgehend transparent hält.

In dem Dialog von Bild 5.34 ist aber dann der Punkt *Zwischenspeichern* anzuklicken, worauf ein weiteres Fenster aufgeht. Hier muss der Administrator angeben, dass *Automatisch Zwischenspeichern für Dokument* aktiviert ist.

Anlegen der Richtlinie

Der zweite Schritt umfasst danach das Umleiten des Verzeichnisses *Eigene Dateien* aller Anwender in der OU LANline. Hier kommt das bekannte Tool zum

Einsatz: *Active Directory-Benutzer und -Computer*. In diesem Werkzeug muss der Administrator die gewünschte OU auswählen (eben die LANline) und hier in die *Eigenschaften* (rechte Maustaste) verzweigen. Über den Punkt *Gruppenrichtlinie* dann hat er eine neue GPO erst anzulegen (im Beispiel lautet sie *UmleitenDokumente*) und sie dann zu bearbeiten.

Diese Bearbeitung sieht wie folgt aus: Zuerst wird mit einem Doppelklick die *Benutzer-Konfiguration* angewählt, dann folgt ein Doppelklick auf die *Windows-Einstellungen* und danach ein Doppelklick auf die *Ordnerumleitung*. Danach muss der Systemverwalter noch den Punkt *Eigene Dateien* auswählen. Aus dem Hauptmenü ist dann der Punkt *Vorgang* zu aktivieren, von dem aus in die *Eigenschaften* verzweigt wird. Hier stehen wieder zwei Blätter zum Ausfüllen bereit (siehe Bild 5.35).

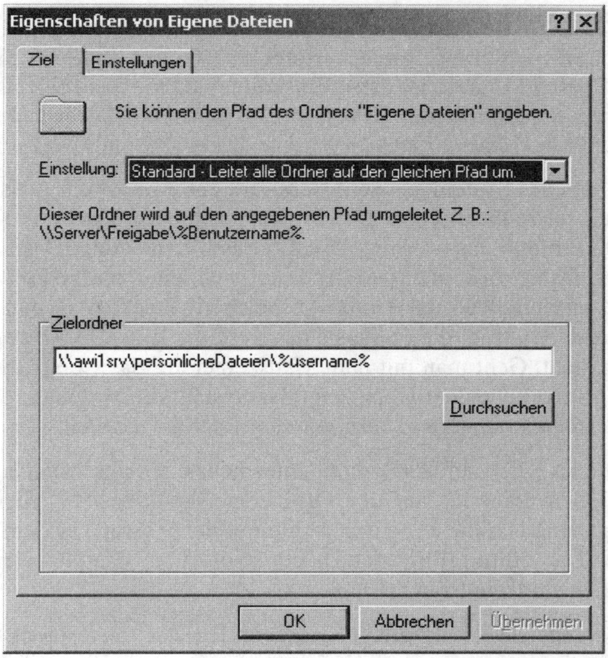

Bild 5.35: Das Umleiten der Dokumente liegt in einem GPO.

Auf dem ersten Blatt (namens *Ziel*) ist als Einstellung zuerst die Methode *Standard – leitet alle Ordner auf den gleichen Pfad um* anzugeben und als Ort für den Zielordner noch das entsprechende Verzeichnis auf dem dafür vorgesehenen Server. Im Beispiel war dies:

```
\\AWI1SRV\persönlicheDateien\%username%
```

Danach kommt das zweite Blatt – die *Einstellungen* – an die Reihe. Hier sind noch zwei Angaben in den Checkboxen zu machen. Zum ersten muss man die Option *Dem Benutzer exklusive Zugriffsrechte für Eigene Dateien erteilen* und zum zweiten ist die Option *Den Inhalt von Eigene Dateien an den neuen Ort verschieben* zu aktivieren und dann das Werkzeug ordnungsgemäß zu beenden. Damit ist aus der Sicht des Administrators die Umleitung der Verzeichnisse geglückt.

Das Arbeiten im Offline-Modus auf Seite des Anwenders sieht dagegen wie folgt aus. Zuerst ist eine Datei – am besten mit einem Editor wie Wordpad – zu erstellen. Dann sichert der Anwender diese Datei am besten im Ordner *Eigene Dateien* – im Beispiel mit dem Namen *OfflineTest1*. Anschließend ist der Ordner *Eigene Dateien* für den Offline-Modus verfügbar zu machen. Dies hat auch auf Anwenderseite zu erfolgen, da die Synchronisation ja zwischen dem Server wie auch dem Client eingestellt sein muss.

Die Konfiguration von Offline-Dateien erfolgt im Explorer im Menü *Extras-Optionen-Offline-Dateien*. Danach ist diese Einstellung aktiv – das zeigt sich auch im Icon des Ordners *Eigene Dateien*. Er hat sein Aussehen um das *Synchronisationssymbol* erweitert.

Danach kann man das System aus dem Netzwerk entfernen – ein Ausstecken des Netzwerkkabels reicht dazu schon. Das System – ein IBM Notebook 770 ED mit Windows 2000 Professional – bringt darauf die Fehlermeldung: Das LAN-Kabel wurde entfernt. Dann wird erneut an der Datei gearbeitet, einige Zeilen dazugeschrieben und anschließend das Ganze gespeichert. Steckt man nun das Netzwerkkabel wieder ein, zeigt die Fußleiste des Systems, dass das Netzwerk wieder zur Verfügung steht. Geht man mit dem Mauszeiger auf das Computersymbol in der Fußleiste (direkt neben der Uhr), zeigt das System die Meldung: *Offlinedatei – Computer verfügbar, um erneut Verbindung wiederherzustellen.*

Ein anschließender Klick auf das Symbol unten neben der Uhr bringt eine Dialogbox zum Vorschein, die sich auf den Offlinedateistatus bezieht. Hier kann der Anwender angeben, dass die Synchronisation mit der Version auf dem entfernten Server erfolgt. Daraufhin erfolgt der Datentransfer über das Netzwerk und die beiden Versionen sind wieder synchron.

Die gleiche Vorgehensweise empfiehlt sich beim Einsatz von Laptops oder Notebooks. Ein Mitarbeiter kann so in der Firma seine Daten in seinem persönlichen Ordner speichern. Windows 2000 trägt dann Sorge, dass zum einen die Daten auf dem Netzwerk-Server liegen, wo sie entsprechend der Unternehmensvorgaben behandelt werden. Man denke dabei nur an die routinemäßige Sicherung auf einem Bandlaufwerk etc.

Zudem ist der Anwender in der Lage, die beim Abmelden am Netzwerk im synchronisierten Zustand auf dem mobilen System vorliegenden Daten mit nach Hause zu nehmen und hier seine Arbeit zu vervollständigen. Am nächsten Tag im Unternehmen wird beim Anmelden des Notebooks dann die Synchronisation mit den Daten auf dem Netzwerk-Server abgewickelt.

Alternativ lässt sich das Einschalten der Offline-Funktionalität sowie die Konfiguration der Synchronisation auch bequem zentral über Gruppenrichtlinien erstellen.

Unterschiede in der Synchronisation

Insgesamt gibt es bei den Einstellungen für einen *Roaming User* Änderungen zwischen Windows NT 4.0 und Windows 2000. Der erste Unterschied betrifft den Algorithmus, nach dem die Daten synchronisiert werden. Bei Windows NT 4.0 kommt ein komplettes *Xcopy* zum Einsatz – bei vollständiger Synchronisation. Das bedeutet, das System ist in der Lage eine vollständige Kopie – also ein Spiegelbild – eines Profils von einem Ort zum anderen abzulegen. Dabei löscht das System alle zusätzlichen Dateien oder Ordner am Zielort. Dieses Prinzip basiert auf der Vorstellung, dass zu jedem Zeitpunkt nur ein einziges *Master-Profil* existiert. Ist ein Anwender nicht im Netzverbund angemeldet, liegt dieses Profil auf dem Server. Ist der Benutzer dagegen angemeldet, residiert das Master-Profil auf seinem lokalen System. Dieses Prinzip funktioniert sehr gut, allerdings nur solange ein Benutzer immer nur an einem System angemeldet ist.

Im anderen Fall – ein Anwender ist gleichzeitig an mehreren System aktiv – können Probleme auftreten. Ein typisches Szenario dazu wäre, wenn der Benutzer XYZ an den Computern AAA und BBB gleichzeitig angemeldet ist. Angenommen XYZ erzeugt auf dem Rechner AAA ein Dokument, legt es in seinem Profil ab und meldet sich dann sowohl zuerst am System AAA wie dann auch am Computer BBB ab. Aus Sicht von Computer BBB wird dann das auf AAA erzeugte Dokument gelöscht, da BBB das Profil lokal gespeichert hat und die Version auf dem anderem System mit seiner Variante abzugleichen ist.

In Windows 2000 wurde die Synchronisation geändert, sodass dieser zuvor beschriebene Datenverlust nicht mehr auftreten kann. Nun wird ein Ansatz unterstützt, bei dem sich Benutzerprofile auf Dateiebene vermischen lassen – wobei immer die zuletzt geschriebene Version »gewinnt«. Das hat zur Folge, dass neue Dateien oder Dateien mit einer neuen Version nicht gelöscht oder überschrieben werden. Dazu prüft der neue Algorithmus bei einem potentiellen Konflikt immer noch den Zeitstempel der Zieldatei gegen die Quelldatei ab. Ist die Zieldatei neueren Datums, wird sie nicht beschrieben/gelöscht.

5.6 Softwareinstallation und Verwaltung

Ein spezielles Anwendungsgebiet für das AD und die Gruppenrichtlinien bildet das weite Feld der Softwareinstallation und -Verwaltung. Bereits mit den »Bordmitteln« von Windows 2000 lassen sich einige grundlegenden Aufgaben in diesem Zusammenhang erledigen, ohne dass der Administrator auf weitere Werkzeuge – wie etwa den SMS von Microsoft – zurückgreifen müsste.

Ein Administrator hat bei der Software-Installation immer zwei prinzipielle Möglichkeiten. Er kann Applikationen entweder »veröffentlichen« (publish) oder sie

»zuweisen« (assign). In der erstgenannten Variante entscheidet der Benutzer selbst, ob eine vom Administrator »vorgeschlagene Anwendung« auch installiert werden soll. Dagegen ist das Zuweisen von Anwendungen deutlich massiver: Hier kann sich der Benutzer nur schlecht wehren. Die Anwendung erscheint zumindest auf seinem Desktop – und das automatisch, ohne sein Zutun. Beide Formen der Installation greifen aber auf einen neuen Dienst von Windows 2000 zurück: den Windows Installer Service.

Um diese Funktionen in seinem Netzwerk zur Verfügung zu stellen, muss ein Administrator zuerst eine Stelle einrichten, an der die zu installierenden Pakete abgelegt sind, den so genannten Software Distribution Point (SDP). Am besten legt er dazu eine Freigabe an, erstellt die entsprechenden Verzeichnisse und kopiert die Windows-Installer-Pakete sowie die gewünschten Applikationen an diese Stelle. Sind dann noch die richtigen Zugriffsrechte gesetzt (voller Zugriff für den Administrator, Lesezugriff für jeden Anwender, der die Anwendungen benutzen soll), ist dieser Teil der Vorbereitung schon erledigt.

Einrichten eines SDP

Dazu legt der Administrator ein Verzeichnis auf der lokalen Festplatte des Servers an, von dem aus die Applikationen bereitgestellt werden sollen. Dann wird der Ordner – im Beispiel *RedaktionsAnwendungen* – über seine Eigenschaften freigegeben.

Der nächste Schritt umfasst das Definieren einer entsprechenden Gruppenrichtlinie, die den betreffenden Anwendern dann die Applikationen zur Verfügung stellt. Dazu wurde im Beispiel die OU *Redaktionen* ausgewählt und über das Kontextmenü (rechte Maustaste) eine neue *Gruppenrichtlinie* namens *AnwendungenFürRedaktionen* (siehe Bild 5.36) angelegt.

Danach wird dieses GPO bearbeitet – dazu ist der *Bearbeiten*-Knopf von Bild 5.36 anzuklicken und schon erscheint ein weiteres Fenster – Bild 5.37.

In diesem Fenster sind unter den Oberpunkten *Computerkonfiguration* und *Benutzerkonfiguration* jeweils Software-Einstellungen angeordnet. Hier ist eine Zweiteilung zu beachten: Unter dem Punkt *Computerkonfiguration* wird festgelegt, welche Anwendungsprogramme für die von diesem GPO betroffenen Computer gelten sollen. Dagegen wird unter dem Punkt *Benutzerkonfiguration* abgedeckt, welche Anwendungen die von dieser GPO betroffenen Benutzer zugewiesen oder veröffentlicht bekommen.

Zunächst kann man den Standardpfad für die Installationsdateien angeben. Dazu müssen die *Eigenschaften* von *Software-Einstellungen – Software-Installation* aufgerufen werden und als nächster Schritt ist anzugeben, wo das Verzeichnis mit den Installationsdateien liegt (dabei handelt es sich bei dieser Vorgehensweise um kein Muss, sondern sie stellt nur eine Option dar, um für alle Installationspakete den gleichen Standardpfad anzugeben). Ein rechter Mausklick auf den Punkt *Software-Installation* und die anschließende Verzweigung auf die *Eigenschaften* zeigt ein Fenster wie es in Bild 5.38 gezeigt ist.

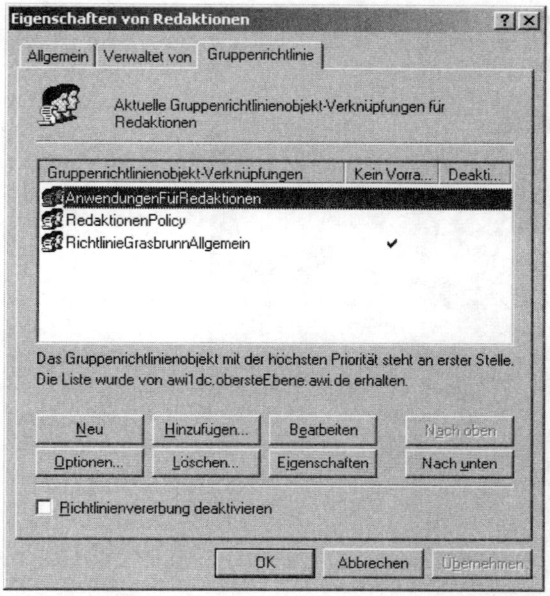

Bild 5.36: Die neue Gruppenrichtlinie ist benannt.

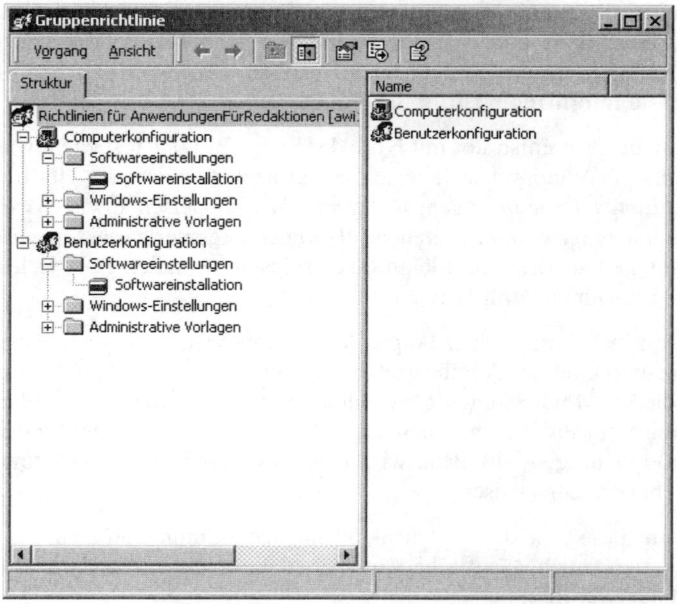

Bild 5.37: Es existieren zweierlei Softwareeinstellungen: einmal für die Computer und einmal für die Benutzer.

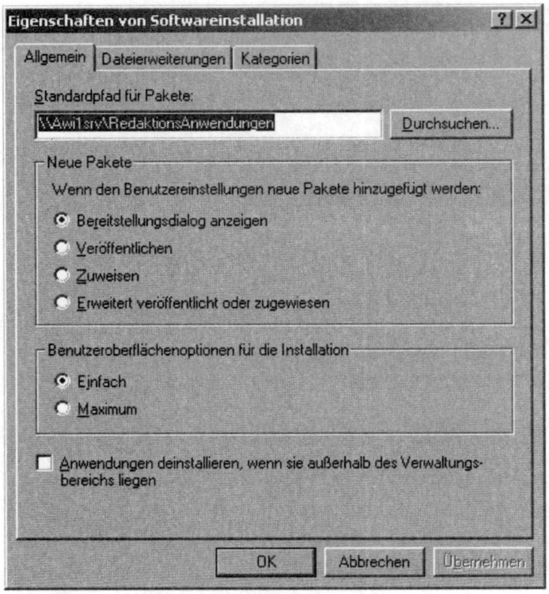

Bild 5.38: Drei wichtige Informationen kommen bei diesem Dialog ins Spiel.

Zuerst muss der Administrator angeben, auf welchem Server das Installationsverzeichnis liegt, dann noch den Pfad zum Verzeichnis. Das lässt sich sehr leicht bewerkstelligen, da das System einem hier die Browse-Möglichkeit offen hält. Die nächste Information betrifft den Punkt *Neue Pakete*.

Hier kann der Administrator mit Hilfe der Radio-Buttons festlegen, was passieren soll, wenn der Windows Installer ein Paket nachinstalliert. Es gibt die Optionen *Bereitstellungsdialog anzeigen*, *Veröffentlichen*, *Zuweisen* sowie *Erweitert veröffentlicht oder zugewiesen*. Hierzu sei aber noch angemerkt, dass man die Standardeinstellungen so definieren kann, aber selbstverständlich lässt sich auch jedes Package individuell konfigurieren.

Die erste Einstellung hat zur Folge, dass immer, wenn ein neues Paket zu dieser GPO hinzukommt, der Administrator einen Dialog vorgesetzt bekommt, mit dem er aus diesen Möglichkeiten auswählen kann. Der Punkt *Veröffentlichen* beziehungsweise *Zuweisen* eignen sich dagegen, wenn der Administrator einige Pakete zur GPO hinzufügen will, dann wird jede dieser Anwendungen automatisch veröffentlicht oder zugewiesen.

Der vierte Punkt ist dazu gedacht, wenn der Administrator an den Software-Paketen zuerst noch spezifische Anpassungen vornehmen will, ehe er die Pakete zuweist oder veröffentlicht.

Der dritte Informationstyp befasst sich mit den Optionen, wie die Anwenderschnittstelle für den Benutzer aussehen soll, wenn eine Applikation installiert wird. Die Minimaleinstellung zeigt beispielsweise während der Installation lediglich den Fortschritt der Aktion an sowie eventuelle Nachrichten.

Will ein Unternehmen eine Vielzahl von Anwendungsprogrammen auf diese Art bereitstellen, kann der Administrator die Software-Pakete in verschiedene Kategorien unterteilen – etwa in Office-Tools, Software-Entwicklungswerkzeuge und in Webdesign-Tools. Hierzu gibt es bei den *Eigenschaften von Softwareinstallation* den Reiter *Kategorien.*

Wenn diese Informationen dann alle eingegeben sind, muss der Administrator die Installationsdateien in das angegebene Verzeichnis auf dem entsprechenden Server kopieren. Hierbei ist allerdings zu beachten, dass die Anwendungsprogramme im Format des Windows Installer vorliegen müssen – Office 2000 ist dafür ein geeigneter Kandidat.

Danach kann der Administrator unter *Benutzerkonfiguration-Softwareinstallation* mit einem Klick der rechten Maustaste das Kontextmenü aktivieren und von da auf den Punkt *Paket* verzweigen. Danach ist die enstprechende Applikation – etwa Word – auszuwählen und im nächsten Dialog anzugeben, ob die Software *Zugewiesen* oder *Veröffentlicht* werden soll. Danach ist diese Aktion abgeschlossen, und es zeigt sich ein Fenster wie Bild 5.39.

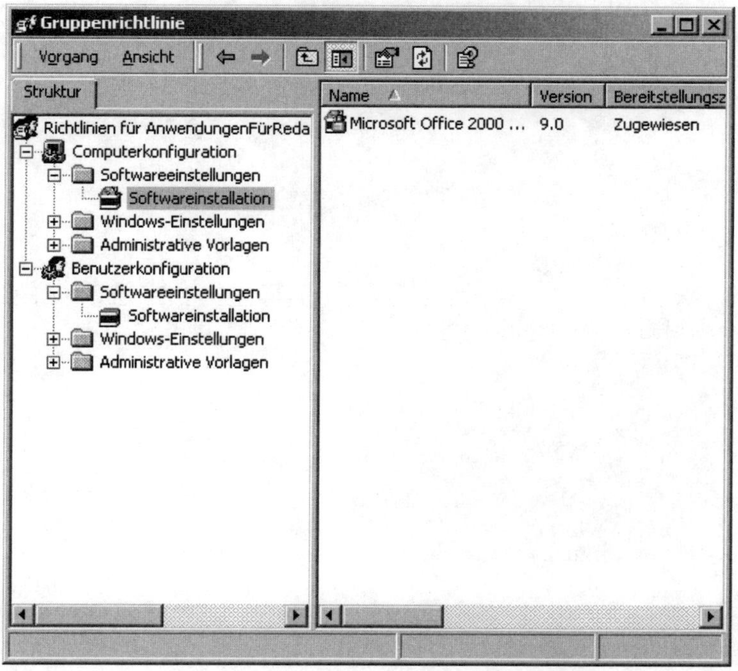

Bild 5.39: Mit diesem Fenster ist die Aktion *Softwareverteilung per GPO* abgeschlossen.

Nachdem die Anwendung als *zugewiesen* bezeichnet ist, werden sie alle von der GPO betroffenen Anwender beim nächsten Anmelden am System als Icon im Startmenü finden.

Kapitel 6

Das Speichersubsystem von Windows 2000 Server

Der Einsatzbereich von Windows 2000 geht deutlich in Richtung verteilte Systeme. In diesem Zusammenhang stellen sich allerdings weitaus professionellere Anforderungen als sie beispielsweise Windows NT abdeckt. Vor allem die Unterstützung der hierarchischen Speicherverwaltung, von verteilten Dateisystemen oder aber auch nur von bereits bei Unix-Dateisystemen üblichen Funktionen wie *Disk Quotas* beziehungsweise von *Journaling Filesystems* kommen nun ins Spiel.

Ein anderer Punkt, das ein neues Betriebssystem zu berücksichtigen hat, umfasst die steigende Speicherkapazität im Netzwerkverbund. Festplattenlaufwerke mit 72 Gbyte Kapazität sind schon auf dem Markt verfügbar, die nächsten Evolutionsstufen gehen sicher schon in den dreistelligen Gbyte-Bereich. Dieser Trend skizziert aber bereits die ersten Probleme: Die Verwaltung des Speichers – speziell in verteilten Systemen – wird immer teurer. Da bieten die fallenden Preise für die Festplattenlaufwerke in Mark/Gbyte keinen Ausgleich.

Um diese Herausforderung zu meistern, braucht der Administrator entsprechende professionelle Werkzeuge. Diese Tools aber benötigen eine Grundlage, auf der sie ihre Aktionen möglichst effektiv und komfortabel zugleich abwickeln. Auf diese Anforderungen muss ein modernes Betriebssystem mit seinem Speichersubsystem ebenfalls Rücksicht nehmen.

6.1 Verbesserungen des Speichersubsystems

Die Aufgabe des *Volume Managements* in einem Betriebssystems ist das Bereitstellen von logischen Sektoren eines Laufwerks – Festplatten, CD-ROM, Floppy, etc. – worauf dann das jeweilige Dateisystem oder auch Datenbanken direkt ihre Daten ablegen.

Dabei darf ein *logisches Volume* (der deutsche Begriff dafür lautet Datenträger) ein *physikalisches Volume* – sprich eine Festplatte – sein, aber auch wenn viele Teile von physikalischen Volumes zusammen ein logisches Volume ergeben, erledigt das Volume Management diesen Abbildungsvorgang. Falls eine Funktionalität wie bei RAID (Diskmirroring, Diskstriping oder RAID-5) erwünscht ist, kommt das Volume Managment zum Einsatz. Dieses Modul offeriert sozusagen nach oben eine Abstraktion der darunter liegenden Hardware.

Windows 2000 kommt mit massiven Verbesserungen beim Volume Management auf den Markt. Dazu wurde im Vergleich zu Windows NT 4.0 die prinzipielle Architektur modifiziert. Die Grafik in Bild 6.1 zeigt die Architektur.

Mit dieser Architektur soll der Grundstein zum einen für die Verwaltbarkeit und zum anderen für die höhere Stabilität sowie für die bessere Wiederherstellung von Volumes gelegt werden.

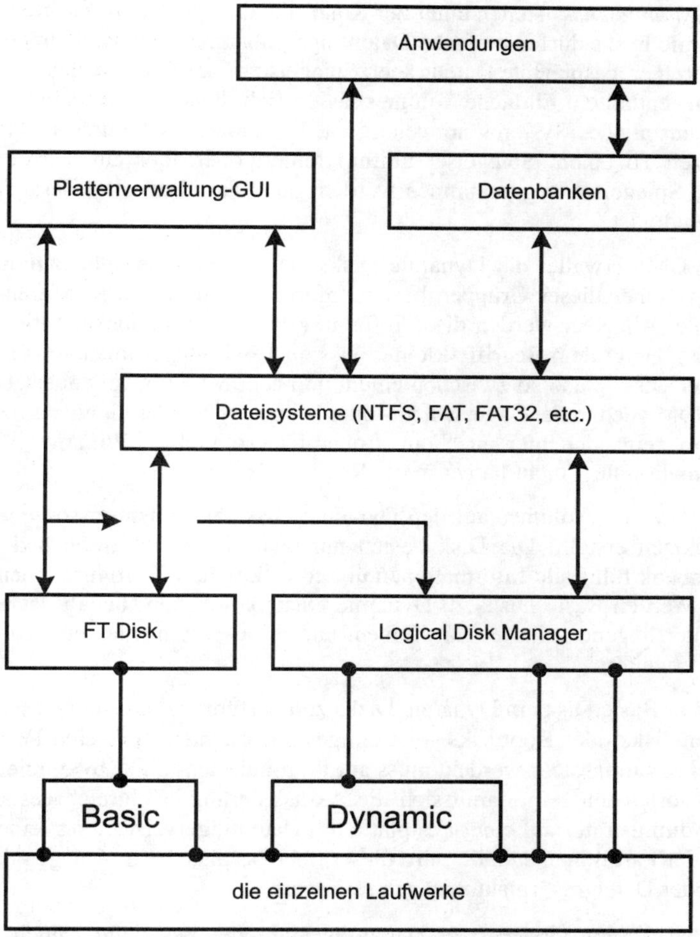

Bild 6.1: Das *Volume Management* besteht aus mehreren Komponenten.

Der Treiber *FT Disk* zeichnet für alle Partitionen und fehlertoleranten Volumes verantwortlich, die unter MS-DOS, Windows oder Windows NT angelegt wurden. Die entsprechenden Laufwerke tragen die Bezeichnung *Basic Disks* (Basisdatenträger) und enthalten einfache Partitionen, erweiterte Partitionen oder fehlertolerante Disk-Sets. Alle Partitionen auf einer Basic Disk sind so genannte Hard Partitions. Das bedeutet, ihre darunter liegende Disk-Struktur ist statisch zugeordnet und umfasst einen zusammenhängenden Bereich.

Einfache Partitionen wie auch erweiterte Partitionen lassen sich auch auf Rechnern anlegen, auf denen Windows 2000 aktiv ist. Doch wenn sie angelegt sind, bleibt ihre Größe fest – sie können nicht erweitert werden. Doch kann eine Basic Disk jederzeit zu einer *Dynamic Disk* umgewandelt werden.

Die *Dynamic Disks* stehen unter der Kontrolle des *Logical Disk Manager* (LDM). Dynamic Disks dürfen einfache Datenträger, übergreifende Datenträger, Stripset-Datenträger, gespiegelte Datenträger, Spiegelsets oder RAID-5-Sets (Stripsets mit Parität) enthalten. Einfache Volumes lassen sich dynamisch erweitern, ohne dass ein Neustart des Systems notwendig ist. Ein einfaches Volume kann aber auch jederzeit zu einem Spiegelset umfunktioniert oder aber ein Mirror kann von einem Spiegelset weggenommen werden – und das alles, ohne dass ein Neustart notwendig ist.

Der LDM verwaltet die Dynamic Disks als eine Gruppe oder Sammlung. Jede Disk in einer dieser Gruppen besitzt Informationen über die anderen Disks der Gruppe. Abgelegt werden diese Infos in kleinen transaktionsorientierten Datenbanken. Unter dem Begriff »klein« muss man sich Kapazitäten von einem Zylinder der Disk – also so zwischen einem und acht Mbyte – vorstellen. Dadurch ist der LDM auch in der Lage, Mirror- oder Stripesets mit Parität wiederherzustellen. Zudem zeigt sich hier auch ein großer Unterschied zu Windows NT 4.0: Die Information liegt nicht länger in der Registry des Systems.

Der LDM legt Volumes auf den Dynamic Disks an, indem er so genannte Soft-Partitionen erstellt. Die Disk besitzt nur eine »harte« Partition und die LDM-Datenbank führt alle Informationen über die aktuellen Konfigurationen der Volumes. Werden Basic Disks zu Dynamic Disks konvertiert, behält das System die darunter liegenden harten Partitionen, und diese Volumes lassen sich dann auch nicht erweitern.

Um nun Basic Disks in Dynamic Disks zu überführen – dies eignet sich nicht für Systemdisks oder Bootdisks – ist einiges zu beachten: Soll eine Festplatte entsprechend umgestellt werden, muss auf ihr mindestens ein Mbyte freier Speicherplatz vorhanden sein, damit sich die Aktualisierung erfolgreich gestaltet. Wenn der Administrator auf einer Festplatte mit Datenträgerverwaltung seine Datenträger oder Partitionen erstellt, wird dieser Speicherplatz beim Anlegen der Partitionen oder Datenträgern automatisch reserviert.

Wurden die Partitionen oder Datenträger auf der Festplatte jedoch mit einem anderen Betriebssystem erstellt, steht dieser Speicherplatz möglicherweise nicht zur Verfügung. Generell sind alle Programme zu beenden, die auf den betreffenden Festplatten ausgeführt werden, bevor eine Aktualisierung der Datenträger durchgeführt wird.

Dynamic Disk lassen sich auch zwischen Systemen einfach transportieren. Die Disk identifizieren sich selbst und das entgegennehmende System kann damit die Information über die Konfiguration der Volumes auf der Disk verwenden. Das Einführen von Disks von einem System zu einem anderen führt nur dazu, dass die Datenbanken vermischt werden und hierbei keine Daten verloren gehen.

Verwalten lassen sich die Disks über ein neues Snap-in der MMC. Mit dem Disk-Management lassen sich die Disks sowohl lokal als auch aus der Ferne verwalten. Außerdem ist es beim Volume-Management von Windows 2000 nicht mehr notwendig, dass der Server neu gestartet werden muss. Ferner spielt das Volume Management mit dem Plug&Play-Dienst zusammen, sodass die Hot-Plug- und die Hot-Spare-Funktion möglich werden.

6.2 Unterstützung von Dateisystemen

Die Anforderungen aus dem Blickpunkt der Kompatibilität schreiben Microsoft förmlich vor, dass alle bisherigen Dateisysteme aus der Windows- und MS-DOS-Welt unterstützt werden müssen. Doch bei Windows 2000 kommen auch noch neue Variationen ins Spiel. Damit stehen dem Anwender vielfältige Optionen frei, wenn er Dateisysteme verwenden will.

FAT16 und FAT32

Bis auf die angestauben Tage von MS-DOS geht das gute alte FAT-Dateisystem zurück. Um für die Datenträger aus diesen Tagen noch eine Aktualisierung zu erlauben, unterstützt Windows 2000 auch wieder das FAT16. Die maximale Partitionsgrenze für ein System mit Windows 2000 und dem FAT16-Dateisystem beträgt vier Gbyte. Diese Konvention entspricht voll und ganz dem, was man von Windows NT her gewohnt ist.

Mit dem von Windows 2000 ebenfalls unterstützten FAT32-Dateisystem schiebt sich die modernere Variante des FAT in den Vordergrund. Es entspricht dem Format und besitzt die selben Eigenschaften wie das von Windows 95, OSR2 und von Windows 98 her bekannte Pendant. Allerdings dürfen unter diesen älteren Betriebssystemen Volumes auf FAT32 bis zu 127,53 Gbyte groß sein. Zudem werden kleinere Cluster-Einheiten auf der Festplatte verwendet. Dieser Kunstgriff führt zu einer besseren Ausnutzung des vorhandenen Platzes auf einer Harddisk. Microsoft nennt dazu Werte von 20 bis 30 Prozent höhere Effizienz – verglichen mit FAT16.

Unter Windows 2000 lassen sich aber lediglich FAT32-Partitionen mit einer Obergrenze von 32 Gbyte anlegen. Doch man kann mit größeren FAT32-Partitionen arbeiten – sie mounten. Ein Beispiel dazu wäre eine Konstellation, bei der unter Windows 98 eine FAT32-Partition größer als 32 Gbyte angelegt wurde und diese danach unter Windows 2000 gemountet wird. Die Begrenzung einer FAT32-Partition unter Windows 2000 begründet Microsoft mit dem Hinweis, dass mit NTFS eine weitaus bessere Alternative auf Windows 2000 bereit steht. Wer Volumes anlegen will, die größer als 32 Gbyte sind, der muss – so zumindest die Vorgabe aus Seattle – NTFS einsetzen.

Das Compact Disk File System (CDFS)

Mit dem CDFS sind Windows 2000-Systeme in der Lage, entsprechende Daten von CD-ROM-Laufwerken zu lesen. Diese Implementation des CDFS orientiert sich an der ISO-9660-Spezifikation, erlaubt aber zudem noch Disks mit dem Joliet-Format.

Das Universal Disk Format (UDF)

Die Optical Storage Technology Association (OSTA) hat das Universal Disk Format (UDF) festgelegt. Es ist kompatibel zum Standard ISO-13346 und damit ein Nachfolger des CDFS (ISO 9660). Dieses Dateisystem ist für den Einsatz mit Medien wie DVD, CD und Magnetooptischen Medien konzipiert. Da das UDF auf offenen Standards basiert, sollte damit auch der Datenaustausch mit Betriebssystemen und Consumergeräten erleichtert werden. Dieser neue Standard bietet einige interessante Eigenschaften:

- lange Dateinamen (auch nach dem Unicode-Zeichensatz), Zugriffslisten (ACLs) sowie Streams,
- Read-Write-Fähigkeit (nicht nur die Mastering-Funktion),
- Sparse Files und
- Unterstützung für eine Vielzahl von Medientypen wie DVD, WORM, CD-ROM, etc.

Das Client-Betriebssystem Windows 98 kann UDF-Dateisysteme bereits lesen, die der Spezifikation UDF 1.02 entsprechen. Windows 2000 dagegen ist in der Lage, UDF Version 1.02 sowie die neuere Variante UDF 1.50 zu lesen. Der Schreibzugriff auf dieses Dateisystem ist den folgenden Versionen von Windows 2000 vorbehalten.

6.3 Die Version 5.0 von NTFS

Windows NT debütierte in seiner ersten Version mit einem neuen Dateisystem, dem NTFS. Hier flossen Eigenschaften ein, die dem Einsatz in einem unternehmensweiten Netzwerk Rechnung tragen sollten. Dazu zählten Punkte wie die Sicherheit des Dateisystems, transaktionsorientierte Aktionen, um eine Wiederherstellung zu vereinfachen, Unterstützung für große Volumes, das korrekte Handling von langen Dateinamen sowie last but not least eine bessere Performance als FAT.

Mit der NTFS-Version für Windows 2000, der Version 5.0 von NTFS, musste das Format des Dateisystems auf der Festplatte verändert werden. Nur so ließen sich die zusätzlichen Eigenschaften realisieren. Die Aktualisierung auf das neue Format kommt dann ins Spiel, wenn ein Computer mit Windows 2000 ein bestehendes, älteres NTFS-Volume mountet. Dabei ist es abhängig von der Größe eines Volumes, wie lange die Umwandlung dauert. Die Umwandlung eines NTFS-Laufwerks mit der Version 4 auf eines mit der Version 5 erfolgt unter Windows 2000 automatisch im Hintergrund beim ersten Zugriff auf das NTFS-V4-Laufwerk.

Zudem lassen sich FAT16-Volumes jederzeit auf NTFS umstellen. Doch diese Umwandlung muss der Administrator manuell durchführen.

Wer Windows NT 4.0 besitzt und das Servicepack 4 (oder eine neuere Version) installiert hat, dessen System erkennt das neue Format von NTFS 5.0. Systeme mit einer älteren Version von Windows NT melden lapidar, sie kennen das Volume mit NTFS 5.0 nicht. Diese Situationen treten vor allem dann auf, wenn sich entsprechende Volumes auf einem *removeable* Medium befindet, wenn Systeme in einer Multi-Boot-Konfiguration (also beim Booten stehen mehrere Betriebssysteme zur Wahl – etwa NT 4.0 und Windows 2000 auf dem selben System) installiert sind sowie bei Volumes, die in einer Cluster-Konfiguration geteilt werden.

Eine Besonderheit von NTFS 5.0 sind die *Reparse Points* und die *installierbaren Dateisystem-Filtertreiber*. Die *Reparse Points* lassen sich an eine NTFS-Datei oder an ein NTFS-Verzeichnis anhängen. Diese Anhängsel finden Verwendung, um eine erweiterte Funktionalität im Ein-/Ausgabe-Subsystem anzustoßen. Die eigentliche zusätzliche Funktionalität liegt aber im *installierbaren Dateisystem-Filtertreiber*. Jeder dieser Treiber besitzt einen fest zugeordneten Wert für den *Reparse Point*.

Der große Vorteil dieser Architektur besteht in einem genialen Konzept: Der Treiber bleibt normalerweise inaktiv – schlafend – braucht also keine Ressourcen. Erst wenn eine Datei oder ein Verzeichnis geöffnet wird, das ein entsprechendes Anhängsel besitzt, wird er aktiv. Somit kann man zusätzliche Funktionalität einbauen, ohne andere Objekte in Sachen Performance negativ zu beeinflussen, die von dieser Funktionalität keinen Gebrauch machen wollen oder können.

Der Trick an der Sache liegt nun in der Modifikation und zugleich in der »Öffnung« des Ein-/Ausgabe-Subsystems: Unabhängigen Softwareherstellern steht ein fester Mechanismus zur Verfügung, um eigene Systemerweiterungen einzubringen und somit das Speichersubsystem selbst zu erweitern. Interessant dürfte dieses Konzept vor allem für die Hersteller von Backup-Software sein. Denn sie können auf das System selbst zurückgreifen und können sich auf die eigentliche Erweiterung konzentrieren.

Das Speichersubsystem von Windows 2000 selbst offeriert einiges an Funktionalität, das von den Reparse Points Gebrauch macht. Dazu zählen die *Mount Points* des NTFS, das *Remote-Storage*-Konzept sowie Teile der *Remote Installation Services*.

Um die einzelnen Reparse Points unterscheiden zu können, vergibt Microsoft an die unabhängigen Software-Hersteller entsprechende *Reparse Tags*. Immer wenn ein Objekt des Dateisystems mit einem *Reparse Points* Attribut bei der Namensauflösung erkannt wird, gibt das System diese Anfrage an den Treiber-Stack zurück, um eine Ein-/Ausgabe-Reparse-Vorgang einzuleiten. Der Dateisystem-Filtertreiber wickelt diese Aufgabe dann ab. Dazu muss er das *Reparse Tag* des unabhängigen Software-Herstellers eindeutig identifizieren. Dann übergibt er die Anforderung an den herstellerspezifischen Dateisystem-Filtertreiber, der anschließend die erforderlichen Ein-/Ausgabe-Operationen abwickelt.

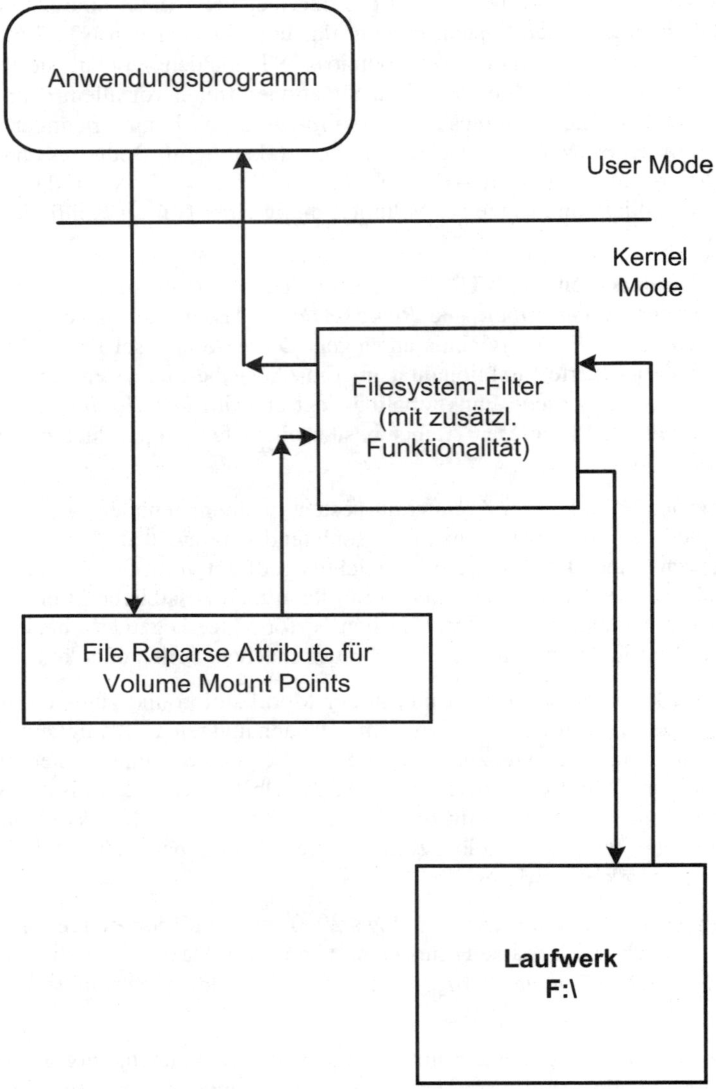

Bild 6.2: Die *NTFS Volume Mount Points* von Windows 2000 verwenden die *Reparse Points.*

Bild 6.2 zeigt diese Arbeitsweise anhand des *Volume Mount Point*, eine Eigenschaft, die Windows 2000 selbst bereitstellt. Wenn ein Benutzer beispielsweise im Internet Explorer via Doppelklick ein Verzeichnis (dem ein Reparse Tag zugeordnet ist) auf einem NTFS-Volume öffnet, dann folgt ein Übergang des Aufrufs vom User- in den Kernelmodus. Dort findet der Aufruf das entsprechende Objekt im

Dateisystem. An dieser Stelle bemerkt das System, dass dem Objekt ein Reparse Point zugeordnet ist. Darauf wird festgestellt, welchen Wert dieses Attribut besitzt – im Beispiel ist dies ein Microsoft-spezifisches Reparse Tag. Jeder installierbare Dateisystem-Filtertreiber des Ein-/Ausgabe-Stacks von Windows 2000 untersucht das Tag, das zu dem Reparse Point gehört. Damit kann der zutreffende Dateisystem-Filtertreiber den Aufruf übernehmen.

In diesem Fall ist der NTFS Volume Moint Point Treiber die zuständige Einheit. Er nimmt den Aufruf entgegen und wickelt die zusätzliche Funktionalität ab, die zu dem Reparse Point gehört. Konkret könnte das in diesem Fall bedeuten, dass der Treiber das Laufwerk F:\ auf diesem System mounten soll. Danach gibt dieser Treiber den Aufruf an die zugehörige Applikation zurück und wickelt die Aufgabe ab – ein anderer Namensbereich wird gemountet und ein Handle an die Applikation gereicht.

Volume Mount Points

Die im Beispiel erwähnten *Volume Mount Points* zählen zu den Verbesserungen des Speichersubsystems von Windows 2000. Die Vorgängerversionen von Windows 2000 haben dem Speichersubsystem eine Einschränkung auferlegt: Es waren aufgrund der Kopplung Volume–Buchstabe maximal 26 Volumes im Dateisystem möglich. Durch die Volume Mount Points bietet nun auch Windows 2000 eine Funktionalität, wie sie bei anderen professionellen Betriebssystemen – beispielsweise den Vertretern der Unix/Linux-Gattung – schon seit langem Usus ist: Unter NTFS kann ein Dateisystem auf ein beliebiges NTFS-Verzeichnis gemountet werden. Es ist nicht länger notwendig, dass ein Dateisystem auf einem Buchstaben gemountet wird.

Ein Volume Mount Point ist damit ein Verzeichnis, das auf bestimmte Volumes verweist – und zwar in einer persistenten Art und Weise. Das Verzeichnis, in dem der Mount Point liegt, muss sich in einem NTFS-Dateisystem befinden. Denn nur das neue NTFS verwendet die Reparse Points, auf die die Volume Mount Points aufsetzen. Gemountet werden dürfen aber Dateisysteme unterschiedlichster Couleur: FAT, FAT32, NTFS, CDF oder UDFS stehen somit zur Wahl.

Mit den Volume Mount Points erledigt sich für die Systemverwaltung ein enormes Problem: Ein Administrator kann nun zusätzlichen physischen Speicher hinzufügen, ohne dass er den ursprünglichen Namensraum aufgeben muss. Ein Beispiel soll diesen großen Vorteil demonstrieren (siehe Bild 6.3).

Angenommen ein Benutzer arbeitet an seinem PC im Verzeichnis *C:\Eigene Dateien:* Diese Einstellung ist sehr zu empfehlen, da die meisten Office-Tools als Voreinstellung die Daten beim Dialog *Speichern unter* in diesem Verzeichnis ablegen. Nun hat der Benutzer aber neben seinen arbeitsrelevanten Daten auch private Daten, etwa die vielen Downloads aus dem Internet. Deswegen hat er eine Strukturierung aufgebaut, die die beiden Unterverzeichnisse *Privates* und *Arbeitsames* beinhaltet.

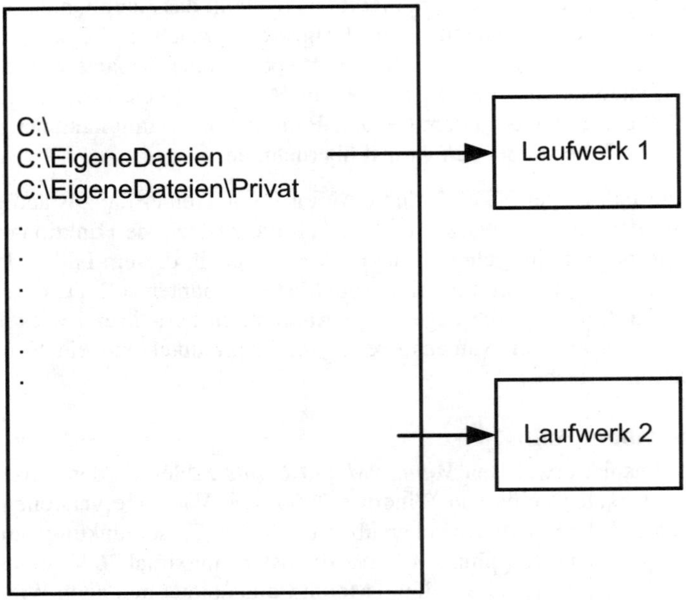

Bild 6.3: *Volume Mount Points* erleichtern dem Administrator die Arbeit: Der Namensraum bleibt konsistent, selbst wenn er zusätzliche Festplattenlaufwerke in das System einbaut.

Wenn nun die Harddisk langsam aber sicher voll wird, muss er eine weitere Disk einbauen. Hier empfiehlt sich dann, die zusätzliche Disk beispielsweise auf das Verzeichnis *C:\Eigene Dateien\Privates* zu mounten und dann aus der zuvor angelegten Sicherung der Dateien alle privaten Daten auf die neue Disk zu spielen. Das Resultat ist die transparente Erweiterung – der Namensraum, sprich die Verzeichnisstruktur, bleibt unangetastet. Allerdings darf hier ein wichtiger Hinweis nicht fehlen: Das Verzeichnis, welches als Mount-Punkt dienen soll, muss leer sein – es darf keine Dateien enthalten!

Schon bei diesem Beispiel aus der »Endbenutzerwelt« lässt sich das Potenzial der Volume Mount Points erahnen. Noch mehr Vorteile kann dieses Konzept in einer großen Server-Umgebung ausspielen, wenn das Hinzufügen von Plattenkapazität sozusagen schon zur Standardaufgabe des Administrators zählt.

Auch das Anlegen von ganzen Speicherklassen ist damit möglich. Angenommen ein System bildet mit dem Laufwerk D:\ eine RAID-5-Konfiguration ab, dann würde es keinen Sinn machen, ein TEMP-Verzeichnis auf D:\ ebenfalls auf dem RAID-5-Subsystem abzulegen. Besser wäre es hier, das D:\TEMP – genauer gesagt, den Mount Point – auf einer »normalen« Festplatte abzubilden.

Das Änderungsjournal von NTFS

Für NTFS 5.0 ist ein *Change Journal* (Änderungsjournal) verfügbar. Immer wenn eine Datei oder ein Verzeichnis erzeugt, modifiziert oder gelöscht wird, führt das Änderungsjournal Buch darüber. Windows 2000 führt für jedes Volume ein eigenes Änderungsjournal. Aus dieser Funktionalität können auch Anwendungen von Drittherstellern Nutzen ziehen. Gute Beispiele dafür sind Virenscanner, Datensicherungsprogramme oder Indexing-Applikationen. Dazu stellt Microsoft eine Programmierschnittstelle zur Verfügung.

Damit das Führen eines Änderungsjournals nicht zum Performancekiller mutiert, müssen die einzelnen Einträge im Journal möglichst klein sein. Und insgesamt darf das Änderungsjournal auch nicht zu viel Platz auf dem Volume belegen. Microsoft spricht von Eintragsgrößen, die im Bereich von 80 bis 100 Byte liegen. Aus einem Eintrag ist ersichtlich, an welcher Datei zu welchem Zeitpunkt welche Art der Änderung erfolgt ist.

Doch die tatsächliche Änderung am Datenbestand ist nicht notiert – da würde die Vorgabe nach einer möglichst effektiven Abwicklung entgegenstehen. Ein neuer Eintrag kommt immer an das Ende der Datei und wird über eine Update Sequence Number (USN) charakterisiert. Über diese 64-Bit-Größe ist die Aktualisierungsreihenfolge notiert. Eine kleinere USN bedeutet eine ältere Änderung.

Um die Performance möglichst hoch zu halten, schreibt das System nicht jeden Eintrag direkt und sofort auf die Disk. Es werden vielmehr Einträge solange aneinandergereiht und zwischengespeichert, bis eine Größe von vier Kbyte erreicht wird. Mit dieser Blockgröße ist dann eine möglichst schnelle Speicherung möglich. Außerdem trägt Windows 2000 immer Sorge, dass ein Datensatz nicht eine Page-Grenze überschreitet.

Windows 2000 versteckt aber die Datei mit dem Änderungsjournal – sie ist mit den bekannten Hilfsprogrammen nicht zu sehen. Auf einem NTFS-Volume legt das System die Metadaten, also die Informationen über die Dateien und Verzeichnisse in der Master File Table (MFT) ab. Jeder Datensatz in der MFT korrespondiert mit einer Datei oder einem Verzeichnis. Er enthält den Namen, die Länge, die Lage sowie die Attribute etc. des Verzeichnisses beziehungsweise der Datei. Bei NTFS 5.0 gehört auch die letzte – als die aktuellste – USN zu diesen Metadaten.

Überschreitet die Datei die maximale Größe des Änderungsjournals, löscht Windows 2000 die älteren Datensätze – also den Anfang der Datei. Danach muss das System den Rest der Datei »nach vorne« kopieren. Normalerweise erfordert dieser Umbau einer Datei viel Zeit, da viele Ein-/Ausgabeaktionen ins Spiel kommen. Mit Hilfe der *Sparse Files* von NTFS 5.0 kommt aber ein Hilfsmittel ins Spiel, mit dem sich dies deutlich schneller abwickeln lässt. Durch diesen Mechanismus lassen sich nicht mehr benötigte Teile einer Datei schnell löschen, ohne dass man die logischen Positionen der einzelnen Einträge innerhalb der Datei ändern muss.

In der ersten Implementierungsstufe des Änderungsjournals (also bei NTFS Version 5) ist diese Funktion als Voreinstellung nicht aktiviert. Die Aktivierung muss von einem Programm vorgenommen werden. Dazu hat Microsoft die entsprechenden Programmierschnittstellen veröffentlicht. Daher darf man sicher einige Tools von Drittherstellern erwarten, die sich mit dem Änderungsjournal befassen werden. Unter den Aktionen, die eine Applikation in diesem Kontext erledigen kann, zählen auch das Festlegen der maximalen Größe der Datei mit dem Änderungsjournal aber auch das erneute Deaktivieren dieser Funktion.

Wird das Änderungsjournal eines Volumes deaktiviert, hat dies zur Folge, dass die Datei mit dem Änderungsjournal und somit natürlich auch die bisher bestehenden Einträge gelöscht werden. Wird später das Änderungsjournal – etwa von einer Applikation mit den entsprechenden Rechten – wieder aktiviert, dann legt das System eine neue und somit auch leere Datei für das Journal wieder auf dem Volume an.

Zuteilungsgrenzen durch Disk Quotas

Ebenfalls im Unix-Bereich schon seit langer Zeit angesagt, kommt nun auch NTFS 5.0 mit den so genannten *Disk Quotas* (im deutschen nennt sie Microsoft Kontingente). Damit steht es einem Administrator offen, einem Anwender eine maximale Größe an Platz pro Volume zuzuweisen. Dabei kann der Administrator auch verfolgen, wie sich die Nutzung der Speicherkapazität auf einem Volume entwickelt.

Eine für den Administrator angenehme Eigenschaft der Disk Quotas bezieht sich auf der Informationspolitik gegenüber dem Benutzer. Angenommen auf einer Festplatte – sprich einem Volume – sind 50 Gbyte frei und für einen Anwender ist ein Raum von maximal 10 Gbyte vorgesehen und zudem habe Anwender XYZ von seinen verfügbaren 10 Gbyte bereits 5 Gbyte belegt, dann zeigen alle Tools, mit denen der Benutzer agiert, dass auf der Platte nur noch 5 Gbyte frei sind. Der Administrator wird daher auch keine Bitten zu hören bekommen, man möge doch die Limitierung aufheben – es scheint einfach nicht mehr Kapazität verfügbar zu sein.

Microsoft verspricht, dass die Disk Quotas sehr tief im Inneren des NTFS verankert seien und somit nur wenig Performance kosten. Doch wer sich die zusätzlichen Ausführungen vor Augen hält und welchen Aufwand die Überprüfung beim Zugriff auf Dateien nach sich zieht – und das bei hunderten oder gar tausenden von Benutzern – der sollte lieber auf seine Erfahrungswerte vertrauen. Als Autor muss man gerechterweise zugeben, dass dies nur eine Vermutung ist, denn ein verteiltes System mit der Arbeitslast von hunderten von Anwendern lässt sich im Rahmen einer Testinstallation nicht nachbilden.

Arbeiten mit den Disk Quotas

Die Übersetzung für den Begriff Disk Quotas lautet in der deutschen Version von Windows 2000 *Kontingent*. Um mit dieser Eigenschaft arbeiten zu können, muss der Systemverwalter zuerst diese Möglichkeit aktivieren. Dazu braucht er nur über das Icon *Arbeitsplatz* auf das *Volume* verzweigen, auf dem die Disk Quotas eingestellt werden sollen. Über die *Eigenschaften* des Volumes kann man dann auf die *Kontingent*-Seite kommen. In der ersten Darstellung sieht man deutlich die rote Ampel (siehe Bild 6.5). Sie signalisiert, dass das Kontingentsystem noch nicht aktiviert ist.

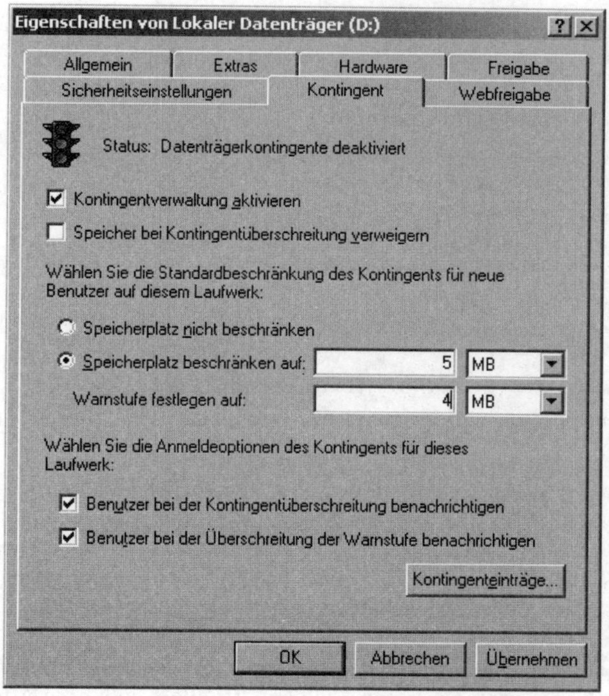

Bild 6.4: Zuerst ist das Kontingentsystem nicht aktiv.

Ein Klick auf den Punkt *Kontingent* bringt zuerst eine Systemmeldung, auf der sicherheitshalber nochmals zu bestätigen ist, dass man das Kontingentsystem aktivieren möchte (Bild 6.5).

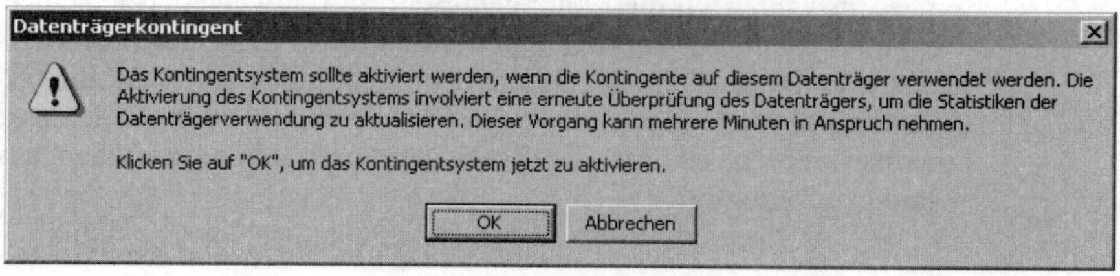

Bild 6.5: Doch nach einer nochmaligen Bestätigung...

Danach ändert die Ampel ihre Farbe. Grün zeigt, dass die gewünschte Modifikation eingetreten ist.

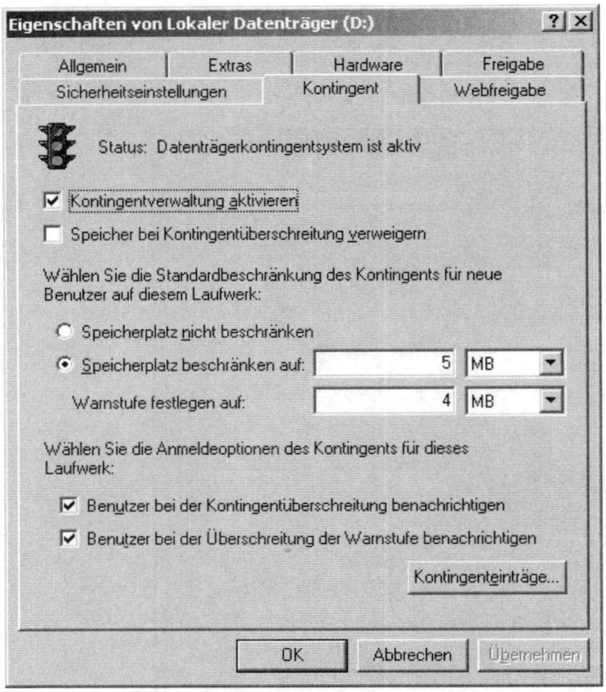

Bild 6.6: ...ist die Aktion abgewickelt und das Kontingentsystem aktiv.

Beim Aktivieren der Disk Quotas lassen sich schon generelle Einstellungen für die Größe der Kontingente vorgeben, die dann für alle – außer die Administratoren – gelten. Diese Vorgehensweise ist vor allem dann sinnvoll, wenn viele Benutzer mit ähnlichen Arbeitsgegebenheiten zu verwalten sind.

Im nächsten Schritt kann der Administrator aber auch ganz dediziert angeben, für welche Benutzer auf diesem Volume welche Kontingente anzuwenden sind. Dazu ist wie schon zuvor über den Arbeitsplatz das *Volume* auszuwählen und über dessen *Eigenschaften* auf die Kontingent-Seite zu verzweigen. Nach einem Klick auf den Punkt *Kontingenteinträge* spielt erneut das AD seine Stärken aus. Es zeigt alle Anwender der Domäne an, die dann über einen Klick auf ihren *Namen* und einem anschließenden Klick auf den Punkt *Hinzufügen* in die Liste derer aufgenommen werden, für die die Kontingentüberwachung auf dem ausgewählten Volume zutreffen soll.

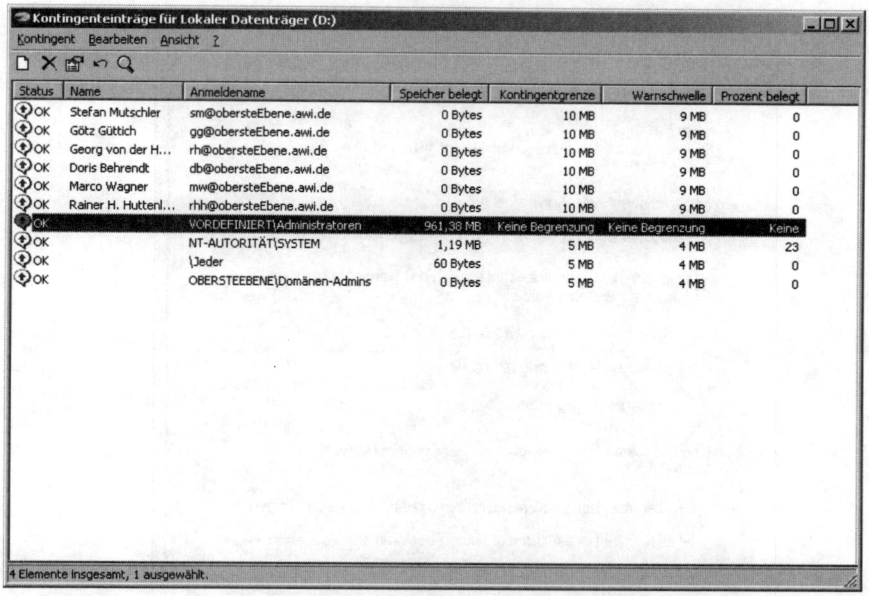

Bild 6.7: Die Einträge für die Kontingentüberwachung zeigt diese Liste.

Bild 6.7 zeigt eine Auflistung, bei der alle Redakteure in der OU `LANline` der Domäne `obersteebene.awi.de` eine Zugriffsrestriktion auferlegt bekommen. Über ein weiteres Fenster (aus dem Menüpunkt *Kontingent* im Fenster *Kontingenteinträge für lokalen Datenträger (D:)*) gibt der Administrator dann noch an, wie groß die erlaubte Kapazität für einen Anwender auf dem Volume ist und ab welchen Wert er bereits eine Warnung bekommt, dass sein Speicherplatz zu Neige geht.

Außerdem kann man als Systemverwalter noch angeben, was passiert, wenn die Grenze überschritten wird. Der Regelfall wird lauten, dass der Anwender keinen Speicher mehr bekommt, wenn er über seinem Limit agiert. Dazu muss der Administrator aber im entsprechenden Dialog (siehe Bild 6.8) die entsprechende Aktion namens *Speicher bei Kontingentüberschreitung verweigern* einstellen.

Für den Anwender bedeutet eine Überschreitung seines Kontingents in diesem Fall, dass er zuerst andere Dateien löschen muss, ehe er seine aktuelle Arbeit auf dem Volume speichern kann.

Weitere Arbeiten an der Kontingentüberwachung sind noch das Löschen von Kontingentseinträgen. Dies erledigt der Systemverwalter erneut in der Liste, in der alle Kontingenteinträge gespeichert sind. Ein Klick auf den entsprechenden Anwender oder aber auf den gewünschten Eintrag sowie danach ein rechter Mausklick und der Auswahl des Punktes *Löschen* aus dem Kontextmenüs hat zur Folge, dass dieser Löschvorgang erledigt wird.

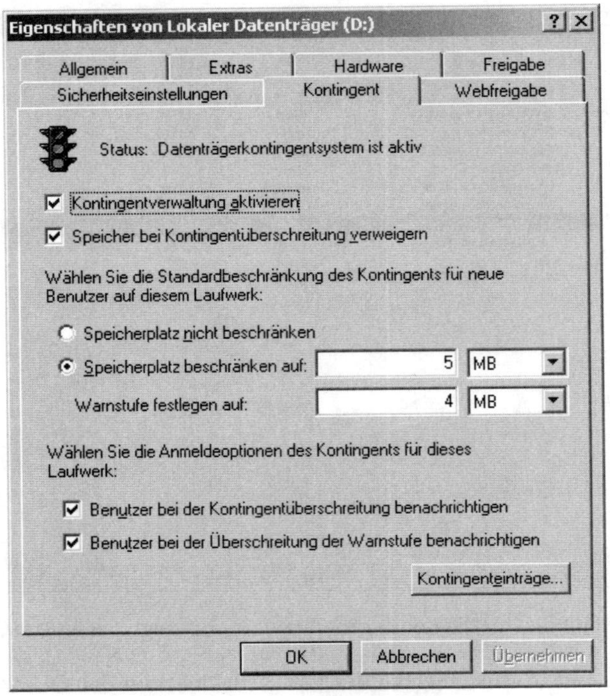

Bild 6.8: Wer zu viel Platz auf dem Volume belegt, der kann hier keine Daten mehr abspeichern.

Hierbei ist zu beachten, dass der Anwender keine Dateien mehr auf dem Volume liegen hat. Dazu kann man die Dateien des Anwenders auf ein anderes Volume kopieren und die ursprünglichen löschen, oder aber der jeweilige Benutzer muss das »Besitzrecht« auf die Dateien bekommen. Dies lässt sich aber nur dann erreichen, wenn der andere Benutzer den Besitz der Dateien aktiv übernimmt, denn das Besitzrecht lässt sich nicht – zumindest nicht mit den Tools von Windows 2000 – zuweisen.

Und als Abschluss des Arbeitens mit der Kontingentüberwachung ist noch anzumerken, dass sich diese Funktion auch wieder deaktivieren lässt. Dazu muss im Fenster, das schon im Bild 6.4 gezeigt ist, der entsprechende Eintrag, das *Kontingentüberwachung aktivieren* zurückgenommen werden. Der Administrator erkennt das an der Ampel: Sie springt wieder auf Rot zurück.

6.4 Remotespeicher

Hinter der Bezeichnung *Remote Storage* beziehungsweise Remotespeicher verbirgt sich nichts anderes als auch der Begriff *Hierarchische Speicherverwaltung* skizziert. Damit wird ein Kunstgriff vollzogen: Ein Windows 2000 Server bekommt durch diesen Dienst mehr Plattenkapazität – ohne dass der Administrator weitere Plattenlaufwerke hinzufügen muss. Dies hört sich zuerst an wie der Stein der Weisen in Sachen Speichersubsystem. Doch auch hier kochen die Entwickler nur mit Wasser.

Der Remotespeicher überwacht, wie viel Speicherplatz auf den Plattenlaufwerken noch verfügbar ist. Wird hier ein Schwellenwert erreicht, dann lagert dieser Dienst Dateien, die längere Zeit nicht benötigt wurden, selbstständig auf Bandlaufwerke oder gar automatische Bandbibliotheken aus. Dabei kommen die Dateien aber zuerst noch in einen Zwischenspeicher, bis sie endgültig auf dem Band abgelegt werden.

Doch im Dateisystem selbst bleiben nur alle logischen Angaben über die ausgelagerten Dateien vorhanden – dazu zählen die Angabe über die Länge der Datei, über den Zeitpunkt der letzten Änderung etc. Der Dienst arbeitet aber nur mit Verweisen auf die physikalischen Speicher auf dem Bandlaufwerk. Das bedeutet, dass sich die eigentlichen Nutzdaten auf einem Band befinden.

Der Administrator ist in der Lage, die Dateien anzugeben, die sich für diese Art der Auslagerung eignen. Aus wirtschaftlichen Erwägungen ist dieses Vorgehen in vielen Fällen adäquat, denn Bänder sind hinsichtlich Kosten pro Gbyte nach wie vor billiger als Festplatten und viele Dateien in einem System dämmern oftmals Monate vor sich hin, werden aber von den Anwendern so gut wie nie mehr nachgefragt.

Um nun eine Speicherhierarchie einzuziehen, arbeitet Windows 2000 Server mit zwei Ebenen. Die eine nennt sich *Local Storage* und enthält wie für einen lokalen Speicher üblich die NTFS-5.0-Volumes des Computers, auf dem der Dienst installiert und gestartet ist. Die untere Ebene – der Sekundärspeicher (*Secondary Storage*) – bezieht sich auf ein Bandlaufwerk oder einen Bandautomaten.

Der Remotespeicherdienst ist in der Lage, den Speicherbereich auf allen lokalen NTFS-5.0-Volumes zu verwalten. Unterstützt werden dabei laut Microsoft alle SCSI-basierenden 4-mm-, 8-mm und DLT-Laufwerke. Derzeit werden QIC- oder Mini-QIC-Bandbibliotheken nicht von Windows 2000 Server unterstützt, von einem Betrieb mit den Bibliotheken Exabyte 8200 wird ebenfalls abgeraten.

Das Zugreifen auf ausgelagerte Dateien funktioniert wie ein Zugriff auf eine Datei, die auf dem lokalen Laufwerk residiert. Sollte die Datei beim Zugriff noch im Zwischenspeicher liegen, wird darauf zugegriffen. Ist die Datei aber hier nicht mehr verfügbar, so holt der Remotespeicherdienst die gewünschte Datei vom Band zurück. Doch hier kommt der Nachteil dieses Ansatzes ins Spiel: Bei diesem Wiedereinlagern benötigt das System sehr viel Zeit – verglichen mit dem

Zugriff auf eine Harddisk. Schlimmer wird die ganze Angelegenheit, wenn sich die Datei auf einem Band befindet, das zur Zeit gar nicht im Bandlaufwerk selbst liegt. In diesem Fall muss beispielsweise bei einer Bandbibliothek erst der Roboterarm die gesuchte Bandcassette einlegen und danach das Laufwerk das Band an die Stelle fahren, an der die gesuchte Datei liegt.

Neben dem Zeitfaktor zeigen diese Ausführungen noch einen weiteren Problempunkt: Der Remotespeicherdienst muss unbedingt mit dem *Removeable Storage Manager* zusammenspielen, der für das Auffinden der richtigen Bänder in einer Bandbibliothek verantwortlich zeichnet. Eine weitere Kooperation des Remotespeicher ist die Ansteuerung des Bandgeräts für den Wiederherstellungsvorgang. Diese Aufgabe wickelt unter Windows 2000 das Backup-Programm ab. Damit ist sichergestellt, dass Dateien, die auf den Bändern des Remotespeichers liegen, auch katalogisiert und wiederhergestellt werden können.

Das soll aber einen Administrator nicht dazu veranlassen, das Thema Backup ad acta zu legen. Im Gegenteil, er sollte nach einem regelmäßigen Plan die Volumes des Servers sichern und dabei auch die Datenbank des Removeable Storage Manager und die des Remotespeicherdienstes in seine Bemühungen miteinbeziehen.

Der Remotespeicherdienst bringt aber auch noch einige Erweiterungen mit sich. So ist es beispielsweise machbar, mehrere Kopien der Daten im Sekundärspeicher anzulegen.

Installieren des Remotespeichers

Der Dienst selbst lässt sich sehr einfach installieren. Über die Systemsteuerung und das Software-Symbol erscheint ein Fenster (siehe Bild 6.9). Hier ist links der Punkt *Windowskomponenten Hinzufügen/entfernen* anzuklicken. Danach erscheint der entsprechende Assistent und bietet die Komponenten an. In dieser Liste ist der Remotespeicher mit seinen 3,5 Mbyte auszuwählen.

Danach erfolgt das übliche Einlegen der Betriebssystem-CD, von der dann die notwendigen Dateien kopiert werden – beziehungsweise das Angeben der entsprechenden Verzeichnisse, wenn die Dateien über das Netzwerk bereitgestellt werden. Nach einem Neustart steht der Dienst dann zur Verfügung.

An dieser Stelle sind die notwendigen Informationen einzugeben, die den Remotespeicherdienst wie gewünscht konfigurieren. Das Hinzufügen des entsprechenden Snap-ins für die MMC zeigt Bild 6.10. Hier offenbart Microsoft dann auch, woher dieser Dienst stammt: Veritas zeichnet hierfür verantwortlich.

Nachdem das Snap-in in die MMC geladen wurde, sollte man sich wie üblich diese Konsole abspeichern, sodass sie auch später wieder zur Verfügung steht, wenn man am Remotespeicher etwas modifizieren will.

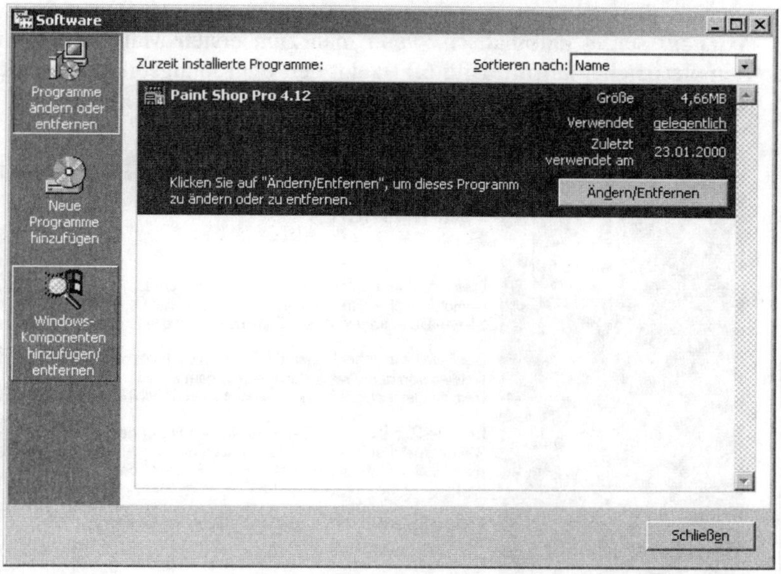

Bild 6.9: Als eine Komponente von Windows 2000 Server lässt sich der Remotespeicherdienst installieren.

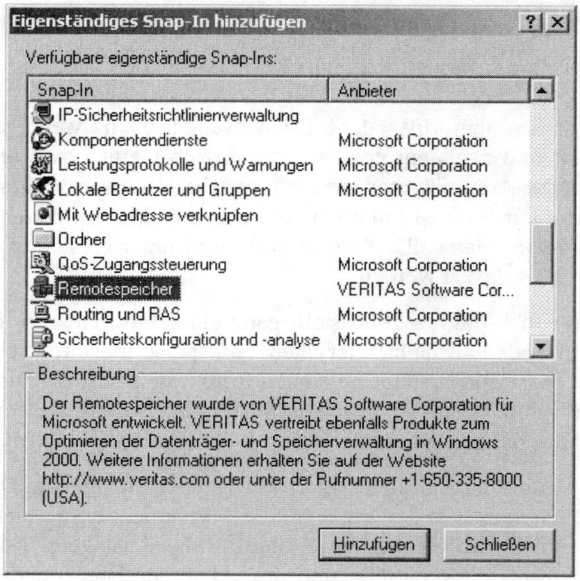

Bild 6.10: Von Veritas stammt der Remotespeicherdienst.

Danach hilft erneut ein Assistent dem Administrator. Der *Remotespeicher-Setup-Assistent* startet automatisch, wenn man zum ersten Mal das Snap-in für den Remotespeicher aufruft. Bild 6.11 zeigt den Begrüßungsbildschirm dieses Assistenten.

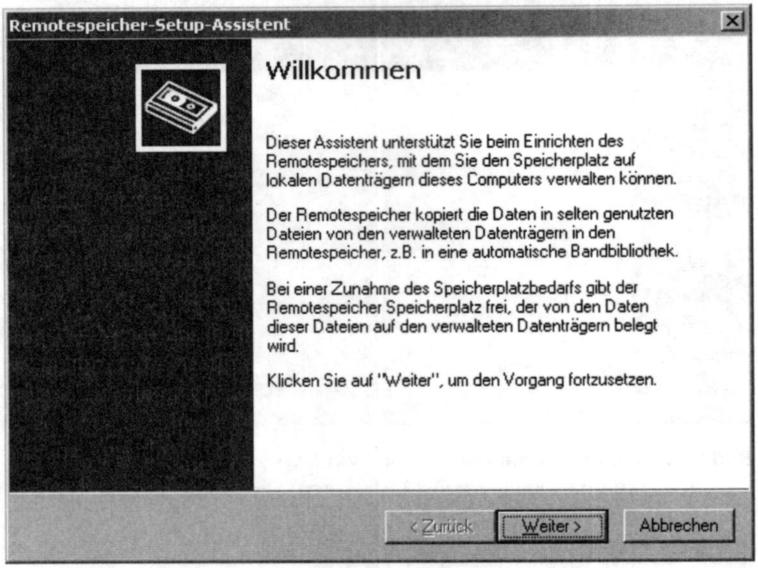

Bild 6.11: Die Verwaltung des Remotespeicherdienstes initiiert ein Assistent.

Nachdem der Assistent überprüft hat, ob der Anwender die notwendigen Berechtigungen aufweist, und nachdem er alle unterstützten Gerätetypen und Medien erkannt hat, muss der Administrator angeben, welche Volume von diesem Dienst verwaltet werden sollen. Das ist mit einem einfachen Anklicken der entsprechenden Checkboxen getan. Man sollte als Administrator immer vorsichtig sein, bevor spezielle Dateien ausgelagert werden.

Die Online-Hilfe von Windows 2000 stellt ganz eindeutig klar: »By default, all hidden, system, extended attribute, encrypted, and sparse files are excluded from the file rule list. These files cannot be copied to remote storage.« Dies bedeutet beispielsweise für ein System-Volume: Die Systemdateien auf diesem Datenträger können nicht ausgelagert werden!

Danach sind die Kriterien für das Auslagern der Dateien anzugeben. Die notwendigen Informationen umfassen den Prozentteil des Volume, der frei bleiben sollte, dann die Angaben über die geeigneten Dateien für das Auslagern. Auszuwählen sind dabei die minimale Dateigröße und das Alter der Datei, ehe sie in den Genuss des Auslagerns kommt.

Anschließend muss der Systemverwalter den Medientypus angeben, der für den Remotespeicherdienst heranzuziehen ist. Danach folgt die Angabe des Zeitplans für das Verwalten der Volumes. Der Remotespeicher startet nach diesem Zeitplan einen Job, um alle Dateien zu identifizieren, die den angegebenen Kriterien entsprechen. Danach werden diese Dateien auf den Remotespeicher ausgelagert.

Solange dieser Migrationsvorgang nicht abgeschlossen ist, bleiben die Dateien auf dem Volume liegen. Erst wenn wirklich Speicherplatz benötigt wird, räumt ein Systemjob auf und setzt den Speicherbereich frei, indem er die Dateien löscht. Nachdem der Zeitplan festgelegt ist, zeigt der Assistent nochmals alle Einstellungen und erwartet ein *Ja* zu all den Eingaben, um die Definition so dann abzulegen. Anschließend ist die Verwaltung des Remotespeichers – genauer gesagt das zugehörige Snap-in – konfiguriert und steht zur Benutzung frei.

Verwaltung des Remotespeichers

Über das Snap-in in die MMC lassen sich alle Aufgaben im Zusammenhang mit dem Remotespeicher abwickeln. Aus Bild 6.12 sind bereits die Oberbegriffe zu erkennen. Der Administrator hat Zugriff auf die vom Remotespeicherdienst verwalteten Datenträger – die Managed Volumes, auf die Medien sowie auf die Ereignisanzeige. Außerdem steht noch die Verwaltung der Wechselmedien offen.

Unter dem Punkt *verwaltete Datenträger* sind Informationen verfügbar wie die Bezeichnung der Volumes, ihre Kapazität, der aktuell freie Bereich sowie der gewünschte freie Bereich. Der Punkt *Medien* beinhaltet alle Medien des Remotespeicher-Pools. Auch hier gibt es zu jedem Objekt den Namen, eine kurze Beschreibung, die Kapazität, den freien Bereich sowie den augenblicklichen Status. Naturgemäß ist dieser Punkt nach der Installation des Remotespeicher noch leer. Die Medien werden entsprechend zugeordnet, wenn der erste Auslagerungsvorgang begonnen ist.

Die Ereignisanzeige ist speziell auf den Remotespeicher zugeschnitten. Damit bekommt der Administrator ein Tool in die Hand, um sich die Logdateien anzusehen, die alle Ereignisse auflisten, die mit diesem Dienst zu tun haben. Der Punkt *Wechselmedien* verweist auf den Removable Storage Manager. Dieses Verwaltungswerkzeug bietet unter anderem die Informationen über die Wechselmedien, die Medien-Pools sowie über die im Offline-Status befindlichen Medien.

Zu den Verwaltungsaufgaben im Kontext mit dem Remotespeicher zählt das *Ändern der Einstellungen* auf einem verwalteten Datenträger, der bereits mit Daten gefüllt ist. Über die verwalteten Datenträger und den rechten Mausklick auf das gewünschte Volume ist hier der Punkt *Einstellungen* auszuwählen. In diesem Dialog lassen sich alle Änderungen durchführen.

Ein anderer Aspekt der Verwaltung betrifft das Hinzufügen von Include- und Exclude-Regeln. Damit gibt der Administrator vor, welche Dateien nicht beziehungsweise speziell unter die Aufsicht des Remotespeicherdienstes kommen. Sinnvollerweise – und daher auch voreingestellt – sind alle Systemdateien von Windows 2000 dem Verantwortungsbereich des Remotespeicherdienstes entzogen.

Außerdem steht es einem Systemverantwortlichen noch frei, nicht auf das System zu warten, sondern das Auslagern von Dateien explizit durchzuführen. Damit ist ein Abweichen von den Einstellungen möglich, die der Administrator bei der Aufstellung seiner Remotespeicherkonfiguration – meist beim ersten Start des entsprechenden Assistenten – festgelegt hat. Diese Aufgabe lässt sich ebenfalls sehr elegant lösen. Der Systemverwalter muss lediglich das gewünschte Volume anklicken und mit einem rechten Mausklick das Kontextmenü eröffnen. Hier gibt es dann den Punkt *Alle Aufgaben* wobei die Option *Erzeuge freien Speicher* zum gewünschten Ergebnis führt.

6.5 Das verteilte Dateisystem DFS

Für einige wird das Distributed File System (DFS) eine bekannte Größe sein, steht es doch schon für Windows NT 4.0 als Server-Dienst zum Download von Microsofts Website bereit. Doch bei Windows 2000 spielt dieses Konzept erst seine ganzen Vorteile aus.

Unter Windows 2000 werden generell zwei Arten des DFS unterstützt:

- das klassische von Windows NT 4.0 her bekannte DFS (Stand-alone) und
- das fehlertolerante Windows 2000 DFS, das aber den Einsatz des Active Directory voraussetzt.

Das Erstellen von DFS-Stämmen (die DFS-Root) darf sowohl auf FAT- als auch auf NTFS-Partitionen von Windows 2000 erfolgen. Das FAT-Dateisystem bietet jedoch nicht die Sicherheitsvorteile von NTFS. Beim Anlegen eines DFS-Stammes hat der Administrator die Wahl zwischen zwei Optionen: Entweder er richtet einen *eigenständigen* oder aber einen *domänenbasierten* DFS-Stamm ein.

Für den eigenständigen DFS-Stamm treffen folgende Eigenschaften zu:

- Er verwendet das Active Directory nicht.
- Er ist nicht in der Lage, über freigegebene DFS-Ordner auf der Stammebene zu verfügen.
- Er weist lediglich eine begrenzte Hierarchie auf, denn ein normaler DFS-Stamm kann nur über eine einzige Ebene von DFS-Verknüpfungen verfügen.

Dagegen sprechen für den domänenbasierten DFS-Stamm die folgenden Aspekte:

- Bei einem domänenbasierten Stamm muss ein Mitglieds-Server der Domäne als Host auftreten.
- Die Topologie des DFS wird automatisch im AD veröffentlicht.
- Er kann über freigegebene DFS-Ordner auf Stammebene verfügen.
- Zudem weist er keine begrenzte Hierarchie auf, darf doch ein domänenbasierter DFS-Stamm über mehrere Ebenen von DFS-Verknüpfungen verfügen.

Um im Zusammenhang mit dem DFS gleich ein potenzielles Missverständnis auszuräumen: Das DFS von Microsoft hat mit dem DFS außer der Namensgleichheit nichts zu schaffen, das von anderen Herstellern im Rahmen des von der Open Software Foundation unter dem Begriff Distributed Computing Environment (DCE) initiierten Modells konzipiert wurde. Alle weiteren Ausführungen zum DFS beziehen sich immer auf die Microsoft'sche Variante – es sei denn, es wäre etwas Gegenteiliges vermerkt.

Im Mittelpunkt des Interesses steht beim DFS das Finden und möglichst einfache Verwalten von Daten und zwar auf einer netzwerkweiten Basis. Damit spielt das DFS eine sehr wichtige Rolle für das unternehmensweite Computing, wie es sich Microsoft vorstellt. Die anderen wesentlichen Bestandteile – AD, Gruppenrichtlinien etc. – decken zwar unterschiedliche Aspekte ab, doch in Summa führen all diese Teilchen das Bild des unternehmensweiten Computings zusammen.

Die vordringlichste Aufgabe des DFS liegt darin, die unterschiedlichen Computer und die zugehörigen Freigaben (Shares) innerhalb eines Netzwerkverbundes – sei es über ein LAN oder über ein WAN gekoppelt – in einem durchgängigen Namensraum abzubilden. Für den Anwender oder die Applikationen sieht der Verbund dabei nicht länger wie eine schier unendliche Liste von Verzeichnisstrukturen der Dateisysteme auf einer Vielzahl von Servern aus. Er stellt sich dagegen als einige logische Verzeichnisse dar – auf welchen Servern und in welchen Verzeichnissen die Daten abgelegt sind, bleibt bei diesem Ansatz für den Anwender beziehungsweise die Anwendungsprogramme transparent. Das DFS zieht sozusagen eine zusätzliche logische Schicht ein.

Dieses Modell hat sich bereits an anderer Stelle bewährt: Es entspricht im Großen und Ganzen dem, was ein Dateisystem für die Festplatte macht. Auch hier arbeiten die Anwender/Applikationen mit logischen Einheiten – den Datei- oder Verzeichnisnamen – und das Dateisystem übernimmt die Abbildung auf Sektoren, Zylinder und Offsets.

Das Prinzip des DFS

Vor DFS musste ein Benutzer oder ein Anwendungsprogramm die gewünschten Daten auf einem Server und einer Freigabe in Form der UNC (Universal Naming Convention) angeben. Das Prinzip dazu lautet:

```
\\Name_des_Servers\Freigabename\Pfadname\Dateiname
```

Dieser ausführlichen Schreibweise wird in der Praxis oftmals das Konzept der Netzlaufwerke vorgezogen. Hierbei bekommt eine Freigabe auf einem Server im Netzverbund einen Laufwerksbuchstaben zugewiesen. Dies vereinfacht zum einen die Handhabung und zum anderen ziehen Applikationen daraus einige Vorteile: Sie können dadurch quasi ohne zusätzlichen Programmieraufwand auf netzwerkweite Ressourcen zugreifen.

Angenommen das zuvor erwähnte Beispiel arbeitet mit dem Laufwerk P:, das den Server-Namen und die Freigabe

```
\\Name_des_Servers\Freigabename\
```

abbildet, dann muss ein Anwender nur vom Netzlaufwerk P: aus navigieren, um auf die gewünschte Datei zugreifen zu können.

Das reicht doch – so werden sich viele denken. Doch das trifft nur für kleinere Netzwerke zu. Angenommen das Netzwerk wächst, mehr Server werden installiert und mehr Laufwerke auf den Servern kommen dazu, dann können die Laufwerksbuchstaben zur Neige gehen. Noch schlimmer wird die Angelegenheit, wenn Intranets unternehmensweit eingeführt werden sollen und alle Systeme in einem Verbund kooperieren sollen.

Zwar funktioniert der zuerst genannte Weg – die Angabe nach UNC-Konventionen – immer noch, doch in einem großen Netzwerk geht die Übersichtlichkeit für die Anwender schnell verloren. Soll ich meine Daten jetzt auf XYXY oder auf XYYX ablegen und woher bekomme ich die Informationen über das Projekt ABC – welcher geplagte Administrator kennt diese Anrufe nicht aus seiner täglichen Praxis.

Die Vorteile des DFS

Diese zuvor genannten Probleme beim möglichst einfachen Zugriff auf Netzwerkressourcen lassen sich mit dem DFS in den Griff bekommen. Denn alle netzwerkweiten Ressourcen erscheinen für den Anwender in einer durchgängigen Hierarchie. DFS verbindet einzelne Freigaben zu einem hierarchisch strukturierten Volume, das sich wie eine enorm große Festplatte zu erkennen gibt. Dabei steht es einzelnen Anwendern auch frei, eigene DFS-Volumes anzulegen, die dann wieder von anderen DFS-Volumes einbezogen werden dürfen. Diese so genannten Inter-DFS-Links lassen das gesamte Netzwerk wesentlich einfacher erscheinen.

Ein weiterer Pluspunkt bezieht sich auf die flexible Verwaltung der Volumes. Einzelne Freigaben eines DFS-Volumes lassen sich aus dem Verbund herausnehmen, ohne dass die restlichen Teile des Volumes in Hinblick auf den einheitlichen Namensbereich modifiziert werden müssten. Für die Administration hat dies zur Folge, das sie physische Freigaben im Netzwerk verwalten kann, ohne auf die logische Darstellung der Volumes für die Anwender Rücksicht nehmen zu müssen.

Dieser Punkt führt schnell zum nächsten Vorteil: die Hochverfügbarkeit der Daten. Mehrere Kopien von Freigaben (nicht nur von Freigaben, die nur gelesen werden dürfen, sondern auch mit Freigaben, in die die Benutzer Daten schreiben; die fehlertolerante Variante von DFS unterstützt zudem die Replikation der Inhalte) lassen sich unter dem selben logischen DFS-Namen abbilden. Damit stehen sozusagen Kopien der Daten – sinnvollerweise auf einem anderen Server –

für den Zugriff offen. Sollte eine Kopie ausfallen, wird automatisch vom DFS eine der Alternativen selektiert. Für kritische Geschäftsdaten lässt sich so Ausfallsicherheit erzielen.

In diesem Kontext offenbart sich ein weiterer Aspekt: die Lastverteilung. Durch das Anlegen von mehreren Kopien bei Read-Only-Dateien unter einem logischen DFS-Volume ist die Basis für eine Lastverteilung gegeben, denn die Anwender werden – beim fehlertolerantem DFS – zu derjenigen Freigabe verbunden, die sich in der gleichen Site befindet. Immer wenn mehrere Anwender Dateien aus einem DFS-Volume nachfragen, werden sie transparent zu einer der darunter liegenden Freigaben weitervermittelt. So lässt sich eine automatische Verteilung des Dateizugriffs auf verschiedene Server beziehungsweise auf verschiedene Laufwerke realisieren.

Ein großer Vorteil des DFS ist die Transparenz im Namensraum. Anwender bewegen sich in diesem logischen Namensraum, ohne sich um die physische Ablage der Daten zu kümmern.

Die physischen Daten können daher von einem Server auf einen anderen verlagert und die »Unterschicht« des Namensraums danach so modifiziert werden, dass der Anwender von der Auslagerung nichts bemerkt. Er greift nach wie vor über den nicht geänderten logischen Namensbereich auf dem DFS-Volume auf seine Dateien zu. Dies vereinfacht das Leben für die Systemverwalter. Sie können die Freigaben im Netzwerk »umschichten«, wie sie es wollen. Auf der Client-Seite haben sie nach diesen Operationen aber keine Änderungen durchzuführen.

In Hinblick auf die Implementierung hat das DFS aber auch noch einige Trümpfe in petto. Ein Aspekt umfasst das Caching auf Seiten der Clients. Da ein DFS-Volume womöglich hunderte oder gar tausende von Freigaben zusammenfassen kann, darf die Client-seitige Software keine Annahmen machen, auf welche Information ein Anwender zugreift. Deswegen legt ein Client nach dem ersten DFS-Zugriff die Strukturinformation über das DFS, nicht aber die eigentlichen Daten in seinem Cache ab. Die eigentlichen Daten müssen nach wie vor über das Netzwerk, durch den entsprechenden Zugriff auf die Freigaben gelesen werden – es sei denn, es wird mit Offline Files gearbeitet.

Das technische Konzept des DFS

Das DFS ist hierarchisch strukturiert. Daher benötigt ein DFS-Volume einen Startpunkt – die DFS-Root. Es handelt sich dabei um eine lokale Freigabe, die als Startpunkt fungieren soll und sozusagen den »Wirt« für die weiteren Freigaben spielt. Zu diesen weiteren Freigaben können alle systemweit freigegebenen Ressourcen zählen.

Der Zugriff auf Objekte in einem DFS-Volume folgt dem bewährten UNC-Muster. Ein Beispiel dazu lautet:

```
\\Name_des_Servers\Name_der_DFS_Freigabe\Pfadname\Dateiname
```

Mit dem Begriff `Name_des_Servers` ist der gewünschte Computer gemeint, auf dem das DFS-Volume liegt. Der `Name_der_DFS-Freigabe` bezieht sich auf die Freigabe, die als DFS-Root fungieren soll. Als `Pfadname` kann jeder zulässige Name fungieren, der den Win32-Konventionen für Pfadnamen entspricht. Um dieses Handling zu vereinfachen, steht es dem Anwender frei, mit Hilfe des Befehls

```
net use
```

einen Laufwerksbuchstaben einer beliebigen Stelle im DFS-Volume zuzuweisen. Dabei übernimmt das DFS die Rolle, mit einer zusätzlichen logischen Ebene den Zugriff zu entkoppeln.

Die Freigaben eines DFS können auf beliebigen Systemen residieren. Einzige Voraussetzung ist, dass die Server von den DFS-Clients auch erreicht werden können. Somit lassen sich auch andere Systeme einbeziehen, wenn sie die notwendige Client-Software besitzen – etwa Rechner mit Netware oder Banyan Vines.

Die Version des DFS, die mit dem Active Directory zusammenarbeitet, bietet eine Besonderheit: Auf ein DFS-Volume lässt sich auch über zwei andere Arten zugreifen, mit dem Domänennamen und dem `Fehlertoleranten Namen`. Beispiele dafür lauten:

```
\\Fehleroleranter_Name\Name_der_DFS_Freigabe\Pfadname\Dateiname
```

oder

```
\\Name_der_Domaene\Fehlertoleranter_Name\Pfadname\Dateiname
```

Mit dem Begriff `Fehlertoleranter_Name` ist lediglich die Bezeichnung gemeint, unter der ein Systemverwalter im Verzeichnisdienst AD das jeweilige DFS-Volume angibt. Microsoft gibt allerdings in seinen eigenen Schulungsunterlagen folgende Möglichkeiten an: entweder

```
\\server\freigabe
```

oder

```
\\AD-Domäne\freigabe.
```

Beim fehlertoleranten DFS ergibt sich ein weiterer Vorteil, der in Hinblick auf Fehlertoleranz gar nicht hoch genug bewertet werden kann: Eine Root-Replika kann angelegt werden, sodass sich bei Ausfall einer Root die Struktur immer noch über diese Replika ansprechen lässt.

Innerhalb eines Netzwerks dürfen unterschiedliche DFS-Volumes angelegt werden. Jeder Server mit Windows 2000 (oder auch mit Windows NT 4.0, allerdings hier nicht mit fehlertolerantem DFS) kann den DFS-Dienst installiert und gestartet haben und so den Wirt für ein DFS-Volume spielen.

Ein typisches Einsatzbeispiel von DFS arbeitet mit einem DFS-Volume, das sich aus mehreren Freigaben zusammensetzt, die auf unterschiedlichen Servern liegen.

UNC Name	abgebildet auf	Beschreibung
\\Server1\Allgemein	\\Server1\ Allgemein	Wurzel der Firma
\\Server1\Allgemein\ Intranet	\\IIS\Start	Kreuzung zum Intranet-Startpunkt
\\Server1\Allgemein\ Intranet\Firmeninfos	\\Marketing\Info\ Firma\Neues	Kreuzung zum Inhalt des Marketing-Intranet
\\Server1\Allgemein\ Anwender	\\Server1\ Allgemein\ Anwender	hier liegen die Home-Verzeichnisse
\\Server1\Allgemein\ Anwender\Rainer	\\Server1\ Allgemein\ Anwender	Kreuzung von Anwendern zu Rainers Verzeichnis auf dem Redaktions-Server
\\Server1\Allgemein\ Anwender\RainerAppli	\\RainerWS1\ Dateien\Appli	Kreuzung von Rainers Verzeichnis auf dem Redaktions-Server zu seiner ersten Workstation
\\Server1\Allgemein\ Anwender\Rainer\Appli	\\RainerWS2\ Dateien\Backup	ein »Alternate Volume«, auf dem Rainers Arbeit manuell gesichert wird
\\Server1\Allgemein\ Anwender\Micha	\\Server1\ Allgemein\ Anwender	»Downlevel Volume«, Kreuzung zu einem Nicht-SMB-Volume (Unix/NFS)

Tab. 6.1: Diese Abhängigkeiten sind im DFS-Beispiel gegeben.

Bild 6.13 zeigt, dass das DFS mit so genannten *Junctions* arbeitet. Diese Kreuzungspunkte sind für den netzwerkweiten Zusammenhalt des DFS verantwortlich. Dabei gibt es unterschiedliche Typen.

Die *Post-Junction Junction* besitzt weitere Junctions, sozusagen als Kinder der übergeordneten. Man kann dies auf zwei Arten realisieren: Entweder als ein Inter-*DFS-Link* als *Midlevel Junction* erste Methode eignet sich bei alleinstehenden Servern. Damit wird ein DFS-Volume an ein anderes angebunden. Angenommen zwei unterschiedliche Abteilungen in einem Unternehmen wollen einen logischen Namensraum anlegen und ihn auch verwalten, damit sich die Kooperation zwischen den Abteilungen einfacher gestaltet:

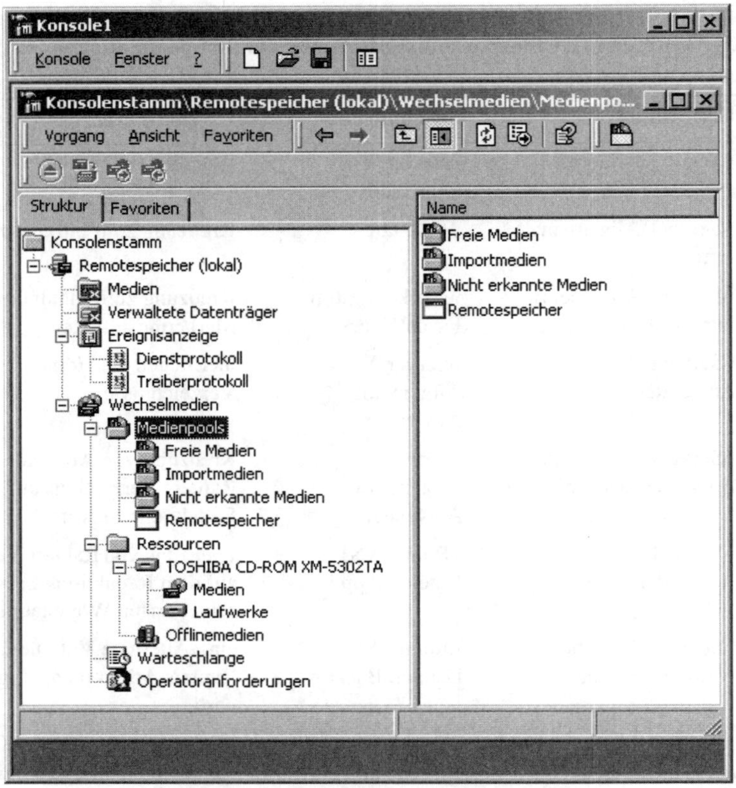

Bild 6.12: Ein einfaches Bild zeigt sich dem Anwender . . .

Dann könnte man mit dem bereits bestehenden unternehmensweiten DFS-Volume die DFS-Volumes der einzelnen Abteilungen zusammenführen. Immer wenn man bei einem Inter-DFS-Link einen Kreuzungspunkt überschreitet, ändert sich auch der Server, auf den man sich als DFS-Root bezieht. Dieser Umstand ist zwar für den Benutzer nicht zu bemerken, doch der DFS-Client bekommt nun seine Weiterleitungsinformationen, die so genannten *Referrals*, von der neuen DFS-Root.

Für die DFS-Variante, die auf das AD aufsetzt, existieren noch die Midlevel Junctions. Sie sollen eine praktisch unbegrenzte Hierarchie an Kreuzungen ermöglichen, die keine Inter-DFS-Links notwendig machen. Alle Referrals werden dabei von der ursprünglichen DFS-Root aufgelöst. Damit wird die Angelegenheit stabiler, und zudem muss weniger Verweisen nachgegangen werden, um in sehr verschachtelten Konfigurationen die Datenbezüge aufzulösen.

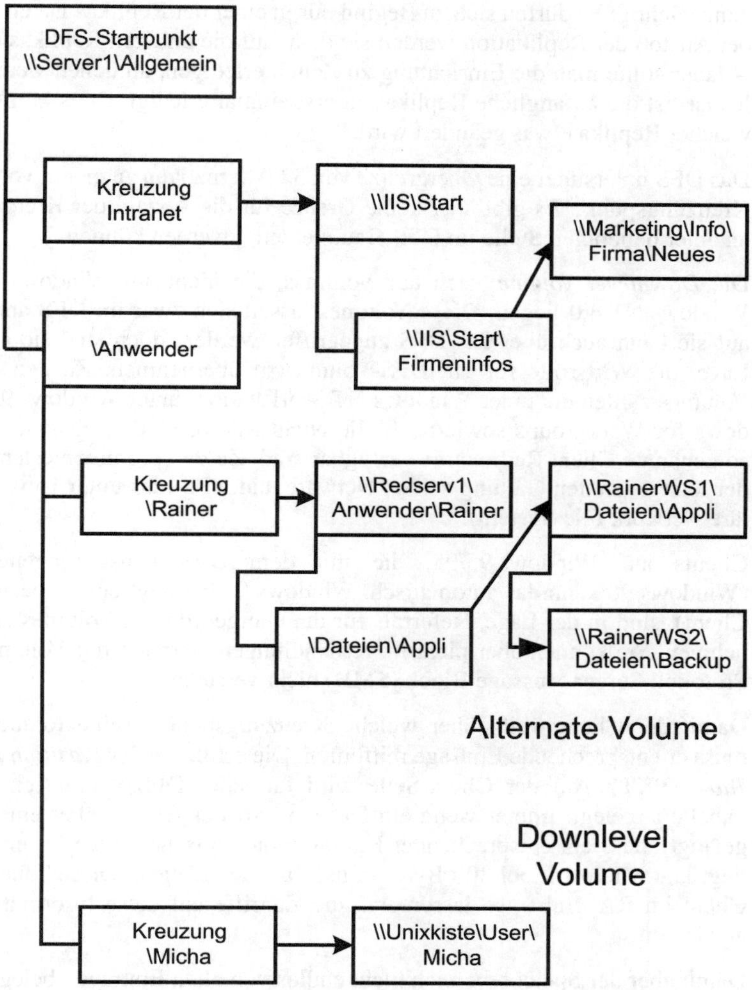

Bild 6.13: Die Struktur unter der DFS-Haube kann von einer sehr komplexen Natur sein.

Mit den *Alternate Volumes* lässt sich Redundanz aufbauen. Sind zwei oder mehr Freigaben in einem Unternehmen identisch, und will man diese Volumes auch benutzen, so kann sie der Anwender an einem einzigen Punkt im DFS-Namensbereich mounten. Das DFS unternimmt selbst keinerlei Anstrengungen, dass die Daten, die auf beiden Freigaben abgelegt sind, repliziert werden.

DFS-Replika sollten als alternative Datenquellen von synchronisierten oder replizierten Daten aufgefasst werden, wobei die Replikation selbst manuell oder automatisch abgewickelt werden kann. Bei der automatischen Replikation ist eines ganz wichtig: Es dürfen sich zu Beginn nur in einer der Replikas Daten befinden – bei Anstoß der Replikation werden sie dann auf die anderen Replikas übertragen – daher sollte man die Einrichtung zu Zeiten erledigen, an denen wenig im Netz los ist. Ist die anfängliche Replikation erst einmal erledigt, ist es künftig egal, in welcher Replika etwas geändert wird.

Das DFS unterstützt eine Obergrenze von 32 Alternativen zu einem vorgegebenen Kreuzungspunkt. Es gibt aber keine Grenze für die Anzahl der Kreuzungen, die an einer beliebigen Stelle im DFS-Baum erzeugt werden können.

Die *Downlevel Volumes* sich auf Volumes, die nicht auf Windows 2000 oder Windows NT 4.0 liegen. Diese Volumes lassen sich zwar im DFS anzeigen und auf sie kann auch über das DFS zugegriffen werden, doch sind sie nicht in der Lage, die Wirtsrolle für ein DFS-Volume zu übernehmen. Zu den Downlevel Volumes zählen die unter Windows NT Workstation, unter Windows 95/98, Windows for Workgroups sowie auch alle Nicht-Microsoft-Betriebssysteme, für die so genannte Client Redirectors verfügbar sind. Zu den prominentesten Vertretern der letztgenannten Gattung zählen Netware und NFS (das unter Unix sehr populäre Network File System).

Clients auf Windows 95/98, die mit dem DFS-Dienst umgehen können (Windows 98 kann das automatisch, Windows 95 benötigt einen speziellen DFS-Client), sind in der Lage, Referrals für die übergeordneten Volumes entgegenzunehmen. Sie können aber nicht in Verhandlungen eintreten mit Volumes, die das Protokoll Server Message Block (SMB) nicht verstehen.

Damit der Client weiß, über welche Kreuzungspunkte seine Requests laufen, muss er entsprechende Einträge mitführen. Die erfolgt in der *Partition Knowledge Table* (PKT). Auf der Client-Seite wird für jedes DFS-Volume eine derartige Tabelle angelegt. Immer wenn ein Datenzugriff des Clients über eine Kreuzung gelangt, muss ein entsprechender Eintrag (eine typische Größe für einen Eintrag liegt laut Microsoft bei 300 Byte) in der Tabelle erfolgen. Diese Tabelle legt der Client im RAM ab – so lassen sich die Zugriffe auf diese Information schnell abwickeln.

Damit aber der Speicherbereich nicht endlos von alten Einträgen belegt wird, lebt ein Referral als Voreinstellung lediglich fünf Minuten. Nach dieser Zeitspanne sind die Pfade zu den DFS-Ordnern nicht mehr lokal gecached, sondern müssen durch erneuten Zugriff auf die Stand-alone-DFS-Root oder – im Falle des fehlertoleranten DFS – auf das AD gelesen werden. Dies läuft transparent im Hintergrund ab.

Doch auch auf der Seite des Servers muss das System verfolgen können, dazu legt es in der Registry eine entsprechende Partition Knowledge Table an. Im Falle von Windows 2000 kommt auch noch das AD mit ins Spiel. Ein entsprechendes PKT-Objekt speichert alle Informationen über ein DFS-Volume. Alle Computer, die an dem *Fehlertoleranten Volume* teilhaben, ist der Zugriff auf diese Informationen erlaubt.

Die Aufgabe der PKT besteht darin, den logischen Namensbereich des DFS in die physischen Bezugspunkte, die Referrals (oder Referenzen genannt), abzubilden. Wenn ein DFS-Client über einen Kreuzungspunkt will, durchsucht er zuerst die lokalen Einträge in seiner PKT. Ist die Abbildung mit diesen Informationen nicht zu erreichen, fragt der DFS-Client bei der DFS-Root nach. Ist eine Auflösung des Referrals hier immer noch nicht möglich, wird die Suche mit einer Fehlermeldung abgebrochen. Im positiven Fall aber speichert der DFS-Client die Referenz als einen Eintrag in seiner lokalen Tabelle.

Wenn der DFS-Client eine Auflösung der Referenz aus der PKT bezieht, wird diese für die Zeitdauer von drei Minuten im Speicher vorgehalten. Verwendet der Client während dieser Zeitspanne die Referenz nochmals, wird die Zeit erneut zurückgestellt und die Drei-Minuten-Dauer läuft wieder an. Sollten *Alternate Volumes* bei der Auflösung eines Referrals zu Tage kommen, werden all diese Alternativen an den Client gegeben, der sie auch alle brav in seinen Cache einträgt. Der Client selbst bestimmt welcher Bezug genommen wird.

Damit die Namensauflösung und die zugehörigen Umleitvorgänge des DFS klappen, arbeiten der DFS-fähige Redirector, der SMB-Server sowie der DFS-Treiber des Systems zusammen, auf dem die gewünschte Datei oder das gesuchte Verzeichnis residieren. Dazu wurde das SMB-Protokoll erweitert.

Durch die Alternate Volumes besteht die Möglichkeit, eine Art von Ausfallsicherheit zu realisieren. Wie erwähnt entscheidet der Client selbstständig, welches der angebotenen Alternate Volumes er verwenden will. In der AD-gestützten Form des DFS gibt es allerdings hier eine Einschränkung: Das AD gibt den Standort des Clients vor. Aus ihm werden die verfügbaren Alternate Volumes gewählt. So stellt das System sicher, dass zum einen eine »gute Verbindung« (so ist der Standort definiert) etabliert ist und zum anderen diese Volumes auch verfügbar sind.

Ist ein Referral aus der Liste der Alternate Volumes ausgewählt, wird die Session aufgebaut: Die entsprechenden Parameter – vor allem die Zugriffsberechtigungen etc. – werden bei einer ersten Kontaktaufnahme zwischen den beiden Teilnehmern an den Server gereicht. Sollte dieser ausgewählte Referral nicht funktionieren, tritt ein Ausfallsicherungsprozess in Kraft. Dabei ist es abhängig von der Aktion, die der Client zu Beginn des Fehlers ausführte, mit welchen Auswirkungen (etwa in Sachen Performance) zu rechnen ist.

Angenommen ein Client lässt sich in einem Alternate Volume die einzelnen Objekte anzeigen und der betreffende Computer verliert die Netzwerkverbindung oder hat gar einen Stromausfall, dann muss der Client zuerst feststellen, dass der Server nicht mehr aktiv ist. Wie lange er dazu braucht, ist vor allem vom verwendeten Protokoll abhängig.

Viele Protokolle arbeiten auch auf langsamen WAN-Verbindungen und daher kann es durchaus einige Minuten zu erneuten Zugriffsversuchen auf den Server kommen, ehe das Protokoll bemerkt, dass das System nicht mehr arbeitet. Ist diese Information sicher, selektiert das DFS automatisch ein anderes mögliches

Volume. Ist im lokalen Cache kein Alternate Volume eingetragen, fragt das DFS bei der DFS-Root nach. Sind auch hier keine Alternativen verzeichnet, tritt ein Fehler auf. Ansonsten spricht das DFS eine der Alternativen an und beginnt mit dem Aufbau der Session.

Im Zusammenhang mit dem DFS sind noch zwei Kernaussagen zu treffen: Das DFS residiert entweder auf einem Windows NT 4.0 Server oder auf einer der Server-Varianten von Windows 2000. Als darunter liegende Dateisysteme kommen sowohl FAT als auch NTFS in Betracht. Beim Übertritt eines Kreuzungspunkts ist auch der Wechsel von einem Dateisystemtyp zum anderen machbar. Durch die Downlevel Volumes lassen sich auch andere Netzwerkbetriebssysteme und ihre Dateisysteme eingliedern, selbst wenn sie mit einer ganz anderen Dateisystemstruktur und mit einem gänzlich unterschiedlichen Sicherheitsmodell arbeiten. Ein weiterer Aspekt ist dabei, dass zwischen den Kreuzungspunkten und somit zwischen den unterschiedlichen Servern auch die Netzwerkadresse geändert sein kann – dies ist aber für den Benutzer des DFS völlig transparent.

Der zweite Punkt betrifft den Punkt Backup und Wiederherstellung nach einer Bandsicherung. Durch das DFS ist es möglich, dass ein riesiges Volume aufgebaut wird, das sämtliche Speicherkapazitäten des Netzwerks integriert. Für die Bandsicherungssoftware hat dies zur Folge, dass die Sicherung sich in einem einheitlichen Namensbereich bewegt. Daher muss die Backup-Lösung die Topologie des DFS kennen.

Ein Beispiel, um diese Aussage zu unterstreichen, bezieht sich auf den Punkt *Wiederherstellung von Daten aus der Bandsicherung*. Angenommen ein Teil des logischen Namensraums soll wiederhergestellt werden und ein oder gar einige der physischen Server, auf die die logischen Namen verweisen, sind nicht mehr verfügbar: Für die Backup-Lösung heißt das, sie braucht Informationen, was mit den Daten zu tun ist. Eine Möglichkeit wäre, die Wiederherstellungsoperation auszusetzen, etwa weil der oder die Server nur kurzfristig nicht verfügbar sind, oder aber die Daten an einer anderen Stelle im Netzwerk abzulegen und sie danach wieder an die zutreffende Stelle zu bringen, wenn die Server wieder aktiv sind.

Aktivieren des DFS

Um das DFS zu installieren und anschließend zu verwalten, bietet Windows 2000 drei Möglichkeiten:

- über die *Startleiste, Programme, Verwaltung* gibt es den Menüpunkt *Verteiltes Dateisystem (DFS)*,
- aus der MMC steht über *Konsole, Snap-In Hinzufügen/Entfernen* und danach das *Verteilte Dateisystem (DFS)* und
- über die Kommandozeile mit dem Befehl:

```
Start %systemroot%\system32\dfsgui.msc
```

In Bild 6.14 ist der Startbildschirm dieses grafischen Verwaltungswerkzeugs gezeigt. Viele Informationen sind noch nicht zu sehen, aber das DFS ist ja auch noch nicht konfiguriert.

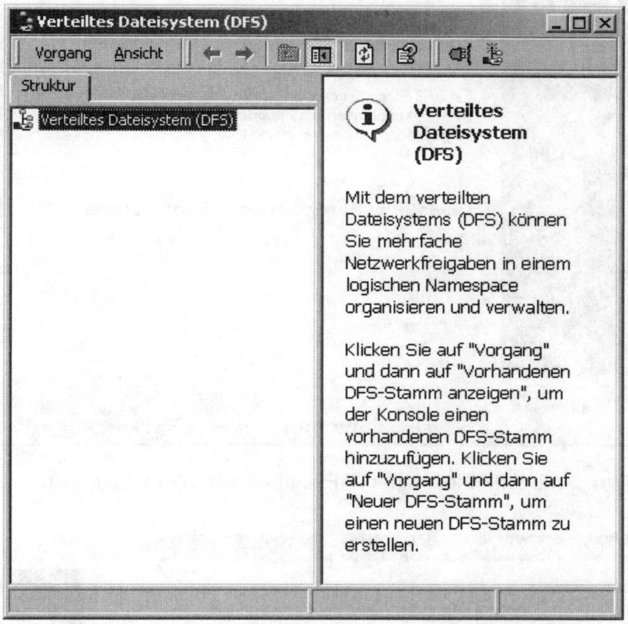

Bild 6.14: Wenig Informationen zeigt des DFS-Tool, denn noch ist das verteilte Dateisystem nicht konfiguriert.

Zuerst muss der Anwender das DFS-Volume anlegen. Dazu ist als erster Schritt ein neuer DFS-Stamm – die DFS-Root – zu erzeugen. Dies erledigt man am besten mit einem rechten Mausklick auf den Punkt *verteiltes Dateisystem* im linken Feld von Bild 6.14. Dabei erscheint ein Kontextmenü, das unter anderem den Punkt *Neuen DFS-Stamm . . .* zeigt. Diese Option ist auszuwählen und schon zeigt sich ein weiterer Assistent – ganz im gewohnter Windows 2000-Manier (siehe Bild 6.15).

Der Assistent zeigt anschließend, dass unter Windows 2000 eine Variante des DFS verfügbar ist, die zwei grundlegende Optionen bietet: Der Anwender kann entweder einen eigenständigen DFS-Stamm erstellen – ohne die Unterstützung des AD und ohne auf die automatische Dateireplikation zurückgreifen zu können – also wie es auch unter Windows NT 4.0 Server möglich ist. Oder aber er geht den »Königsweg« und wählt die Einstellung *Domänen-DFS-Stamm.* Dies erlaubt ihm, auf die Dienste des AD zurückzugreifen, komplexere Hierarchien aufzubauen und zudem die DNS-Namensgebung mit einzubeziehen. Zudem steht bei der Dateireplikation die Wahl offen zwischen *automatisch* und *manuell.*

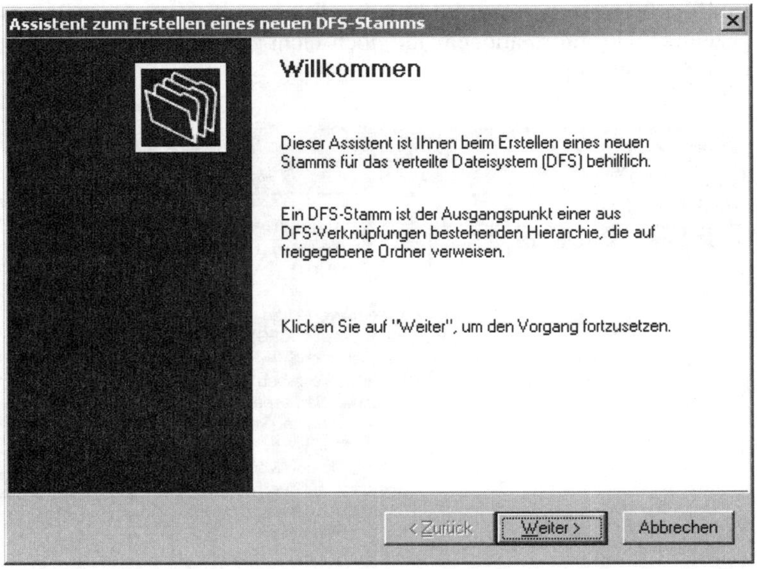

Bild 6.15: Beim Anlegen eines neuen DFS-Stamms hilft ein Assistent.

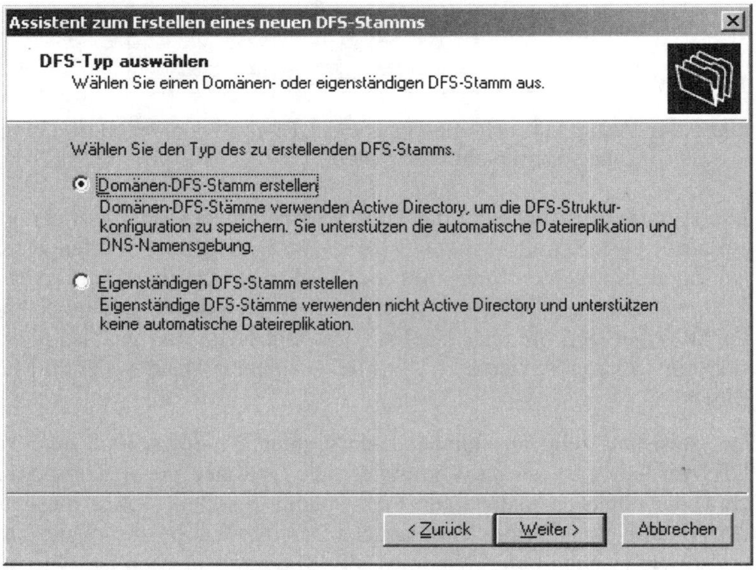

Bild 6.16: Zwei Arten von DFS-Stämmen stehen zur Auswahl.

Wird auf die AD-Variante des DFS Bezug genommen, fordert der Assistent dazu auf, die gewünschte Domäne zu spezifizieren. Diese Domäne wird danach den DFS-Stamm beherbergen. Im nächsten Schritt ist dann der Server anzugeben, auf dem das DFS installiert wird. Bild 6.17 zeigt alle Server in der Beispieldomäne.

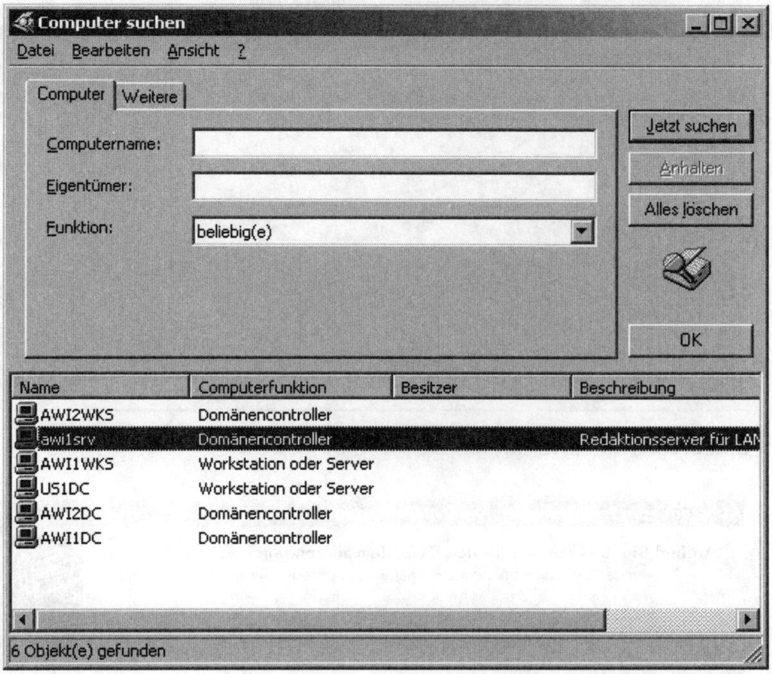

Bild 6.17: Die Information, welche Server als DFS-Wirt zur Verfügung stehen, stammt aus dem AD.

Der gewünschte Server für das DFS ist dann schnell per Doppelmausklick angegeben. Bild 6.18 zeigt dieses Zwischenergebnis.

Danach ist der logische Andockpunkt zu wählen, an dem beim DFS-Server die DFS-Root, also der DFS-Stammdatenträger, abzulegen ist. Ist diese Freigabe noch nicht vorhanden, muss sie der Administrator zuerst über *Neue Freigabe* erstellen. Dazu kann man mit diesem DFS-Tool sowohl eine neue Freigabe anlegen wie auch ein neues Verzeichnis erzeugen.

Bild 6.19 zeigt diese Angaben für das Beispiel.

Anschließend muss der Systemverwalter noch eingeben, unter welcher Bezeichnung das DFS in der Domäne zur Verfügung stehen soll. Wer es gerne einfach haben will, der wird sicher den Namen der Freigabe beibehalten, wie sie auch auf dem lokalen Server heißt.

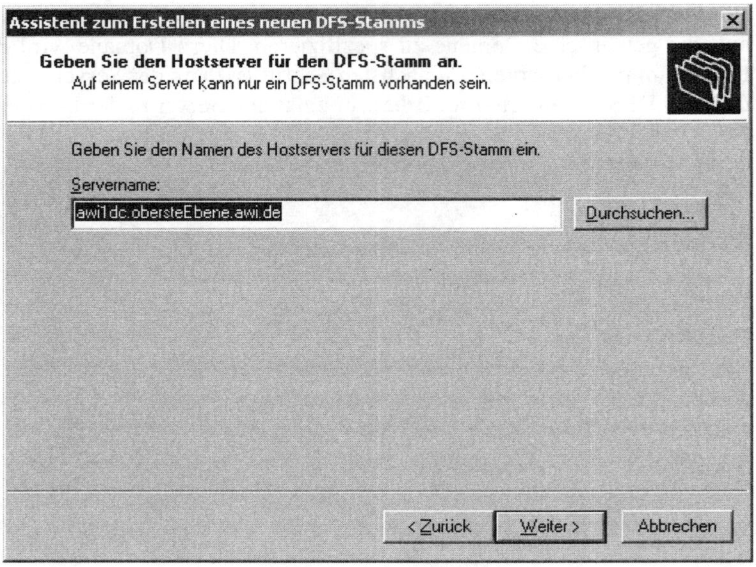

Bild 6.18: Der Server für das DFS wird ausgewählt.

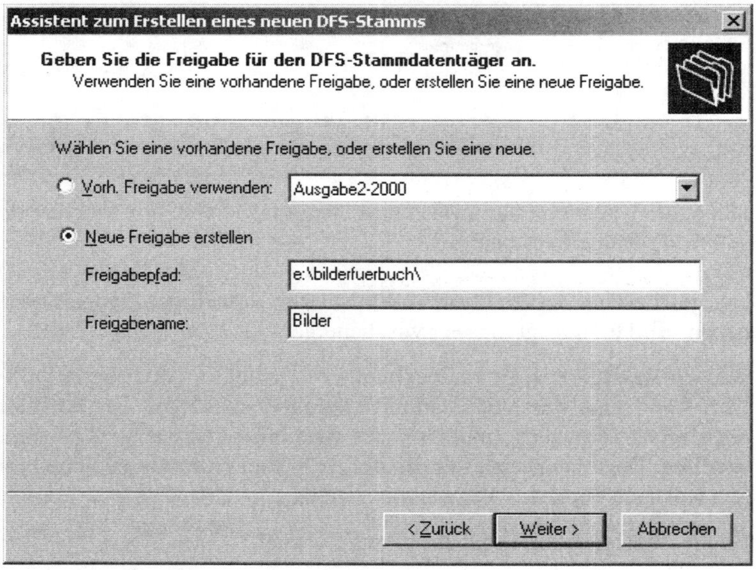

Bild 6.19: Der DFS-Stammdatenträger muss angegeben werden.

In komplexeren Strukturen – wie sie typischerweise in großen Unternehmen an der Tagesordnung sind – sollte man durchaus eine Variante in Betracht ziehen, die von diesem Muster abweicht. Denn die Bezeichnung einer Freigabe ist immer spezifisch für den Rechner, auf dem sie liegt, wohingegen der Domänen-basierte Name auch domänenweit einzig sein muss.

Bevor der Assistent seine Arbeit beendet, zeigt er nochmals alle eingegebenen Einstellung im Überblick an, ehe er seine Arbeit erfolgreich abschließt. In einem domänenweiten Einsatz ist aber noch ein kleines Problem zu beachten: Sind in der Domäne mehrere Domänen Controller installiert – das dürfte wohl in allen Windows 2000-Domänen der Fall sein – dann müssen diese DC ihre Daten erst noch untereinander replizieren. Dies trifft auch für das DFS zu.

Als Faustregel kann man eine Zeitdauer von etwa 15 Minuten ansetzen (in der Standardeinstellung synchronisiert der Dateireplikationsdienst den Inhalt der freigegebenen DFS-Verzeichnisse im Abstand von 15 Minuten), bis innerhalb eines Standorts Konvergenz zwischen allen DCs herrscht. Oder man greift auf die Alternative zurück und stößt die Replikation manuell an. Bis dahin können deutliche Unterschiede zwischen den Verwaltungswerkzeugen auf den verschiedenen Systemen in der Domäne auftreten! Also besser etwas warten, bis es an das Arbeiten mit dem DFS geht.

Hier gibt es allerdings noch einen Problemfall, auf den gesondert hingewiesen werden soll: Angenommen eine Domäne erstreckt sich über mehrere Standorte hinweg, auch dann muss zuerst repliziert werden. Doch in diesem Fall kann es noch viel länger dauern (je nach der Konfiguration und abhängig von der Anbindung bis zu mehreren Stunden), bis eine Info alle DCs in allen Standorten erreicht hat. Für dieses Szenario gibt es allerdings eine Hilfestellung: Die Replikation lässt sich mit Hilfe des Tools *repadmin* aus der technischen Referenz von Windows 2000 auch über Standorte hinweg forcieren.

Arbeiten mit dem DFS

Mit dem Verwaltungswerkzeug lassen sich nach der Installation des DFS auch die weiterführenden Arbeiten erledigen. Eine wichtige Operation ist das Anlegen eines DFS-Stammreplikats. Dazu muss der Administrator den zuvor angelegten DFS-Stamm auswählen (über die Aktion *Vorhandenen DFS-Stamm anzeigen*). Damit wird dem Administrator eine Liste mit Domänen angezeigt, aus der er eventuell bestehende DFS-Stämme suchen kann. Nachdem er so den gewünschten Stamm gefunden hat, ist er einfach zu selektieren.

Der DFS-Stamm enthält zu diesem Zeitpunkt im AD keine Besonderheiten – er ist zwar vorhanden, aber noch nicht mit sinnvollen »Einträgen« gefüllt. Damit das DFS für Anwender an Interesse gewinnt, muss der Administrator nun noch nicht lokale Freigaben in den DFS-Namensraum einbinden.

Um dies zu erledigen, ist mit einem rechten Mausklick auf den DFS-Stamm das Kontextmenü zu aktivieren und hier der Punkt *Neue DFS-Verknüpfung* zu selektieren – und somit ein *neues DFS Child Node* (eine untergeordnete Verknüpfung) anzulegen. In diesem Kontext sind drei Arten von Informationen wichtig:

- Der Name für die neu zu erstellenden Knoten ist anzugeben.
- Unter dem Punkt *Benutzer zu diesem Pfad senden* ist die Freigabe zu spezifizieren, an die sich die Anfragen dann richten sollen. Diese Information ist in Form der UNC anzugeben – als eine Alternative kann man auch das System über den *Durchsuchen*-Punkt zu Hilfe ziehen. Dabei ist aber zu berücksichtigen: Es muss nicht der Namen der Freigabe sein, auch ein Verzeichnis, das in der Hierarchie unter dieser Freigabe liegt, kann als Umleitungspunkt definiert werden.
- Die dritte Information betrifft die Zeitdauer, wie lange ein Referral – sprich eine Referenz – gültig bleiben soll. Die Voreinstellung lautet 1800 Sekunden, doch sie lässt sich hier ändern.

Sollten nun mehrere Server für diesen Knoten als Bezugspunkte gelten, etwa weil sie die selbe Information vorrätig halten, dann kann der Administrator diese Computer als neue Replikate hinzufügen. Dazu ist der Kreuzungspunkt – die Junction – anzuwählen und via rechten Mausklick der Punkt *Neues Replikat hinzufügen* zu aktivieren. Bild 6.20 zeigt den Vorgang, bei dem sich die Replikationsrichtlinie bereits als *automatisch* oder als *manuell* einstellen lässt. Es empfiehlt sich dabei den Punkt *automatisch* vorzugeben.

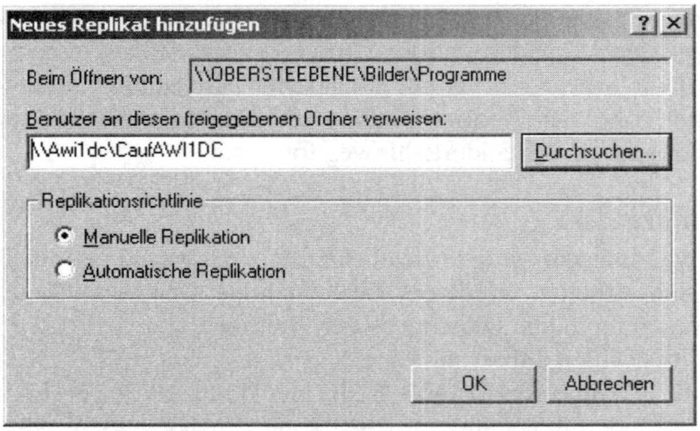

Bild 6.20: Soll die Replikation automatisch erfolgen oder soll dem manuellem Abgleich der Vorzug gegeben werden?

Danach muss der Administrator wieder den Namen des neuen Servers und der zutreffenden Freigabe auswählen. Entweder er gibt diese Informationen direkt ein, oder aber er geht erneut über den Punkt *Durchsuchen* auf das gesuchte System und den gewünschten Punkt in der Verzeichnishierarchie.

Wenn nun mehrere Server einen Replikatsatz beherbergen, kann der Administrator die Replikationsrichtlinie zwischen den Servern angeben. Dazu ist über die rechte Maustaste bei dem entsprechenden Replikatsatz der Punkt *Replikationsrichtlinie* auszuwählen. Dabei erscheint eine Liste mit allen Servern, die daran teilhaben. Bild 6.21 zeigt dazu ein Beispiel.

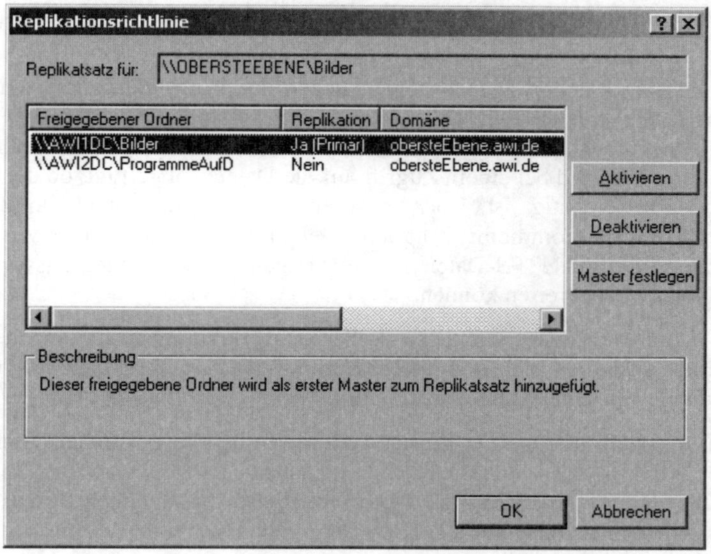

Bild 6.21: Die Einstellung der Replikationsrichtlinie erfolgt in gewohnter Point&Click-Manier.

Danach sind alle Server auszuwählen, unter denen die Replikation stattfinden soll. Die zugehörige Topologie wird automatisch konfiguriert.

6.6 Verschlüsselung im Dateisystem mit dem EFS (Encrypting File-System)

Die Verschlüsselung von Dateiinformationen erhöht die Sicherheit, wenn es darum geht, sensible Daten vor den Augen anderer zu verbergen. Dazu hat Microsoft bei Windows 2000 das *Encrypting Filesystem* (EFS) vorgesehen. Es ist als Dateisystemtreiber realisiert und soll so das aufwändige Verschlüsseln schnell abwickeln.

Sicherheitsbedürfnisse

Die Vernetzung der IT-Welten über Unternehmensgrenzen hinweg bringt eine Vielzahl von Annehmlichkeiten mit sich. Per Mausklick steht einem die gesamte Welt des Cyberspace offen. Doch dürfen sicherheitsbewusste Administratoren und Anwender die immanenten Risiken dieser Konstellation nicht außer Acht lassen. Computer können zwar durch Passwörter geschützt werden, doch die interessanten Informationen liegen nun mal auf den Festplatten-Laufwerken. Diese modernen Kapazitätswunder sind innerhalb weniger Minuten ausgebaut. Noch kritischer wird diese Problematik, wenn Laptops zum Einsatz kommen. Ein mobiles System ist sehr schnell von jemanden mit genügend krimineller Energie mitgenommen, der sich dann in aller Ruhe die Informationen des Notebook erarbeitet.

Bei FAT-basierenden Dateisystemen liegen durch das Betriebssystem keinerlei Zugriffsrestriktionen vor. Unter den NTFS-Versionen vor Windows 2000 ist zumindest die Absicherung über die *Access Control Lists* (ACLs) möglich. Unter Windows NT wird bei einem Zugriff auf die Dateien abgefragt, ob der Anwender auch dazu berechtigt ist. Doch existieren mittlerweile sowohl im Bereich der Open-Software-Community – sprich unter Linux – als auch unter Windows Programme, die auf NTFS-Dateien unter Umgehung der Sicherheitsvorgaben von Windows NT zugreifen können.

Ein weitere Variante, um diese Sicherheitsvorkehrungen zu umgehen, ist das parallele Installieren eines zweiten Windows NT, um anschließend von dort aus auf die gewünschten Daten zuzugreifen.

Abhilfe schafft hier nur der Einsatz von Verschlüsselungssoftware. Bislang – also unter Windows NT – musste der sicherheitsbewusste Anwender auf Software von Drittherstellern zurückgreifen. Doch viele dieser zusätzlichen Pakete sind nicht eng genug mit dem unterliegenden Dateisystem vereint. Beispielsweise gibt es Probleme, wenn Applikationen temporäre Dateien anlegen, die nicht verschlüsselt werden. Zudem war es für den Anwender oftmals sehr nervig, seine Berechtigungsinformationen immer wieder einzugeben.

Die Architektur von EFS

Bei Microsoft zielt die Ausrichtung von Windows 2000 auf das weite Feld der unternehmensweiten EDV. Hierbei spielt die Sicherheit der Daten eine sehr kritische Rolle. Mit dem EFS wird das Verschlüsseln und das Entschlüsseln auf Dateiebene beziehungsweise auf Verzeichnisebene abgewickelt. Dabei kommt ein *Public Key*-Verfahren zum Einsatz. Das Verschlüsseln der Informationen einer Datei erfolgt mit Hilfe eines symmetrischen Algorithmus – diese Art der Verschlüsselung arbeitet schneller als asymmetrische Algorithmen. Die Schlüsselrolle im wortwörtlichen Sinn fällt dabei dem *File Encryption Key* (FEK) zu. Dieser FEK gehört sozusagen zu den Metadaten einer Datei.

Ein FEK wird seinerseits ebenfalls verschlüsselt. Dabei dienen ein oder mehrere Public Keys dazu, einen oder gar eine Liste von verschlüsselten FEKs für die Datei zu erzeugen. Der öffentliche Teil des Schlüsselpaars eines Anwenders wird eingesetzt, um die FEKs zu verschlüsseln. Dagegen ist der private Teil des Schlüsselpaars im Einsatz, wenn es darum geht, den FEK zu entschlüsseln. Dabei dürfte schnell ersichtlich sein, dass der private Anteil des Schlüsselpaars auf einem sicheren Medium abgespeichert werden sollte. Ideal dazu wären Smartcards. Doch in der ersten Version des EFS – so Microsoft – ist das noch nicht unterstützt. Vielmehr soll im ersten Ansatz diese vertrauliche Information noch auf dem Computersystem selbst abgelegt werden.

Der verschlüsselte FEK (oder die Liste von FEKs) gehört sehr eng zu einer verschlüsselten Datei. Daher ist ein spezielles EFS-Attribut für jede Datei auf der neuen Version des NTFS vorgesehen, das *Data Decryption Field* (DDF).

Mit den bislang geschilderten Möglichkeiten wäre der Zugriff auf die Datei nur über das Schlüsselpaar des Anwenders möglich. Doch existieren Fälle, bei denen dies nicht ausreicht: angenommen ein Anwender »verliert« aufgrund einer Verkettung von unglücklichen Ereignissen sein Schlüsselpaar (das ist zwar nicht einfach, denn sie sind eine feste Eigenschaft seines Benutzerkontos und somit im Profil gespeichert) oder ein Anwender verlässt das Unternehmen – womöglich sogar nicht einmal im gegenseitigen Einvernehmen: Für diese Szenarien muss eine zweite Möglichkeit existieren, um auf die Datei zugreifen zu können.

Aus technischer Sicht gibt es dafür die Funktion des *Recovery Agent* und seine *Recovery Keys*. Ein FEK wird auch mit einem (oder auch mit mehreren) Recovery Keys verschlüsselt. Auch hier findet der öffentliche Teil dieses Schlüsselpaars Verwendung. Die Entschlüsselung des FEK übernimmt erneut der private Teil dieses Schlüsselpaars. Die verschlüsselten FEKs (einer oder die gesamte Liste für eine Datei) werden in einem zweiten zusätzlichen EFS-Attribut der jeweiligen Datei, dem *Data Recovery Field*) abgelegt. Insgesamt bleibt das Grundkonzept der Verschlüsselung das gleiche: Nur die öffentlichen Teile des Schlüsselpaares für das Recovery sind für das Verschlüsseln und Ablegen des FEK im DRF notwendig.

Bild 6.22 zeigt den typischen Verschlüsselungsprozess. Die unverschlüsselte Datei eines Anwenders wird über den FEK verschlüsselt und in dieser Form als Geheimtext abgespeichert. Dabei ist sichergestellt, dass nirgendwo im System unverschlüsselte Teile der ursprünglichen Datei residieren. Denn das Verschlüsseln selbst findet sozusagen geschützt im Kernel-Modus statt. Der zunächst unverschlüsselte FEK wird von einem Zufallszahlengenerator von Windows 2000 erzeugt. Mit dem Public Key des Anwenders wird der FEK über den RSA-Algorithmus verschlüsselt und im DDF der verschlüsselten Datei abgelegt. Gleichzeitig findet die Verschlüsselung ein und desselben FEK durch den Public Key des Recovery Agents statt.

Das Ergebnis ist eine zweite, anders verschlüsselte und somit unterschiedliche Version des selben FEK, die im DRF abgelegt wird. In diesem Bild ist ein Szenario zugrunde gelegt, bei dem nur ein Anwender Zugriff auf die Datei hat. In der ersten Stufe des EFS – so der Originalton aus dem Hause Microsoft – wird auch nur der Zugriff eines Anwenders sowie Zugriffe mehrerer Recovery Agents unterstützt. Erst in späteren Versionen soll dann echter Multiuser-Zugriff auf die EFS-Dateien möglich sein.

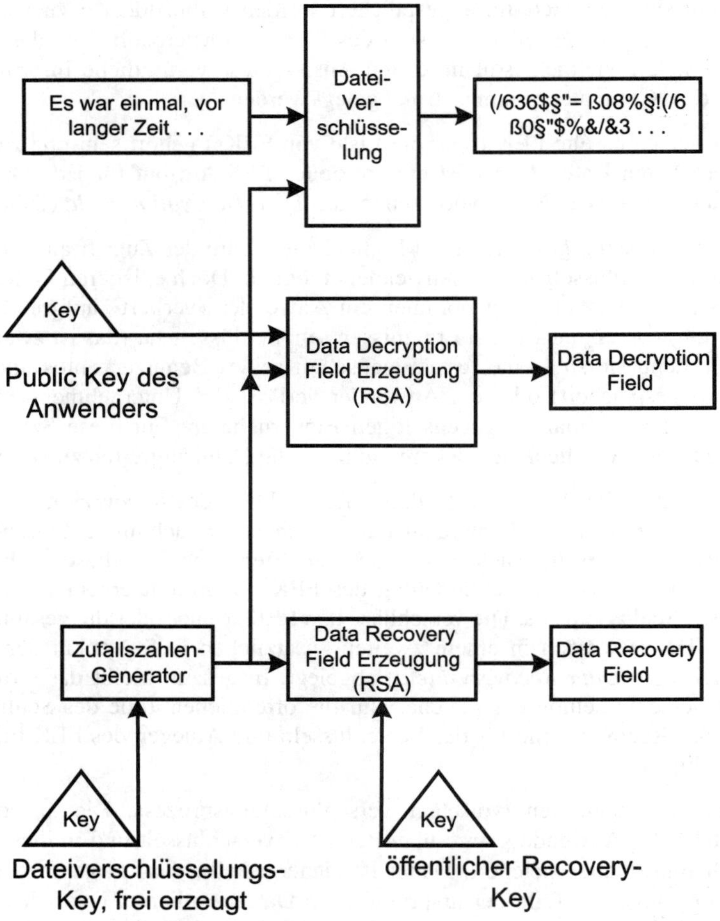

Bild 6.22: Der typische Verschlüsselungsprozess von EFS.

Im Bild 6.23 wird der Entschlüsselungsprozess – durch den Anwender – gezeigt. Hierbei muss zuerst der FEK wiederhergestellt – also entschlüsselt – werden. Dazu benötigt der Anwender seinen privaten Schlüssel, mit dessen Hilfe aus dem DDF der FEK im Originalzustand wieder zum Vorschein kommt. Dieser FEK dient dann der Entschlüsselung der Dateiinhalte, und der ursprüngliche Text liegt wieder vor. Hierbei ist zu beachten, dass Windows 2000 die Entschlüsselung einer Datei immer blockweise vornimmt. Dabei wird massiv Zeit eingespart, vor allem wenn es sich um den wahlfreien Zugriff auf beliebige Stellen in der Datei handelt. Denn hierbei ist nie die gesamte Datei zu entschlüsseln.

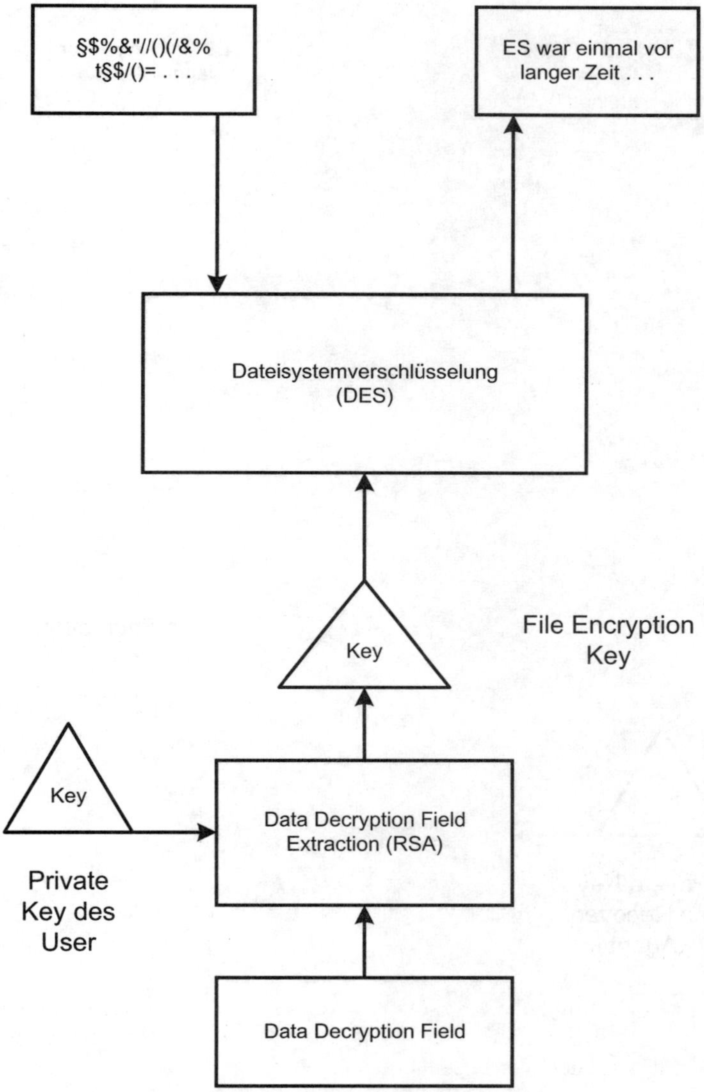

Bild 6.23: Der Entschlüsselungsvorgang im EFS.

Ganz ähnlich läuft der Vorgang ab, der beim Recovery auftritt. Wie schon beim normalen Entschlüsseln wird zuerst wieder der FEK – diesmal allerdings mit Hilfe des privaten Recovery Keys und der Information aus dem DRF – wiederhergestellt. Danach erfolgt analog die Wiederherstellung der unverschlüsselten Dateiinformation. Bild 6.24 zeigt das zutreffende Prinzip.

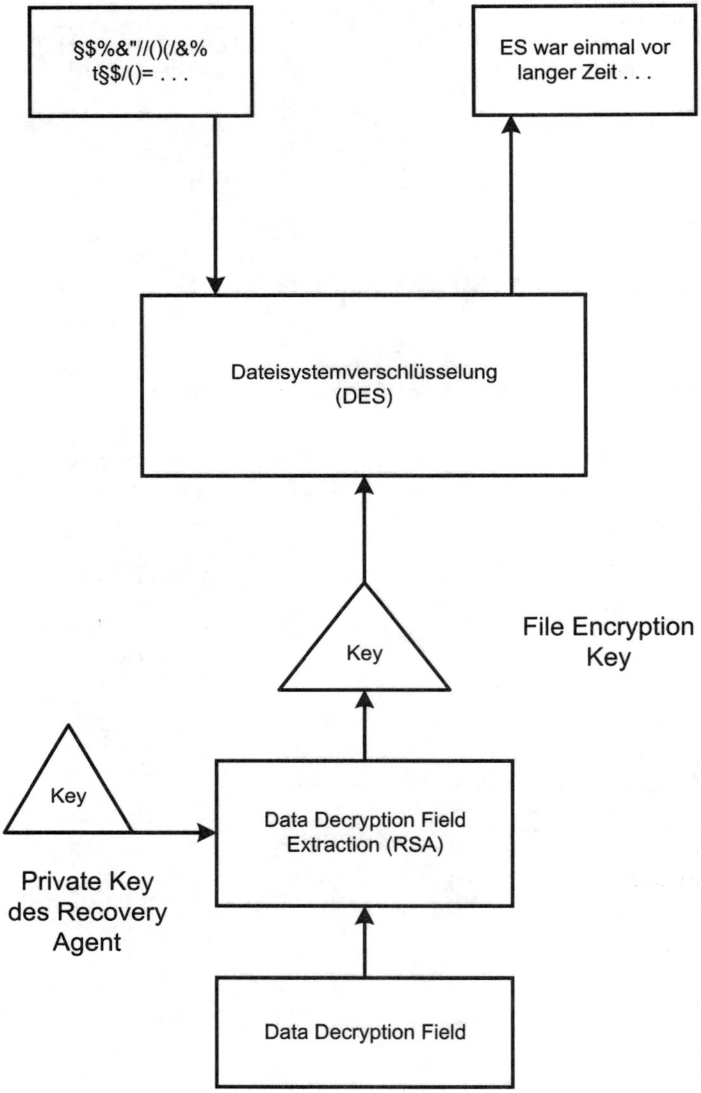

Bild 6.24: Das Prinzip des Recovery-Vorgangs.

Die Einbindung des EFS in das Betriebssystem muss sehr tief sein. Denn nur so lassen sich die Vorgänge sicher und zugleich schnell erledigen. Bild 6.25 zeigt die Architektur des EFS im Zusammenhang mit dem restlichen Betriebssystem.

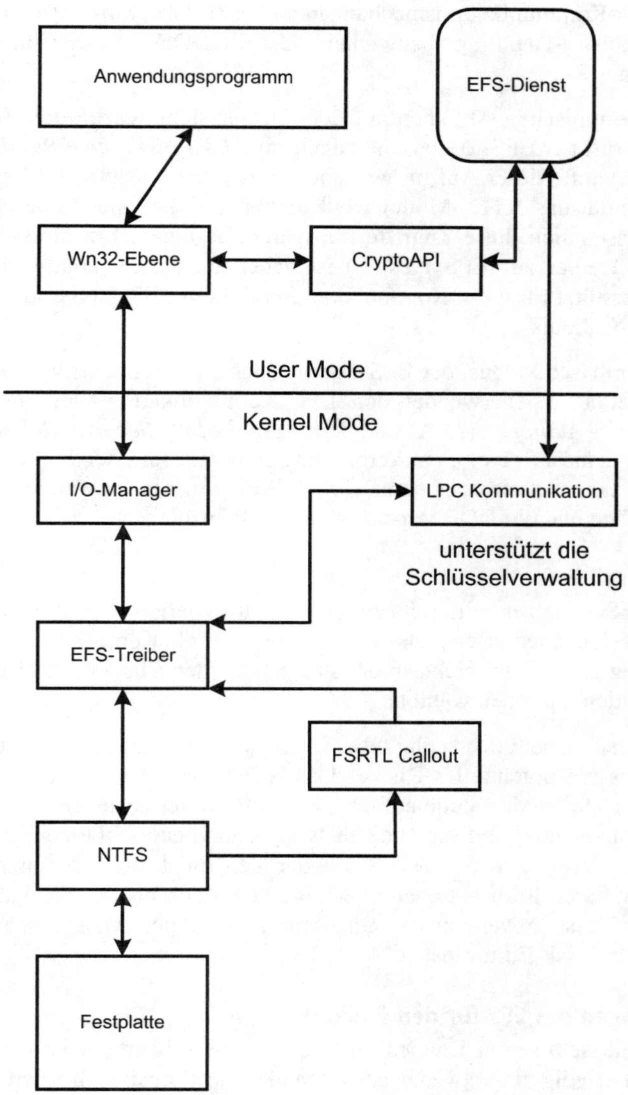

Bild 6.25: Das EFS ist tief im System verwurzelt.

Die Architektur des EFS – in Bild 6.25 gezeigt – unterstreicht die enge Einbindung dieses Konzepts in das Betriebssystem. Der eigentliche EFS-Treiber residiert zwischen dem I/O-Manager und dem NTFS. Zudem muss der EFS-Treiber mit dem EFS-Service (dieser arbeitet im User-Modus) kommunizieren (über den

Interprozess-Kommunikationsmechanismus *Local Procedure Call*, LPC), etwa um das Schlüssel-Handling abzuwickeln oder die DDF- und DRF-Informationen anzufordern.

Um nun die typischen Aktionen auf dem Dateisystem auszuführen (open, read, write, etc.) ruft der EFS-Treiber die zugehörige *EFS Filesystem Runtime Library* (EFS-FRTL) auf. Dieser Aufruf wird aber immer über das NTFS-Modul abgewickelt, das heißt das NTFS-Modul weiß immer, welche Operationen angestoßen sind. So lassen sich diese Zugriffe transparent abbilden. Ein direktes Aufrufen (vom EFS-Treiber zur EFS FSRTL) ist daher auch nicht erlaubt. Das NTFS-Modul unterstützt für diese Kommunikation mit dem EFS-Treiber die so genannten FSRTL-Callouts.

Jener Teil im User-Modus, der EFS-Service, gehört zum Security-Subsystem von Windows 2000. Es verwendet den LPC-Kommunikations-Port zwischen der *Local Security Authority* (LSA) und dem *Kernel-Mode Security Reference Monitor*, um mit dem EFS-Treiber in Verbindung zu treten. Im User-Modus besitzt dieses Modul eine Schnittstelle zum Crypto-API, um die notwendigen Schlüssel bereitzustellen und die DDF respektive die DRF anzulegen.

Probleme mit EFS

Wer das EFS einsetzen will, um seine Daten zu sichern, sollte die Einschränkungen des EFS kennen. Beispielsweise vertragen sich Komprimierung und Verschlüsselung einer Datei nicht. In den entsprechenden Checkboxen ist immer nur eine der beiden Optionen wählbar.

Angenommen, eine unverschlüsselte Datei soll explizit verschlüsselt werden, dann gibt es ein potentielles Risiko: Das NTFS lässt die ursprüngliche, unverschlüsselte Datei an der Stelle auf der Festplatte weiter bestehen, wo sie vor dem Verschlüsseln stand. Die neue verschlüsselte Datei bekommt einen anderen Platz zugewiesen. Zwar wird das NTFS mit der Zeit die Blöcke der ursprünglichen Datei mit anderen Informationen überschreiben, doch bis das der Fall ist, bleibt die unverschlüsselte Version der Datei für potenziellen Missbrauch mit einem Tool wie dem Disk-Editor lesbar.

Auswirkungen des EFS für den Endanwender

Das Verschlüsseln seiner Dateien und Verzeichnisse kann der Endanwender auf zwei Arten erledigen: Entweder er verwendet die Eingabeaufforderung und das Cipher-Kommando oder aber er lässt die Arbeit vom Windows Explorer erledigen.

Im Windows Explorer muss er auf das Verzeichnis verzweigen, ab dem seine Daten verschlüsselt werden sollen. Ein Klick mit der rechten Maustaste und das Verzweigen auf *Eigenschaften* bringt die *Allgemein*-Seite der Eigenschaften zum Vorschein. Bild 6.26 zeigt diese Ausgangsposition.

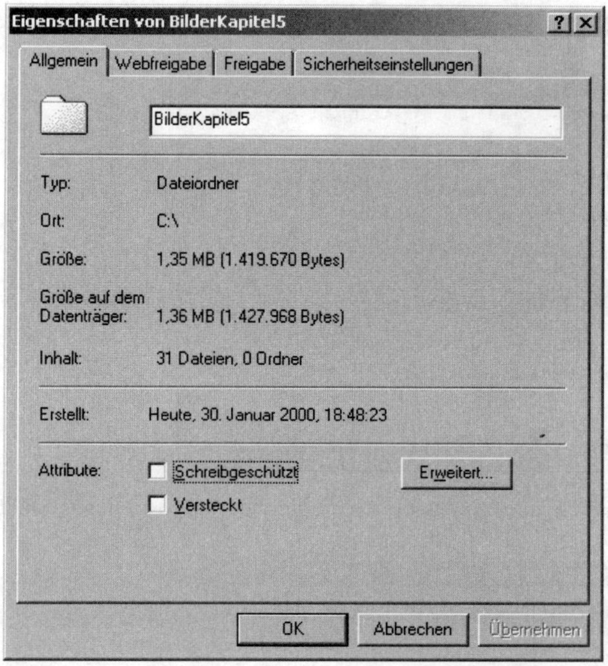

Bild 6.26: Die wohl bekannte Ausgangssituation im Windows Explorer leitet das Verschlüsseln ein.

Hier ist der Punkt *Erweitert* anzuklicken. Darauf kommt Bild 6.27 zum Vorschein.

Aus Bild 6.27 wird schnell klar, dass es nur die Alternative Verschlüsseln oder Komprimieren gibt, denn beide Checkboxen lassen sich nicht aktivieren. Um die Verschlüsselung einzuleiten, ist der Punkt *Inhalt verschlüsseln, um Daten zu sichern* anzugeben. Ein *OK* führt zum nächsten Schritt. Das System muss nun noch wissen, ob nur der bezeichnete Ordner oder aber auch die untergeordneten Verzeichnisse und Dateien zu verschlüsseln sind. Bild 6.28 zeigt diese Konstellation.

Anschließend führt das System die Verschlüsselung durch. Je nach Anzahl der Dateien kann dies auch schon mal länger dauern. Der Überblick über die weitere Dauer der Aktion verdeutlicht die Zustandsanzeige (Bild 6.29).

Der zweite Weg zur Verschlüsselung führt über die Eingabeaufforderung. Dazu muss der Anwender auf der Kommandozeile den Befehl

```
Cipher /e /s:"C:\BilderGeheim"
```

eingeben (siehe Bild 6.30).

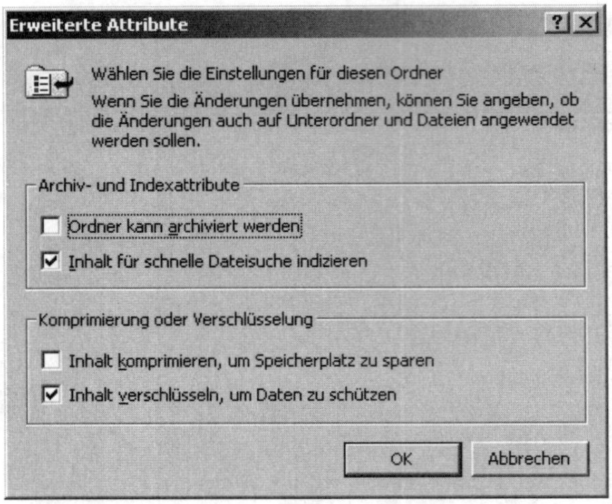

Bild 6.27: Über *Erweiterten Attribute* wird die Verschlüsselung eingestellt.

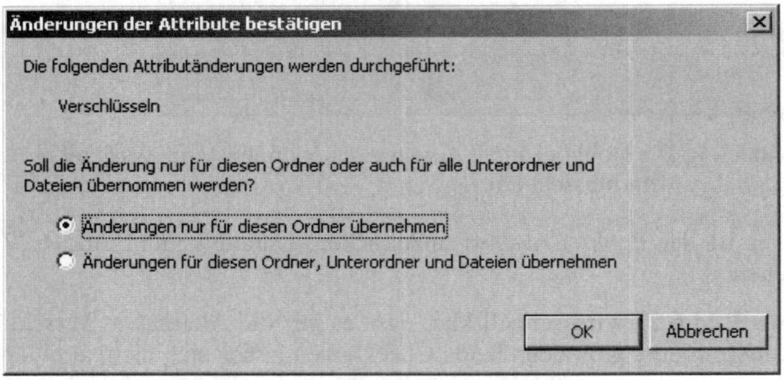

Bild 6.28: Microsoft empfiehlt immer ganze Verzeichnisse zu verschlüsseln, nicht aber nur einzelne Dateien.

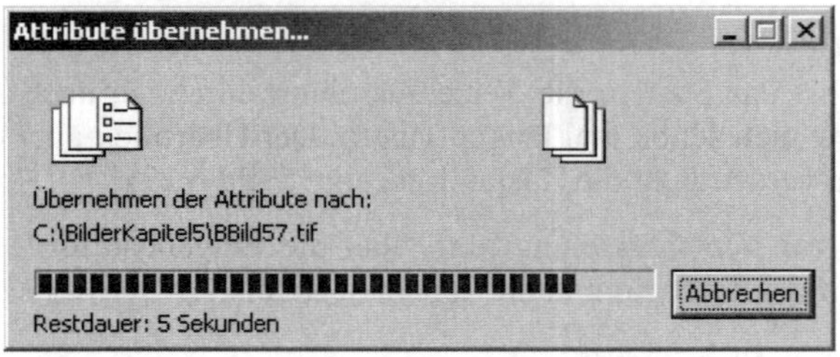

Bild 6.29: Das Verschlüsseln von Verzeichnissen mit vielen Dateien dauert seine Zeit.

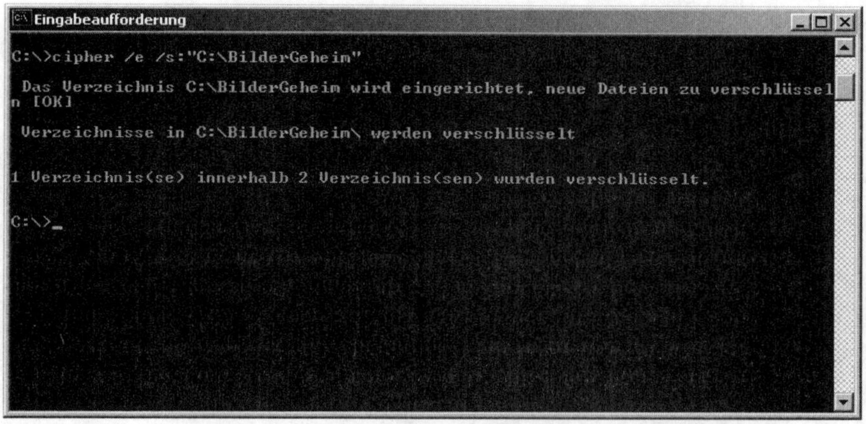

Bild 6.30: Verschlüsselung über die Kommandozeile mit dem Cipher-Befehl.

Der erste Parameter des Ciper-Befehls, das `/e` steht für `encrypt` und hat die Verschlüsselung zur Folge. Der zweite Parameter `/s:` gibt an, welches Verzeichnis verschlüsselt werden soll. Hierbei ist eines zu beachten: Auf das zu verschlüsselnde Verzeichnis darf nicht von einem anderen Prozess aus zugegriffen werden – etwa durch den Windows Explorer. Denn in diesem Fall bricht die Verschlüsselung mit einer entsprechenden Fehlermeldung ab.

Nachdem ein Verzeichnis verschlüsselt wurde, kann der Anwender wie gewohnt mit den einzelnen Dateien oder Verzeichnissen arbeiten. Die Verschlüsselung bleibt für ihn transparent. Andere Anwender können dagegen auf diese Dateien nicht mehr sinnvoll zugreifen, sie bekommen immer nur die Darstellung im Geheimtext.

Den umgekehrten Vorgang, das Entschlüsseln, kann der Anwender aber ebenfalls mit den beiden Mitteln erledigen. Aber: nur derjenige Anwender, der seine Dateien verschlüsselt hat, ist in der Lage, diese auch wieder zu entschlüsseln (Ausnahmen bestätigen die Regel).

Mit Hilfe des Windows Explorers muss der Anwender dazu wieder auf das gewünschte Verzeichnis gehen, die *Eigenschaften* aufrufen und dann in den *Erweiterten Attributen* die Verschlüsselung wieder zurücknehmen (siehe Bild 6.31).

Nach den entsprechenden Nachfragen wie schon beim Verschlüsseln wickelt das System die Entschlüsselung ab.

Der zweite Weg führt erneut über die Kommandozeile und das Cipher-Programm. Der Aufruf

```
cipher /d /s:"C:\BilderGeheim"
```

hebt die Verschlüsselung wieder auf, und die Daten liegen wieder unverschlüsselt in dem Verzeichnis.

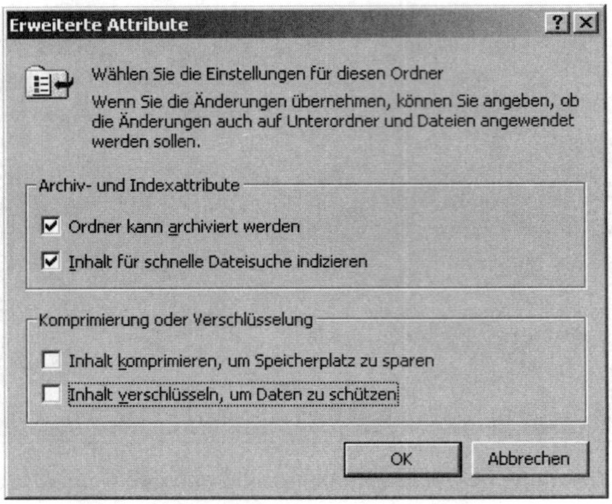

Bild 6.31: Das Entschlüsseln funktioniert wie schon das Verschlüsseln auf zwei Wegen.

Beim Kopieren von verschlüsselten Dateien innerhalb eines Volumes oder aber auch über Volume-Grenzen hinweg, sind einige Aspekte zu beachten – vor allem, wenn FAT- und NTFS-Dateisysteme im Spiel sind:

- Das Kopieren einer Datei oder eines Verzeichnisses auf einem Computer von einer Stelle auf einem NTFS-Dateisystem zu einer anderen – ebenfalls auf diesem Computer – mit dem NTFS-Dateisystem verläuft wie das Kopieren einer nicht verschlüsselten Datei.
- Das Kopieren einer Datei/Ordner auf einem Computer von einer Stelle in einem NTFS-Dateisystem zu einer Stelle auf einem FAT-Dateisystem (auf dem selben Computer) läuft wie gewohnt, doch da das FAT-Dateisystem keine Verschlüsselung unterstützt, liegen die Daten dann auf dem FAT-Dateisystem unverschlüsselt vor. Also Vorsicht beim Kopieren von verschlüsselten Dateien auf eine FAT-Diskette! Die Verschlüsselung geht verloren. Man erkennt dies auch daran, dass das entsprechende Dateiattribut von verschlüsselt auf normal zurückgestellt wird.
- Das Kopieren von Dateien/Ordner von einem System zu einem anderen Computer – beide mit dem NTFS-Dateisystem – funktioniert wie bei einer normalen Datei. Unterstützt der Zielrechner das Verschlüsseln, wird die Datei verschlüsselt abgelegt. Im anderen Fall wird die Datei unverschlüsselt vorliegen.

Auch die anderen Operationen mit Dateien und Ordnern folgen diesem Schema. Das Umbenennen von Dateien, das Löschen von Verzeichnissen und Dateien, all dies funktioniert bei den verschlüsselten Varianten ebenso wie bei den unverschlüsselten. Die Transparenz ist für den Endanwender also weitestgehend gegeben.

Verwaltung des EFS durch den Administrator

Sollen verschlüsselte Dateien auf einem anderen Computer verwendet werden als auf jenem, auf dem sie verschlüsselt wurden, muss man sicherstellen, dass das *Encryption Certificate*, also das Verschlüsselungszertifikat, sowie die zugehörigen privaten Schlüssel auch auf dem anderen System verfügbar sind. Auch hier bieten sich zwei Möglichkeiten an:

- Die erste Methode setzt darauf, dass ein Roaming Profile zum Einsatz kommt. Der Administrator muss dieses Profil erzeugen. Dabei verwendet der Anwender auf all seinen Computern, auf denen er sich unter der vorgegebenen Benutzerkennung anmeldet, immer dieselben Schlüssel.
- Der zweite Weg verwendet das manuelle Kopieren von Schlüsseln, also des Verschlüsselungszertifikats und des privaten Schlüssels.

Diese manuelle Operation ist über die MMC abzuwickeln. Dazu gibt es das Snapin *Zertifikate*. Dabei ist dann der *Export-Assistent* zu starten, mit dem der private Schlüssel dann – passwortgeschützt – exportiert wird. Damit lassen sich auch Sicherungen des Schlüssels anlegen – die aber bestmöglich aufbewahrt werden sollten. Denn ansonsten hilft die schönste Verschlüsselung nichts!

Auf einem anderen System lässt sich dann die kopierte Form des Schlüssels ebenfalls über die MMC und das *Zertifikat*-Snap-In wieder importieren. Auch hier hilft einem der *Import-Assistent*: *Importieren, Passwort eingeben* und *Fertig stellen* – so lautet das lapidare Konzept.

Etwas komplizierter wird das Handling mit dem EFS, wenn Sicherungen und Wiederherstellungen ins Spiel kommen. Dabei ist immer eine Grundregel zu beachten: Die entsprechenden Zertifikate und Schlüssel müssen verfügbar sein, wenn man die verschlüsselten Dateien an der neuen Stelle wieder benutzen will. Ohne die zutreffenden privaten Schlüssel lässt sich eine verschlüsselte Datei weder öffnen noch entschlüsseln.

Wird auf eine verschlüsselte Datei über das Netzwerk zugegriffen, erfolgt der Transfer der Daten über die Leitung in einer unverschlüsselten Form. Soll diese Datenübertragung ebenfalls gesichert werden, muss der Administrator auf Secure Sockets Layer (SSL) oder das IPSEC-Protokoll zurückgreifen.

Kapitel 7

Interoperabilität von Windows 2000

Lange Zeit hatte es den Anschein, als ob die Entwickler bei Microsoft davon ausgehen würden, dass ein Netzwerk grundsätzlich nur aus Windows-Servern besteht. Nur so lässt es sich eigentlich erklären, dass beispielsweise gängige Standardprotokolle wie NFS *(Network File System)*, die eine nahtlose Integration von Unix-Servern ermöglichen, von den Entwicklern in Redmond hartnäckig ignoriert wurden.

Diese Haltung brachte es mit sich, dass andere Anbieter versuchten diese Lücke zu füllen – denn nötig waren und sind solche Lösungen, die eine Interoperabiltät sowohl mit Unix- als auch mit AS/400-Server und sogar Mainframe-Rechnern unter OS/390 ermöglichen. Schließlich baut kaum eine Firma ihre Lösungen auf der »grünen Wiese« auf, und die Integration der bestehenden Systeme gleich welchen Typs bedeutet auch eine Sicherung der Investitionen. So waren es dann Firmen wie FTP-Software, NetManage, Hummingbird und Attachmate, die ihre Produkte jahrelang recht erfolgreich in diesem Nischenmarkt anboten. Zwei dieser Firmen und ihre Produkte werden im Verlauf dieses Kapitels noch exemplarisch vorgestellt werden, um diesen wichtigen Bereich der Windows-Integration in bestehende Netzwerk-Infrastrukturen abzurunden.

7.1 Überblick über die Integrationsansätze

Wer einen Windows 2000-Server in ein heterogenes Netzwerk zu integrieren hat, kann dieses Ziel auf unterschiedlichen Wegen erreichen. Betrachtet man die Infrastruktur eines solchen Netzwerks, so wird man keine Unterschiede zu der Architektur festzustellen, die auch zum Einsatz kommt, wenn es darum geht, reine Windows-Clients in ein Unix-Netzwerk einzubinden. Der wichtigste Grundsatz für das Zusammenspiel der unterschiedlichen Betriebssysteme: Sie müssen das gleiche Protokoll verwenden. Das sollte in der Regel kein Problem darstellen, da die meisten Betriebssysteme im professionellen Umfeld auf TCP/IP als Basis aufsetzen. Von dieser Grundvoraussetzung geht auch die Skizze aus, die in Abbildung 7.1 zu sehen ist.

Die meisten Unix-Rechner werden das Network File System (NFS) verwenden, dass es den Anwendern als Client/Server-Protokoll ermöglicht, direkt auf Dateien und Verzeichnissen zuzugreifen, die sich auf anderen Rechnern des Netzwerks befinden. Die Windows 2000-Server im Netzwerk benutzen das Common Internet File System (CIFS). Bei CIFS handelt es um eine Weiterentwicklung des von Microsoft entwickelten und auf allen Windows-Plattformen eingesetzten Protokolls für Drucker- und Dateidienste: das Server-Message-Block-Protokoll (SMB). Mit CIFS strebt Microsoft das Ziel an, dieses Protokoll noch weiter zu verbreiten und es dabei vermehrt auch auf anderen Server-Plattformen zu etablieren.

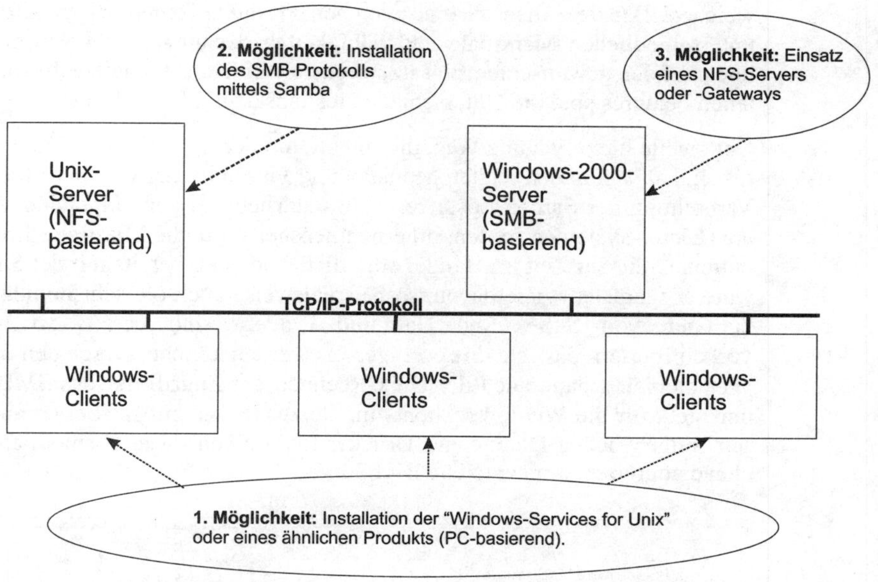

Bild 7.1: Diese Übersicht zeigt die verschiedenen Wege und Möglichkeiten, um Windows 2000- und Unix-Systeme in einem Netzwerk zu integrieren und dabei eine hohe Interoperabilität zu erreichen.

7.1.1 Drei Wege zum Unix-Host

Wie die Skizze in Bild 7.1 verdeutlichen soll, stehen in der Regel drei grundsätzliche Ansätze zur Verfügung, um Unix- und Windows-Server innerhalb eines Netzwerks zu integrieren:

- die Installation einer PC-basierende NFS-Lösung auf den Windows-Client-Rechnern,
- die Ergänzung des Unix-Servers um das SMB-Protokoll durch Einsatz der Samba-Software und
- der Einsatz eines so genannten NFS-Gateways auf dem Windows 2000-Servers.

Wie bereits in der Einführung zu diesem Kapitel erwähnt, haben eine ganze Reihe von Drittanbietern solche PC-basierenden NFS-Lösungen in ihrem Angebot. Auch Microsoft stellt bereits für die Windows NT-Systeme die so genannten *Windows Services for Unix* zur Verfügung, die im weiteren Verlauf dieses Kapitels noch detaillierter vorgestellt werden. Der einzige Nachteil dieser Microsoft-Lösung besteht darin, dass sie nur auf Windows NT- oder 2000-Plattformen einzusetzen ist. Wer seine Client-Rechner unter Windows 9x in ein heterogenes Netz integrieren will oder muss, hat keine andere Wahl, als auf andere Produkte auszuweichen. Bei der Auswahl eines solchen Produkts ist jedoch ganz wichtig, die unterschiedlichen Merkmale und Fähigkeiten der einzelnen Lösungen im Hinblick auf den gewünschten Einsatzzweck zu vergleichen – gerade bei den angebotenen Features sind die Unterschiede hier sehr deutlich.

Der zweite hier erwähnte Weg, die Integration der Unix-Server mittels SMB-Protokoll, hat sich in den letzten Monaten und Jahren immer weiter verbreitet. Diese Verbreitung der Samba-Lösungen geht natürlich mit der steigenden Verbreitung von Linux-Systemen in den Unternehmensnetzen einher. Fast alle Linux-Distributionen, die zur Zeit im Handel erhältlich sind, sind bereits mit der Samba-Software ausgerüstet. Viele davon, so beispielsweise auch die sehr populären Distributionen von SuSe, Red Hat und Caldera sind bereits so weitgehend vorkonfiguriert, dass sie direkt eingesetzt werden können. Durch den Samba-Server unterstützt dann auch der Unix-Rechner den Zugriff auf das SMB-Protokoll und sieht für die Windows-Clients im Netzwerk wie ein NT-Server aus, auf dessen freigegebenen Daten- und Drucker-Ressourcen diese Clients dann entsprechend zugreifen können (siehe Bild 7.2).

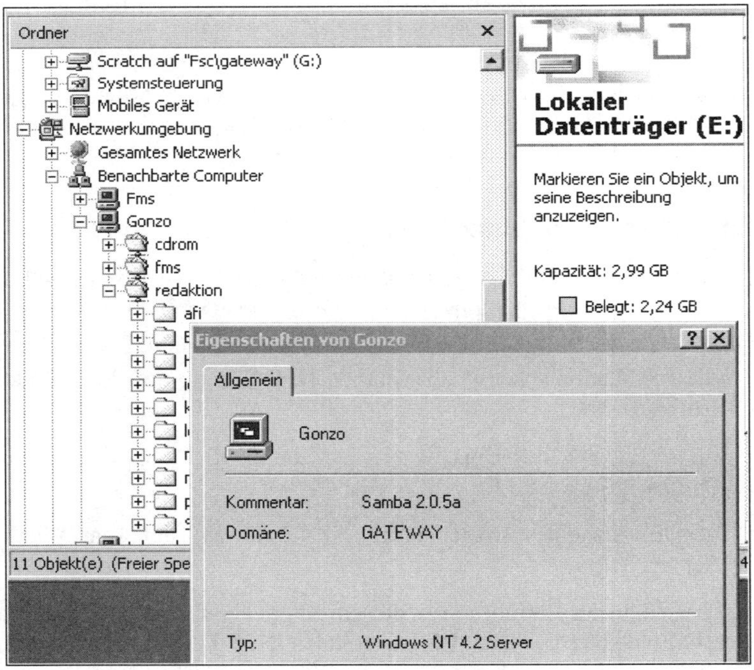

Bild 7.2: Eine einfache und häufige verwendete Integrationsmethode: Die Unix-Server (hier ein SuSe 6.3-System) werden mittels Samba eingebunden. Für Windows 2000 erscheinen sie als »Windows NT-4.2-Server«.

Die dritte Möglichkeit der Integration wird dadurch erreicht, dass ein Windows 2000-Server als so genanntes NFS-Gateway arbeitet. Durch die Installation einer solchen Software auf einem Windows-Server bekommen rein auf SMB-Basis arbeitende Client-Rechner die Möglichkeit, Verbindung zu den Unix-Server aufzunehmen, von denen die gewünschten NFS-Ressourcen zur Verfügung gestellt werden. Neben einiger etablierter Produkte im Markt, die aber wie beispielsweise das *Maestro-NFS-Gateway* des kanadischen Anbieters Hummingbird bisher nur unter Windows NT und noch nicht für Windows 2000 zur Verfügung stehen, stellt Microsoft mit den Windows Services for Unix 2.0 ebenfalls eine Software zur Verfügung, die diese Funktionalität anbieten kann.

7.1.2 Das Network File System (NFS) im Überblick

Das Network File System wurde von Sun Microsystems zuerst im Jahr 1985 vorgestellt. Es handelt sich bei diesem Protokoll um ein echtes Client/Server-Protokoll. Das bedeutet, jeder Client benötigt zwingend eine eigene NFS-Komponente um die von einem NFS-Server zur Verfügung gestellten Dienste in Anspruch nehmen zu können. Diese Dienste ermöglichen es einem Administrator, ein komplettes Dateisystem oder auch nur Teile davon (Verzeichnisse und Unterverzeichnisse, die Teil der hierarchischen Baumstruktur dieses Dateisystems sind) auf einem anderen Rechner des Netzwerks zu montieren. Für den Anwender erscheinen diese Dateien genau wie sie seine lokalen Daten. Dabei können die Zugriffsrechte auf Dateiebene kontrolliert werden, sodass sowohl ein rein lesender als auch ein lesender und schreibender Zugriff auf die Daten ermöglicht wird.

Der Einsatz von TCP/IP ist unbedingte Vorraussetzung für die Verwendung dieses Protokolls, denn als Layer-7-Dienst verwendet es die darunter liegenden Netzwerkprotokolle, um die Daten zu transportieren. In der ursprünglichen Version verwendete NFS das UDP-Protokoll (User Datagramm Protocol). Dieses nicht paketorientierte Protokoll, das genau wie TCP das Internet Protocol zum Verschicken der Datagramme einsetzt, war auch durchaus für diesen Zweck geeignet, solange NFS nur in LANs zum Einsatz kam. Für den zunehmenden Einsatz von NFS-Lösungen auch im WAN-Umfeld war es nicht mehr geeignet. Mit der aktuellen Version 3 des NFS-Protokolls wurden diese Probleme beseitigt, denn es basiert nun komplett und ausschließlich auf TCP. So gibt es hier nun auch keine Beschränkungen mehr bei der Größe der zu übertragenen Daten, wie es bei früheren Implementierungen von NFS noch üblich war. Die NFS-Server der meisten Unix-Distribution (zum Beispiel Solaris, HP-UX etc.) sind aber nach wie vor in der Lage, beide Versionen zu unterstützen.

7.2 Windows-Dienste für Unix

Obwohl es im Vorfeld der Präsentation der Windows 2000-Plattformen einige Hinweise gab, dass die Unix-Anbindung ein fester Bestandteil des Betriebssystem werden würde, scheint man sich nun bei Microsoft doch entschlossen zu haben, diese Dienste nur als zusätzliches Paket zur Verfügung zur stellen, wie dies schon für die NT-Rechner der Fall war.

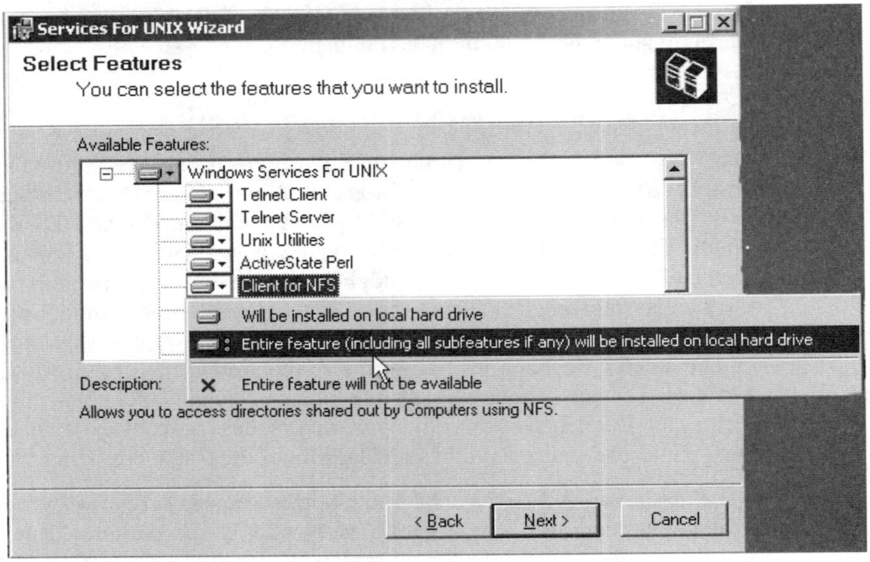

Bild 7.3: Über einen der üblichen Wizards werden die Services for Unix unter Windows 2000 installiert. Mit der hier gezeigten Custom-Einstellung können die einzelnen Dienste ausgewählt werden.

Im ersten Quartal des Jahres 2000 stand dieses Software-Paket mit der vollständigen Bezeichnung Windows Services for Unix 2.0 in einer Beta-Version auf der Web-Site von Microsoft zur Verfügung. Obwohl in der gesamten Dokumentation zu diesem Paket fast immer nur von Windows NT gesprochen wird, lässt sich das ungefähr 80 Mbyte große Paket ohne Schwierigkeiten auf dem Windows 2000-Server installieren (Bild 7.3). Ab Mai 2000 soll das Paket dann auch in einer endgültigen Version zur Verfügung stehen.

In den neueren Veröffentlichungen von Microsoft wird darauf hingewiesen, dass diese Dienste als Komponenten und Ergänzungen für die Windows 2000-Plattform gedacht sind. Vier grundlegende Vorteile stellt dieses Softwarepaket dem Administrator zur Verfügung:

- Gemeinsamer Zugriff auf vorhandene Ressourcen im Netzwerk: Die Windows 2000-Rechner sind dadurch in der Lage, auf Dateisysteme und Dateien auf den Unix-Servern im Netz zuzugreifen. Auch der umgekehrte Weg steht zur Verfügung: Durch die Integration eines NFS-Severs für Windows 2000 können auch die Unix-Server problemlos und ohne zusätzliches Protokoll auf die entsprechenden freigegebenen Daten zugreifen. Die Client-Software für NFS setzt hierbei das XDR-Protokoll (External Data Representation) ein, um eine portable Übertragung der Daten zwischen Client und Server zu garantieren.
- Verwaltung über Remote-Zugriff: Das Paket beinhaltet auch einen Telnet-Server, der es Administratoren erlaubt, Kommandos auf einem Windows 2000-Server beispielsweise auch von einer Unix-Konsole auf der Kommandozeile zu bedienen.
- Plattformübergreifende Skripte und Hilfsprogramme: Durch eine ebenfalls im Paket enthaltene Korn-Shell für den Windows-Server können Unix-Skripte ohne Probleme auf den Windows-Host portiert werden. Weitere Unix-Kommandos (mehr als 60) ermöglichen es, Administrations- und Verwaltungsaufgaben auf den unterschiedlichen Server-Systemen problemlos zu vereinheitlichen.
- Synchronisation der Passwörter: Mit den Windows-Diensten für Unix wird auch eine Zwei-Wege-Synchronisation für Passwörter zur Verfügung gestellt. Damit kann der Systemverwalter ein einheitliches Passwort sowohl auf Windows 2000- als auch auf den Unix-Servern verwenden. Dieses Merkmal unterstützt allerdings nicht Active Directory!

7.2.1 Die Installation der Unix-Dienste

Der Installations-Wizard bietet neben der Standardmethode auch die Möglichkeit, eine so genannte Custom-Installation auszuführen. Diese Methode sollte unbedingt gewählt werden, falls der Windows 2000-Server beispielsweise als NFS-Gateway fungieren soll. Der NFS-Server und die damit verbundenen Merkmale werden bei den Standardeinstellung der Windows-Dienste für Unix nicht mit auf dem System installiert. Dafür bietet die Custom-Installation einen guten Überblick über den vollständigen Leistungsumfang dieses Softwarepakets und erlaubt die dedizierte Auswahl einzelner Komponenten, wie beispielweise die Installation des mitgelieferten Perl-Interpreters (siehe auch Bild 7.3).

Nach der Installation steht dem Administrator eine neue Programmgruppe zur Verfügung, die leider nicht direkt in die Systemverwaltung integriert wird (Bild 7.4). Neben der für den Windows-Administrator eher ungewohnten Möglichkeit, hier eine Unix-Kommando-Shell aufzurufen, steht jetzt aber auch eine Konsole zur Verfügung, die dabei hilft, die entsprechenden Windows-Dienste zu konfigurieren und zu verwalten.

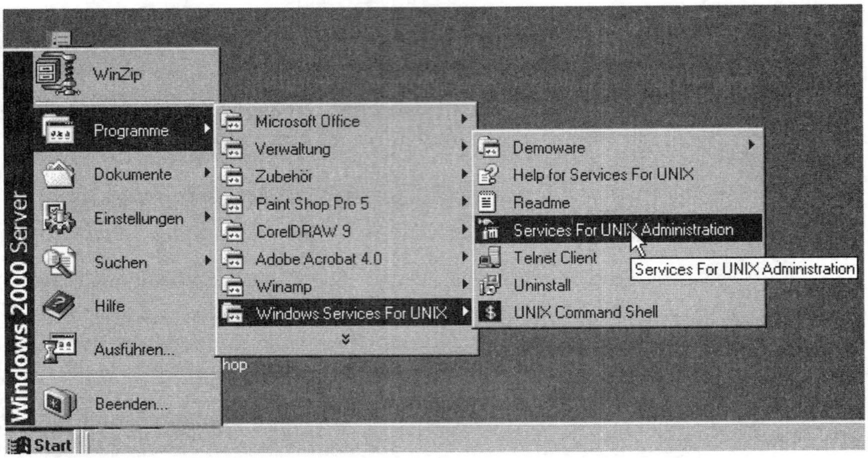

Bild 7.4: Nach der Installation: Die Services for Unix werden leider nicht direkt in die Systemverwaltung integriert.

7.2.2 Der NFS-Client

Innerhalb der Konsole stehen dem Administrator verschiedene Konfigurationsmöglichkeiten für die verschiedenen Dienste offen. So gibt es bei den NFS-Client-Diensten die Möglichkeit, die Zugriffsrechte auf die Dateien, die Authenifizierung und auch die verschiedenen Optionen beim Montieren (Mount-Optionen) eines Verzeichnisses zu beeinflussen.

Bei den Einstellungen für die Authentifizierung ist es wichtig, welche Methode von den bereits im Netzwerk vorhandenen Unix-Servern eingesetzt wird. Setzen diese Rechner die in der Unix-Welt weit verbreitete Methode der NIS-Authentifizierung (Network Information System) ein, so sollte auch der Windows 2000-Rechner diese Methode verwenden. Beim Network Information System handelt es sich um ein Namens- und Administrationssystem für kleinere Netzwerke, das von Sun Microsystems entworfen wurde. Die aktuelle Version dieser Software, die in Unix-Netzen zum Einsatz kommt, trägt die Bezeichnung NIS+. Weitere Informationen zu diesem Thema finden Sie im Abschnitt 7.2.11 NIS-Server.

Das Network Information System arbeitet nach dem Prinzip, dass jeder Rechner im System, ganz gleich ob es sich um ein Client- oder ein Server-System handelt, das gesamte System kennt. Somit ist es unter NIS, zumindest in der Theorie möglich, dass ein Anwender mit einer User-ID und einem Passwort auf alle Daten auf allen Systemen des jeweiligen Netzwerks zugreifen kann. NIS setzt ähnlich wie NFS auf das RPC-Interface (Remote Procedure Call) auf und wird besonders häufig in Umgebungen mit vielen NFS-Servern eingesetzt.

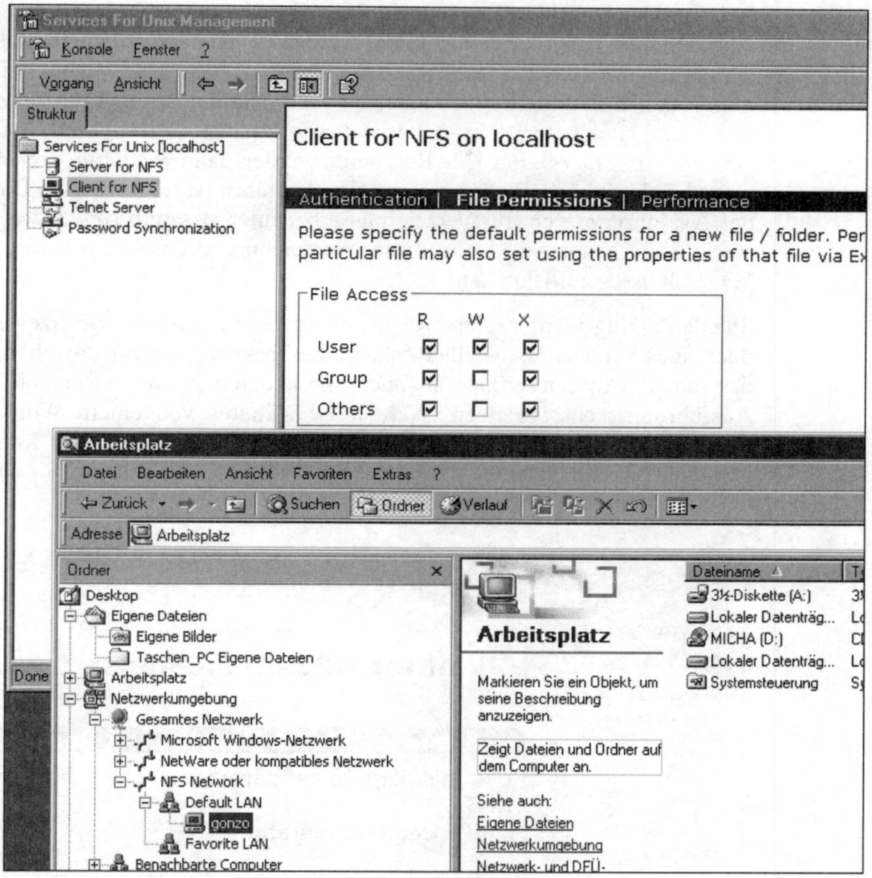

Bild 7.5: Die Konsole der Windows-Dienste für Unix erlaubt die Konfiguration der neuen Eigenschaften. Das *Explorer*-Fenster zeigt, dass nun auch NFS-Server in das Netzwerk integriert werden können.

Wird im Netzwerk kein NIS eingesetzt, so kann für den NFS-Client die Einstellung *PCNFSD* ausgewählt werden. Bei dem PC-NFS-Dämonen handelt es sich um eine NFS-Version, die es erlaubt, beispielsweise auch Windows-Rechner zu Authentifizierung von NFS einzusetzen. Nach dieser Auswahl muss nur noch der entsprechende Server angegeben werden. Weiterhin besteht in der Konsole die Möglichkeit zu entscheiden, ob diese Authentifizierung automatisch erfolgen soll, wenn der Anwender sich am Rechner anmeldet oder erst dann, wenn er auf die entsprechenden NFS-Ressourcen zugreifen möchte. Hier muss der Aministrator nun entscheiden, ob es sinnvoller ist, seinen Anwendern häufigere Login-Abfragen (beispielsweise bei jedem Zugriff auf ein NFS-Laufwerk) oder eine längere Wartezeit beim ersten Anmelden zuzumuten, wenn möglicherweise mehrere Authentifizierungsvorgänge abgewartet werden müssen.

Bei den Dateizugriffen können die Zugriffsrechte auf die einzelnen Daten nach dem üblichen Unix-Schema geregelt werden (siehe auch Bild 7.5). Das bedeutet, dass alle Anwender, die Zugriff auf bestimmte Dateien und Verzeichnisse haben, grundsätzlich in drei Gruppen unterteilt werden: dem Besitzer des Verzeichnisses oder der Datei (*user*), der Gruppe dieses Besitzers (*group*) und den anderen Anwendern (*others*). Für jede Ressource werden dann wiederum drei Rechte verwaltet: Schreib- oder Leserecht und das Ausführungsrecht für eine Datei. Wobei das Ausführungsrecht für Verzeichnisse bedeutet, dass ein Anwender, der dieses Recht nicht besitzt, weder in dieses Verzeichnis wechseln noch den Inhalt des Verzeichnisses auflisten kann.

Standardmäßig werden diese Rechte so vergeben, dass ein Besitzer einer Datei oder eines Verzeichnisses alle Rechte darauf besitzt, während sowohl die Mitglieder seiner Anwendergruppe als auch alle anderen Anwender nur die Lese- und Ausführungsrechte besitzen. Werden NFS-Shares von einem Windows 2000-System im Netzwerk zur Verfügung gestellt, so ist es mittels der Konsole möglich, diese Rechte entsprechend zu setzen und damit die Dateien vor unberechtigten Zugriffen zu schützen.

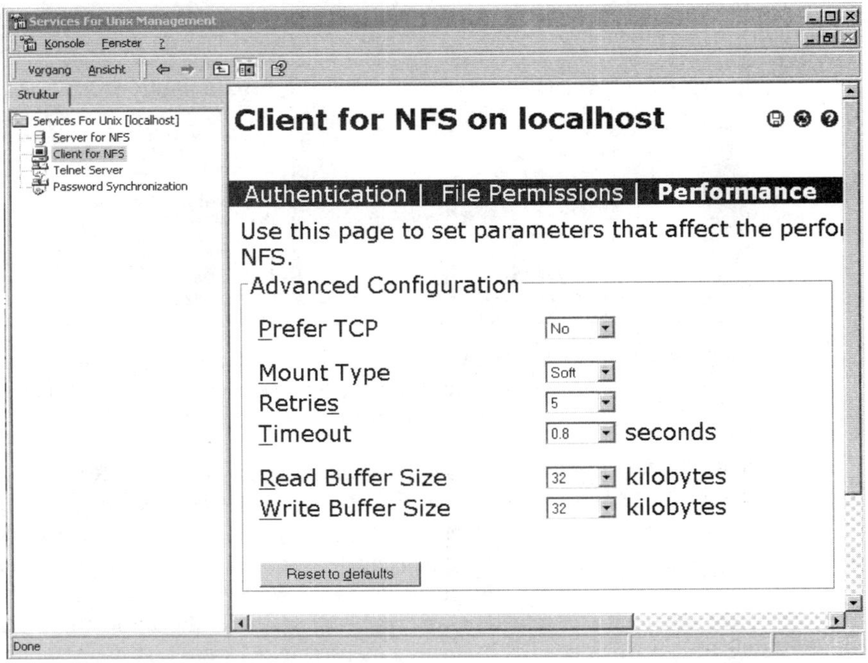

Bild 7.6: Bei der fortgeschrittenen Konfiguration des NFS-Clients können verschiedene Parameter verändert werden, die auch einen Einfluss auf die Performance der Verbindung haben.

Der NFS-Client erlaubt es auch, weitergehende Parameter zu verändern, die vor allen Dingen die so genannten *Mount-Options* betreffen. Damit sind die Werte gemeint, die bestimmen, auf welche Art und Weise der Zugriff über das Netz auf die entsprechenden Dateien und Verzeichnisse erfolgt.

So ist es beispielsweise möglich, die Schreib- und Lesepuffer, die Timeout-Variable und die Anzahl der Verbindungsversuche in dieser Maske zu spezifizieren (Bild 7.6). Zwar weist Microsoft in den entsprechenden Dokumentationen immer wieder darauf hin, dass ein gutes Arbeiten mit einem Schreib- und Lesepuffer von 64 Kbyte möglich sei und gibt diesen Wert auch als Standardwert an. Trotzdem waren alle von uns getesteten Versionen dieser Software standardmäßig nur auf Puffer von 32 Kbytes konfiguriert – hier kann der Administrator also sofort den größeren Wert eintragen.

Eine weitere Möglichkeit besteht darin, das so genannte Version-3-Caching von NFS einzuschalten und so einen deutlichen Performance-Gewinn zu erreichen. Allerdings sollte man diese Einstellung nur dann wählen, wenn die anderen NFS-Server im Netzwerk ebenfalls die Version des Network-File-Systems unterstützen. Außerdem sollte man sich der Gefahren dieser Caching-Strategie bewusst sein: Dadurch, dass unter NFS in der Version 3 sehr große Datenmengen in einem solchen Cache-Speicher gehalten werden, steigt zwar die Geschwindigkeit dieser Verbindungen erfahrungsgemäß enorm, bei einem Systemabsturz können aber auch entsprechend große Datenmengen verloren gehen! Deshalb sollten diese Funktionalitäten nur auf Servern betrieben werden, die beispielsweise durch eine unterbrechungsfreie Stromversorgung gesichert sind.

Ein Punkt, der gerade von Administratoren beachtet werden sollte, die bisher noch wenig mit Unix-Systemen gearbeitet haben, ist das so genannte *Mapping* von Dateinamen. Es ist möglich, sowohl Dateinamen von neuen Dateien als auch die bestehender Files entsprechend zu ändern, sodass beispielsweise Dateinamen nur in Klein- oder nur Großschreibung dargestellt werden. Natürlich ist auch eine Option vorhanden, die es erlaubt, die Dateinamen genau in der Schreibweise darzustellen, in der sie ursprünglich erstellt worden. Da alle Unix-Systeme grundsätzlich case-sensitive arbeiten, also sehr wohl zwischen Groß- und Kleinschreibung unterscheiden, ist die Empfehlung von Microsoft, hier möglichst mit einer automatischen Umwandlung in Kleinschreibung zu arbeiten, mit Vorsicht zu genießen.

7.2.3 Konfiguration des NFS-LAN

Nach der Installation der Zusatzdienste fügt sich das NFS-Netzwerk wie jedes andere Netzwerkprotokoll in die Netzwerkumgebung des Windows-Systems ein (Abbildung 7.7).

Bei der Konfiguration eines NFS-LANs, das beispielsweise als Teil des bisherigen Netzwerks agieren soll, kann es sich als sinnvoll erweisen, dieses in einem Abschnitt unterzubringen, der von Windows als *Favorite LAN* bezeichnet wird.

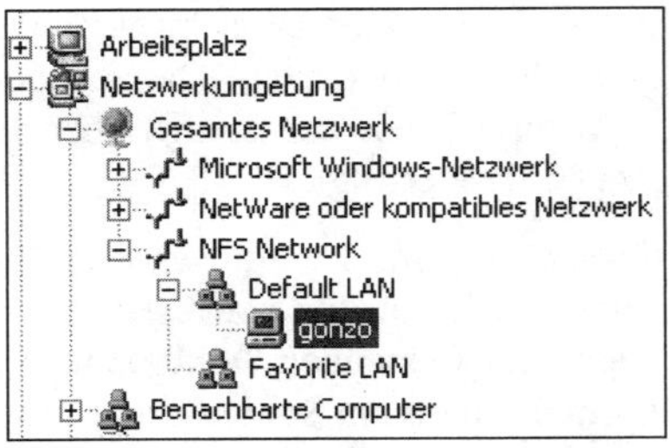

Bild 7.7: Das NFS-Netzwerk wird in die Netzwerkumgebung der Windows-Systeme integriert.

Indem man die NFS-Server eines Netzwerksegments so zusammenfasst, kann man den Broadcast-Verkehr, der von diesen Servern auf dem Netz verursacht wird, deutlich reduzieren. Ansonsten werden die NFS-Server jedoch wie alle anderen Netzwerk-Server über ihren DNS-Namen oder auch die IP-Adresse angesprochen. Eine weitere Besonderheit der Unix-Dateisysteme sollte man auch hier beachten: die symbolischen Links.

Mit Hilfe der symbolischen Links ist es möglich, Dateien oder ganze Verzeichnisse, die physikalisch an einem bestimmten Platz auf einem Server existieren, an einer ganz anderen Stelle auch unter einem anderen Namen erscheinen zu lassen, wobei es sich bei diesen Links im Prinzip nur um Verweise handelt, die dann auf die »richtige« Datei zeigen. Solche symbolischen Links können auch über die Grenzen eines Dateisystems oder eines Servers hinweg gelegt werden. So kann es also durchaus vorkommen, dass auf einem NFS-Server ein symbolischer Link existiert, der dann auf eine Datei oder ein Verzeichnis auf einem anderen Server verweist.

Für diese besonderen Fälle benötigt der NFS-Client eine so genannte Mapping-Datei, die es ermöglicht, den Rechner im Netz zu identifizieren, auf den dieser Link verweist. Diese Datei kann sowohl auf dem lokalen System als auch auf dem Server existieren. Befindet sich diese reine ASCII-Datei auf dem NFS-Server, auf dem sich auch der Link befindet, so erleichtert dieses Vorgehen natürlich die Verwaltung dieser Sonderfälle. Das Format dieser Datei ist relativ einfach:

```
# Alle Zeilen mit diesem Zeichen sind nur Kommentar
mnt \server _name\export
```

Trotzdem sollten Administratoren beim Einsatz symbolischer Links, gerade wenn sie über die Grenzen von Dateisystemen oder gar der Server hinausreichen, äußerst vorsichtig sein. Die Client-Software für NFS auf den Windows 2000-Systemen erkennt keine »toten« Links. Zwar ist es möglich, hier eine Option zu wählen, die ein automatisches Umbenennen oder gar Löschen solcher Links ermöglicht. Allerdings sollte man diese Einstellung nur dann in seinem Netzwerk einsetzen, wenn Funktionsweise und Konsequenzen dieser Vorgehensweise klar sind: Wird ein symbolischer Link gelöscht und dann durch eine Datei mit dem gleichen Namen ersetzt, so handelt es sich hierbei nicht mehr nur um einen Verweis, sondern nun existieren zwei Dateien unter diesem Namen, die im schlimmsten Fall einen unterschiedlichen Inhalt besitzen. So warnen auch erfahrene Unix-Administratoren immer wieder vom zu nachlässigen Einsatz der symbolischen Links gerade im Netzwerk.

Die Einbindung freigegebener NFS-Verzeichnisse im Netzwerk kann natürlich am einfachsten direkt über den Windows-Explorer erfolgen. Allerdings steht auch hier die Möglichkeit offen, diese Verbindung über einen Befehl in der Kommandozeile zu erstellen. Diese Angaben können auf unterschiedliche Weisen gemacht werden:

- die Windows-Syntax:`\\server_name\verzeichnis`
- die Unix-Syntax:`server_name:/verzeichnis`.

Als Kommandozeilen-Befehl stehen ebenfalls zwei unterschiedliche Kommandos zur Verfügung: Das übliche `net`-Kommando der Windows-Systeme oder der Standard-Unix-Befehl `mount`. Wenn solche Befehle auf der Kommandozeile eingegeben oder innerhalb einer Batch-Datei verwendet werden sollen, dann sind die folgenden Befehl völlig äquivalent:

```
net use * server_name1:/verzeichnis
net use * \\server1\verzeichnis
mount server1:/verzeichnis *
mount \\server1\home *
```

Wenn es sich bei einer aufzubauenden Verbindung ganz sicher um einen NFS-Export handelt, hat die Praxis gezeigt, dass diese Verbindung weitaus schneller zu Stande kommt, wenn die Unix-Version des Befehls in der Form

```
server1:/verzeichnis
```

verwendet wird.

7.2.4 Der NFS-Server

Die Möglichkeit, ein Windows 2000-System auch als NFS-Server in ein bestehendes Netzwerk zu integrieren, stellt eine deutliche Erweiterung der Interoperabilität eines solchen Servers da. Der mit den Windows-Diensten für Unix mitgelieferte NFS-Server integriert sich zudem sehr gut in die Windows-Umgebung. Auch diese Komponente wird über die MMC-Konsole für diese Dienste konfiguriert und verwaltet (siehe Bild 7.8)

Innerhalb der Konsole können die folgenden Einstellungen des NFS-Servers konfiguriert werden:

- User-Mapping: Mapping-Server im Netz zur User-Authentifikation,
- Auditing: Größe und Speicherort der Log-Datei des NFS-Servers,

- Locking: die Zeitdauer für das Sperren von Dateien von Verzeichnissen und die aktiven Sperren und
- Client-Groups: die Möglichkeit, die verschiedenen Client-Maschinen im Netz zu Gruppen zusammenzufassen und so deren Verwaltung zu erleichtern.

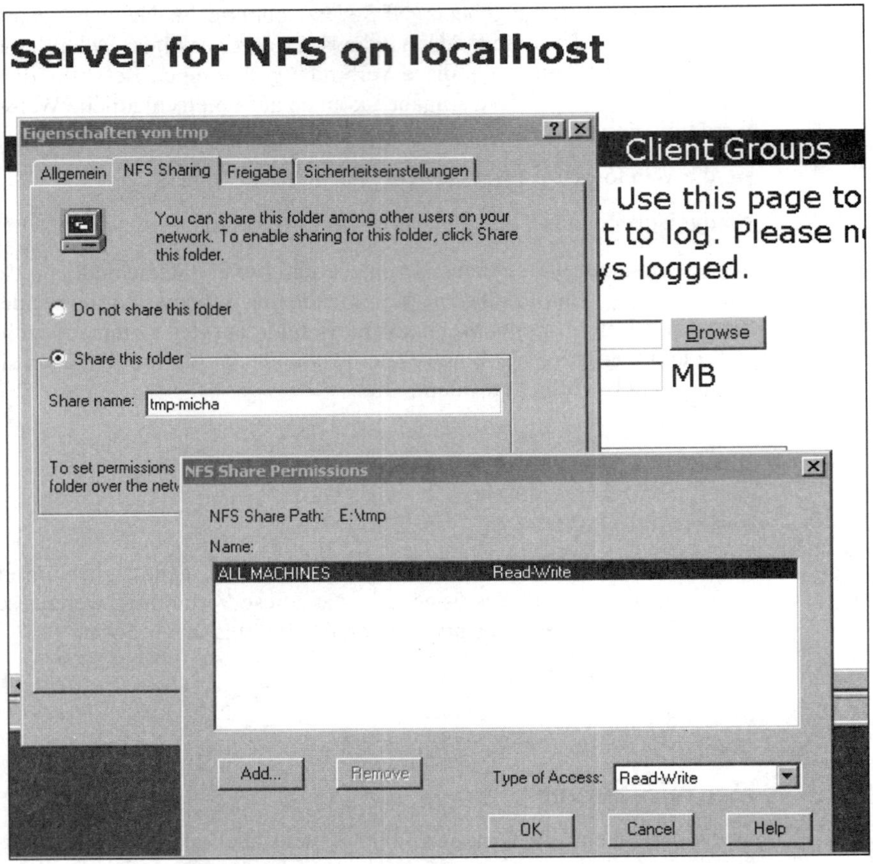

Bild 7.8: Nach der Einrichtung des NFS-Servers findet man in den *Eigenschaften* das Verzeichnis unter der Überschrift *NFS-Sharing* die Möglichkeit, Verzeichnisse des Servers als NFS-Exports einzurichten.

Die Auswahl der zu exportierenden Verzeichnisse oder Dateien kann direkt über das Kontextmenü erfolgen, das nach Installation der Unix-Services einen zusätzlichen Eintrag unter *NFS Sharing* aufweist (siehe auch Abbildung 7.8). Um die Zugriffrechte auf diese Verzeichnisse und Dateien zu verwalten, steht hier ein Fenster unter der Bezeichnung *Permissions* zur Verfügung (siehe Bild 7.8). Der Server für NFS auf dem Windows 2000-System setzt so genannte Discretionary

Access Control Lists (DACLs) ein, um mit ihrer Hilfe die unterschiedlichen Zugriffsmöglichkeiten und -restriktionen zu simulieren, die in Unix- und damit auch in NFS-Umgebungen zum Einsatz kommen.

Administratoren sollten sich immer der Unterschiede bei den Zugriffsrechten auf Dateien und Verzeichnissen bewusst sein, die zwischen den Betriebssystemen Unix und Windows NT/2000 bestehen! Ganz besonders die umfangreichen Rechte und Möglichkeiten des Superusers (*root*) auf einem Unix-System sind nicht mit den Rechten eines Administrators auf einem Windows 2000-Server zu vergleichen: So hat beispielweise ein Unix-Superuser die Möglichkeit, die Zugriffs- und auch die Besitzrechte jeder Datei und jedes Verzeichnisses auf einem Unix-Server beliebig zu verändern. Im Gegenzug besteht unter Unix keine spezielle Zugriffsberechtigung, die dem *Take-Ownership* entspricht, obwohl mit dem so genannten *SUID* (*set-uid-bit*) eine ähnliche Funktionalität erreicht werden kann. In einer gemischten Umgebung sollten Netzwerk- und Systemadministratoren also gerade die Zugriffsberechtigungen auf den verschiedenen Shares und Exports genau kontrollieren.

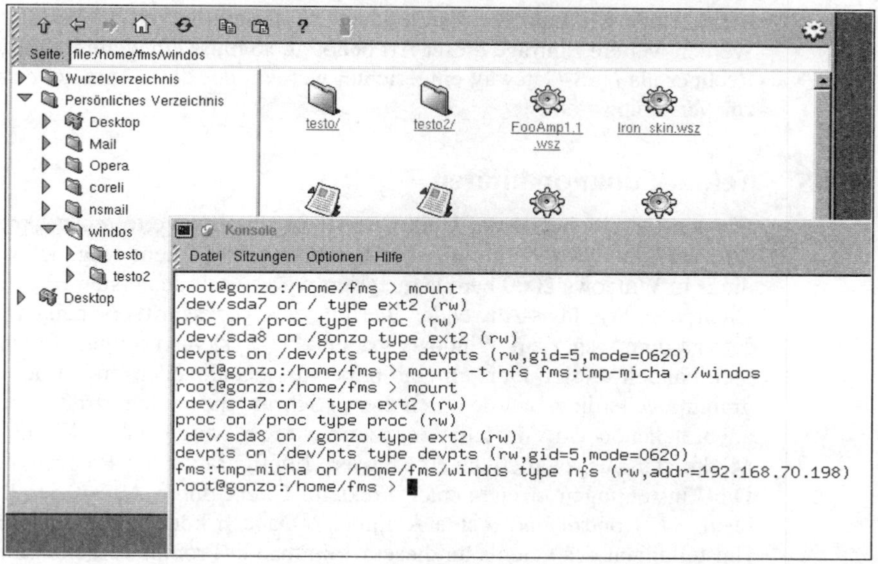

Bild 7.9: Nahtlose Integration in das Unix-System: Das Windows 2000-System exportiert das Verzeichnis »tmp-micha«, das unter »windos« auf dem Linux-Server montiert wird und im KDE-Filemanager erscheint.

Die Abbildung 7.9 zeigt einen NFS-Server, der auf einem Windows 2000-Rechner betrieben wird, vom Unix-Recher. In diesem Beispiel wird mittels des Standardbefehls `mount` das vom Windows-Server freigegebene NFS-Verzeichnis in ein Unterverzeichnis des Linux-Rechners integriert. Der anschließende Aufruf des `mount`-Befehls zeigt, dass dieses Verzeichnis nun in die Hierachie des Unix-Dateisystems aufgenommen wurde. Deshalb kann es auch problemlos mit dem Dateimanager des KDE-Desktops betrachtet und im Rahmen der Zugriffsberechtigungen bearbeitet werden. In diesem Zusammenhang ist ganz wichtig, dass der NFS-Server des Windows 2000-System sich gegenüber den Unix-Systemen genau wie andere NFS-Server verhält – auf diese Weise brauchen beispielsweise bereits vorhandene Skripts zum automatischen Einbinden von Verzeichnissen nicht verändert zu werden, wenn beispielsweise ein Server zu Windows 2000 migriert wird.

Soll der NFS-Server eines Windows 2000-Systems als NFS-Gateway betrieben werden, so muss zu diesem Zweck leider eine spezielle Anwendung unter der Bezeichnung *gwconfig.exe* gestartet werden. Erst mit ihrer Hilfe können dann NFS-Verzeichnisse, die beispielsweise der Windows 2000-Server von anderen Unix-Servern zur Verfügung gestellt bekommt, so konfiguriert werden, dass sie für alle anderen Windows-Clients als Windows-Shares im Netz erscheinen. Die Anzahl dieser Shares auf einem Gateway unterliegt allerdings einer Beschränkung: Es können nur so viele dieser Export-Verzeichnisse eingerichtet und betrieben werden, wie Laufwerksbuchstaben auf diesem Server zur Verfügung stehen. Werden weitere Einträge dieser Art benötigt, so muss ein weitere Windows 2000-Rechner als NFS-Gateway eingerichtet werden, der diese Verzeichnisse im Netz zur Verfügung stellt.

7.2.5 Telnet-Funktionalitäten

Ein weiteres Merkmal der Unix-Dienste ist die erweiterte *telnet*-Unterstützung. So wird dieses Programm mit einem eigenen *telnet*-Client ausgeliefert, der allerdings in Windows 2000 bereits integriert wurde. Auf den ersten Blick mag dieser Client dem Windows-Anwender allerdings als Rückschritt erscheinen: Im Gegensatz zu dem bisher auf Windows 9x- und NT-Systemen mitgelieferten Programmen handelt es sich hier um eine reine Kommandozeilenversion des *telnet*-Programms. Allerdings wurde durch diesen Schritt eine weitaus größere Annäherung an bestehende Unix-Installationen erreicht. So wurde dieser Client mit vielen Merkmalen ausgestattet, die eine bessere Konfiguration des Programms erlauben. Die Einstellungen erreicht man direkt im Client durch Aufruf des Escape-Zeichens *^]* (Control und rechte Klammer). Danach können die unterschiedlichen Einstellungen des Clients an diesem Kommando-Prompt vorgenommen werden. So beispielsweise die Auswahl der Terminal-Variable, die in der Form `term name` eingegeben werden muss. Hier stehen die folgenden Terminalemulationen zur Verfügung: *ANSI*, *VT52*, *VT100* und *VTNT*. Eine weitere Einstellung, die direkt am Prompt des *telnet*-Clients vorgenommen werden kann, trägt die Bezeichnung `ntlm` und dient dazu, die Authentifizierung über NTLM (Windows NT LAN Manager) ein- beziehungsweise auszuschalten. Wer den *telnet*-Client nur zur Verbindung mit Unix-Systemen einsetzt, der sollte den Wert *ntlm* auf *off* zu setzen, um die Anmeldung zu beschleunigen.

Als Terminalvariable empfiehlt sich in diesem Fall *ANSI* oder bei häufiger Arbeit mit dem *vi*-Editor auf dem Unix-System auch *VT100*. Wird *telnet* hingegen eingesetzt, um sowohl eine Verbindung zu Unix als auch zu anderen Windows 2000-Systemen aufzubauen, so ist die Auswahl von *VTNT* sicher besser für die Arbeit geeignet, zumal eine automatische Umstellung auf *ANSI* erfolgt, wenn das Zielsystem diese Emulation nicht unterstützt.

Die weitaus interessantere Komponente dieses Bereichs ist aber auf jeden Fall der integrierte *telnet*-Server. Mit seiner Hilfe ist es nun auch möglich, sich über eine Kommandozeile auf einem Windows 2000-System anzumelden und dort zu arbeiten. Damit ist die Verwaltung und Konfiguration eines solchen Rechners gerade in gemischten und heterogenen Netzwerken einfacher zu bewältigen, denn zuvor war ein Zugriff beispielsweise von einem Unix- auf ein Windows-System nur sehr umständlich zu realisieren.

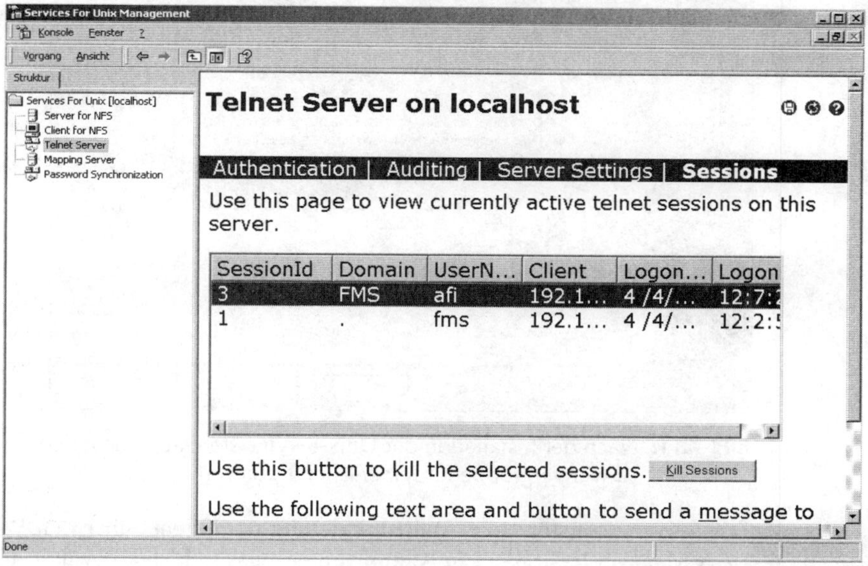

Bild 7.10: Der *telnet*-Server erlaubt eine Kontrolle der Anwender, die auf dem entsprechenden Server angemeldet sind. Auch ein direktes Abmelden eines Users über *Kill Session* ist möglich.

Nach der Installation kann diese Server-Komponente ebenfalls über eine MMC konfiguriert und verwaltet werden (siehe Bild 7.10). Der *telnet*-Server bietet in der Regel *telnet*-Clients auf allen anderen Betriebssystemen die Möglichkeit einer Verbindung zu diesem Server-System an.

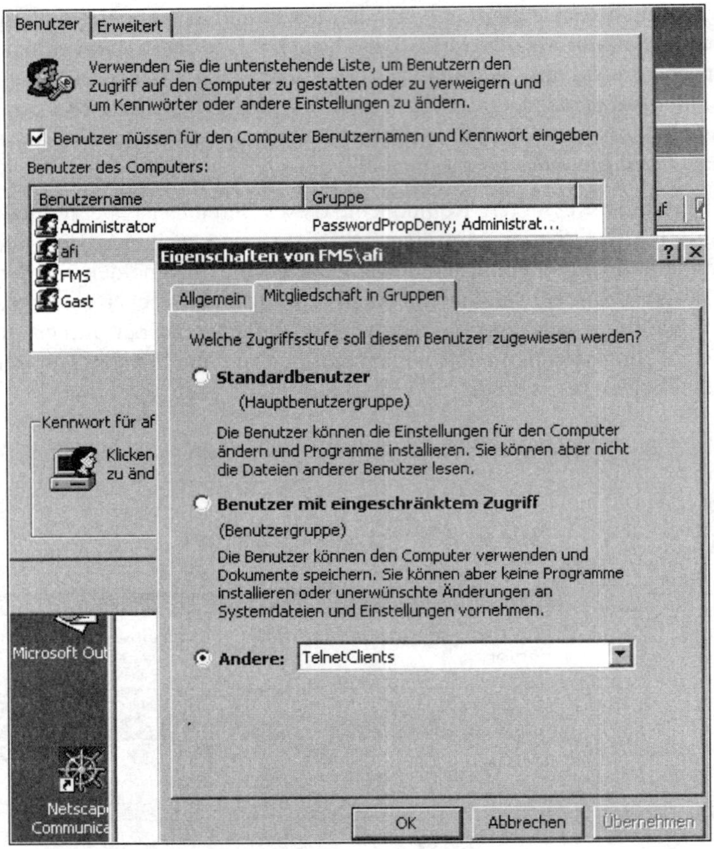

Bild 7.11: Nach der Installation der Unix-Service steht auch eine dedizierte Anwendergruppe für *telnet*-Clients zur Verfügung.

Der Server unterstützt die Authentifizierung der Clients über den Windows NT LAN Manager (NTLM). Ein Administrator muss sich aber bewusst sein, dass die Aktivierung dieser Option ein Einloggen der Anwender, die auf einem Unix-System arbeiten, unmöglich macht, da auf diesen System in der Regel keine Clients vorhanden sind, die diese Art der Authentifizierung unterstützen.

Wird der Server allerdings nur in Netzen oder Subnetzen eingesetzt, in denen sich ausschließlich Windows-Rechner befinden, so bietet der Einsatz von NTLM den Vorteil, dass die User eine komplett transparente Verbindung zum Server aufbauen können. Zudem wird auf diese Art sichergestellt, dass ein Passwort nie im Klartext über das Netzwerk verschickt wird.

Wenn mit Hilfe des NTLM-Logins auf Server zugriffen wird, können die Anwender allerdings nur die lokalen Laufwerke und Verzeichnisse des Servers verwenden, auf dem sie sich über *telnet* angemeldet haben. Müssen weitere Ressourcen aus dem Netzwerk zur Verfügung gestellt werden, so kann der Administrator dies erreichen, indem er ein explizites Mapping mit vollem Zugriff einrichtet. Das geschieht mit einem Kommando der folgenden Art:

```
net use y: \\server1\verzeichnis /anwender:domain\name_user
```

Die Verwaltung des *telnet*-Servers stellt eine ganze Reihe von Einstellungen zur Verfügung, mit deren Hilfe die Arbeit des Servers optimiert und überwacht werden kann. Dazu gehören vier Untermenüs (siehe auch 7.10):

- Authentification,
- Auditing,
- Server Settings und
- Sessions.

Bei der Authentifizierung hat der Administrator die Wahl zwischen der NTLM-Anmeldung und dem üblichen Anwendernamen/Passwort-Schema der Unix-Systeme. Wie bereits ausführlich diskutiert, sollte in heterogenen Netzen nur die zweite Einstellung Verwendung finden, will man nicht alle Unix-Anwender aussperren. Unter dem Menü-Punkt *Auditing* kann genau wie beim NFS-Server der Namen und Ort einer Log-Datei bestimmt werden, in denen die Ereignisse aufgezeichnet werden. Es aber auch möglich, diese Daten in der normalen Ereignisanzeige des Systems abspeichern zu lassen.

Weitaus umfangreichere Einstellmöglichkeiten bieten sich dem Systemverwalter unter dem Punkt *Server Settings* an: So kann hier zum Beispiel die Anzahl der maximal zugelassenen gleichzeitigen *telnet*-Verbindungen eingestellt werden. Als Default-Wert wird hier vom System die Anzahl der lizenzierten Clients für dieses Server-System eingetragen. Werden die Unix-Services auf einem Rechner unter Windows 2000-Professional verwendet, so wird dieser Default-Wert auf *1* gesetzt. Weitere Einstellung bieten unter anderem die Möglichkeit, die Anzahl der Login-Fehlversuche (Default-Wert *3*), den verwendeten *telnet*-Port (Default: *23*) und den Namen der Default-Domain anzugeben.

Für den Administrator ist dann wiederum der Menüpunkt *Sessions* sehr interessant. Hier bekommt er einen Überblick über die Anwender, die aktuell über den *telnet*-Server mit dem Server verbunden sind (siehe auch Abbildung 7.10). Ihm werden hier sowohl die User-ID als auch der Rechner angezeigt, von dem aus der Anwender eine Verbindung zum Windows 2000-Server aufgebaut hat. Auch der Zeitpunkt der An- beziehungsweise Abmeldung eines Anwenders ist hier festgehalten. Zudem hat der Systemverwalter hier die Möglichkeit, dem Anwender eine Nachricht zu übersenden, dass beispielsweise das System heruntergefahren wird, oder aber eine Session direkt zu beenden.

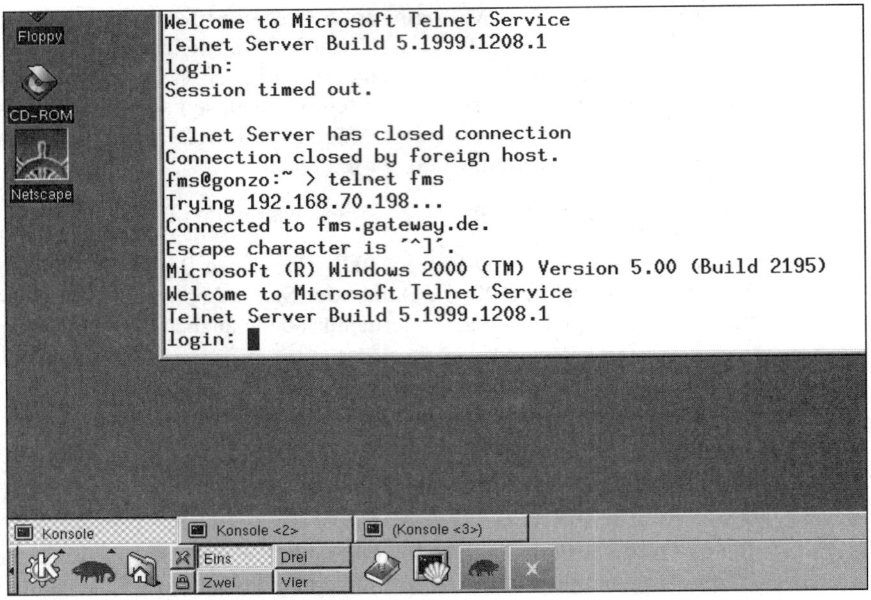

Bild 7.12: Ein ungewöhnliches Bild: Auf ein Windows 2000-System wird von einem Linux-System aus über das *telnet*-Protokoll zugegriffen.

Wie die Abbildung 7.12 zeigt, stellt sich der *telnet-Server* für jedes Unix-System in der gleichen Art und Weise wie ein anderes Unix-System dar. Nach dem Einloggen auf dem Windows-Server stehen dem Anwender neben den üblichen Kommandos der Befehlszeile, die noch bis zu den DOS-Zeichen zurückreichen, auch eine ganze Reihe von Standard-Unix-Kommandos zur Verfügung. Dies wird dadurch ermöglicht, dass mit der Installation der Unix-Services auch die Software eines Drittherstellers auf das System gebracht wird, die Unix-Funktionalitäten anbietet.

7.2.6 Die Unix-Funktionalitäten

Mit der Integration des so genannten MKS-Toolkits der kanadischen Firma Mortice Kern Systems in die Windows-Services für Unix gelang es Microsoft, auch eine Unterstützung für die so genannten Shell-Skripts der Unix-Systeme anzubieten.

Mit Hilfe dieser Batch-Dateien wird ein Großteil der Verwaltungsaufgaben auf Unix-Servern erledigt. Der Kommando-Interpreter Korn-Shell, der auch bei den Unix-Services zum Einsatz kommt, ist mit den bekannten Kommando-Tools der Windows-Systeme nicht vergleichbar: Es handelt sich hier um eine komplette Programmiersprache mit allen wichtigen Konstrukten wie Schleifen- und bedingter Programmierung sowie der Unterstützung interaktiver Skripte.

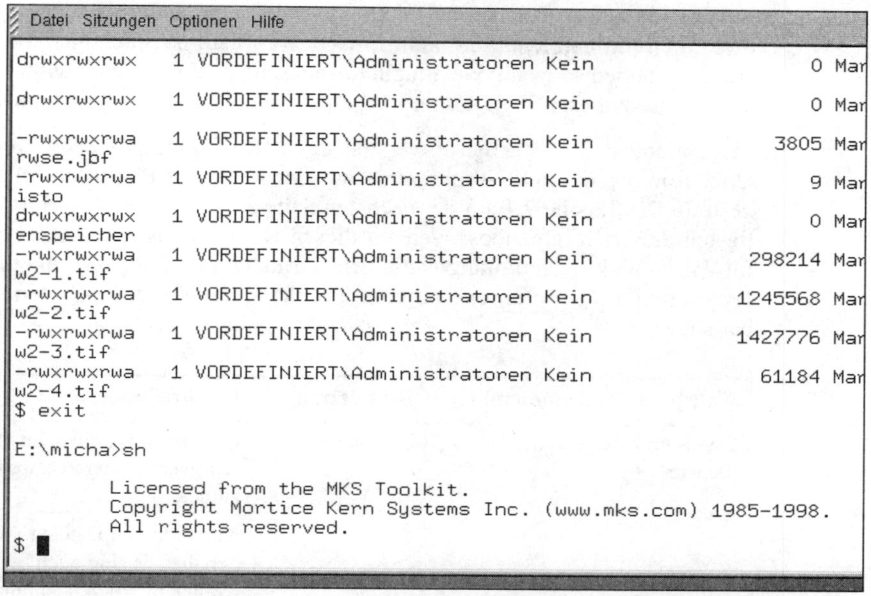

Bild 7.13: Unix-Kommandos auf dem Windows-Server: Mit den MKS-Toolkits können Systemverwalter ihre Unix-Skripts unter Windows 2000 einsetzen und weiterentwickeln.

Nach dem Aufruf der Shell mit `sh` stehen all diese Möglichkeiten direkt auf dem Windows-Server zur Verfügung. Die hier zum Einsatz kommende Implementierung der Korn-Shell arbeitet genau wie ihre Vorbilder auf den Unix-Systemen case-sensitive, allerdings wurde sie etwas modifiziert. So unterscheidet sie nicht zwischen Groß- und Kleinschreibung, wenn es um Datei- oder Verzeichnisnamen auf dem Windows-System geht, um auf diese Weise die Kompatibilität zu älteren Windows-Systemen zu garantieren. Allerdings wird sie bestehende Unterschiede in der Schreibweise auf Dateisystemen wie beispielsweise NTFS, die diese Merkmale unterstützen, beachten und nicht verändern.

Eine Besonderheit der bei dieser Software verwendeten Korn-Shell soll hier ebenfalls noch erwähnt werden: Im Gegensatz zu üblichen Unix-Implementierungen, die bei der Navigation im Dateisystem immer von einem *Root*-Filesystem ausgehen können, unter dem sich alle anderen Einträge gruppieren, muss diese Shell auch den Zugriff auf Verzeichnisse ermöglichen, die durch die Laufwerksbuchstaben gekennzeichnet sind. So könnte der Wechsel in der Wurzelverzeichnis des Laufwerks mit der Bezeichnung wie folgt ausgeführt werden:

```
$ cd E:/
```

Die auf Windows-System allgegenwärtigen *Backslashes* (\) werden von dieser Korn-Shell zwar ebenfalls verarbeitet, allerdings müssen sie unbedingt maskiert werden, da dieses Zeichen auf Unix-Systemen eine andere Bedeutung hat. Aus diesem Grund und auch um beim Einsatz von Shell-Skripten auf Windows- und Unix-Systemen so wenig wie möglich Änderung ausführen zu müssen, sollte man beim Einsatz dieser Shell deshalb auf diese Zeichen nach Möglichkeit verzichten.

Insgesamt werden von dieser Version des MKS-Toolkits über 60 verschiedene Unix-Kommandos und -Programme auf der Windows-Plattform zur Verfügung gestellt. Die Tabelle 7.1 auf der nächsten Seite zeigt in einem Überblick die wichtigsten dieser Kommandos. Wer mit diesen Kommandos arbeiten möchte, findet im World Wide Web umfangreiche Erläuterungen und Beispiele, die in die Shell-Programmierung einführen und ohne Probleme auf Windows-Systeme übertragbar sind.

Kategorie des Kommandos	Bezeichnung	Beschreibung
Datei- und Verzeichnis-dienste	basename	Gibt einen Dateinamen ohne die Laufwerks- oder Pfad-bezeichnung zurück
	cp	Kopieren von Dateien. Mit dem Schalter -R sind auch rekursive Kopien möglich. Achtung es muss ein Ziel angegeben werden.
	mkdir	Anlegen eines Verzeichnisses
	ls	Anzeigen von Dateien und Verzeichnissen
	mount	Ein NFS-Directory einhängen (nur mit NFS-Client)
Text-Programme	cat	Zeigt den Inhalt einer oder mehrer Dateien an
	more	Seitenweises Anzeigen
	vi	Sehr mächtiger Editor
Sicherheit	chmod	Change Mode – Zugriffsrechte von Datei(en) ändern
	chown	Change Owner – Besitzer von Datei(en) ändern
	su	Switch User – User ID der Shell ändern, ohne Angabe eines Users zum Superuser

Tab. 7.1: Diese Übersicht zeigt einige der wichtigen Unix-Kommandos, die durch die Windows Services für Unix auf der Windows 2000-Plattform zur Verfügung gestellt werden.

Kategorie des Kommandos	Bezeichnung	Beschreibung
Prozessorientierte Kommandos	cron	Zeit-Dämon – mit seiner Hilfe können Kommandos automatisch gestartet werden
	ps	Anzeige der aktiven Prozesse

Tab. 7.1: Diese Übersicht zeigt einige der wichtigen Unix-Kommandos, die durch die Windows Services für Unix auf der Windows 2000-Plattform zur Verfügung gestellt werden. (Forts.)

Zu den Werkzeugen, die in diesem Rahmen unbedingt erwähnt werden müssen, gehört ein Perl-Interpreter, der eine vollständige Portierung der Programmiersprache Perl in der Version 5 und Perl-Script für die Plattformen Windows 2000 und NT darstellt. Als besonderes Merkmal der hier mitgelieferten Version gilt die Unterstützung des Unix-Kommandos `fork()` auf Interpreter-Ebene. Mit diesem Kommando wird direkt aus einem aktiven Prozess heraus ein weiteren so genannter Kind-Prozess gestartet, der mit den Umgebungsvariablen und -Parametern des vorhergehenden Prozesses arbeiten kann. Durch die Implementierung dieses sonst auf Windows-Plattformen nicht vorhandenen Konzepts wird ein hohes Maß an Portabilität erreicht. Zudem stellt die Perl-Version auch eine Integration mit dem Windows-Script-Host zur Verfügung, was sie zu einem idealen Werkzeug für Administrationsaufgaben auf einem Windows-Server macht.

7.2.7 Integration der Account-Verwaltung

Die Verwaltung der verschiedenen Anwenderkonten kann sich gerade in einer gemischten Systemumgebung, die aus Unix- und Windows-Systemen besteht, als großes Problem für System- und Netzwerkadministratoren erweisen. Natürlich wird dieses Problem auch durch den Einsatz eines Netzwerk- und unternehmensweiten Verzeichnisdienstes, wie ihm Active Directory zur Verfügung stellt, adressiert. Allerdings wird es in vielen Fällen nötig sein, schnell und unkompliziert einige Unix-Server in das Netz einbinden. Hinzu kommt, dass viele Unternehmen erst nach und nach auf die komplette Unterstützung eines Verzeichnisdienstes umsteigen werden.

Aus diesem Gründen stellen die Windows-Services für Unix einige Werkzeuge zur Verfügung, die diese Aufgaben erleichtern und vereinfachen sollen. Dazu gehören:

- das User-Name-Mapping,
- die Passwort-Synchronisation (Zwei-Weg-Synchronisation),
- ein NIS-Server und
- ein NIS-Migration-Wizard.

7.2.8 User-Name-Mapping

Mit Hilfe des so genannten Mapping-Servers, der bei den Windows-Services für Unix nicht standardmäßig installiert wird, steht ein Mechanismus zur Verfügung, der es erlaubt, die Namen von Anwendern aufeinander abzubilden.

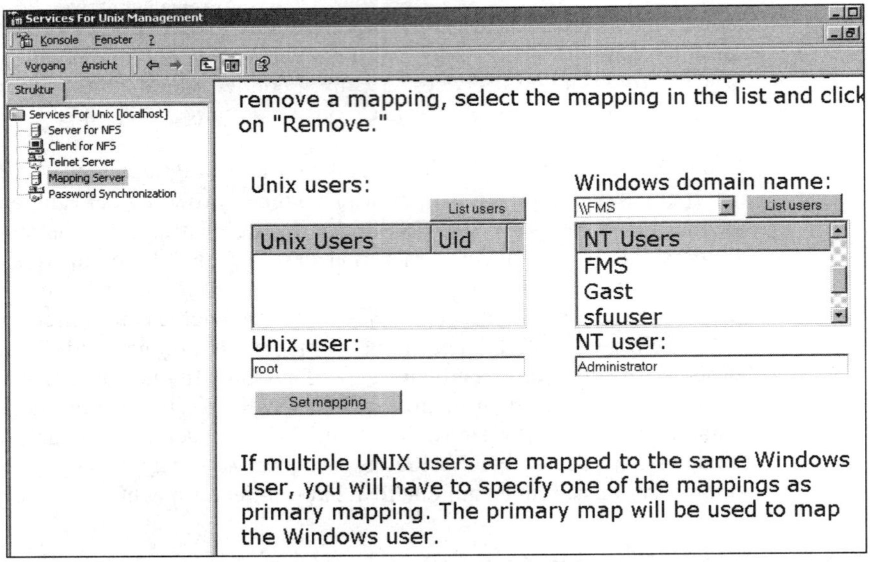

Bild 7.14: Der Mapping-Server: Er erlaubt es, die unterschiedlichen User-Accounts auf Unix- und Windows-Systeme aufeinander abzubilden.

Damit wird besonders das Problem erfasst, dass in heterogenen Netzwerken sehr oft Anwender existieren, die auf den verschiedensten Systemen unter ganz unterschiedlichen Namen und Konten arbeiten. Durch diese Unterschiede ist nicht nur ein Mechanismus wie ein *Single-Login* völlig unmöglich zu realisieren, auch die tägliche Arbeit an den unterschiedlichen Systemen wird so unnötig kompliziert.

Das mit dieser Software angebotene Mapping kann auch dann verwendet werden, wenn die fraglichen Anwender beispielsweise auf einem Unix- und einem Windows 2000-Host genau die gleiche Account-Bezeichnung verwenden. Seine wahre Stärke kann dieses Werkzeug jedoch dann ausspielen, wenn diese Konten unterschiedlich sind. Mit Hilfe der MMC (siehe Abbildung 7.14) ist es relativ leicht, einfache Abbildungsvorschriften für solche Fälle zu erstellen.

Das Werkzeug unterstützt sowohl eine Eins-zu-Eins- als auch eine bidirektionale Abbildung eines Anwenderkontos. Dadurch ist es auch möglich, einen einzelnen Unix- oder Windows 2000-Account auf mehrere Konten in der jeweils anderen Systemumgebung abzubilden. Dieses Merkmal ist beispielsweise besonders gut für Systemverwalter geeignet, die aus den verschiedensten Gründen mit unterschiedlichen Accounts auf den einzelnen Systemen arbeiten müssen. Ein weiteres sehr praxisnahes Beispiel stellt die Möglichkeit dar, mehrere unterschiedliche Verwalter auf einen Unix-*Root*-Account zu mappen, um auf diese Weise die Verwaltbarkeit des Systems immer garantieren zu können.

Das Mapping der User-Namen kann entweder direkt unter NIS oder mit Hilfe der Passwort- und Gruppendateien verwendet werden, um die entsprechenden Anwender zu authentifizieren. Kommt auf dem Windows 2000-Server der PCNFS-Dienst zum Einsatz, so findet man diese Dateien unterhalb des Windows-Directorys. Hier der komplette Pfad zu diesem Verzeichnis:

%windir%\system32\drivers\etc

Auch hat man sich wieder an die üblichen Konventionen eines Unix-Systems gehalten, bei dem die Passwort- und Gruppendateien immer im */etc*-Verzeichnis zu finden sind.

7.2.9 Die Synchronisation der Passwörter

Zu dem Softwarepaket, das bei den Windows Services für Unix installiert werden kann, gehört auch die optionale Möglichkeit der Passwort-Synchronisation. Mit diesem Werkzeug wird ein ähnliches Problem adressiert, wie das im vorherigem Abschnitt beschriebene Abbilden von Kontennamen auf anderen Systemen: In einem heterogenen Netzwerk, in dem sowohl Windows 2000- als auch Unix- und andere Systeme vorhanden sind, kann die Vielfalt der Authentifizierungsmechanismen schnell zum Verwaltungsproblem werden: Jedes System verwendet andere Techniken, und so sind die Anwender gezwungen, viele unterschiedliche Passwörter zu verwenden, um sich auf den unterschiedlichen Systemen anzumelden.

Die Problematik der verschiedenen Passwörter betrifft natürlich auch die Administratoren: Immer wenn die Passwörter geändert werden müssen, was in vielen großen Organisationen zu regelmäßigen Vorgängen gehört, muss ein unverhältnismäßig hoher Aufwand betrieben werden. Hinzu kommt die Problematik, dass in vielen großen Firmen unterschiedliche Personen als Administratoren beispielsweise für Unix- und Windows-Server verantwortlich sind.

Um die Verwaltung solcher Netzwerke zu vereinfachen, wurde die Möglichkeit der Passwort-Synchronisation bei den Windows Services für Unix integriert. Die Software wurde entwickelt, um den Anwender ein Arbeiten in Netzwerken zu erleichtern, in denen sie beispielsweise Konten sowohl auf den Windows 2000- als auch auf den Windows NT- und Unix-Rechner benutzen müssen.

Der Einsatz dieser Software bietet folgende Vorteile:

- Konstante Synchronisation der Passwörter auf Unix- und Windows 2000-Systemen.
- Anwender benötigen nur ein Passwort für unterschiedliche Systeme.

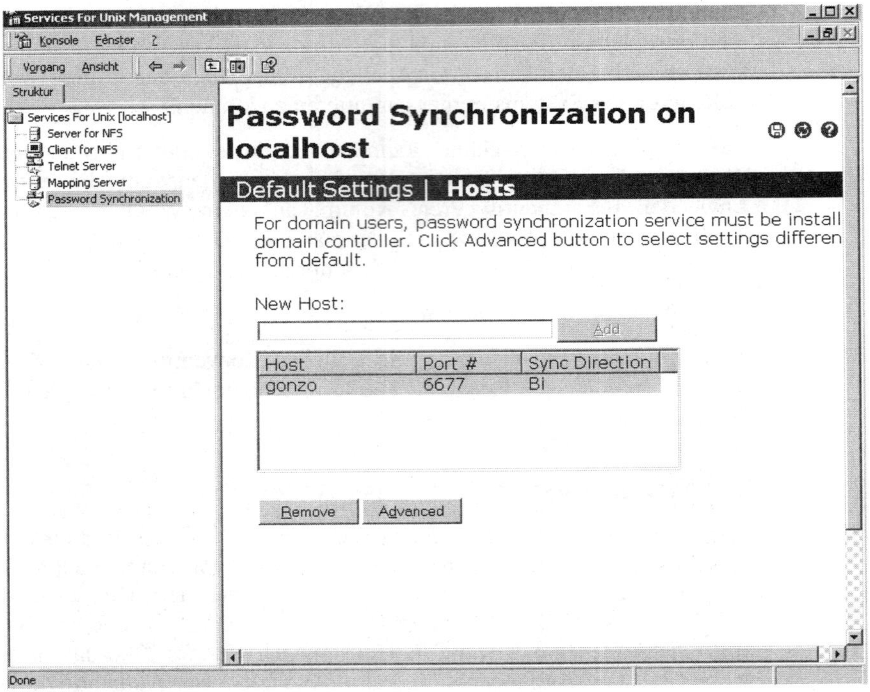

Bild 7.15: Einfachere Verwaltung in heterogenen Netzwerken: Mit der Passwort-Synchronisation können die Kennwörter zwischen Unix- und Windows 2000-Systemen abgeglichen werden.

- Vereinfachung der Verwaltung: Bei Änderung der Passwörter brauchen diese nur noch auf einem Server verwaltet zu werden.
- Der bei dieser Übertragung eingesetzte Mechanismus erlaubt die sichere, verschlüsselte Übertragung der Passwörter.
- Die Synchronisation ist optional: Es kann je Anwender entschieden werden, ob seine Passwörter synchronisiert werden oder nicht.

Allerdings ist beim Einsatz dieser Möglichkeit zu beachten, was eine solche Synchronisation nicht leisten kann: Es wird kein automatisches Single-Login zwischen Unix- und Windows-Server zur Verfügung gestellt. Die Anwender müssen sich also nach wie vor am jeweiligen System anmelden, bevor sie dort arbeiten können. Ein einheitliches Authentifizierungsschema auf den unterschiedlichen Systemen wird auf diese Art und Weise ebenfalls nicht erzwungen. Die gleiche Einschränkung gilt für die Sicherheitskriterien, die an die Passwörter angelegt werden, wie etwa die Lebenszeit oder Länge, zulässige Zeichen und so weiter. Auch diese Merkmale werden durch den Einsatz der Passwort-Synchronisation nicht zwischen den Systemen vereinheitlicht, sondern sind nach wie vor auf das jeweilige Unix- oder Windows 2000-System beschränkt. Weiterhin ist es mit dieser Software auch nicht möglich, die Kennwörter bestimmter Anwendungen, wie etwa großer Datenbank oder ERP-Systeme zu erreichen. Eine Synchronisation der Passwörter über die Betriebssystemebene hinaus ist bei dieser Software nicht vorgesehen.

7.2.10 Das System der Passwort-Synchronisation

Die Passwort-Synchronisation besteht bei den Windows Services für Unix aus zwei getrennten Komponenten:

- Synchronisation Windows nach Unix und
- Synchronisation Unix nach Windows.

Grundsätzlich erlaubt die Synchronisation sowohl den Abgleich von Domain-Kennwörter für Rechner, die Teil einer Windows-Domain sind, als auch der lokalen Passwörter von Rechner, die Stand-alone arbeiten. Wird dieser Service installiert, ist zunächst nur die Synchronisation von Windows nach Unix per Voreinstellung aktiviert. Wird auch die andere Richtung benötigt, kann sie über die verschiedenen Verwaltungswerkzeuge verfügbar gemacht werden.

Ändert ein Anwender sein Passwort auf einem Windows 2000-System, so übernimmt eine spezielle Client-Software die Aufgabe, das neue Passwort »abzufangen« und eine Anfrage an einen anderen Computer im Netz zu schicken, der dieses Merkmal ebenfalls unterstützt. Die Passwort-Synchronisation benutzt zu diesem Zweck die TCP/IP-Sockets für die Kommunikation. Zur Verschlüsselung der Daten, die vom Windows 2000- zum Unix-System geschickt werden, kommt das Verfahren Triple-DES zum Einsatz. Da an dieser Stelle nur die Standardprotokolle verwendet werden, erleichtert sich der Einsatz der Software: Es braucht keine zusätzliche Kommunikations- oder Verschlüsselungssoftware auf den Systemen installiert werden.

Ein weiterer Vorteil für die Systemverwalter: Die Passwort-Synchronisation kann unabhängig von den anderen Diensten installiert werden, die mit den Windows Services für Unix angeboten werden, da sie auf keinen der anderen Komponenten direkt aufbaut, genauso wie die anderen Dienste die Passwort-Synchronisation nicht benötigen. Allerdings bietet diese Software trotzdem die Möglichkeit, mit ihrer Hilfe das System weiter auszubauen, um es dann mit Server für NIS zu betreiben.

Um eine Synchronisation der Passwörter von Windows 2000- und NT-Systemen mit denen der Unix-Server zu erreichen, muss die Softwarekomponente zur Passwort-Synchronisation auf allen Domain-Controllern einer Windows-Domäne installiert werden. Das beinhaltet unter Windows 2000 alle so genannten Peer-Domain-Controller und unter Windows NT sowohl die Primary- als auch die Backup-Domain-Controller. Diese Vorgehensweise ist notwendig, weil nicht vorauszusehen ist, auf welchem der Domain-Controller beispielsweise der Wechsel des Passwortes eines Anwenders stattfindet.

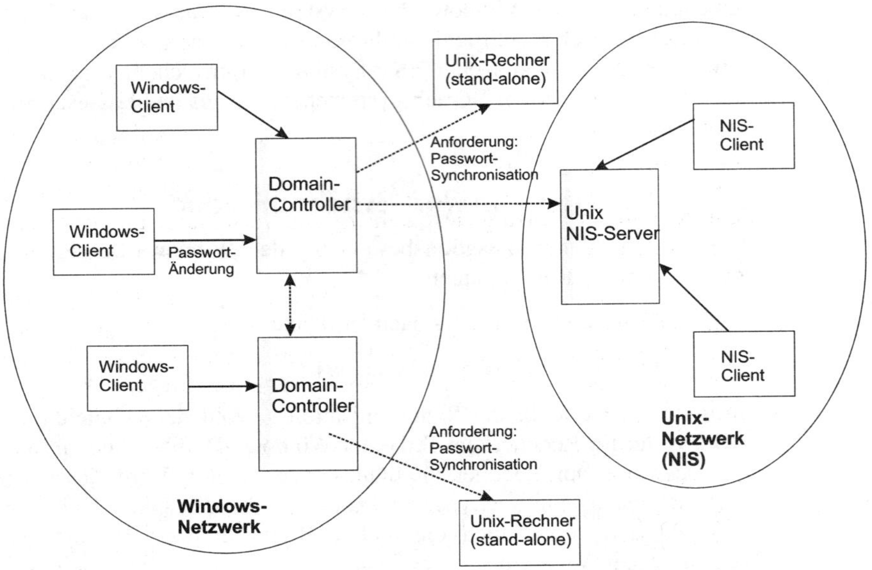

Bild 7.16: Die Synchronisation der Passwörter aus der Windows-Domäne in das Unix-Netz unter NIS (Network Information System).

Um einen Abgleich der Kennwörter von Windows nach Unix durchführen zu können, muss ein spezieller Dämon (ein Hintergrundprogramm auf Unix-Systemen, das ähnliche Funktionen wie die System-Services auf Windows-Rechnern ausführen kann) mit der Bezeichnung *ssod* (Single Sign On Daemon) zur Passwort-Synchronisation auf den Unix-Servern installiert werden. Wenn das NIS- oder NIS+-Passwort der Unix-Anwender abgeglichen werden soll, sollte dieser Dämon auf den Rechnern installiert werden, auf denen die entsprechenden NIS- oder NIS+-Master-Server aktiv sind.

In der Version 2.0 der Windows Services für Unix wird dieses Programm bereits für einige der gängigsten Unix-Derivate mitgeliefert. Dazu gehören:

- Sun Solaris ab Version 2.6,
- HP-UX ab Version 10.3,
- IBM AIX ab 4.3,
- Compaq True64-Unix und
- Red Hat Linux in den Version 5.2 und 6.0.

Die Abbildung 7.16 zeigt als Skizze, wie eine solche Synchronisation von den Windows-Servern auf die Unix-Server stattfindet. Um das Abgleichen der Kennwörter auf dem Unix-System zu ermöglichen, muss der Administrator dort die Datei *sso.conf* bearbeiten. Auf dem Windows-Server kann er auf die entsprechende Konsole zurückgreifen, die in der Abbildung 7.15 zu sehen ist.

Wie läuft ein solches Ereignis ab? Wenn ein Anwender auf einen der Client-Rechner im Windows-Netz (Bild 7.16) sein Passwort ändert, wird eine entsprechende Anforderung an einen der Domain-Controller in diesem Netzwerk abgeschickt. Auf diesem Rechner ist die Passwort-Synchronisations-Komponente aktiv, die automatisch eine entsprechende Mitteilung über die Veränderung erhält. Wenn dabei festgestellt wird, dass es sich bei diesem Kennwort um eines der Passwörter handelt, das zu synchronisieren ist, wird die Softwarekomponente weitere Schritte einleiten. Dazu gehört zunächst die Verschlüsselung des Kennworts, das dann über das Netz an die entsprechenden Unix-Server verschickt wird.

Der auf diesen Maschinen aktive *ssod*-Dämon wartet auf diese Art von Anforderungen. Er entschlüsselt die Nachricht und trägt dann das neue oder geänderte Passwort in die entsprechenden Unix-Dateien ein. Wenn es sich bei diesem Unix-System um einen NIS-Server handelt, wird natürlich auch dieses Passwort entsprechend geändert. Wenn danach die NIS-Clients aus dem Unix-Netzwerk mit dem NIS-Server kommunizieren, bekommen sie das neue Passwort übermittelt.

Der Abgleich der Kennwörter von lokalen Anwendern, die ausschließlich auf einem Stand-alone-System arbeiten, erfolgt in der gleichen Art und Weise. Wie bereits erwähnt, müssen in diesen Fällen die Softwarekomponenten für die Synchronisation auf den Systemen installiert sein, auf denen dieser Abgleich vorgenommen werden soll.

Die Synchronisation der Kennwörter kann auch als zweiseitiger Dienst eingerichtet werden, sodass auch eine Synchronisation der Unix-Kennwörter auf die Windows-Systeme möglich ist. Soll dieses Merkmal im Netzwerk verwendet werden, muss der Administrator ein *Password Synchronisation Pluggable Modul* (*pam_sso.so*, eine zur Laufzeit ladbare Systembibliothek) auf dem Unix-Server installieren. Entsprechend muss natürlich auch auf den Windows-Rechnern beziehungsweise den Domain-Controllern die Softwarekomponente installiert werden, die den Abgleich der Kennwörter ermöglicht. Das Pluggable Modul auf dem Unix-Rechner sorgt dann dafür, dass beim Aufruf des Programms *passwd* das neue Kennwort verschlüsselt wird und über das Netz an die Windows-Domain-Controller oder die entsprechende Stand-alone-Maschinen gelangt.

Als ganz wichtiger Hinweis muss an dieser Stelle darauf hingewiesen werden, dass die hier beschriebenen Vorgänge nur dann funktionieren, wenn die Konten der Anwender auf den Windows 2000- und den Unix-Systemen genau gleich heißen. Auch in dieser Stelle sollten sich Administratoren immer darüber klar sein, dass die Account-Namen auf Unix-Systemen im Gegensatz zu Windows 2000 oder NT immer case-sensitiv sind. Auch die Installation des *ssod*-Dämons auf den Unix-Rechner ist unbedingt erforderlich, soll ein Abgleich der Passwörter reibungslos funktionieren.

7.2.11 NIS-Server und -Migration Wizard

In der zum Zeitpunkt der Manuskripterstellung für dieses Buch erhältlichen Beta-Version der Windows Services für Unix waren sowohl der NIS-Server als auch der zur endgültigen Version gehörende NIS Migration Wizard noch nicht verfügbar. Trotzdem sollen diese beiden Komponenten kurz vorgestellt werden, da sie für die Integration der Unix- und Windows 2000-Rechner sehr wichtig sein können, wenn ein bestehendes Unix-Netzwerk diesen Dienst einsetzt.

Mit Hilfe dieser Server-Komponente kann ein Windows 2000-System sowohl als Master- als auch in der Funktion eines Slave-NIS-Servers für die entsprechenden Clients eines Unix-Netzwerks eingesetzt werden. Diese Komponente kann nur auf einem Windows 2000-Rechner installiert werden, der als Domain-Controller im Netz fungiert. Zu den Vorteilen, die diese Software laut Microsoft anbietet, gehört auch die Unterstützung mehrerer NIS-Domänen.

Der NIS-Server unterstützt dabei sowohl das LDAP- (Light Weight Directory Access Protocol) als mit ADSI- (Active Directory Service Interface) Protokoll, um einen Zugriff auf die unter NIS gespeicherten Daten zu ermöglichen. Dadurch soll es dann dem Administratoren auch ermöglicht werden, einen einheitlichen und konsistenten Namensraum zu verwalten.

Dadurch können auch die Anwender und Rechner, die unter Unix betrieben werden, über die auf Active Directory basierenden Snap-Ins der MMC verwaltet werden. Der NIS-Server verwaltet und speichert die so genannten NIS-Maps innerhalb von Active Directory ab.

Mittels des ebenfalls mitgelieferten NIS Migration Wizards soll zudem ein Werkzeug zur Verfügung gestellt werden, das es erlaubt, eine bestehende NIS-Umgebung in Active Directory zu integrieren. Der Wizard ist in der Lage, die NIS-Dateien von einem Unix-Server zu verwenden und sie in Active Directory zu überführen. Die Unix-Dateien können dem Windows 2000-Server direkt über ein NFS-Verzeichnis zur Verfügung gestellt werden. Aber auch eine Kopie dieser Datei auf den Windows-Server ist möglich, wo sie dann durch den Migration Wizards bearbeitet werden sollen.

7.3 Weitere Integrationsansätze

Wie bereits zu Beginn dieses Kapitels erläutert, gab es eine ganze Reihe von Drittanbietern, die sich auf Software konzentriert hatten, mit der man Windows-Systeme problemlos auch in heterogene Netzwerke integrieren konnte. Da Microsoft aber im Laufe der letzten Jahre immer mehr dieser Funktionalitäten direkt in das Betriebssystem übernommen hat, wird diese Marktnische nach und nach immer kleiner. Mit dem in diesem Kapitel ausführlich dargestellten Zusatzpaket der Windows Services für Unix ist ein weiterer dieser Bereiche, nämlich die Integration von NFS-Diensten in Windows-Netze, nun auch direkt von Microsoft erhältlich.

So sind dann letztendlich auch nur noch drei größere Anbieter in diesem Bereich tätig: NetManage, Hummingbird und WRQ. Während sich NetManage und WRQ in den letzten Jahren stark auf die unterschiedlichsten Connectivity-Produkte konzentriert haben, ist der kanadische Anbieter vor allen Dingen durch seine Programme zur Verbindung des in der Unix-Welt weit verbreiteten X-Window-Protokolls mit der Welt der MS-Windows-Rechner bekannt geworden.

Alle Anbieter teilten auf Anfrage mit, dass sie ihre Produkte auch für die Windows 2000-Plattformen anbieten werden. NetManage will zu diesem Zweck eine komplette Suite von Programmen unter der Bezeichnung eN2000 vorstellen, die als so genanntes Framework konzipiert werden soll. Als besonderer Unterschied zu den Microsoft-Produkten wird dabei hervorgehoben, dass es mit dieser Software auch möglich sein wird, andere Systeme wie beispielsweise IBMs Midrange-Rechner der AS/400-Reihe oder Mainframes in Windows 2000-Netze zu integrieren. Ebenso teilten alle Anbieter mit, dass sie eine Integration der Active-Directory-Dienste in ihre Produkte anstreben. Leider war es zum Zeitpunkt der Manuskripterstellung noch nicht möglich, ein speziell für Windows 2000-Systeme entwickeltes Produkt zu testen. Die Integration eines X-Servers gelang jedoch ohne Probleme.

7.3.1 X-Window unter Windows 2000

Zu den wichtigsten Netzwerk-Protokollen in der Unix-Welt gehört sicherlich das X-Window-Protokoll, das häufig auch nur als X oder fälschlich als X-Windows bezeichnet wird. Obwohl mit Hilfe dieses Protokolls eine der populärsten Oberflächen für Unix-Rechner realisiert wurde, handelt es sich bei X im Prinzip um ein Netzwerkprotokoll auf Client/Server-Basis, das auf TCP/IP aufsetzt.

Mit Hilfe von X-Window ist es möglich, Anwendungen auf einem zentralen Host über Ein- und Ausgaben auf dem Client-Rechner zu steuern, wobei diese Steuerbefehle die einzigen Daten sind, die dabei über das Netz wandern. Besonders die Möglichkeit, auf einem System mit einer Anwendung zu arbeiten, während die Bildschirmausgaben auf einem einfachen X-Terminal erscheinen, wird heute wieder aufgegriffen. Das gleiche Prinzip findet sich auch bei so genannten Thin-Client- oder Network-PCs wieder. Auch der Windows-Terminal-Server, der mit Windows 2000 zum festen Bestandteil des Betriebssystems wurde, verwendet dieses Grundprinzip.

Ein unbestrittener Vorteil bleibt allerdings beim Einsatz von X-Window bestehen: Dieses Protokoll arbeitet Plattform-übergreifend und erleichtert so beispielsweise auch die Integration von Unix-Systemen in Windows-Netzen. In der Abbildung 7.17 ist die KDE-Oberfläche eines Linux-Systems auf einem Windows 2000-System zu sehen. In diesem Beispiel kam das Produkt Exceed des kanadischen Herstellers Hummingbird zum Einsatz, das sich problemlos unter Windows 2000 betreiben lässt.

Bild 7.17: X-Window im Fenster: Mit der Exceed-Software des Anbieters Hummingbird ist ein Integration der X-Umgebung eines Unix-Systems in die Windows 2000-Oberfläche möglich.

Auch wenn diese Art der Integration nicht zu den Massenprodukten gehört, so hat sie doch gerade in heterogen Netzwerken nach wie vor ihre Berechtigung und ermöglicht eine einfache Zusammenarbeit der verschiedenen Betriebssysteme.

Anhang

ViewNow Suite – Windows Edition auf der CD-ROM (Fa. NetManage)

A.1 Full Spectrum Connectivity

ViewNow Suite integriert sich in die Familie der eN2000-Enterprise-Connectivity-Lösungen. eN2000: die Connectivity-Architektur von NetManage für den Zugriff auf Hostdaten. Dazu steht eine komplette Serie integrierter Anwendungen und Implementierungsmodelle zur Auswahl – Desktop, Server- und Web-basiert. Ausgestattet mit einer einheitlichen Benutzeroberfläche und der Fähigkeit zur benutzerbasierten Verwaltung und Konfiguration sowie integriertem interaktiven Echtzeit-Support, sind Unternehmen nun in der Lage, ihren Hostzugriff ohne großen Aufwand zu erweitern und allen berechtigten Benutzern standortunabhängig bedarfsgerechten HelpDesk-Support bereitzustellen.

Uneingeschränkte Multihost-Connectivity

für Windows®-Desktops über SNA und IP

ViewNow Suite stattet die Benutzer von Windows 95, Windows 98, Windows NT und Windows 2000 mit einer Palette an HighPerformance-Connectivity-Anwendungen für den Zugriff auf Mainframe-, AS/400®- und Unix®-Hosts aus. Diese Multihost-Komplettlösung wird nicht nur den Anforderungen der Endbenutzer bezüglich eines schnellen und zuverlässigen Hostzugriffs gerecht, sondern stellt gleichzeitig den Administratoren Management-Funktionen im Hinblick auf eine zentralisierte Konfiguration, Implementierung und Kontrolle zur Verfügung. Die integrierte SupportNow-Funktionalität ermöglicht die Bereitstellung eines bedarfsgerechten Echtzeit-Anwendungssupports und Remote Trainings für die Benutzer und damit eine Reduzierung des Zeit- und Kostenaufwands bei der Fehlerdiagnose und -behebung. Durch die Windows-Integration, die Scripting-Fähigkeit und die Task Automation sowie die dazu allgemein unterstützte Point&Click-Technik wird der Hostzugriff und Datenaustausch für jeden Benutzer einfach. Zudem ist ViewNow Suite ausgerichtet auf die Anforderungen des Jahres 2000 wie auch der Euro-Einführung.

A.2 Produktvorteile

- 3270-, 5250- und VT-Terminalemulation
- Zentralisierte und Remote Management-Funktionen für die Softwarekonfiguration, -verteilung und -verwaltung
- NFS v3-Leistungsfähigkeit
- File Transfer mit FTP Client und Server
- Unterstützung der Protokolle SNA und TCP/IP im Hinblick auf eine Migration von SNA zu IP
- Industriestandard NS/Router

- Webbrowser-Zugriff auf X Window-Anwendungen
- SupportNow-Fähigkeit für interaktiven Echtzeit-Support
- Jahr 2000- und Euro-Konformität
- Integraler Bestandteil des umfangreichen eN2000-Enterprise-Connectivity-Frameworks von NetManage

Desktoplösungen: High Performance Host Connectivity

Die ViewNow Suite präsentiert sich den Benutzern von Windows 95, Windows 98 und Windows NT als komplette PC-Connectivity-Lösung für die Kommunikation mit Mainframe-, AS/400- und Unix-Hosts. Diese umfassende und dabei einheitliche Lösung ermöglicht den Zugriff auf und das Sharing von Hostanwendungen und -daten über die Terminalemulation, X Server, NFS Client und FTP File Transfer. Mit anderen Worten: ViewNow Suite fasst die gesamte Palette der stabilen Up-to-date-Anwendungen von NetManage in einer einzigen integrierten Lösung zusammen.

Dabei unterstützt die ViewNow Suite eine Vielzahl verschiedener Hostverbindungen für LAN- und WAN-Netzwerke. Somit hat ViewNow Suite die geeignete Hostverbindung auf Lager – und das ungeachtet der jeweiligen Netzwerkimplementierung oder des verwendeten Kommunikationsprotokolls. Dieser flexible Multiprotokoll-Ansatz erweist sich als Lösung, insbesondere für Unternehmen, die von einer herkömmlichen SNA-Kommunikation auf eine TCP/IP-Umgebung umsteigen möchten.

A.3 IBM Mainframe-Zugriff

Mit dem Funktionsumfang der 327X-, 3287-, TN3270-, TN3270E-, TN3287- und LU6.2/APPC-Emulationen wird der Zugriff auf IBM Mainframe-Systeme erlaubt. Zu den Funktionen, die zur Benutzerfreundlichkeit beitragen, gehören der Tastatureditor, der Farbeditor, die grafische Symbolleiste, PowerPad und Hot-Spots. Mit dem Data Object Recorder lassen sich alle regelmäßig anfallenden Host-Tasks automatisieren. Benutzer können Mainframe-Datenobjekte in eine Microsoft Word-Datei, eine Excel-Kalkulationstabelle oder jedes andere OLE-kompatible Dokument integrieren bzw. damit verknüpfen. Bei jedem Öffnen des Dokuments wird das verknüpfte Mainframe-Datenobjekt automatisch mit den aktuellen Datenwerten aktualisiert. Es besteht auch die Möglichkeit, auf dem Windows-Desktop Shortcuts zu erstellen, über die die Mainframe-Datenobjekte direkt aktiviert werden können.

A.4 AS/400 Information Access

Mit ViewNow Suite steht eine komplette 5250- und TN5250E-Display/Druckeremulation bereit, sowie SQL-Datentransfer, Shared Folders und Open Data Base Connectivity (ODBC)-Zugriff auf DB2/400. ViewNow Suite umfasst NS/Router, die AS/400-Kommunikations-Engine für Windows, mit der NetManage den Industriestandard setzt. NS/Router unterstützt eine Vielzahl der industrieweit verwendeten Hostverbindungen, u.a. TCP/IP, AnyNet, IPX/SPX, Async, 802.2/LLC, SDLC, AutoSync, SNA Server, NetWare for SAA und Twinax.

ViewNow Suite bietet Windows-native Unterstützung für die Funktionalität AS/400 Shared Folders und IFS (Integrated File System). Neben dem dynamischen Zugriff auf AS/400-Systeme als Dateiserver bleibt volle Kompatibilität mit bereits vorhandenen NetWare- oder Windows NT-Serverumgebungen gewährleistet. Zur Integrität der Datenbanken lässt sich der ODBC-Zugriff auf AS/400-Daten dabei auf den ReadOnly-Modus beschränken.

A.5 Zugriff auf Unix-Hosts

Mit ViewNow Suite steht ein Satz an Terminalemulationen mit DEC VT-Unterstützung (VT52, 100, 220, 320, 340 ReGIS Graphics und 420), synchronen Verbindungen, WYSE (50 und 60), ASCII und ANSI bereit. Weitere Unix-Connectivity-Anwendungen, die zur Auswahl stehen:

X Server,
NFS Client,
LPD Server,
LPR Print Client und viele andere.

Der integrierte NDS-Support trägt zur erheblichen Vereinfachung von Setup und Verwaltung sowie zu einer Verbesserung der Hostverbindungen bei. Zur Unterstützung der Benutzerfreundlichkeit warten grafisches Keyboard Mapping per Drag&Drop, frei anpaßbare Menüs und Symbolleiste, automatische Schriftanpassung, HotSpots und KeyPad mit ihren Funktionen auf. Administratoren ihrerseits erhalten die Möglichkeit, Skripts bedarfsgerecht zu gestalten, um eine Vielzahl verschiedener Funktionen zu automatisieren: Kontrolle zahlreicher Emulationssitzungen, Automatisierung des Systemlogin, Extraktion von Hostdaten und Kommunikation mit anderen PC-Anwendungen über OLE (Object Linking and Embedding)-Automation.

A.6 Webbrowser-Zugriff für X Window

PC-Benutzer können jetzt problemlos auf speicherintensive X-Anwendungen auf einem zentralen Unix-System zugreifen. Und das dank der ViewNow-Unterstützung von Broadway, einer Web-fähigen Technologie, die Windows-Benutzern den Zugriff und die Ausführung von X-Anwendungen vom eigenen Windows-PC aus ermöglicht. Für den Benutzer sieht das Ganze dabei so aus, als würde die X-Anwendung direkt auf dem lokalen Desktop laufen. Unter Verwendung eines einfachen Webbrowsers können die X-Anwendungen remote konfiguriert, verwaltet und aufgerufen werden. Netzwerkadministratoren können zudem benutzerorientierte Webseiten mit Links zu X-Anwendungen einrichten. Die Benutzer wiederum brauchen dann nur noch auf einen den vordefinierten Links zu klicken, und schon startet die verknüpfte X-Anwendung. Endlich ist Schluss mit der aufwändigen Konfiguration jedes einzelnen Benutzer-Desktops für spezifische X-Anwendungen – und das bei reduziertem Schulungsbedarf.

A.7 Einfacher Anwendungsstart

LaunchNow™ – das bedeutet für die Benutzer die Möglichkeit zum einfachen Schnellstart von Hostsitzungen und -anwendungen. Administratoren können LaunchNow so anpassen, dass die Endanwender bestimmte Sitzungen, Verbindungsziele oder Programme einfach starten können . In jeder ViewNow-Anwendung genügt ein einfacher Klick auf LaunchNow, und schon erscheint eine Liste mit Anwendungen, die aktiviert werden können. LaunchNow kann als Symbol auf der Symbolleiste angezeigt werden, um die Funktionen auch dann zur Verfügung zu stellen, wenn keine ViewNow-Anwendung aktiv ist.

A.8 Benutzerfreundlicher Datenzugriff

A.8.1 FTP File Transfer

Für den FTP-Dateitransfer stehen zwei Anwendungen zur Auswahl: FTP Client und das FTP Client Add-in. Mit dem FTP Client steht dem Benutzer eine zweigeteilte Ansicht zur Verfügung, in der sich das Kopieren von Dateien zwischen lokalen und Remote-Systemen auch in komplexen Verzeichnisstrukturen durch einfaches Drag&Drop bewerkstelligen lässt. Die FTP Client Add-in-Anwendung ist in den Windows-Explorer integriert, sodass die Benutzer sich nicht extra mit einer neuen Oberfläche vertraut machen müssen. Mit FTP Server kann ein herkömmlicher Desktop-PC mit Windows als Dateiserver konfiguriert werden. Der FTP Server ist mit der Domain Security von Windows NT integriert und ermöglicht den Administratoren die Begrenzung des Benutzer-Zugriffs durch den Benutzernamen oder die IP-Adresse. Der FTP Server Connection Monitor bietet den Administratoren eine bessere Kontrolle über das Monitoring und Troubleshooting des FTP Server-Datenverkehrs.

A.8.2 Erweiterte Benutzerfreundlichkeit

Die bewährten grafischen Benutzeroberflächen sind mit der Point&Click-Technik ausgestattet, die den Multi-Host-Zugriff zum einfachen Handgriff werden lassen. Die Client-Netzanwendungen werden vollständig in die Windows-Benutzeroberfläche integriert. Das bedeutet, dass für Benutzer, die mit ihren Betriebssystemkonventionen vertraut sind, auch die Durchführung von Netzwerk-Tasks kein Problem mehr darstellt. Und das wiederum bedeutet eine spürbare Einschränkung des HelpDesk-Unterstützungsbedarfs in Sachen Fehlerbehebung bei gleichzeitiger Reduzierung der Wartungskosten. Jedem Benutzer steht für jedes Element seiner Benutzeroberfläche eine kontextsensitive Hilfe zur Verfügung, durch die er seine Informationen bedarfsorientiert und schnell finden und somit seiner Produktivität auf die Sprünge helfen kann.

ViewNow Mainframe umfasst eine breitgefächerte Palette an leistungsfähigen benutzerorientierten Funktionen, die die Arbeit des Benutzers erleichtern und seine Produktivität fördern. Dazu gehören ein Tastatur- und ein Farbeditor, eine grafische Symbolleiste und die automatische Schriftanpassung. Häufig verwendete Tasten bzw. Tastenkombinationen lassen sich auf dem Windows-Desktop in grafischer Form darstellen und somit schnell und einfach aktivieren. Mit PowerPad können umständliche Tastenkombinationen einem benutzerfreundlichen Point&Click-Tastenfeld auf dem Bildschirm zugewiesen werden. Darüber hinaus werden die Tasks der Benutzer durch HotSpots vereinfacht, da die ausgewählten Host-Funktionen hervorgehoben dargestellt werden.

A.9 Host Access Manager

Der Host Access Manager fungiert als zentrales Konfigurationstool für ViewNow. Er stattet Benutzer und Administratoren mit einer ansprechenden und übersichtlichen Oberfläche aus, in der die unterschiedlichsten Host Access-Objekte konfiguriert werden können, wie z.B. 3270-, 5250- und Telnet-Terminal/Druckersitzungen, FTP- und andere Dateitransfer-Sitzungen sowie Batch-Transferrequests und X Client-Sitzungen. Der Manager ermöglicht zudem die Verwaltung der Arbeitsbereiche, d.h. der Administrator kann diese in eine Benutzerumgebung importieren bzw. zum Sharing oder Troubleshooting exportieren. Auf die im Host Access Manager erstellten Objekte kann auch in anderen ViewNow-Anwendungen und über LaunchNow zugegriffen werden. Für einen einfachen Zugriff können überdies Administratoren den Sitzungsobjekten Shortcuts zuordnen.

A.10 Remote-Konfiguration

Der Remote Access Manager ist ein Remote-Konfigurationstool für Systemadministratoren. Die von diesem Tool bereitgestellte Ressourcen-Vielfalt ermöglicht ein konsistentes, integriertes Management der Benutzerkonten, -arbeitsbereiche und -zugriffsrechte. Die Administratoren erstellen dazu remote für die einzelnen Benutzer und Benutzergruppen Host-Zugriffsvorlagen. Durch diese Zentralisierung und Remote-Abwicklung der Konfiguration lassen sich die Managementkosten gerade bei zahlreichen dezentralen Desktops grundlegend reduzieren.

A.11 AS/400 Quick Connect

AS/400 Quick Connect macht mit langwierigen und umständlichen Arbeitsprozeduren Schluss und ermöglicht Benutzern einen schnellen und direkten Zugriff auf den AS/400-Host. Durch die Vorkonfiguration der verschiedenen Verbindungstypen und -optionen genügt ein einfacher Doppelklick auf das Symbol von AS/400 Quick Connect im Host Access Manager.

A.12 Assistenten und Diagnose-Tools

Mit ViewNow Policy Templates (nur Windows NT) können Systemadministratoren den Zugriff einzelner Benutzer oder Gruppen auf Produktfunktionalitäten individuell steuern. Mit Migrationsassistenten lässt sich die Migration von einer älteren NetManage Software bzw. die Aktualisierung von Produkten der Mitbewerber einfacher durchführen. Die Diagnose-Tools ermöglichen mit ihrem Funktionsspektrum Problemdiagnosen sowie das Monitoring, Auditing und Reporting in Sachen Benutzerzugriff und Netzwerkleistung.

A.13 Migrations- und Konfigurationsassistenten

- Chameleon™ HostLink – Migrationsassistent
- Chameleon Unix® Link – Migrationsassistent
- NS /Elite™ 400 – Migrationsassistent
- NS/Router® – Konfigurationsassistent
- Relay Gold® – Migrationsassistent
- Xoftware®/X OnNet® – Migrationsassistent
- OnNet – Migrationsassistent
- NS Migrationsassistent für 16-Bit-Produkte
- Host File Transfer – Importprogramm

A.14 NFS-Leistungsfähigkeit, Zuverlässigkeit und Benutzerfreundlichkeit

Über den in die ViewNow Suite eingebetteten NFS Client können Benutzer einfach und schnell über das Netzwerk auf benötigte NFS-Serverressourcen zugreifen. Zusätzlich zu den Leistungsvorteilen von NFS v3 bietet der ViewNow NFS Client die erforderliche Zuverlässigkeit und Windows-Integration, die dem Benutzer den übergangslosen Zugriff auf Verzeichnisse, Dateien, Drucker, Netz-, CD-ROM-, Zip-Laufwerke und andere Netzgeräte ermöglichen. Der NFS Client basiert auf der InterDrive NFS-Technologie von NetManage.

Beim Aufbau von Verbindungen wird der Benutzer umfassend und auf ansprechende Weise von den vielseitigen Funktionen des NFS Client unterstützt, so z.B. durch die Erstellung von Aliasen, die Integration in den Windows-Explorer, die NIS-Automap-Integration und Direct NFS. Anhand eines Aliases sind die auf NFS-Servern gelagerten Ressourcen schnell gefunden und aufgerufen. Anstatt der Eingabe eines langen und komplizierten Netzwerkpfads kann der Benutzer für den Verbindungsaufbau einen Kurznamen bzw. eine allgemeine Bezeichnung verwenden. Mit Hilfe der NIS-Automap-Integration lassen sich NIS HOME Verzeichnis- und Netzwerk-Aliase in kürzester Zeit ausfindig machen. Das heißt, mit dem umständlichen Durchsuchen komplexer Verzeichnisstrukturen ist nun Schluss.

A.15 Erstellung eines Direct Path zu NFS-Servern

Damit die Verbindungen zu NFS-Dateien schneller hergestellt werden können, bietet der ViewNow NFS Client den Benutzern die Möglichkeit zur Einrichtung eines Direktpfades zu den NFS Servern im Windows-Explorer. Mit diesem Direct NFS-Laufwerk lassen sich in einer Multiprotokoll-Umgebung Verbindungskonflikte mit anderen Netzwerk-Clients vermeiden.

Bei einem Verbindungsaufbau zu Netzwerkressourcen über die Netzwerkumgebung oder den Windows-Explorer sendet Windows die Verbindungsrequests normalerweise über seine MPR-Infrastruktur (Multiple Provider Router). Im Gegensatz dazu umgeht Direct NFS dieses zeitraubende Routing-Verfahren über zahlreiche verschiedene Protokolle: Das verknüpfte Direct NFS Drive sucht ausschließlich nach NFS Servern und stellt nur zu diesen eine Verbindung her. Diese ViewNow-Funktion bedeutet in erster Linie auch kürzere Verbindungszeiten und gesteigerte Zuverlässigkeit, da Betriebssystemkollisionen und Verbindungsfehlschläge aufgrund unterschiedlicher Netzwerkprotokolle von vornherein ausgeschlossen werden.

Direct NFS stellt überdies eine Erweiterung der Microsoft UNC-Kapazität (Universal Naming Convention) dar, da die reservierten Direct NFS-Pfade als direkter Zeiger zur NFS-Infrastruktur interpretiert werden. Dadurch lassen sich sowohl für

Grafik- als auch für Befehlszeilen-Anwendungen Kollisionen vermeiden, und das bei gleichzeitig gesteigerter Leistung. Last but not least stattet Direct NFS auch 16-Bit-Windows- und DOS-Anwendungen mit erhöhter Netzwerkfähigkeit aus, wenn diese in einer 32-Bit-Umgebung ohne Microsoft UNC-Unterstützung betrieben werden. Auch in diesem Fall ist jetzt der Zugriff auf Dateiserver im Netzwerk möglich.

Bedarfsgerechte Installation

Mit Hilfe des Custom Install Manager können Administratoren spezifische Installationsvorlagen für einzelne Benutzer und Benutzergruppen erstellen. Die benötigten Benutzernamen werden dazu ganz einfach aus NIS- oder NT-Datenbanken importiert, d.h. die zeitaufwändige Erstellung neuer Benutzerverzeichnisse gehört endlich der Vergangenheit an. Durch eine unüberwachte Installation, ausgehend von einem Server und auf Basis vorkonfigurierter Vorlagen, lässt sich die Installationsdauer beträchtlich verringern.

Die Anwesenheit des Administrators vor Ort an den verschiedenen Desktops ist nunmehr überflüssig, parallel dazu schrumpft der Bedarf der Endbenutzer in Sachen HelpDesk-Support. Der Administrator erhält genaue Kontrolle über die verschiedenen Anwendungen und Dialogfelder, die den Benutzern bei der Installation angezeigt werden. Durch das Ausblenden der Dialogfelder können Administratoren eine ordnungsgemäße Installation der Anwendungen ohne Eingreifen des Benutzers sicherstellen.

Die automatisierte Konfiguration und Installation umfasst drei einfache Arbeitsschritte:

1. Einmalige Installation von ViewNow auf einem zentralen Server durch den Administrator.
2. Anpassung der Installationsprozedur durch den Administrator an die Anforderungen der verschiedenen Abteilungen, Benutzergruppen oder Benutzer und Speicherung der Installationsskripts auf dem Server.
3. Herunterladen des zutreffenden Skripts durch die Benutzer und Ausführung des Setup-Programms. Die benutzerspezifische Installation läuft dann automatisch ab, d.h. die Details der Installation sind für den Benutzer unwesentlich und transparent.

Interaktiver Echtzeit-Support – der NetManage-Sonderservice

Sämtliche ViewNow Windows-Clients unterstützen SupportNow, d.h. sie bieten schnellen und effizienten Anwendungssupport sowie Remote Training über das Internet, Intranet oder Extranet. Durch einen simplen Mausklick lässt sich über den NetManage SupportNow-Server für eN2000 zwischen dem PC eines Benutzers und einem Sachbearbeiter des NetManage-Supportservices bzw. einem unternehmensinternen HelpDesk eine interaktive Support-Sitzung in Echtzeit aufbauen.

Der Techniker am anderen Ende der Leitung ist nicht mehr von der oft unpräzisen wörtlichen Erklärung des vorliegenden Problems abhängig. Er sieht direkt und live die Anwendungsfenster, Dateien und Daten des Benutzers und kann somit eine präzise Diagnose durchführen und das technische Problem in kürzester Zeit beheben – meist bereits während der ersten Sitzung.

Andererseits können die Benutzer die Korrekturaktionen auf ihrem Bildschirm direkt mitverfolgen und erhalten dadurch einen konkreten Einblick, der ihnen den Umgang mit künftigen Problemen erleichtert. Diese ad hoc-Schulung führt zu einer beträchtlichen Einschränkung der Zweitanrufe, einer eindeutigen Zeitersparnis und einer bedeutenden Reduzierung der Supportkosten. Da der Support häufig bis zu 45% der Netzwerk-Betriebskosten ausmacht, erweist sich Support-Now als essentielles Tool, wenn es darum geht, die Kosten niedrig zu halten, und das auch noch lange nach Erwerb der Software.

A.16 Produktspezifikationen

Mainframe-Connectivity

- Unbegrenzte Anzahl simultaner 3270-Sitzungen mit verschiedenen Hosts
- IBM 327X (Modell 2, 3, 4 und 5)
- IBM 3287 (SCS/LU1 oder DSC/LU3)
- TN3270, TN3270E und TN3287
- PU Typ 2 und LU Typ 1, 2, 3 und 6.2
- Unterstützte Verbindung für 802.2/LLC, Coax, Microsoft SNA Server, NetWare for SAA, SDLC
- APPC und CPI-C unter Verwendung separater Hostverbindungen bzw. einer gemeinsamen Verbindung
- IND$FILE File Transfer
- HLLAPI und WinHLLAPI und Microsoft WOSA WinHLLAPI
- Voller SNA-Stack-Support
- Skripting mit Aufzeichnung
- Tastaturneubelegung über Drag&Drop
- Benutzerdefinierbare Symbolleiste und Menüoptionen

AS/400-Connectivity

- IBM 3196, 3197C, 3197D und 3477
- IBM 5224-2-, 3812- und 5219D-Druckeremulation unter Verwendung von SCS
- TN5250E-Display/Druckeremulation
- Unterstützte Verbindung für 802.2/LLC, AnyNet (MPTN), Async, Autosync, Direct IPX/SPX, Microsoft SNA Server, NetWare for SAA, SDLC, Twinax
- SQL-Datenzugriff auf DB2/400
- Unterstützung von Shared Folders für AS/400
- ODBC-Read/Write-Zugriff auf DB2/400
- Voller SNA-Stack-Support
- Skripting mit Aufzeichnung
- Tastaturneubelegung über Drag&Drop
- Benutzerdefinierbare Symbolleiste und Menüoptionen

Unix-Connectivity

- VT52, 100, 220, 320, 340, 420
- WYSE 50,60, TVI 950, 955
- SCO Color ANSI, AT386
- Direktkommunikation über seriellen Port
- File Transfer über X/Y/Z und Kermit
- Scripting ohne Recorder
- Keyboard Mapping per Drag&Drop
- Benutzerdefinierbare Symbolleiste und Menüoptionen
- Unterstützung von 80 und 132 Spalten
- History, Recording, Logging, KeyPad

A.17 LPR und LPD

- LPR Print Client
- LPD Print Server

A.18 NFS Client

- NFS v3 mit automatischem Fallback zu NFS v2
- Auswahl unter den Protokollen TCP und UDP (Standard/Fallback)
- Automatische Server-Identifizierung
- Bedarfsgerecht anpassbare Eigenschaften für die einzelnen NFS Server
- NIS HOME Directory Recognition
- Aliase für Dateien und Drucker
- Unterstützung für NFS und LPR Printing (LPR-Druck nur für Windows 95 und Windows 98)
- LPD Print Server
- File Locking
- NIS- oder PCNFS-Berechtigungsprüfung
- NIS-Automap-Erkennung
- Web-NFS, in Windows Explorer integriert
- UNC-Support (Universal Naming Convention)
- Aliase für lange Netzwerkpfade
- Dezentrales oder lokales Mapping von Benutzerprofilen und Standardeinstellungen
- Befehlszeilen-Utilities für das Mapping/Unmapping von Netzwerkverbindungen und das Schreiben von Verwaltungsskripts
- Auf Host- und Benutzerbasis einstellbare Eigentums-, Gruppen- und World-Privilegien (R, W, X)
- Netzweites und lokales Read- und Write-Caching
- Dateizugriff über Direct NFS
- Internationale Sprachenunterstützung
- Kontextsensitive Online-Hilfe
- Interoperabilität mit anderen Netzwerk-Betriebssystemen, u.a. (jedoch nicht beschränkt auf) LAN Manager, Banyan VINES und Novell NetWare

A.19 FTP Client und Server

- FTP Client im Explorer-Format oder in Doppelansicht
- Verbindungsprofile
- Drag&Drop für Dateien und Verzeichnisse
- Firewall-Support
- Transfer-Automatisierung
- Automatische Server-Identifizierung
- UTF-8-Sprachensupport
- Option zur Wiederaufnahme unterbrochener Transfers
- Lokal/Remote
- Remote/Remote

A.20 PC X Server

- 32-Bit-Anwendung
- X11R6.3 X-Zugriff per Webbrowser
- Erweiterungen SHAPE, XTEST, MBX, XIE
- XDMCP, Rlogin, Telnet, rsh und rexec
- Low Bandwidth X (LBX)
- Farbeditor
- GUI-Tastatureditor
- Benutzeroberfläche – Systemsteuerung
- Schriftartensatz – DEC, IBM, HP und MIT
- Uneingeschränkte Netzwerkverteilung
- Cut&Paste von Text und Grafiken
- Virtueller Screen-Support
- Unterstützung zahlreicher Monitore
- Tuning der Grafikleistung
- Unterstützung für 32 Server gleichzeitig

A.21 SupportNow

- Integrierter Echtzeit-Support
- Automatische Zusammenstellung von Diagnosedaten
- Zugriff auf Benutzer-Desktops und Anwendungen über das Internet
- Integrierter Chat- und Dateitransfer-Modus
- Benutzerkontrolle zur Gewährleistung der Vertraulichkeit

A.22 Diagnose-Tools

- Ping und APPC Ping
- Trace Utility
- Query
- Event Log
- Module Viewer
- X Protocol Trace
- X Log File Browser

A.23 Entwicklungstools

- ActiveX-Komponenten
- CPI-C Assist Samples
- WOSA HLLAPI Assist Samples
- 400Sys Samples
- CPYDPLY Samples
- VCCLIENT Samples
- HLLAPPI und WinHLLAPPI
- Unterstützung von OLE Automation
- VB-kompatible Skripting-Tools

A.24 Systemanforderungen

- Prozessoranforderungen identisch mit denjenigen für das Windows-Betriebssystem (empfohlen wird ein Pentium mit 32 MB RAM)
- 175 MB freier Plattenspeicher für eine komplette Installation
- Windows 95, Windows 98, Windows NT 4.0 oder Windows 2000, mit Netzwerkprotokoll konfiguriert. Alle Anwendungen laufen unter TCP/IP, einige Anwendungen unter anderen Netzwerkprotokollen.

Stichwortverzeichnis